Das neue russische Strafgesetzbuch

vom 22. März 1903

in der sich aus den Strafrechtsverordnungen im Verwaltungsgebiet Ober-Ost ergebenden Fassung

bearbeitet und erläutert

von

Dr. jur. Kurt Wachsmann
zur Zeit Bezirksrichter in Riga.

Berlin 1918.
J. Guttentag, Verlagsbuchhandlung,
G. m. b. H.

Inhaltsverzeichnis.

Vorwort.

Nach Erlaß der Strafrechtsverordnung des Oberbefehlshabers Ost vom 14. 1. 16 mit ihren Nachträgen vom 2. 3. 16 und 28. 7. 16 (BefuVOBl. Ziff. 62, 95, 336) ist durch die Strafrechtsverordnung des Oberbefehlshabers Ost (StRVO.) vom 14. 5. 17 mit ihren Ergänzungen vom 30. 10. 17 und 9. 2. 18 (BefuVOBl. Ziff. 578, 665, 708) als materielles Strafgesetz für das ganze Verwaltungsgebiet Ober-Ost das neue russische Strafgesetzbuch vom 22. 3. 03, die sog. Uloshenija, eingeführt und für das in § 26 der VO. näher umschriebene Gebiet für die Zeit vom 1. 7. 17 an in Kraft gesetzt worden. Nach dessen Erweiterung durch die Waffenerfolge im Sommer 1917 und Frühjahr 1918 wurde das neue russ. StGB. durch § 38 der VO. vom 22. 11. 17 (VOBl. für Liv- und Estland Ziff. 69) auf das Gouvernement Riga, durch die VO. vom 16. 1. 18 (VOBl. Ziff. 162) auf das Gouvernement Ösel mit den Inseln Dagö und Moon und schließlich durch die VO. vom 9. 4. 18 (VOBl. Ziff. 227) auch auf das übrige Liv- und Estland ausgedehnt. Es ist an die Stelle des Gesetzes betreffend die kriminellen und korrektionellen Strafen von 1845/1882, der sog. Nakasanija (Nak.), und des Gesetzes über die von den Friedensrichtern zu verhängenden Strafen von 1885 (FrRG.) getreten. Alle anderen russischen Strafgesetze und -verordnungen sind durch § 1 StRVO. aufrechterhalten worden, aber zumeist nicht bekannt, da eine deutsche Sammlung nicht besteht und die russische, der Swod Sakonow, unübersichtlich und nicht überall verfügbar ist.

Das neue russische Strafgesetzbuch (im Folgenden: russ. StGB.) hatte bis dahin in Rußland Gesetzeskraft nur zu einem kleinen Teile erlangt, während der Rest, der gerade die wesentlichsten Bestimmungen enthält, Material geblieben war. Bis zum Jahre 1915 wurden folgende Paragraphen veröffentlicht und damit Gesetz: §§ 1—119, 121, 123—132, 163, 164, 166 II, 168 III, 170, 173 IV, 279 5, 309, 437, 449—452, 500 I 2, II 3, 524—526, 526 1, 527—529, 620, 622, 643 II, III, 644 IV, 645 IV, 652 III. Da die hauptsächlichsten und häufigsten Straftaten danach weiter nach altem Recht (Nak. und FrRG.) zu beurteilen waren, so wurden die Landeseinwohner durch die StRVO. unter ein neues und zumeist unbekanntes Gesetz gestellt und die deutschen wie die einheimischen Richter genötigt, sich in ein ihnen fremdes Recht hineinzuarbeiten.

Das russ. StGB. als solches ist eingeführt worden, d. h., da ein amtlicher deutscher Text nicht bestand, im russischen Wortlaut. Eine amtliche deutsche Übersetzung ist auch von den deutschen Behörden nicht hergestellt worden. Wohl aber wurde den Gerichten — die Gerichtssprache ist überall die deutsche — zur amtlichen Benutzung die einzig bekannte Übersetzung des Dr. Bernstein übermittelt, die bei Guttentag 1916 in 2. Auflage erschienen ist. Sie weist aber recht erhebliche Übersetzungsmängel auf, die die berichtigenden Verordnungen Oberost vom 30. 4. 16 (BefuVOBl. Ziff. 193) und 7. 6. 16 (BefuVOBl. Ziff. 242) veranlaßt haben. Da auch die StRVO. auf diesem Text fußt, so hat damit die Bernsteinsche Übersetzung gewissermaßen Gesetzeskraft erlangt und muß als maßgebendes Handwerkszeug für die Gerichte angesehen werden. Dennoch ist unabweisbare Notwendigkeit, in Zweifelsfällen auf den russischen Text zurückzugreifen. Das ist um so mehr deshalb erforderlich, als die Bernsteinsche Übersetzung in zahlreichen Fällen falsch ist und in ebenso vielen von dem deutschen Sprachgeist und Sprachgebrauch so erheblich abweicht, daß sie fast unverständlich ist (vgl. z. B. §§ 80 I², 306, 657 II). Zudem ist eine Übereinstimmung des Gesetzes mit den durch die StRVO. getroffenen Änderungen bisher nicht geschehen. Darin liegt ein empfindlicher Mangel beim Gebrauch des Gesetzes, da man stets die StRVO. nebenher zur Hand nehmen muß.

Diesem Mangel sucht die vorliegende Arbeit abzuhelfen, die die StRVO. und die Bernsteinsche Übersetzung des russ. StGB. mit der Maßgabe zum Abdruck bringt, daß die durch jene aufgehobenen Bestimmungen fortgelassen, die Ergänzungen eingeschaltet und die Berichtigungen befolgt sind. Soweit mir die Übersetzung mangelhaft erschien, habe ich sie verändert und mich dabei bemüht, neben genau sinngemäßer Wiedergabe dem Sprachgebrauch der deutschen Gesetze, der deutschen Gesetzestechnik, gerecht zu werden. Überdies sind Übersetzungsfehler z. B. Auslassungen und unrichtige Strafandrohungen (vgl. z. B. §§ 310 II, 598, 620 II, III; 28, 247, 249, 322 I, 382 III), mit dem russischen Text in Übereinstimmung gebracht. Abweichungen von dem Bernsteinschen Text sind zumeist in Anmerkungen kenntlich gemacht; stillschweigend berichtigt sind nur der deutschen Grammatik zuwiderlaufende Schreib-, Druck- und Interpunktionsfehler, sowie geringfügige Änderungen im Ausdruck und nach einmaliger Hervorhebung solche, die sich häufig wiederholen. Auch von den erwähnten abgesehen sind zahlreiche Unrichtigkeiten beseitigt, so z. B. in §§ 37^{1}, 68^{3}, 122 I^{1}, 146 II, 273 I, 426^{3}, 464 II, und manche auf unzureichender Kenntnis der deutschen Gesetzessprache beruhenden Fehlgriffe im Ausdruck, wie z. B. die „Beglaubigung" der §§ 440 ff., die zu Mißverständnissen Anlaß geben können. Die technischen Ausdrücke des RStGB. sind aber nach Möglichkeit da vermieden, wo die Tatbestandsmerkmale von denen des RStGB. abweichen, damit die Unterschiede nicht verwischt werden. Andererseits sind Ausdrücke, mit denen in der deutschen Gesetzessprache ein anderer Sinn verbunden wird, belassen worden, um die Eigenart des Gesetzes zu wahren, wie z. B. „anvertraut" in § 574. Eine Übersetzung wird bei der Verschiedenartigkeit des Sprachgeistes dem ursprünglichen Gesetz niemals gerecht werden; nur eine Umarbeitung könnte ein wirklich brauchbares neues Gesetz schaffen.

Eine wörtliche Übersetzung ist bei der Verschiedenartigkeit des Geistes der deutschen und der russischen Sprache unmöglich; Bernstein ist sehr häufig im Ausdruck abgewichen. So beginnt z. B. fast jeder Paragraph des russ. StGB. mit den Worten: „Der Schuldige, welcher". Dadurch wird der Satzbau unübersichtlich. Die russische Sprache liebt ferner die Häufung von Substantiven und substantivischen Wendungen; sie sind vielfach, um dem Deutschen verständlich zu werden, in Verbalkonstruktionen aufgelöst worden. Dabei war immer der Gedanke leitend, eine dem deutschen Sprachgebrauch entsprechende inhaltlich gleichwertige Fassung zu finden. Dennoch ist eine völlig übereinstimmende Verlautbarung desselben Gedankens in beiden Sprachen nicht immer möglich. So ist z. B., um ein Beispiel aus anderem Gebiet zu geben, das geltende russische Zivilgesetzbuch für die baltischen Provinzen im Jahre 1863 von der russischen Regierung in beiden Sprachen veröffentlicht worden; Gesetzeskraft hat sowohl der russische wie der deutsche Text. Beide weichen aber stellenweise so erheblich voneinander ab, daß fast unlösbare Zweifel darüber entstanden sind, was das Gesetz eigentlich hat bestimmen wollen. Derartige Auslegungsfragen sind noch weit schwieriger zu beantworten, als sie sich aus dem Text mancher deutschen Gesetze ergeben. Sie werden auch im russ. StGB. häufig zu lösen sein.

Es wäre daher zu wünschen, daß eine amtliche Übersetzung und Umarbeitung des russ. StGB. vorgenommen und der durch eine solche festgestellte Text mit Gesetzeskraft veröffentlicht würde. Um so mehr, wenn die Absicht besteht, das russ. StGB. auch weiterhin in Geltung zu belassen. Einer Kritik des Gesetzes habe ich mich enthalten, zu Auslegungszweifeln aber zumeist Stellung genommen.

Wenn ich, von Übersetzungszweifeln abgesehen, noch Anmerkungen hinzugefügt habe, so sollte damit kein wissenschaftliches Werk geschaffen werden. Eine feste Praxis der Gerichte hat sich noch nicht gebildet. Entscheidungssammlungen bestehen nicht. Eine russische Praxis bestand nicht, da das Gesetz noch keine Geltung erlangt hatte. Die Justizverwaltung Oberost hat einige ihr vorgetragene Zweifel gelöst. Diese Entscheidungen haben nicht Gesetzeskraft, sondern sind authentische Auslegungsregeln, die zu befolgen im Ermessen der unabhängigen, nur dem Gesetz unterworfenen Richter steht. Sie sind, soweit mir bekannt, in den Anmerkungen verwertet worden. Im übrigen enthalten diese zumeist kurze Hinweise aus den Gesetzgebungsmaterialien. Diese sind in der 1904 erschienenen Ausgabe des russ. StGB. von Taganzew, der selbst bei der Schaffung des Gesetzes in allen Kommissionen mitgewirkt hat, fast vollständig in Auszügen abgedruckt oder inhaltlich wiedergegeben; eine deutsche Ausgabe dieses Werkes ist nicht erschienen. Ich habe es mir, wo es wünschenswert erschien, verdeutschen lassen, um damit die Grundlage für die Bildung einer eigenen Meinung zu gewinnen. Mit der Anführung der „Motive" ist dieses Werk von Taganzew gemeint.

Andere Hilfsquellen heranzuziehen und durchzuarbeiten, fehlte Zeit und Möglichkeit. Das wolle man dem bescheidenen Versuch, ein kleines, aber brauchbares, notwendiges Handwerkszeug für den Strafrichter im Gebiet Oberost zu schaffen, zugute halten, der die zu bewältigende Aufgabe zwar nicht restlos löst, aber hoffentlich wenigstens einen Fortschritt bedeutet.

Für bereitwillige Hilfe und Unterstützung bei der Arbeit insbesondere durch Übersetzung aus dem Gesetz und dem Werk von Taganzew bin ich Herrn Rechtsanwalt v. Brehm in Riga zu besonderem Danke verpflichtet. Ebenso dankbar würde ich begrüßen, wenn Mängel, die sich beim Gebrauch herausstellen, mir freundlichst mitgeteilt würden.

Riga gegen Ende des 4. Kriegsjahres. Wachsmann.

Ob. Ost IX 1562.

Verordnung
betreffend das Strafrecht im Verwaltungsgebiet Ob. Ost.
(Strafrechtsverordnung — StRV.)
unter Berücksichtigung der Verordnung betreffend Abänderung der Strafrechtsverordnung vom 30. Oktober 1917.

§ 1. Das Gesetz betreffend die kriminellen und korrektionellen Strafen (Swod Sakonow Band XV, Nr. 83) und das Gesetz betreffend die von den Friedensrichtern zu verhängenden Strafen (Swod Sakonow Band XV, Nr. 84) werden durch das am 22. März 1903 bestätigte neue russische Strafgesetzbuch ersetzt. Im übrigen behält es in Ansehung des Strafrechts bei den bisherigen russischen Gesetzen und Verordnungen sein Bewenden.

§ 2. 1. Zwangsarbeit, Verschickung zur Ansiedlung und Korrektionshaus kommen als Strafen in Wegfall; an ihre Stelle treten als Ersatzstrafen:

a) für lebenslängliche Zwangsarbeit: lebenslängliche Zuchthausstrafe;
b) für zeitige Zwangsarbeit und Verschickung zur Ansiedlung: zeitige Zuchthausstrafe;
c) für Korrektionshaus: Gefängnisstrafe.

2. Der Höchstbetrag der zeitigen Zuchthausstrafe ist fünfzehn Jahre, der Mindestbetrag ein Jahr.

3. Der Höchstbetrag der an die Stelle der Korrektionshausstrafe tretenden Gefängnisstrafe ist 6 Jahre, der Mindestbetrag drei Monate.

4. Abgesehen hiervon (Abs. 2 und 3) bleiben für die Ersatzstrafen alle Bestimmungen der russischen Gesetze und Verordnungen in Geltung, welche diejenigen Strafen betreffen, an deren Stelle die Ersatzstrafen treten[1].

1 Vgl. die „Erläuterung" S. 21.

§ 3. Die zu einer Freiheitsstrafe Verurteilten können zu Arbeiten sowohl innerhalb als auch außerhalb der Anstalt, in der sie die Strafe verbüßen, verwendet werden. Die näheren Bestimmungen sind im Geltungsbereiche der Verwaltungsordnung vom 7. Juni 1916 (Befehls- und Verordnungsblatt Ziffer 259) vom Verwaltungschef zu treffen.

Bei der Zuweisung von Arbeit an die Gefangenen ist auf ihren Gesundheitszustand, ihre Fähigkeiten, ihren Bildungsgrad und ihre Berufsverhältnisse Rücksicht zu nehmen.

Freiheitsstrafen im Sinne dieser Verordnung sind Zuchthaus, Gefängnis, Festung, Haft und Arrest.

§ 4. Wird eine Gefängnisstrafe oder eine Haftstrafe verhängt, so kann, insbesondere bei solchen Handlungen, welche eine rohe oder ehrlose Gesinnung verraten, im Urteil oder in der Strafverfügung angeordnet werden, daß die Strafe ganz oder teilweise als mittlerer oder strenger Arrest gemäß den Bestimmungen der §§ 25 und 26 des deutschen Militärstrafgesetzbuches [1] zu vollstrecken ist.

Der Höchstbetrag des mittleren Arrestes ist sechs Wochen, der Höchstbetrag des strengen Arrestes vier Wochen.

Strenger Arrest ist gegen männliche Personen bis zum vollendeten vierzehnten Lebensjahre, gegen weibliche Personen bis zum vollendeten achtzehnten Lebensjahre unzulässig. Seine Dauer darf bei männlichen Personen bis zum vollendeten sechszehnten Lebensjahre eine Woche und bei männlichen Personen bis zum vollendeten achtzehnten Lebensjahre zwei Wochen nicht übersteigen [2].

1 Diese lauten: § 25: Der mittlere Arrest wird in der Art vollstreckt, daß der Verurteilte eine harte Lagerstätte und als Nahrung Wasser und Brot erhält. Diese Schärfungen kommen am vierten, achten, zwölften und demnächst an jedem dritten Tage in Fortfall.

§ 26: Der strenge Arrest wird in einer dunklen Arrestzelle, im übrigen wie der mittlere Arrest vollstreckt. Die Schärfungen kommen am vierten, achten und demnächst an jedem dritten Tage in Fortfall.

2 Vgl. die „Erläuterung" S. 21.

§ 5. Bei allen Verbrechen und Vergehen, welche in den russischen Strafgesetzen und Verordnungen nur mit Freiheitsstrafe bedroht sind, kann neben der Freiheitsstrafe auf Geldstrafe, bei Verbrechen bis zu zwanzigtausend Rubeln, bei Vergehen bis zu zehntausend Rubeln, erkannt werden. Kann die Geldstrafe nicht beigetrieben werden, so ist die Freiheitsstrafe angemessen zu erhöhen; auf die Erhöhung finden die Vorschriften des § 64 Absatz 2 Nr. 2 des neuen russischen Strafgesetzbuches entsprechende Anwendung.

§ 6. Bei allen Vergehen und Übertretungen, welche in den russischen Strafgesetzen und Verordnungen nur mit Freiheitsstrafe bedroht sind, kann auf Geldstrafe statt auf Freiheitsstrafe erkannt werden, wenn es nach Lage des Falles angemessen erscheint. Der Höchstbetrag der Geldstrafe ist bei Vergehen fünfzehntausend Rubel, bei Übertretungen zweitausend Rubel. Die für den Fall der Nichtbeitreibbarkeit der Geldstrafe an deren Stelle tretende Freiheitsstrafe bestimmt sich hinsichtlich Art und Dauer nach derjenigen Freiheitsstrafe, mit welcher das Vergehen oder die Übertretung im Gesetze bedroht ist. Die Vorschriften des § 59 des neuen russischen Strafgesetzbuches finden hierbei keine Anwendung.

§ 7. Im Geltungsbereiche der Verwaltungsordnung vom 7. Juni 1916 (Befehls- und Verordnungsblatt Ziffer 259) fließen — unbeschadet der Vorschrift des § 77 Nr. 10 der Verwaltungsordnung [1] — sämtliche Geldstrafen und, soweit nicht etwas anderes bestimmt ist, auch sämtliche Geldbußen in die Verwaltungskassen.

1 Diese weist den Kreisen als ordentliche Einnahmen die Strafgelder aus Übertretungen örtlicher polizeilicher Vorschriften der Kreise und Amtsbezirke und 25 v. H. aller sonstigen polizeilichen Strafgelder, sowie des Erlöses aus beschlagnahmten und eingezogenen Waren zu.

§ 8. Die §§ 16, 17, 18, 20 Absatz 2 und 3, 21 Absatz 2, 3 und 4, 23, 24 Absatz 2 und 3, 29, 33 Nr. 2, 53 Absatz 2 und 3, 58, 72, 93, 94, 99 bis 119, 179 bis 192 des neuen russischen Strafgesetzbuches bleiben außer Anwendung.

§ 9. Diejenigen Vorschriften der russischen Strafgesetze, welche den besonderen Schutz der russischen Staats-, Kirchen- und Gesellschaftsordnung bezwecken, bestehen, auch wenn sie nicht ausdrücklich außer Kraft gesetzt sind, nur insoweit fort, als sie sich mit den Grundsätzen und den Zielen der deutschen Verwaltung vereinbaren lassen. Bei ihrer Anwendung ist stets den veränderten Umständen Rechnung zu tragen, welche sich aus der Einführung der deutschen Verwaltung ergeben.

§ 9a. Der § 14 Abs. 2 des neuen russischen Strafgesetzbuches erhält folgende Fassung:

Wenn das zur Zeit der Begehung der strafbaren Handlung geltende Gesetz für diese eine weniger strenge Strafe vorsieht als das spätere Gesetz, so kann die nach dem späteren Gesetze bestimmte Strafe nach den Grundsätzen des § 53 ermäßigt werden.

§ 10. An die Stelle der Bestimmungen des § 22 Absatz 1 und 3 des neuen russischen Strafgesetzbuches treten folgende Vorschriften:

(Absatz 1). Die Dauer einer Zuchthausstrafe darf nur nach vollen Monaten, die Dauer einer anderen Freiheitsstrafe nur nach vollen Tagen bemessen werden.

(Absatz 3.) Bei Freiheitsstrafen werden der Tag zu vierundzwanzig Stunden, die Woche zu sieben Tagen, der Monat und das Jahr nach der Kalenderzeit gerechnet.

§ 11. Der § 36 des neuen russischen Strafgesetzbuches erhält folgende Fassung:

Gegenstände, deren Herstellung, Verkauf, Verbreitung, Beisichtragen oder Aufbewahrung untersagt ist, können ohne Rücksicht darauf, ob sie dem Täter gehören oder nicht, eingezogen werden.

Dasselbe gilt 1. für Gegenstände, welche durch eine strafbare Handlung hervorgebracht oder welche zur Begehung einer strafbaren Handlung gebraucht oder bestimmt sind, und 2. für andere im Gesetze besonders bezeichnete Gegenstände.

Die Einziehung ist im Urteile oder in der Strafverfügung auszusprechen.

Ist die Verfolgung oder die Verurteilung einer bestimmten Person nicht ausführbar, so kann die Einziehung selbständig angeordnet werden[1].

1 Vgl. die „Erläuterung" S. 22.

§ 12. Die Vorschriften der russischen Strafgesetze und Verordnungen über die Bestrafung jugendlicher Personen, insbesondere die §§ 40, 41, 55, 56 und 57 des neuen russischen Strafgesetzbuches bleiben außer Anwendung; sie werden durch folgende Bestimmungen ersetzt:

Eine strafbare Handlung ist dem Täter nicht zuzurechnen, wenn er bei ihrer Begehung das zwölfte Lebensjahr nicht vollendet hatte.

Eine strafbare Handlung ist dem Täter nicht zuzurechnen, wenn er bei ihrer Begehung das zwölfte, aber nicht das achtzehnte Lebensjahr vollendet hatte und die zur Erkenntnis ihrer Strafbarkeit erforderliche Einsicht nicht besaß.

Besaß der Täter, welcher bei Begehung der strafbaren Handlung das zwölfte, aber nicht das achtzehnte Lebensjahr vollendet hatte, bei Begehung der Handlung die zur Erkenntnis der Strafbarkeit erforderliche Einsicht, so kommen folgende Bestimmungen zur Anwendung:

a) Anstelle der Todesstrafe und der lebenslänglichen Zuchthausstrafe ist auf Gefängnis von drei bis fünfzehn Jahren, anstelle der zeitigen Zuchthausstrafe ist auf Gefängnis von drei Monaten bis zu acht Jahren zu erkennen. Eine weitere Milderung der Strafe aus § 53 des neuen russischen Strafgesetzbuches findet in diesen Fällen nicht statt[1].

b) Gefängnisstrafen sind nach den Grundsätzen des § 53 Nr. 3 des neuen russischen Strafgesetzbuches zu mildern.

c) Ist die Handlung ein Vergehen oder eine Übertretung, so kann in besonders leichten Fällen auf einen Verweis erkannt werden.

d) Verlust oder Beschränkung der Rechte treten als Straffolge nicht ein.

Begehen Personen, welche das achtzehnte Lebensjahr nicht vollendet haben, eine strafbare Handlung, die ihnen nach Absatz 1 und 2 nicht zuzurechnen ist, so können gegen sie für die Dauer der Minderjährigkeit vom Vormundschaftsgericht zwecks ihrer Beaufsichtigung und Besserung geeignete Erziehungsmaßregeln angeordnet werden. Für die Kosten der Erziehungsmaßregeln haften neben dem Minderjährigen auch der Vater, die Mutter, der Vormund oder Pfleger und der Arbeitgeber, sofern das Vormundschaftsgericht feststellt, daß sie es an der nach Lage der Umstände erforderlichen Aufsicht über den Minderjährigen haben fehlen lassen[1].

1 Vgl. die „Erläuterung" S. 22.

§ 13. Der § 54 des neuen russischen Strafgesetzbuches erhält folgende Fassung:

Ist gegen den Schuldigen auf Freiheitsstrafe erkannt, so kann ihm die Untersuchungshaft durch das erkennende Gericht oder die zum Erlasse der Strafverfügung berufene Behörde ganz oder teilweise auf die Strafe angerechnet werden.

Als Untersuchungshaft im Sinne dieser Vorschrift gilt jede Freiheitentziehung, welche der Schuldige erlitten hat.

§ 14. Im § 59 Absatz 1 des neuen russischen Strafgesetzbuches sind die Worte:

„die einen Monat nach Eintritt der Rechtskraft des Urteils, und bei Zahlungsaufschub am Zahlungstermin nicht bezahlt sind", zu streichen.

§ 15. § 60 Abs. 1 Satz 3 des neuen russischen Strafgesetzbuches erhält folgende Fassung:

Trifft jedoch bei der Gesamtaburteilung Zwangsarbeit (Zuchthaus) oder Korrektionshaus (Gefängnis im Sinne von § 2 Absatz 1 zu c und Absatz 3 dieser Verordnung) einerseits mit Haft oder Festungshaft nicht über einem Jahre andererseits zusammen, so darf das Gericht die verwirkte schwerste Strafe nicht erhöhen[1].

1 Vgl. die „Erläuterung" S. 22.

§ 16. § 63 Absatz 1 und Absatz 3 des neuen russischen Strafgesetzbuches erhalten folgende Fassung:

(Absatz 1). Bei der Zusammenlegung und Anrechnung der Strafen ist sechsmonatige Zuchthausstrafe einer einjährigen Gefängnisstrafe, einer zweijährigen Festungshaft oder einer vierjährigen Haft gleich zu achten.

(Absatz 3). Auf Geldstrafen, welche wegen mehrerer strafbarer Handlungen allein oder neben einer Freiheitsstrafe verwirkt sind, ist stets ihrem vollen Betrage nach gesondert zu erkennen. Treffen bei der Gesamtaburteilung Zuchthaus, Gefängnis, Festungshaft oder Haft mit Geldstrafen zusammen und können die Geldstrafen nicht beigetrieben werden, so ist die Freiheitsstrafe nach Maßgabe der Vorschriften in § 64 Absatz 2 Nr. 2 angemessen zu erhöhen.

§ 17. Die §§ 138 und 139 des neuen russischen Strafgesetzbuches erhalten folgende Fassung[1]:

§ 138: Wer einer verbindlichen Verordnung zuwiderhandelt, wird bestraft, falls für diese Zuwiderhandlung in Gesetzen oder Verordnungen keine besondere Strafe bestimmt ist:

mit Geldstrafe bis zu zweitausend Rubeln oder mit Haft.

Wenn die Verordnung die Erfassung oder Verteilung von Lebensmitteln, die Bestandsaufnahme oder die Ablieferung von Pferden, Vieh und sonstigen landwirtschaftlichen Erzeugnissen, die Anzeigepflicht bei Viehverkäufen oder andere ähnliche Maßnahmen betrifft, kann außerdem auf Einziehung der Gegenstände erkannt werden, auf welche sich die Verordnung bezieht.

§ 139: Wer einer gesetzlichen Anordnung oder einer gesetzlichen, an ihn ergangenen Aufforderung eines Beamten oder einer Behörde zuwiderhandelt, wird bestraft, falls für diese Zuwiderhandlung in Gesetzen oder Verordnungen keine besondere Strafe bestimmt ist:

mit Geldstrafe bis zu zweitausend Rubeln oder mit Haft. Die Vorschrift des § 138 Absatz 2 findet entsprechende Anwendung.

Den Beamten stehen gleich:

a) der Bewegungsleiter eines Eisenbahnzuges;
b) der Kapitän eines Dampfers oder eines Segelschiffes;
c) alle Personen, zu deren Dienstpflichten die Fürsorge für die Sicherheit des Eisenbahnverkehrs oder der Schiff- oder Seefahrt gehört[2].

1 Die Fassung beruht auf der NachtragsVO. vom 9. 2. 18/14. 5. 18 (Oberost IX, 222; BefuVOBl. Ziff. 708, VOBl. Ziff. 260).

2 Vgl. die „Erläuterung" S. 23.

§ 18. Der § 423 des neuen russischen Strafgesetzbuches erhält folgende Fassung:

Eltern, Vormünder, Pfleger, Dienstherren, Arbeitgeber und alle übrigen Personen, welche kraft Gesetzes oder Vertrages zur Aufsicht über eine minderjährige Person verpflichtet sind oder zu deren Hausgenossenschaft eine minderjährige Person gehört, werden, wenn der Minderjährige eine mit Strafe bedrohte Handlung begeht, mit Haft bis zu drei Monaten und mit Geldstrafe bis zu fünfhundert Rubeln oder mit einer dieser Strafen bestraft. Wird festgestellt, daß sie die Tat auch bei Ausübung der nach den Umständen erforderlichen Aufsicht nicht hätten verhindern können, so tritt Straflosigkeit ein.

§ 19. Die in den §§ 453, 454, 455 und 456 des neuen russischen Strafgesetzbuches aufgeführten Verbrechen sind mit dem Tode zu bestrafen[1]).

Die in den §§ 467, 471, 472, 555, 558, 559, 562, 563, 564, 583, 584, 589 und 590 des neuen russischen Strafgesetzbuches aufgeführten Verbrechen und Vergehen sind mit Zuchthaus bis zu fünfzehn Jahren zu bestrafen; in besonders schweren Fällen kann auch auf lebenslängliches Zuchthaus oder auf Todesstrafe erkannt werden.

Der § 279 des russischen Militärstrafgesetzbuches bleibt außer Anwendung.

1 Vgl. die „Erläuterung" S. 23.

§ 20. In § 465 des neuen russischen Strafgesetzbuches wird als Absatz 2, in § 466 ebenda zwischen Absatz 1 und Absatz 2 folgende Bestimmung eingefügt:

Der Versuch ist strafbar.

§ 21. Die Bestimmung des § 527 Ziffer 1 des russischen Strafgesetzbuches wird durch folgende Vorschriften ersetzt:

Eine männliche Person, welche von einer Frauensperson, die gewerbsmäßig Unzucht betreibt, unter Ausbeutung ihres unsittlichen Erwerbes ganz oder teilweise den Lebensunterhalt bezieht, oder welche einer solchen Frauensperson gewohnheitsmäßig oder aus Eigennutz in bezug auf die Ausübung des unzüchtigen Gewerbes Schutz gewährt oder sonst förderlich ist (Zuhälter), wird mit Gefängnis von drei Monaten bis zu drei Jahren bestraft.

Ist der Zuhälter der Ehemann der Frauensperson oder hat der Zuhälter die Frauensperson unter Anwendung von Gewalt oder Drohungen zur Ausübung des unzüchtigen Gewerbes angehalten, so tritt Gefängnisstrafe von einem Jahre bis zu sechs Jahren ein[1]).

1 Vgl. die „Erläuterung" S. 24.

§ 22. In das neue russische Strafgesetzbuch werden folgende Vorschriften eingefügt:

a) als § 66a:

Wenn eine und dieselbe Handlung mehrere Strafgesetze verletzt, so kommt nur dasjenige Gesetz, welches die schwerste Strafe, und bei ungleichen Strafen dasjenige Gesetz, welches die schwerste Strafart androht, zur Anwendung.

b) als § 158a:

Wer vor einer zur Abnahme einer Versicherung an Eidesstatt zuständigen Behörde eine solche Versicherung wissentlich falsch abgibt oder unter Berufung auf eine solche Versicherung wissentlich falsch aussagt, wird mit Gefängnis von drei Monaten bis zu drei Jahren bestraft.

c) als § 160a:

Wer es unternimmt, einen anderen zur Begehung eines Meineides zu verleiten, wird mit Gefängnis von drei Monaten bis zu sechs Jahren, und wer es unternimmt, einen anderen zur wissentlichen Abgabe einer falschen Versicherung an Eidesstatt oder zu einer falschen uneidlichen Aussage zu verleiten, mit Gefängnis bis zu einem Jahre bestraft.

d) als § 523a:

Wer durch seine Vermittelung oder durch Gewährung oder Verschaffung von Gelegenheit der Unzucht Vorschub leistet, ohne daß ihm die polizeiliche Erlaubnis zum Betriebe eines öffentlichen Hauses (Bordells, Absteigequartieres usw.) erteilt ist, wird wegen Kuppelei mit Gefängnis von drei Monaten bis zu drei Jahren bestraft.

Wird die Kuppelei gewohnheitsmäßig oder aus Eigennutz betrieben, so tritt Gefängnis von einem Jahre bis zu sechs Jahren ein.

Die im Absatz 1 angedrohte Strafe trifft auch den Inhaber eines Bordells oder sonstigen öffentlichen Hauses, der den hinsichtlich des Betriebes eines öffentlichen Hauses zur Sicherung der Gesundheit, der öffentlichen Ordnung und des öffentlichen Anstandes erlassenen polizeilichen Vorschriften zuwiderhandelt[1]).

1 Vgl. die „Erläuterung" S. 24.

§ 23. Die Vorschriften der russischen Gesetze und Verordnungen über den Strafantrag bleiben außer Anwendung; sie werden durch folgende Bestimmungen ersetzt:

In den Fällen der §§ 469 Abs. 1, 474, 475, 530 bis 533 und 540 des neuen russischen Strafgesetzbuches tritt die Strafverfolgung nur auf Antrag ein. Das gleiche gilt im Falle des Diebstahls, der Unterschlagung und des Betrugs unter Eltern und Kindern sowie unter Ehegatten.

Die Zurücknahme des Antrages ist zulässig.

Die Vorschriften der §§ 61 bis 65 und 195 bis 198 des Strafgesetzbuches für das Deutsche Reich finden entsprechende Anwendung.

Die Strafverfolgung kann in den im Absatz 1 bezeichneten Fällen vom Gericht abgelehnt werden, wenn sie nach der Lage der Sache, insbesondere wegen Unerheblichkeit der Rechtsverletzung, nicht angemessen erscheint[1].

[1] Vgl. die „Erläuterung" S. 24.

§ 24. Unberührt bleiben die Vorschriften der deutschen Militärstrafgesetze, insbesondere die §§ 155, 158, 160 und 161 des Militärstrafgesetzbuches[1] für das Deutsche Reich, sowie alle strafrechtlichen Bestimmungen, welche in den Verordnungen, Verfügungen und Befehlen des Oberbefehlshabers Ost, der übrigen deutschen Militärbefehlshaber und der deutschen Verwaltungsbehörden enthalten sind.

[1] Diese lauten:

§ 155. Während eines gegen das Deutsche Reich ausgebrochenen Krieges sind alle Personen, welche sich in irgendeinem Dienst- oder Vertragsverhältnisse bei dem kriegführenden Heere befinden, oder sonst sich bei demselben aufhalten oder ihm folgen, den Strafvorschriften dieses Gesetzes, insbesondere den Kriegsgesetzen unterworfen.

§ 158. Auf strafbare Handlungen eines Kriegsgefangenen finden nach Maßgabe seines Militärranges die Vorschriften dieses Gesetzes entsprechende Anwendung.

§ 160. Ein Ausländer oder Deutscher, welcher während eines gegen das Deutsche Reich ausgebrochenen Krieges auf dem Kriegsschauplatze sich einer der in den §§ 57 bis 59 und 134 vorgesehenen Handlungen schuldig macht, ist nach den in diesen Paragraphen gegebenen Bestimmungen zu bestrafen.

Anm. § 57: Landesverrat im Felde; § 58: Kriegsverrat; § 59: Verabredung eines Kriegsverrats; § 134: Marodieren.

§ 161. Ein Ausländer oder Deutscher, welcher in einem von deutschen Truppen besetzten ausländischen Gebiete gegen deutsche Truppen oder Angehörige derselben oder gegen eine auf Anordnung des Kaisers eingesetzte Behörde eine nach den Gesetzen des Deutschen Reichs strafbare Handlung begeht, ist ebenso zu bestrafen, als wenn diese Handlung von ihm im Bundesgebiete begangen wäre.

§ 25. Die Vorschriften des ersten Kapitels des neuen russischen Strafgesetzbuches (§§ 1 bis 72) finden lediglich auf Zuwiderhandlungen gegen russische Strafgesetze und Verordnungen Anwendung. Für Zuwiderhandlungen gegen die Verordnungen, Verfügungen und Befehle der deutschen Militärbefehlshaber und der deutschen Verwaltungsbehörden gelten, soweit nicht etwas anderes ausdrücklich bestimmt ist, die allgemeinen Bestimmungen der deutschen Strafgesetze.

Verletzt eine und dieselbe Handlung sowohl russische Strafgesetze oder Verordnungen als auch Verordnungen, Verfügungen oder Befehle der deutschen Militärbefehlshaber oder der deutschen Verwaltungsbehörden, so kommt nur dasjenige Gesetz (Verordnung), welches die schwerste Strafe, und bei ungleichen Strafarten dasjenige Gesetz, welches die schwerste Strafart androht, zur Anwendung. Der Umstand, daß wegen der Zuwiderhandlung gegen die deutschen Verordnungen, Verfügungen oder Befehle bereits ein militär-gerichtliches Verfahren eingeleitet ist oder stattgefunden hat, schließt in diesem Falle die Einleitung und Durchführung eines weiteren Verfahrens wegen der Zuwiderhandlung gegen die russischen Strafgesetze oder Verordnungen nicht aus; doch ist die militärgerichtliche Strafe auf die wegen der Zuwiderhandlung gegen die russischen Strafgesetze oder Verordnungen verwirkte Strafe unter entsprechender Anwendung der Grundsätze der §§ 61 und 63 des neuen russischen Strafgesetzbuches anzurechnen[1]). Die Anrechnung unterbleibt, wenn wegen der Zuwiderhandlung gegen die russischen Strafgesetze auf Todesstrafe oder lebenslängliche Zuchthausstrafe erkannt wird.

Die Bildung einer Gesamtstrafe aus mehreren Einzelstrafen, welche teils wegen Zuwiderhandlungen gegen die russischen Strafgesetze und Verordnungen, teils wegen solcher gegen die Verordnungen, Verfügungen und Befehle der deutschen Militärbefehlshaber und der deutschen Verwaltungsbehörden verwirkt sind, findet nicht statt.

1 Vgl. die „Erläuterung" S. 24.

§ 26. Diese Verordnung tritt für den Bezirk der Militärverwaltungen Kurland, Litauen und Bialystok-Grodno, sowie für das ihnen vorgelagerte Operationsgebiet anstelle der Verordnung betreffend das Strafrecht in den dem Oberbefehlshaber Ost unterstellten russischen Gebieten vom 14. Januar 1916 (Befehls- und Verordnungsblatt Ziffer 62) am 1. Juli 1917 in Kraft. Der Zeitpunkt ihres Inkrafttretens in den übrigen Teilen des Verwaltungsgebietes Ob. Ost bleibt der Bestimmung der zuständigen Armeeoberbefehlshaber vorbehalten.

Hauptquartier Ost, den 14. 5. 1917.

Der Oberbefehlshaber Ost:
Leopold
Prinz von Bayern
Generalfeldmarschall.

Oberbefehlshaber Ost Hauptquartier, den 1. Juni 1917.
(Oberquartiermeister).
Abt. IX, Nr. 1830.

Erläuterungen
zu der Strafrechtsverordnung vom 14. Mai 1917 (Befehls- und Verordnungsblatt Ziffer 578).

Zu § 2.

Es muß zwischen der Gefängnisstrafe, die an die Stelle des Korrektionshauses tritt, und der Gefängnisstrafe im Sinne des § 2 Ziff. 5 russ. StGB. unterschieden werden. Beide Strafen werden zwar auf die gleiche Weise vollstreckt. Im übrigen finden aber, wie sich aus Abs. 4 ergibt, auf jene die besonderen Vorschriften über Korrektionshaus, auf diese die Bestimmungen des neuen russischen Strafgesetzbuchs über die Gefängnisstrafe Anwendung. Dies ist insbesondere bei Anwendung des § 53 russ. StGB. sowie für die Strafdauer von Bedeutung: Während regelmäßig der Höchstbetrag der an die Stelle von Korrektionsstrafe tretenden Gefängnisstrafe sechs Jahre und ihr Mindestbetrag drei Monate ist, muß die Dauer der gewöhnlichen Gefängnisstrafe gemäß § 20 Abs. 1 russ. StGB. zwischen einem Jahre und zwei Wochen bemessen werden. Zu beachten ist, daß daneben die Sonderbestimmungen in Kraft bleiben, die in einzelnen Fällen eine andere Höchst- oder Mindestdauer vorschreiben, wie dies z. B. in den §§ 64 Abs. 2 Ziff. 2, 581 Abs. 2, 587 Abs. 1 russ. StGB. geschieht.

Die in den §§ 527 Ziff. 1, 523a russ. StGB. (vgl. §§ 21, 22 StRVO.) angedrohten Gefängnisstrafen haben, wie schon aus ihrer Dauer hervorgeht, als Korrektionshausstrafen zu gelten.

Zu § 4.

Vor Vollstreckung des strengen Arrestes ist der Verurteilte ärztlich zu untersuchen. Ergeben sich hierbei mit Rücksicht auf den Gesundheitszustand des Verurteilten Bedenken gegen die beabsichtigte Vollstreckung, so hat der Gefängnisvorsteher anzuordnen, daß der strenge Arrest ganz oder zum Teil als mittlerer Arrest von gleicher Dauer zu verbüßen ist. Der Gefängnisvorsteher hat von dieser Anordnung der Strafvollstreckungsbehörde Mitteilung zu machen.

Zu § 11.

Bei Verwertung der eingezogenen Gegenstände ist die Rundverfügung vom 6. April 1917 — VI 1551a — zu beachten[1].

[1] Diese — jetzt ersetzt durch die im Wesentlichen gleichlautende Verf. vom 19. 9. 18 (BefuVOBl. Ziff. 815) — bestimmt: Soweit nicht Übernahme zum Dienstgebrauch einer deutschen Behörde angeordnet wird, öffentliche Ver-

steigerung; nur ausnahmsweise freihändiger Verkauf, an Angehörige der Verwaltung, Offiziere, Kasinos nur mit schriftlicher Genehmigung des Kreis-(Stadt-)hauptmanns, der auch entscheidet, wenn dem Verkauf politische oder militärische Bedenken entgegenstehen. Für die Kriegswirtschaft oder den Heimatbedarf brauchbare Sachen sind den Sammelstellen anzubieten, die sie gegen angemessenen, von ihnen festzusetzenden Preis übernehmen können. Zur Verwertung von Monopolwaren ist: bei Branntwein über 5 Litern Weisung des Branntweinmonopolamtes Obost unmittelbar einzuholen, geringere Mengen kann der Kreis-(Stadt-)hauptmann zu 3 M. den Liter übernehmen; in jedem Falle ist ebenso wie bei Zigaretten und Streichhölzern die Nachversteuerung zu bewirken; bei Zigaretten unter 1000 Stück die Abgabe als Liebesgaben an Lazarette, bei Streichhölzern unter 100 Schachteln auch ohne besondere Berechnung die Abgabe an deutsche Behörden zur Verwendung im Geschäftsbetriebe oder die Verwendung im eigenen Betriebe zulässig; bei Süßstoff, falls nach Art und Packung zum Weiterverkauf geeignet, die Zuführung zu den Monopolbeständen des Kreisamts, anderenfalls die entgeltliche oder unentgeltliche Abgabe an Mannschaftsküchen, Lazarette, Wohltätigkeitsanstalten usw. oder, falls unbrauchbar, die Vernichtung anzuordnen. Der Erlös ist zunächst zur Deckung der Aufbewahrungs- und Verwertungskosten, alsdann zur Begleichung der fällig gewordenen Abgaben zu verwenden; der Rest ist zu $^3/_4$ dem Landesmittelfonds, zu $^1/_4$ der Eigenwirtschaft des Kreises zu überweisen. — In letzterem liegt also eine Abweichung § 7 StRVO.

Zu § 12.

a) Durch die Vorschrift des § 12 zu a, daß an Stelle der zeitigen Zuchthausstrafe auf Gefängnis von drei Monaten bis zu acht Jahren zu erkennen ist, wird innerhalb dieses Strafrahmens die Festsetzung der Strafdauer völlig in das richterliche Ermessen gestellt. Die — nur bei Bildung von Gesamtstrafen zu berücksichtigende — Bestimmung des § 63 Abs. 1 russ. StGB. über das Verhältnis von Zuchthausstrafen zu Gefängnisstrafe findet keine Anwendung.

b) Es bleibt im Geltungsbereiche der Verwaltungsordnung vom 7. 6. 1916 den Verwaltungschefs überlassen, unter Berücksichtigung der örtlichen Verhältnisse und Einrichtungen nähere Vorschriften über die zur Anwendung zu bringenden Erziehungsmaßregeln, insbesondere über die etwaige Unterbringung in Erziehungsanstalten, zu erlassen.

c) Auf Grund der Feststellung des Vormundschaftsgerichts, daß der Vater (die Mutter, der Vormund, der Pfleger, der Arbeitsgeber) es an der nach Lage der Umstände erforderlichen Aufsicht habe fehlen lassen, ist der zuständige Kreis- (Stadt-)hauptmann befugt, ohne weiteres die Kosten der Erziehungsmaßregeln von den hierfür Haftenden einzuziehen.

Zu § 15.

Die jetzt gewählte Fassung des § 60 Abs. 1 Satz 3 russ. StGB. unterscheidet sich sachlich von der bisherigen nur dadurch, daß die

Worte „mit Geldstrafe" weggelassen sind. Hierdurch soll in Verbindung mit § 63 Abs. 3 zum Ausdrucke gebracht werden, daß auf die Geldstrafe bei Zusammentreffen mit anderen Strafen stets ihrem vollen Betrage nach gesondert zu erkennen ist.

Zu § 17.

a) Die Anwendung des § 138 russ. StGB. hat, wie der Wortlaut besagt, das Vorliegen einer verbindlichen Verordnung zur Voraussetzung. Hierunter sind Anordnungen allgemeinen und allgemeingültigen Inhalts mit Gesetzeskraft (Rechtsverordnungen, Polizeiverordnungen) zu verstehen. Sie müssen von einer zuständigen Stelle ausgehen. Den Chefs der Militärverwaltungen ist durch die Verordnungen vom 29. 2. 1916 und 16. 1. 1917 (BefuVOBl. Ziff. 87, 481) das Recht zum Erlasse von Polizeiverordnungen beigelegt. Dagegen haben die Kreis- (Stadt-)hauptleute ein solches Recht nicht. Daraus ergibt sich, daß die Nichtbefolgung der von ihnen ausgehenden, an die Allgemeinheit gerichteten Bekanntmachungen nicht zu einer Bestrafung aus § 138 führen kann, es sei denn, daß die Bekanntmachungen eine besondere gesetzliche Grundlage, etwa in einer von einer höheren Dienststelle im Rahmen ihrer Zuständigkeit erlassenen sogenannten Blankettverordnung, haben. Im übrigen macht es im Sinne des § 138 keinen Unterschied, ob die Verordnung unter deutscher oder unter russischer Herrschaft ergangen ist.

b) Dagegen betreffen die Anordnungen und Aufforderungen im Sinne des § 139 russ. StGB. lediglich „einzelne" Personen oder einen beschränkten Personenkreis und nur „einzelne" Fälle. Sie müssen „gesetzliche" sein, d. h. sich innerhalb der Zuständigkeit des Beamten bewegen. Der Begriff des Beamten ist hier nicht aus § 8 Ziff. 2 der Verwaltungsverordnung vom 7. 6. 1916 (vgl. auch Ziff. 440 BefuVOBl.), sondern aus § 636 russ. StGB. zu entnehmen.

Die Bestrafung aus § 139 wird durch die Anwendung von Zwangsmitteln gemäß §§ 5, 6 der Verordnungen vom 29. 2. 1916 und 16. 1. 1917 (BefuVOBl. Ziff. 87, 481) nicht ausgeschlossen. Zwangsmittel und Strafe verfolgen verschiedene Zwecke: Die Zwangsmittel werden angewandt, um die Durchführung der getroffenen Anordnung zu erreichen, wobei der Ungehorsam durch Zwang gebrochen wird, und um damit in der Zukunft einen bestimmten Erfolg herbeizuführen. Durch die Strafe soll dagegen eine bereits begangene Rechtsverletzung geahndet werden.

Zu § 19.

Die Vorschriften der StRVO. haben als Teile des neuen russischen Strafgesetzbuches — auch soweit sie nicht in dieses ausdrücklich als Paragraphen eingefügt sind — zu gelten. Daraus folgt u. a., daß die in § 19 Abs. 1 angedrohte Todesstrafe keine absolute Strafe ist, vielmehr beim Vorliegen mildernder Umstände gemäß § 53 russ. StGB. auf lebenslängliche oder zeitige Zuchthausstrafe erkannt werden kann.

Zu §§ 21, 22d.

Die Nichterwähnung der Geldstrafe neben der Gefängnisstrafe in den §§ 527 Ziff. 1 und 523a russ. StGB. bedeutet keine Änderung des bisherigen Rechtszustandes, da in den §§ 5 und 6 der StRVO. vom 14. 5. 1917 allgemeine Bestimmungen über die Zulässigkeit der Geldstrafe neben oder an Stelle der Freiheitsstrafe getroffen sind.

Zu § 23 Abs. 4.

Die Strafverfolgung kann vom Gerichte auch im Falle der Erhebung der Privatklage abgelehnt werden.

Zu § 25 Abs. 2 Satz 2.

Neben dem militärgerichtlichen Verfahren kann die Einleitung und Durchführung eines weiteren Verfahrens wegen Zuwiderhandlungen gegen die russischen Strafgesetze oder Verordnungen nur in Frage kommen, wenn in diesen eine schwerere Strafe oder Strafart als in den Verordnungen, Verfügungen oder Befehlen der deutschen Militärbefehlshaber oder der deutschen Verwaltungsbehörden angedroht ist; denn anderenfalls ist durch Abs. 2 Satz 1 die Anwendung der russischen Gesetze und Verordnungen ausgeschlossen. Die militärgerichtlich erkannte Strafe bleibt als solche bestehen; sie ist nur in der Weise auf die wegen Zuwiderhandlung gegen die russischen Gesetze oder Verordnungen zu verhängende Strafe in Anrechnung zu bringen, daß diese entsprechend niedriger zu bemessen ist. Wenn also z. B. das Militärgericht auf ein Jahr Gefängnis erkannt hat und wegen der durch eine und dieselbe Handlung begangenen Zuwiderhandlung gegen ein russisches Gesetz eine Zuchthausstrafe von drei Jahren angemessen erscheint, so ist die Zuchthausstrafe unter Anwendung § 63 Abs. 1 russ. StGB. nur auf zwei Jahre und sechs Monate zu bemessen.

Von seiten des Oberbefehlshabers Ost
Der Oberquartiermeister
gez.: v. Brandenstein.

Berichtigungen.

I.

Befehls- und Verordnungsblatt des Oberbefehlshabers Ost. Ziffer 193.

IX, 1662. Berichtigung von Unrichtigkeiten in den deutschen Übersetzungen des russischen Strafgesetzbuches und des russischen Friedensrichtergesetzes.

Die den Gerichten zur amtlichen Benutzung übermittelten Übersetzungen des russischen Strafgesetzbuches vom 22. März 1903 von Dr. Bernstein und des russischen Strafgesetzbuchs für Friedensrichter von Klibanski enthalten verschiedene Unrichtigkeiten, die offenbar auf Schreib- oder Druckfehler zurückzuführen sind.

So muß es im Strafgesetzbuch vom 22. März 1903 heißen:

1. In § 279 Ziffer 2:
„Zur Begehung der im § 564 (nicht in §§ 64) bezeichneten Beschädigungen fremden Vermögens."
2. In § 562 Absatz 2:
„mit Korrektionshaus" (nicht: „mit Zwangsarbeit nicht über 8 Jahre" — letztere Strafandrohung gilt nur für Absatz 3).

Ferner lautet § 12 Ziffer 3 des russischen Strafgesetzbuches für Friedensrichter[1]:

„Bei Verhängung einer Geldstrafe, die das Gesetz nur zu einem Höchstbetrage bestimmt, kann diese nach Ermessen des Richters gemildert werden." (Das Wort nicht, das die entgegengesetzte Bedeutung ergibt, kommt in Wegfall.)

Die Fehler sind unverzüglich in allen Exemplaren der Bücher handschriftlich zu berichtigen. Sollten noch weitere Unstimmigkeiten bemerkt werden, so ist unverzüglich nach hier Anzeige zu erstatten.

Hauptquartier, den 30. 4. 1916.

Von seiten des Oberbefehlshabers Ost.
Der Chef des Generalstabes.
Ludendorff.

1 Das Friedensrichtergesetz ist nicht geltendes Recht; vgl. § 1 StRVO.

II.

Befehls- und Verordnungsblatt des Oberbefehlshabers Ost. Ziffer 242. IX, 2072. Berichtigung weiterer Unstimmigkeiten in der Übersetzung des russischen Strafgesetzbuches von 1903.

Die Durchsicht der Bernsteinschen Übersetzung des russischen Strafgesetzbuches vom 22. März 1903 hat folgende weitere Druckfehler und Unstimmigkeiten (vgl. Befehls- und Verordnungsblatt Ziffer 193) ergeben, die zu berichtigen sind:

1. In § 10 Abs. 2 muß es heißen: „wird milder bestraft" (nicht: wird wieder bestraft).
2. In § 60 Abs. 1 muß es heißen: schwerste (nicht: höchste) Strafe.
3. In § 62 muß es heißen: nach den in §§ 2 und 63 (nicht 53) bezeichneten Grundsätzen.
4. In § 474 Abs. 2 muß es heißen: ... Bestimmungen außer acht gelassen hat (nicht: ... Bestimmungen nicht einhält).
5. In § 541 muß es heißen: kraft seines Berufes (nicht seines Standes).

   In dem Relativsatze: „wenn er sie ohne beachtenswerte Gründe offenbart" ist ferner das Wort „vorsätzlich" zwischen: wenn er sie ... und: ohne ... einzuschalten. Es muß also heißen: „wenn er sie vorsätzlich ohne beachtenswerte Gründe offenbart".
6. In § 581 Abs. 2 muß hinter den Worten „zur Nachtzeit ebenso wie bei den vorher aufgezählten strafschärfenden Voraussetzungen ein Semikolon statt des Kommas stehen. Das auch im russischen Text an dieser Stelle stehende Komma beruht auf einem Druckfehler.

   Im Abs. 4 am Ende daselbst muß es heißen: „aus Not" (nicht: „infolge äußerster Umstände").

Endlich wird noch darauf hingewiesen, daß der vielfach in Übersetzung gebrauchte Ausdruck „notorisch" im Sinne von „wissentlich", oder „wie dem Täter (nicht: der Allgemeinheit) bekannt" zu verstehen ist.

Hauptquartier, den 7. 6. 1916.

Von seiten des Oberbefehlshabers Ost.
Der Chef des Generalstabes.
Ludendorff.

Strafgesetzbuch.

Erstes Kapitel[1].

Von strafbaren Handlungen und Strafen im allgemeinen.

1 Kap. I findet bei Zuwiderhandlungen gegen Verordnungen usw. deutscher Behörden keine Anwendung (§ 25 StRVO.).

Erster Abschnitt.

Allgemeine Bestimmungen.

§ 1. Eine Handlung ist strafbar, wenn sie zur Zeit ihrer Begehung mit Strafe bedroht war[1].

1 Voraussetzung der Strafbarkeit ist, daß die Straftat bei Begehung durch irgendein am Tatort geltendes Gesetz unter Strafe gestellt war. Gemäß § 14 wird die Strafe bei späterer Änderung der Gesetze nicht nach dem zur Zeit der Begehung in Geltung gewesenen, sondern nach dem gegenwärtigen Gesetz bemessen. Jedoch kann die danach zu bestimmende Strafe im Rahmen des § 53 gemildert werden, wenn das frühere Gesetz milder war. Daraus ergibt sich, daß die durch § 19 StRVO. eingeführte Todesstrafe auch wegen früher begangener Verbrechen verhängt werden kann, daß auf sie aber, auch im Rahmen des § 19 I StRVO., bei Zubilligung mildernder Umstände im Sinne des § 53 wie — im Falle des § 14 — auch ohne Beschlußfassung über deren Vorliegen nicht erkannt zu werden braucht.

§ 2. Auf strafbare Handlungen werden folgende Strafen erkannt:

1) Todesstrafe,
2) Zuchthaus[1],
3) Gefängnis von drei Monaten bis zu sechs Jahren[1],
4) Festungshaft,
5) Gefängnis[2],
6) Haft,
7) Geldstrafe.

1 § 2 StRVO. Die im russischen Text vorgesehene Zwangsarbeit, Verschickung zur Ansiedlung und Korrektionshausstrafe sind durch § 2 StRVO. beseitigt und durch die Strafen zu 2 und 3 ersetzt worden. Das „Korrektionshaus" der Bernsteinschen Übersetzung ist im folgenden überall durch „Gefängnis von drei Monaten bis zu sechs Jahren" ersetzt, ebenso nach dem Muster der §§ 12, 16 StRVO. „Zwangsarbeit" usw.

durch „Zuchthaus“. 2 Die Aufrechterhaltung dieser Zweiteilung der Gefängnisstrafen ist nötig, da es sich um Strafarten verschiedener Schwere handelt, was namentlich bei §§ 60 und 62 von Wichtigkeit ist. Vgl. dazu Erl. S. 21.

§ 3. Eine mit dem Tode oder mit Zuchthaus[1] bedrohte Handlung ist ein Verbrechen.

Eine mit Gefängnis[2] (als Ersatzstrafe für Korrektionshaus), mit Festungshaft oder mit Gefängnis bedrohte Handlung ist ein Vergehen.

Eine mit Haft oder mit Geldstrafe bedrohte Handlung ist eine Übertretung.

1 Gemäß § 2 StRVO. an Stelle von Zwangsarbeit oder Verschickung zur Ansiedlung. 2 § 2 StRVO.

Zweiter Abschnitt.

Das Geltungsgebiet des StGB.

§ 4. Dieses Gesetz findet Anwendung auf alle im Inlande[1] begangenen strafbaren Handlungen, auch wenn der Täter ein Ausländer[2] ist, mit den in § 5 bezeichneten Ausnahmen.

1 Die Auslegung des Begriffs Inland hat zu Zweifeln Anlaß gegeben bei den Straftaten, die vor der Besetzung im nachträglich besetzten und dem russischen StGB. unterworfenen Gebiet begangen worden waren. Soweit es sich um Straftaten handelt, die zur Zeit ihrer Begehung überhaupt mit Strafe bedroht waren, ergibt sich aus § 14, daß sie nach dem gegenwärtigen Gesetz zu beurteilen sind. Einige Gerichte haben als Nebenargument verwendet, daß beim Fortschreiten der Besetzung sich auch das Geltungsgebiet des Gesetzes so weit ausdehne, als das Gebiet unter deutsche Verwaltung und Strafgerichtsbarkeit gestellt wird. Inland ist das unter dieses Gesetz gestellte besetzte Gebiet, soweit nicht einem anderen Staatswesen eingegliedert. 2 Ausländer im Sinn dieses Gesetzes sind alle nicht im Verwaltungsgebiet Oberost Eingesessenen, auch Reichsdeutsche. Der § 2 der StRVO. vom 14. 1. 16, der bestimmte, daß Reichsdeutsche dem russ. StGB. nicht unterworfen sein sollten, ist in die neueren Fassungen nicht übernommen. Daher sind alle örtlichen Straftaten Reichsdeutscher in demselben Maße dem russ. StGB. unterworfen, wie es bei Landeseinwohnern der Fall wäre. Von der Gestaltung der Staatsverfassung in den besetzten Gebieten wird es abhängen, ob Reichsdeutsche als Inländer angesehen werden können. — Ausgenommen sind alle Fälle militärgerichtlicher Zuständigkeit (§ 24 StRVO. und § 5).

§ 5. Dieses Gesetz findet keine Anwendung:

1) auf Handlungen, die nach kirchlichen Gesetzen, nach den Militär- und Kriegsmarinestrafordnungen, nach den Disziplinarordnungen, nach der Verschicktenordnung, nach den Ordnungen der Staats- und Verwaltungsbehörden und nach besonderen Bestimmungen und Ver-

ordnungen in den durch diese Gesetze, Ordnungen, Bestimmungen und Verordnungen gezogenen Grenzen mit Strafe bedroht sind [1];

2) auf Handlungen, die nach dem Gewohnheitsrecht [2] der fremden Völkerschaften mit Strafe bedroht sind [1], in den durch das Gesetz [3] gezogenen Grenzen;

3) [4] auf die im Großfürstentum Finnland begangenen strafbaren Handlungen, mit Ausnahme der im Gesetz [3] besonders bezeichneten Fälle;

4) auf strafbare Handlungen von Ausländern [5], die in Rußland [6] das Recht der Exterritorialität genießen [7].

1 Bernstein: gestraft werden. Alle diese Gesetze und Verordnungen sind noch gültig und durch § 1 StRVO. ausdrücklich aufrecht erhalten. Es muß daher von Fall zu Fall geprüft werden, ob ein solches Ausnahmerecht Platz greift. Das wird im einzelnen auf Schwierigkeiten stoßen, denn die Sonderbestimmungen sind nicht gesammelt; das russ. Gesetzgebungsmaterial ist unübersichtlich und in deutscher Sprache nicht vorhanden. Es wird daher dem deutschen Richter vielfach unmöglich sein, sich mit ihnen bekannt zu machen. Es dürfte sich eine Gesetzesänderung dahin empfehlen, daß nur den deutschen Sondergesetzen Geltung vorbehalten bleibt, die russischen aber aufgehoben werden. Die Verschicktenordnung ist sowieso praktisch gegenstandslos geworden. Eine Zusammenstellung der russischen Gesetze und Verordnungen findet sich bei Taganzew, soweit sie sich überhaupt geben läßt, da in gewissem Umfange die Verwaltungsbehörden bis zum Dorfältesten hinunter die Befugnis haben, Strafrechtsverordnungen zu erlassen (Taganzew Ziff. 4 zu § 5). Im Zweifel geht russ. StGB. diesen örtlichen Sondergesetzen vor (Taganzew a. a. O.). **2** Das Bernsteinsche „Gewohnheiten" ist nicht richtig übersetzt; es muß heißen „nach dem Gewohnheitsrecht" oder „den Gewohnheitsgesetzen". Gemeint ist damit das ungeschriebene Strafrecht der nomadisierenden Volksstämme, z. B. der Tataren, die eines festgefügten politischen Aufbaues entbehren, aber gewissermaßen als einzelstaatliche Gebilde angesehen werden und Gesetzgebungsrecht haben (vgl. Anm. 1). **3** Gemeint ist nicht das russ. StGB., das derartige Beschränkungen nicht enthält, sondern die allgemeine Gesetzsammlung, der Swod Sakonow. Näher darauf einzugehen, erübrigt sich, da sich derartig unorganisierte Stämme im besetzten Gebiet nicht befinden. Die ganze Ziffer 2 ist daher gegenstandslos. **4** Auch diese Bestimmung ist gegenstandslos, da Finnland nicht zum besetzten Gebiet gehört, jedenfalls nicht der Verwaltung Oberost unterstellt ist. Für Finnland bestand ein besonderes Strafgesetz; daher erklärt sich diese Ausnahmebestimmung. Heute ist Finnland im Verhältnis zum Verwaltungsgebiet Oberost Ausland. Dort begangene Straftaten sind also nach §§ 9 ff. zu beurteilen. Das russ. StGB. ist in Finnland bisher nicht eingeführt. **5** Vgl. § 4 Anm. 2. **6** Es kommen nur die besetzten, früher zu Rußland gehörenden Randstaaten in Frage. **7** Gegenwärtig belanglos, solange die einzelnen Teile von Oberost nicht selbständige Staatsgebilde mit dem Recht, diplomatische Vertretungen zu entsenden und bei sich aufzunehmen, geworden sind.

§ 6. Dieses Gesetz findet Anwendung auf die im Auslande[1] von russischen Untertanen[2], die dort das Recht der Exterritorialität genießen, begangenen strafbaren Handlungen.

1 Wörtlich: außerhalb Rußlands. Ausland in diesem Sinne ist das gesamte nicht unter der Verwaltung Oberost stehende Erdenrund, einschließlich Deutschlands und der russischen Republiken. In Rußland war zwar unter den im Vorwort aufgezählten Bestimmungen auch das Kap. 1 bereits vor dem Kriege eingeführt; dieses galt daher auch in den besetzten Gebieten schon vor dem Kriege; sie waren damals Inland im Sinne von § 4. Diese Eigenschaft hörte aber für die besetzten Gebiete mit der Besetzung und späteren Lostrennung auf. Für sie bedeutet die Neueinführung des russ. StGB. ein neues Gesetz. 2 Russische Untertanen in diesem Sinne sind folgerichtig nicht mehr alle Russen im staatsrechtlichen Sinne, sondern nur diejenigen früheren russischen Untertanen, die jetzt der Verwaltung Oberost unterstellt sind, d. h. alle staatsrechtlich in den besetzten Gebieten Beheimateten, die früher die russische Staatsangehörigkeit besaßen und mit der Lostrennung dieser Gebiete von Rußland verloren haben.

§ 7. Dieses Gesetz findet Anwendung auf die von russischen Untertanen[1] in der Türkei, in Persien, in China, in Korea oder anderen Ländern, deren Gerichtsbarkeit sie nicht unterworfen sind, begangenen strafbaren Handlungen.

1 Siehe § 6 Anm. 2. Das Gesetz auf andere als der Verwaltung Oberost unterstehende Personen, d. h. frühere, jetzt in Oberost staatszugehörige, Russen, auszudehnen, die sich in den in § 7 genannten Staaten aufhalten, war Oberost nur insoweit befugt, als es dort konsularische Vertreter unterhält. Denn § 7 regelt Fälle, der Konsulargerichtsbarkeit. Da derartige Vertretungen zurzeit für die zu Oberost gehörenden Staatengebilde noch fehlen, ist § 7 gegenstandslos und könnte in Wegfall kommen. Das um so mehr, als auch das Deutsche Reich z. B. in der Türkei sein bisheriges Recht zur Konsulargerichtsbarkeit aufgegeben hat und nicht anzunehmen ist, daß den Randstaaten dort höhere Rechte werden eingeräumt werden. Die notwendige Grundlage für § 7, zwischenstaatliche Verträge mit den Aufenthaltsstaaten, fehlt durchweg.

§ 8. Dieses Gesetz findet Anwendung auf die in Buchara[1] von russischen Untertanen oder von Ausländern christlichen Glaubensbekenntnisses begangenen strafbaren Handlungen.

1 Buchara ist zwar autonom, aber doch in gewissem Sinne abhängig von Rußland, indem es selbständige diplomatische Vertretungen nicht unterhalten darf, sondern durch Rußland mitvertreten wird; es besteht ein Suzeränitätsverhältnis. Ob die Revolution daran etwas geändert hat, ist noch nicht klar. Jedenfalls ist diese Suzeränität auf Oberost nicht übergegangen, § 8 daher gegenstandslos geworden.

§ 9. Dieses Gesetz findet nach Maßgabe[1] der §§ 10—12 auf die von russischen Untertanen[2] im Auslande[3], mit Ausnahme der in den §§ 7 und 8 bezeichneten Länder, begangenen strafbaren Handlungen Anwendung:

1) wenn die Handlung als ein Verbrechen oder Vergehen anzusehen ist, und [4]

2) wenn die Handlung als eine derartige Übertretung anzusehen ist, deren Bestrafung, im Falle ihrer Begehung in einem auswärtigen Staate oder überhaupt im Auslande, durch einen völkerrechtlichen Vertrag vorgesehen ist [5].

Dieses Gesetz findet nach Maßgabe der §§ 10 und 11 Anwendung auf die von Ausländern [6] im Auslande [3] mit Ausnahme Bucharas (§ 8), begangenen strafbaren Handlungen:

1) wenn die Handlung als ein Verbrechen oder ein solches Vergehen anzusehen ist, welches einen Angriff gegen Rechte russischer [7] Untertanen, das Vermögen oder die Einkünfte des russischen [7] Fiskus darstellt, und [4]

2) wenn die Bestrafung der Handlung im Falle ihrer Begehung in einem auswärtigen Staate oder im Auslande überhaupt durch einen mit Rußland geschlossenen völkerrechtlichen Vertrag [8] vorgesehen ist.

1 Bernstein: mit den Modifikationen. 2 § 6 Anm. 2. 3 § 6 Anm. 1. 4 So im russischen Text; richtiger „oder". 5 Diese Regelung entspricht dem § 6 StRVO. Derartige völkerrechtliche Verträge d. h. bindende Abmachungen der Randstaaten oder Oberosts mit anderen Staaten bestehen zur Zeit nicht. Ob Übertretungen vorliegen, ist nach russ. StGB. oder sonstigen in Oberost geltenden Strafbestimmungen zu entscheiden. 6 Vgl. § 4 Anm. 2. 7 „Russisch" ist auch hier gleichbedeutend mit Oberost. 8 Ein von Rußland abgeschlossener völkerrechtlicher Vertrag dürfte für seine durch den Krieg zum Verwaltungsgebiet Oberost abgesprengten Teile kaum Gültigkeit haben, da diese schwerlich insoweit als Rechtsnachfolger Rußlands werden angesehen werden können. Es bedarf daher neuer Abmachungen der Randstaaten oder derjenigen Staaten, denen sie staatsrechtlich an- oder eingegliedert werden, mit den damaligen Vertragsgegnern Rußlands, um eine Strafgrundlage im Sinne der Ziff. 2 zu schaffen.

§ 10. Wer im Auslande [1] eine strafbare Handlung begangen hat, wird in den Fällen des § 9 nach diesem Gesetz nicht verfolgt:

1) wenn die Handlung nach den Gesetzen des Ortes, an dem sie begangen wurde, nicht verboten ist;

2) wenn der Täter durch ein rechtskräftiges Urteil des ausländischen Gerichts freigesprochen oder von der Strafe befreit worden ist;

3) wenn der Täter die vom ausländischen Gericht erkannte Strafe voll verbüßt hat, und [2]

4) wenn die gegen einen auswärtigen Staat gerichtete strafbare Handlung zu denjenigen gehört, wegen deren die Auslieferung unzulässig ist.

Wer wegen einer im Auslande begangenen strafbaren Handlung nach § 9 verfolgt wird, wird nach den Grundsätzen des § 53 milder[3] bestraft, wenn er einen Teil der vom ausländischen Gericht gegen ihn erkannten Strafe verbüßt hat, oder wenn das Gesetz des Ortes, an welchem die strafbare Handlung begangen wurde, milder ist als dieses Gesetz.

1 Vgl. § 6 Anm. 1. 2 Vgl. § 9 Anm. 4. 3 Gemäß VO. 7. 6. 16 anstatt „wieder" in der Bernsteinschen Übersetzung.

§ 11. Die Bestimmungen des § 10 Abs. 1, Ziff. 1 und 2 und Abs. 2 finden auf die unter §§ 99—102 und[1] § 126 und, wenn der Täter russischer Untertan[2] ist, auch auf die unter §§ 103 Abs. 1, 108—111, 114—118,[1] 643 Abs. 2 und 3, 645 Abs. 4 und 668 fallenden strafbaren Handlungen keine Anwendung.

1 Die §§ 99—102, 103—118 sind durch § 8 StRVO. aufgehoben. 2 Vgl. § 6 Anm. 2.

§ 12. Gegen einen russischen Untertan[1], der wegen einer strafbaren Handlung, die in diesem Gesetz oder in besonderen Ordnungen oder Verordnungen mit einer nicht geringeren Strafe als Zuchthaus[2] bedroht ist, im Auslande[3] die Strafe voll verbüßt hat (§ 10 Abs. 1 Ziff. 3), ist nach seiner Rückkehr nach Rußland auf den in den §§ 25, 28—31[4], 34 und 35 erwähnten Verlust der Rechte, und falls jene Strafe wegen der in den §§ 99—102 vorgesehenen Verbrechen verbüßt war, außerdem auf Verschickung zur Ansiedlung[5] durch Gerichtsurteil zu erkennen.

1 Vgl. § 6 Anm. 2. 2 Gemäß § 2 StRVO. an Stelle von Zwangsarbeit. 3 Vgl. § 6 Anm. 1. 4 § 29 ist nach § 8 StRVO. außer Kraft. 5 §§ 99 bis 102 sind nach § 8 StRVO. außer Kraft.

§ 13. Ein Ausländer[1], der im Auslande[2] ein Verbrechen oder Vergehen begangen hat, unterliegt der Auslieferung gemäß dem mit dem die Auslieferung des Täters begehrenden Staate geschlossenen Vertrage oder der in dieser Beziehung mit diesem Staat bestehenden[3] Gegenseitigkeit, wenn er nicht wegen jener strafbaren Handlung in Rußland im gesetzlichen Verfahren[4] verurteilt, freigesprochen oder von der Strafe[5] befreit worden ist.

1 § 6 Anm. 1. 2 Im russischen Text steht wörtlich: außerhalb der Grenzen Rußlands. 3 Bernstein: feststehenden. Damit ist nicht nur vertragliche Vereinbarung, sondern auch gewohnheitsrechtliche

Herausbildung von Auslieferungsregeln gemeint. Für die Randstaaten sind noch keinerlei derartige Verträge geschlossen oder Vereinbarungen über zu gewährende Gegenseitigkeit getroffen. 4 Bernstein: festgesetztem Wege. 5 Bernstein: Bestrafung. Im russischen Text steht das in § 10 Ziff. 2 und 3 durch „Strafe" wiedergegebene Wort. Es kommt nicht Begnadigung in Frage, sondern ein dem deutschen Strafprozeß nicht bekanntes, auf Grund von Schuldausschließungsgründen ergehendes freisprechendes Urteil besonderer Art. Vgl. § 38 Anm. 2.

§ 14. Das spätere Gesetz wird vom erkennenden Gericht auch auf diejenigen vor dessen Inkrafttreten begangenen Handlungen, die zur Zeit ihrer Begehung mit Strafe bedroht waren, angewendet.

Wenn das zur Zeit der Begehung der strafbaren Handlung geltende Gesetz für diese eine weniger strenge Strafe vorsieht als das spätere Gesetz, so kann die nach dem späteren Gesetze bestimmte Strafe nach den Grundsätzen des § 53 ermäßigt werden [1].

Die Bestrafungsverjährung wird nach dem Gesetz der Zeit der begangenen Handlung (§ 68, Ziff. 1 und 2) [2] oder der Zeit der Fällung des Urteils (§ 68 Ziff. 3) [3] berechnet, wenn durch dieses Gesetz eine kürzere Verjährung festgesetzt ist als nach dem späteren Gesetz [4].

1 Die Fassung beruht auf § 9a StRVO. 2 Der erste Halbsatz bezieht sich auf die Verfolgungsverjährung. 3 Damit ist die Vollstreckungsverjährung gemeint. Abs. 3 bedeutet danach: Die Verjährung der Strafverfolgung wird nach dem zur Zeit der Begehung der Tat, die der Strafvollstreckung nach dem zur Zeit der Urteilsfällung geltenden Gesetz berechnet, wenn dieses eine kürzere Verjährungsfrist vorsieht als das spätere Gesetz. 4 Es findet stets das spätere Gesetz Anwendung, wenn zur Zeit der Begehung ein anderes Gesetz galt, als es zur Zeit der Aburteilung gilt. Die Strafe kann aber gemildert werden, wenn das alte Gesetz eine weniger strenge Bestrafung vorsah. Vgl. Obost IX, vom 29. 1. 18 (Sammelbefehle Ziff. 150).

Dritter Abschnitt.

Strafen.

§ 15. Die Todesstrafe [1] ist durch den Strang und nicht öffentlich zu vollziehen [2].

1 S. Erl. S. 23 zu § 19 StRVO. und § 1 Anm. 2 Über die Art der Vollstreckung bestehen keine zwingenden Vorschriften. In Litauen, Kurland und Riga ist der Galgen mit Falltür gebräuchlich. Er gewährleistet durch tiefen Sturz des Verurteilten entweder Genickbruch und damit sofortigen Tod oder infolge der Stauchung in Nerven und Blutgefäßen wenigstens augenblickliche Bewußtlosigkeit, welcher der Erstickungstod ziemlich bald folgt.

§ 16[1]. Die Zuchthausstrafe ist eine lebenslängliche oder eine zeitige. Der Höchstbetrag der zeitigen Zuchthausstrafe ist fünfzehn Jahre, der Mindestbetrag ein Jahr.

1 §§ 16—18 sind durch § 8 StRVO. aufgehoben. An Stelle des § 16 ist § 2 StRVO. getreten, dem obige Fassung angepaßt ist. In § 16 war der Mindestbetrag der zeitigen Zwangsarbeitsstrafe auf 4 Jahre, der Höchstbetrag auf 15 Jahre festgesetzt. Es sind Zweifel darüber entstanden, welches der Mindestbetrag der an Stelle von Zwangsarbeit tretenden Zuchthausstrafe bei Versagung mildernder Umstände ist. Folgende Gründe sprechen dafür, daß nicht unter vier Jahren Zuchthaus erkannt werden kann: § 2 Abs. 1b StRVO. bestimmt, daß für zeitige Zwangsarbeit zeitige Zuchthausstrafe eintreten soll, deren Höchstbetrag in Abs. 3 auf 15, deren Mindestmaß auf 1 Jahr festgesetzt ist. Dazu bestimmt Abs. 4, daß abgesehen davon für die Ersatzstrafen alle früheren Bestimmungen in Geltung bleiben. Die Praxis der Gerichte geht nun, soweit bekannt, übereinstimmend dahin, daß für das Höchstmaß der Ersatz-Zuchthausstrafe das in den Einzelbestimmungen des besonderen Teils jeweils festgesetzte Höchstmaß der ersetzten Zwangsarbeit maßgebend ist, daß also trotz Ziff. 2 in keinem Falle über die alten Höchstgrenzen hinauszugehen ist. Abs. 1b des § 2 StRVO. wird also dahin ausgelegt, daß zeitige Zuchthausstrafe nur dann eintritt, wenn das russ. StGB. zeitige Zwangsarbeit vorsah, daß aber in den Fällen eines bestimmten anderen Strafmaßes dieses Geltung behält. Die Richtigkeit dieser Ansicht ergibt sich aus § 2 Abs. 4. Es liegt kein Grund vor, diesen Standpunkt nur beim jeweiligen Höchstbetrag zu vertreten, bei dem Mindestmaß aber anders zu verfahren. Der das Mindestmaß der Zwangsarbeit bestimmende § 16 ist zwar außer Kraft gesetzt, damit ist aber nur die Strafart, nicht auch die zeitige Begrenzung der Strafdauer beseitigt. § 2 Abs. 4 läßt im Gegenteil die alten Bestimmungen in Kraft; Abs. 2 regelt nur den gesetzlichen Höchst- und Mindestbetrag der zeitigen Zuchthausstrafe, insbesondere auch derjenigen des § 19 StRVO., gibt aber keinerlei Bestimmungen über ihre Dauer im Einzelfalle. Diese ergibt sich vielmehr aus den in den sonstigen Paragraphen bestimmt gewesenen Grenzen. Die untere Grenze war bei Zwangsarbeit nach allen Gesetzen stets 4 Jahre. Daher ist das Mindestmaß der an Stelle von Zwangsarbeit tretenden Zuchthausstrafe 4 Jahre. Anders bei der Verschickung, die früher stets lebenslänglich war; an ihre Stelle ist jetzt zeitige Zuchthausstrafe, also von 1—15 Jahren getreten (§ 2 Ziff. 1b StRVO.). Die Frage ist von wesentlicher praktischer Bedeutung insbesondere in den §§ 585, 587, 597 und 600. Dort ist in den zweiten Absätzen eine Strafschärfung gegenüber den ersten Absätzen vorgenommen. In Abs. 1 ist anstatt von Korrektionshaus auf Gefängnis nicht unter 3 Jahren zu erkennen. Folgt man nun der Ansicht, daß an Stelle der Zwangsarbeit schlechthin auf Zuchthaus, d. h. also bis zu einem Jahre herunter, erkannt werden kann, so ergibt sich, daß die Strafen in den schwereren Fällen der Absätze 2 milder ausfallen könnten und bei jeweiliger Einsetzung des Mindestbetrags ausfallen müßten als in den leichteren Fällen der ersten Absätze. Das liefe aber dem einheitlich aufgebauten Strafensystem des Gesetzes und einer gerechten Abwägung der Strafen zuwider; die Strafe der zweiten Absätze soll nach Art und Maß schwerer sein. Dem wird

nur die durchgehende Festsetzung des Strafminimums der Ersatzstrafe für Zwangsarbeit auf 4 Jahre Zuchthaus gerecht.

§ 17. Aufgehoben durch § 8 StRVO.

§ 18[1]. Der Höchstbetrag der an die Stelle der Korrektionshausstrafe tretenden Gefängnisstrafe ist sechs Jahre, der Mindestbetrag drei Monate.

1 § 18 ist durch § 8 StRVO. aufgehoben. An seine Stelle ist der abgedruckte Abs. 3 des § 2 StRVO. getreten.

§ 19. Der Höchstbetrag der Festungshaft ist sechs Jahre, ihr Mindestbetrag zwei Wochen.

Die Verurteilten werden in gemeinsamer Haft gehalten.

§ 20. Der Höchstbetrag der Gefängnisstrafe ist ein Jahr[1], ihr Mindestbetrag zwei Wochen[2].

1 Ausnahmen §§ 64, 65, 581 II. 2 Abs. 2 und 3 sind durch § 8 StRVO. aufgehoben.

§ 21. Der Höchstbetrag der Haft ist sechs Monate, ihr Mindestbetrag ein Tag[1].

1 Abs. 2—4 sind durch § 8 StRVO. aufgehoben.

§ 22[1]. Die Dauer einer Zuchthausstrafe darf nur nach vollen Monaten, die Dauer einer anderen Freiheitsstrafe nur nach vollen Tagen bemessen werden.

Die Dauer der im Gesetz vorgesehenen Nebenstrafen: der Entziehung des Rechts, die im Gesetz bestimmten Arten von Handel oder[2] Gewerbe oder andere im Gesetz bezeichnete Tätigkeiten nach Verbüßung der Strafe auszuüben, ebenso des Verbotes der Bekleidung gleicher und höherer Ämter, welches die Folge der Amtsentsetzung von Beamten und[3] von geistlichen Personen andersgläubiger christlicher und auch nichtchristlicher Bekenntnisse[4] ist, — darf nur nach vollen Monaten bemessen werden.

Bei Freiheitsstrafen werden der Tag zu vierundzwanzig Stunden, die Woche zu sieben Tagen, der Monat und das Jahr nach der Kalenderzeit gerechnet.

1 Der Text beruht auf § 10 StRVO. 2 Bernstein fälschlich: und. 3 Vgl. § 9 Anm. 4. 4 Der Bernsteinsche Text hat hier überflüssigerweise noch einmal „die Folge".

§ 23[1]. Durch § 8 StRVO. aufgehoben.

1 Zu den vorstehenden Bestimmungen enthalten §§ 3—6 StRVO. folgende Ergänzungen:

§ 3. Die zu einer Freiheitsstrafe Verurteilten können zu Arbeiten sowohl innerhalb als auch außerhalb der Anstalt, in der sie die Strafe verbüßen, verwendet werden. Die näheren Bestimmungen sind im Geltungsbereiche der Verwaltungsordnung vom 7. Juni 1916 (Befehls- und Verordnungsblatt Ziffer 259) vom Verwaltungschef zu treffen.

Bei der Zuweisung von Arbeit an die Gefangenen ist auf ihren Gesundheitszustand, ihre Fähigkeiten, ihren Bildungsgrad und ihre Berufsverhältnisse Rücksicht zu nehmen.

Freiheitsstrafen im Sinne dieser Verordnung sind Zuchthaus, Gefängnis, Festung, Haft und Arrest.

§ 4. Wird eine Gefängnisstrafe oder eine Haftstrafe verhängt, so kann, insbesondere bei solchen Handlungen, welche eine rohe oder ehrlose Gesinnung verraten, im Urteil oder in der Strafverfügung angeordnet werden, daß die Strafe ganz oder teilweise als mittlerer oder strenger Arrest gemäß den Bestimmungen der §§ 25 und 26 des deutschen Militärstrafgesetzbuches[1] zu vollstrecken ist.

Der Höchstbetrag des mittleren Arrestes ist sechs Wochen, der Höchstbetrag des strengen Arrestes vier Wochen.

Strenger Arrest ist gegen männliche Personen bis zum vollendeten vierzehnten Lebensjahre, gegen weibliche Personen bis zum vollendeten achtzehnten Lebensjahre unzulässig. Seine Dauer darf bei männlichen Personen bis zum vollendeten sechszehnten Lebensjahre eine Woche und bei männlichen Personen bis zum vollendeten achtzehnten Lebensjahre zwei Wochen nicht übersteigen.

1 Oben S. 12, 21.

§ 5. Bei allen Verbrechen und Vergehen, welche in den russischen Strafgesetzen und Verordnungen nur mit Freiheitsstrafe bedroht sind, kann neben der Freiheitsstrafe auf Geldstrafe, bei Verbrechen bis zu zwanzigtausend Rubeln, bei Vergehen bis zu zehntausend Rubeln, erkannt werden. Kann die Geldstrafe nicht beigetrieben werden, so ist die Freiheitsstrafe angemessen zu erhöhen; auf die Erhöhung finden die Vorschriften des § 64 Absatz 2 Nr. 2 des neuen russischen Strafgesetzbuches entsprechende Anwendung.

§ 6. Bei allen Vergehen und Übertretungen, welche in den russischen Strafgesetzen und Verordnungen nur mit Freiheitsstrafe bedroht sind, kann auf Geldstrafe statt auf Freiheitsstrafe erkannt werden, wenn es nach Lage des Falles angemessen erscheint. Der Höchstbetrag der Geldstrafe ist bei Vergehen fünfzehntausend Rubel, bei Übertretungen zweitausend Rubel. Die für den Fall der Nichtbeitreibbarkeit der Geldstrafe an deren Stelle tretende Freiheitsstrafe bestimmt sich hinsichtlich Art und Dauer nach derjenigen Freiheitsstrafe, mit welcher das Vergehen oder die Übertretung im Gesetze bedroht ist. Die Vorschriften des § 59 des neuen russischen Strafgesetzbuches finden hierbei keine Anwendung.

§ 24. Die[1] Geldstrafe darf nur nach vollen Halbrubeln[2] bemessen werden, mit Ausnahme der Fälle, in denen das Gesetz eine besondere Art ihrer Berechnung angibt. Wenn als Höchstbetrag einer Strafe nicht weniger als hundert Rubel festgesetzt sind, so darf nicht unter den Betrag von zehn Rubeln herabgegangen werden[3, 4].

1 Der Bernsteinsche Text hat zwischen „die" und „Geldstrafe" noch die im Deutschen überflüssigen Worte „Größe der". 2 Im russ. StGB. sind die Geldstrafen nach Rubeln bemessen. Die StRVO. hat es dabei belassen, während in allen anderen Rechtsverordnungen mit Strafandrohung die Geldstrafen nach Mark normiert werden. Das letztere entspricht dem in der Verwaltung sonst ständig betätigten Bestreben, die Rubelwährung allmählich auszuschalten. Durch VO. Obost 15. 9. 18 (VOBl. Ziff. 394) ist der russische Rubel als gesetzliches Zahlungsmittel verboten. Um einheitliche Strafen verhängen zu können, hat sich bei den Gerichten vielfach der Brauch herausgebildet, auch die Strafen auf Grund des russ. StGB. nach Mark zu bemessen. Eine Änderung des russ. StGB. und der StRVO. in diesem Sinne ist wünschenswert. Über die Umrechnung des Rubelwerts in Mark bestehen Zweifel, deren Lösung verschieden ist, je nachdem russische oder Ostrubel als verhängt angesehen werden. Der Wert des russischen Rubels sinkt beständig; der amtliche Umrechnungssatz schwankt daher. Es besteht keine Veranlassung, jetzt noch auf russische Rubel zu erkennen. Vielmehr erscheint angemessen und geboten, wenn überhaupt noch auf Rubel erkannt wird, darunter nur Ostrubel zu verstehen, deren feststehender Umrechnungssatz 1 Rbl. = 2 M. ist. 3 Der Mindestsatz in allen Fällen der §§ 5, 6 StRVO. ist daher 10 Rbl. oder 20 M. 4 Abs. 2 und 3 sind durch § 8 StRVO. aufgehoben.

§ 25. Die Verurteilung zur Todesstrafe oder zu Zuchthaus[1] hat die Entziehung der Standesrechte[2] zur Folge[3], [4].

Die Entziehung dieser Rechte besteht: für Adelige — im Verlust des erblichen oder persönlichen Adels und aller mit diesem verbundenen Vorrechte; für Religionsdiener, Personen des Mönchsstandes und überhaupt des geistlichen Standes — im Verlust der geistlichen Würde und des Standes und aller mit diesen verbundenen Vorrechte; für persönliche und erbliche Ehrenbürger, für Kaufleute und Angehörige der übrigen Stände — im Verlust der jedem dieser Stände im besonderen zugeeigneten Rechte und Vorrechte.

1 Gemäß § 2 StRVO. an Stelle von Zwangsarbeit oder Verschickung zur Ansiedlung. 2 Entspricht der Aberkennung der bürgerlichen Ehrenrechte des § 32 RStGB. 3 Zwingende Vorschrift im Gegensatz zu den Ehrenstrafen in §§ 32, 33. Die Entziehung im Urteil ausdrücklich auszusprechen, entspricht der bisherigen Gepflogenheit und der deutschen Praxis. Der Rechtsverlust tritt aber auch ohne ausdrückliche Einbeziehung in den Urteilstenor ein, wie das auch von den Ehrenstrafen in §§ 26—28, 30, 34, 35 gilt. 4 Es sind Zweifel darüber entstanden, ob auch bei Verurteilung zu Zuchthausstrafe in den Fällen des § 19 II StRVO. auf Entziehung zu erkennen ist, weil sich darunter Bestimmungen befinden, die nach russ. StGB. nur Korrektionshaus oder Gefängnisstrafe vorsahen, in denen also § 25 nicht zur Anwendung käme. Hier einen Unterschied zu machen, erscheint nicht angängig. Durch die StRVO. ist, wie die Erläuterungen zu §§ 2 und 19 (S. 21, 23) ergeben, das russ. StGB. abgeändert und ein einheitliches neues Gesetz geschaffen. Der § 25 hat daher jetzt die oben abgedruckte Fassung;

es gibt nur eine einheitliche Zuchthausstrafe, die auch in bezug auf Nebenstrafen stets denselben Bestimmungen unterliegen muß. Die abweichende Behandlung der Zuchthausstrafe in den Fällen, in denen das russ. StGB. Zwangsarbeit oder Verschickung nicht vorsah, würde eine nicht gerechtfertigte Spaltung zweier Arten von Zuchthausstrafen bedeuten, die der StRVO. offenbar ferngelegen hat.

§ 26. Die Verurteilung zu Gefängnis[1] an Stelle der Korrektionshausstrafe hat für Adelige, Religionsdiener, Personen des Mönchsstandes und überhaupt des geistlichen Standes, Ehrenbürger und Kaufleute die Entziehung der Standesrechte (§ 25) zur Folge[2].

1 Gemäß § 2 StRVO. 2 Ausdrückliche Hervorhebung im Urteil nicht erforderlich (vgl. § 25 Anm. 3), aber gebräuchlich.

§ 27. Die Verurteilung zur Gefängnisstrafe[1] hat für Adelige, Religionsdiener, Personen des Mönchsstandes und überhaupt des geistlichen Standes, ebenso für Ehrenbürger, wenn sie eins der in den §§ 158 Abs. 2 Ziff. 1, 168 Abs. 2 Ziff. 2, 274 Abs. 2, 279, 344 Abs. 4, 351, 352, 427, 428, 431, 432, 434, 435 Abs. 2, 440, 441, 442 Abs. 3, 443 Abs. 3, 516, 524—527, 574 Abs. 1 u. 2, 575—578, 579 Abs. 2, 580, 581 Abs. 1—3, 582, 583, 586, 588, 590, 591 Abs. 1 u. 2, 592—596, 598, 599, 607—609, 611—616, 619 Abs. 2, 626, 656 Abs. 3, 657—659, 661, 664, 665 und 673—675 vorgesehenen Vergehen begangen haben, die Entziehung der Standesrechte (§ 25) zur Folge[2].

Für die Gemeinen der Reserve und für die in der Reserveklasse oder in den Freijahren befindlichen Kasaken hat die Verurteilung zur Gefängnisstrafe, wenn sie eins der in den im Abs. 1 aufgezählten Paragraphen vorgesehenen Vergehen begangen haben, die Entziehung des Unteroffiziersranges und der anderen diesem entsprechenden Ränge zur Folge[3].

1 Im Sinne des § 20 russ. StGB. 2 Vgl. § 26 Anm. 2. 3 Abs. 2 ist infolge der gegenwärtigen Verhältnisse gegenstandslos.

§ 28. Die Verurteilung zur Todesstrafe, zu Zuchthaus[1] oder Gefängnis an Stelle der Korrektionshausstrafe[2], ebenso zu einer mit Entziehung der Standesrechte verbundenen Gefängnisstrafe (§ 27), hat den Verlust der Ehrentitel, Würden, Orden und anderer von der Regierung verliehenen Ehrenzeichen, der Ehrenämter und Pensionen, ebenso die Entfernung aus den staatlichen, kirchlichen, ständischen, landschaftlichen, städtischen und öffentlichen Ämtern zur Folge.

1 Gemäß § 2 StRVO. an Stelle von Zwangsarbeitsstrafe, Verschickung zur Ansiedlung (vgl. § 25 Anm. 3, 4). 2 Bei Bernstein versehentlich fortgelassen.

§ 29. Aufgehoben durch § 8 StRVO.

§ 30. Die zu Zuchthaus[1] oder Gefängnis an Stelle der Korrektionshausstrafe und ebenso die zu einer mit Entziehung der Standesrechte verbundenen Gefängnisstrafe (§ 27) Verurteilten verlieren das Recht:

1) an den Beschlußfassungen und Wahlen der ständischen Versammlungen teilzunehmen und in den landschaftlichen, städtischen oder öffentlichen Versammlungen zu wählen oder gewählt zu werden;

2) in staatlichem, ständischem, landschaftlichem oder öffentlichem Dienst zu stehen;

3) im Heere oder in der Marine zu dienen;

4) Kirchenämter zu bekleiden;

5) für Handelsunternehmungen der ersten zwei und für Gewerbeunternehmungen der ersten fünf Klassen, ebenso für diesen entsprechende Dampfschiffunternehmungen und auch für Unternehmungen zum Betrieb von Gold- und Platinwerken Gewerbescheine zu lösen;

6) Vormund oder Pfleger zu sein;

7) Vorsteher, Erzieher oder Lehrer an einer öffentlichen oder privaten Lehranstalt zu sein oder die Rechte eines Hauslehrers auszuüben[2];

8) Schiedsrichter, Mitglied einer Konkursverwaltung oder Administration, beeidigter Pfleger, Geschworener, Rechtsanwalt oder Anwalt in Angelegenheiten, die in staatlichen, ständischen, landschaftlichen, städtischen oder öffentlichen Instituten verhandelt werden, zu sein;

9) Zeuge bei Verträgen oder Vorgängen zu sein, die der Erhärtung[3] durch Zeugen bedürfen.

1 Gemäß § 2 StRVO. an Stelle von „Zwangsarbeitsstrafe, Verschickung zur Ansiedlung"; vgl. § 25 Anm. 3, 4. 2 Bernstein: genießen. 3 Bernstein: Beglaubigung. Dieser Ausdruck ist vermieden, weil er nach deutscher Gesetzessprache eine ganz bestimmte Bedeutung hat. Es handelt sich nicht um eine formelle, amtliche Beglaubigung, sondern um eine formlose Mitwirkung von Zeugen zum Zwecke der Erhöhung der Beweiskraft; vgl. u. a. §§ 440, 445 ff. Deutsch am besten: Zuziehung von Zeugen.

§ 31. Die auf Grund des § 30 verlorenen Rechte werden, mit Ausnahme der Fälle, in denen ihre Wiederherstellung nach Ablauf irgendwelcher Fristen mit besonderen Gesetzesbestimmungen unvereinbar wäre, wiedererworben: von den[1] zu Zuchthaus Verurteilten

— nach Ablauf von zehn Jahren seit ihrer Entlassung aus der Strafanstalt; von den zu Gefängnis an Stelle der Korrektionshausstrafe Verurteilten — nach Ablauf von zehn Jahren, und von den zur Gefängnisstrafe Verurteilten — nach Ablauf von fünf Jahren seit ihrer Entlassung [2].

Wenn die Verurteilten sich gut geführt haben, kann auf ihr Gesuch [3] die Dauer der bezeichneten Fristen abgekürzt [4] werden, wenn für sie die Hälfte der Dauer dieser Fristen schon abgelaufen ist und wenn sie dabei am letzten Wohnorte nicht weniger als zwei Jahre verbracht haben.

1 Die folgenden Änderungen gegenüber dem Bernsteinschen Text beruhen auf § 2 StRVO. 2 Bernstein: Befreiung. 3 Bernstein: Ersuchen. 4 Bernstein: reduziert.

§ 32. Die zu einer Gefängnisstrafe [1] Verurteilten können, falls nach Feststellung [2] des Gerichts die strafbare Handlung eine Folge von Nichtstun oder Müßigkeit [3] ist, auf Anordnung des Gerichts unmittelbar nach Verbüßung der Strafe für die Dauer von sechs Monaten bis zu zwei Jahren in einem Arbeitshaus untergebracht werden.

1 Die des russ. StGB. (§ 20). 2 Bernstein: Erkenntnis. 3 Bernstein: Müßiggang und Faulenzerei. Das erste Wort ist mißverständlich, da es technischer Ausdruck in § 274 ist. Der im Russischen dort gebrauchte steht nicht in § 32. Wohl aber ist hier an zweiter Stelle ein jenem im Stamme verwandtes Wort gebraucht. Dem wird die oben wiedergegebene Übersetzung gerecht; Feststellung des Tatbestandes des § 274 ist daher nicht erforderlich. Im Russischen steht „oder“ statt „und“ bei Bernstein.

§ 33. In den vom Gesetz vorgesehenen Fällen [1] ist auf die im Gesetz besonders bezeichneten Nebenstrafen [1] unter Beobachtung folgender Bestimmungen in den entsprechenden Fällen zu erkennen:

1) die Dauer der Entziehung des Rechts, die im Gesetz bestimmten Arten von Handel und Gewerbe oder andere im Gesetz bezeichnete Tätigkeiten auszuüben, wird von der Verbüßung der Strafe an gerechnet;

2) [2]

3) in den Fällen, in welchen das Gesetz die Veröffentlichung des gerichtlichen Urteils vorschreibt, ist dieses auf Kosten des Verurteilten in einer staatlichen und einer privaten Zeitung [3] nach Bestimmung des Gerichts zum Abdruck zu bringen;

4) die im Gesetz vorgeschriebene Amtsentsetzung von Beamten, ebenso von geistlichen Personen der andersgläubigen christlichen

und nichtchristlichen Konfessionen zieht das zeitige oder lebenslängliche Verbot der Bekleidung gleicher und höherer Ämter nach sich, mit Ausnahme des in § 65 Abs. 2 vorgesehenen Falles.

1 Gemeint sind nicht die in §§ 25—32, sondern in den einzelnen Bestimmungen des besonderen Teils geregelten Fälle. 2 Ziff. 2 ist durch § 8 StRVO. aufgehoben. 3 Bernstein: Zeitschrift; es kommen aber die täglich erscheinenden oder diesen gleichgestellten Blätter, also Zeitungen, in Frage.

§ 34. Die zu Zuchthaus[1] oder Gefängnis an Stelle der[2] Korrektionshausstrafe, ebenso die zu einer mit Entziehung der Standesrechte verbundenen Gefängnisstrafe (§ 27) Verurteilten unterliegen nach ihrer Entlassung[3] folgenden Beschränkungen:

1) sie dürfen in den vom Gesetz bezeichneten Gouvernements, Kreisen, Städten oder anderen Gegenden weder wohnen noch sich aufhalten;

2) falls sie bei der Entlassung keinen Wohnort wählen, wird ihnen dieser von der örtlichen[4] Gouvernementsobrigkeit[5] angewiesen;

3) sie dürfen den gewählten oder angewiesenen Wohnort vor Ablauf eines halben Jahres nach ihrer Niederlassung an diesem ohne besondere Erlaubnis der Ortspolizei nicht verlassen, und

4) dürfen sie nach Ablauf eines halben Jahres nach ihrer Niederlassung am gewählten oder angewiesenen Wohnort diesen nur mit Wissen der Ortspolizei wechseln.

1 Gemäß § 2 StRVO. an Stelle von Zwangsarbeit, Verschickung zur Ansiedlung. Die Bestimmungen gelten aber auch für die auf Grund des § 19 StRVO. zu verhängende Zuchthausstrafe; vgl. Anm. 4 zu § 25. 2 Gemäß § 2 StRVO. ergänzt. 3 Auf Grund des § 2 StRVO. geändert gegenüber dem russischen Text; vgl. § 35 Anm. 2, 5. 4 Bei Bernstein: lokalen. 5 Wo Gouvernements nicht bestehen, tritt an deren Stelle die mit der Ausübung der Landespolizei beauftragte Behörde.

§ 35. Die Dauer der im § 34 bezeichneten Fristen der Rechtsbeschränkungen in der Wahl und im Wechsel des Wohnorts beträgt: für die zu Zuchthaus[1] Verurteilten — fünf Jahre nach der Entlassung[2]; für die zu Gefängnis[3] an Stelle der Korrektionshausstrafe Verurteilten — drei Jahre, und für die zu Gefängnis[4] Verurteilten — ein Jahr nach der Entlassung[5].

Wenn die Verurteilten sich gut geführt haben, kann die Dauer der bezeichneten Fristen abgekürzt[6] werden, und zwar: der fünfjährigen — auf drei Jahre und der dreijähigen — auf ein Jahr; die einjährige Frist kann ganz aufgehoben werden.

Die zu Zuchthaus[7] Verurteilten dürfen auch nach Ablauf der in diesem Paragraphen bezeichneten Fristen der Rechtsbeschränkungen in der Wahl und im Wechsel des Wohnorts nicht ständig wohnen: in den Residenzstädten, in deren Gouvernements und im Gouvernement, in dessen Gebiet die strafbare Handlung begangen wurde.

Für Ausländer[8] kann die Rechtsbeschränkung in der Wahl und im Wechsel des Wohnorts durch Ausweisung nach dem Auslande[9] mit dem Verbot der Rückkehr nach Rußland[10] ersetzt werden.

1 Gemäß § 2 StRVO. an Stelle von Zwangsarbeit oder Verschickung zur Ansiedlung. 2 Im russ. Text: Befreiung von der Ansiedlung. 3 Eingeschoben gemäß § 2 StRVO. 4 Im Sinne des § 20. 5 Bernstein: Befreiung von der Einsperrung. 6 Bernstein: reduziert. 7 Gemäß § 2 StRVO. an Stelle von Zwangsarbeit. 8 § 4 Anm. 2. 9 § 6 Anm. 1. 10 § 5 Anm. 6.

§ 36[1]. Gegenstände, deren Herstellung, Verkauf, Verbreitung, Beisichtragen oder Aufbewahrung untersagt ist, können ohne Rücksicht darauf, ob sie dem Täter gehören oder nicht, eingezogen werden.

Dasselbe gilt 1. für Gegenstände, welche durch eine strafbare Handlung hervorgebracht oder welche zur Begehung einer strafbaren Handlung gebraucht oder bestimmt sind, und 2. für andere im Gesetze besonders bezeichnete Gegenstände.

Die Einziehung ist im Urteile oder in der Strafverfügung auszusprechen.

Ist die Verfolgung oder die Verurteilung einer bestimmten Person nicht ausführbar, so kann die Einziehung selbständig angeordnet werden[2].

1 Die Fassung beruht auf § 11 StRVO. 2 Über die Verwertung eingezogener Sachen verhält sich die Verf. Oberost vom 19. 9. 18; vgl. oben S. 21 und unten § 38.

§ 37. Was ohne gehörige Erlaubnis eröffnet oder eingerichtet worden ist, ist bis zur Einholung dieser Erlaubnis zu schließen.

Was in unzulässiger[1] Weise erbaut, eröffnet, eingerichtet, umgebaut, verbessert oder wiederhergestellt worden ist, ist binnen einer vom Gericht zu bestimmenden Frist auf Kosten des Täters[2] niederzureißen, zu schließen, zu verbessern, an einen anderen Ort zu überführen oder in den früheren Zustand zu bringen:

1) wenn das vom Täter[2] Begangene als für die öffentliche Sicherheit oder für das Volkswohl schädlich befunden worden ist[3];

2) wenn es sich um Begehung der in den §§ 223 Ziff. 3, 224, 310 Abs. 2, 311, 312, 316 Ziff. 3, 318, 380 Abs. 2, 384, 388, 398 und 407 vorgesehenen strafbaren Handlungen handelt.

1 Bernstein: unrichtiger. Welche Bauten unzulässig sind, ergeben die Ziffern 1 und 2. 2 Bernstein: Schuldigen. Im Russischen steht das jede Strafbestimmung einleitende „wynownie", das hier regelmäßig durch „wer", sonst durch „Täter" wiedergegeben ist. 3 Bernstein fälschlich: werden wird.

§ 38. Die Bestimmungen der §§ 36 und 37 sind vom Gericht auch im Falle der Freisprechung des Beschuldigten[1] oder seiner Straffreierklärung[2] und ebenso im Falle der endgültigen oder vorläufigen Einstellung des Strafverfahrens zur Anwendung zu bringen.

1 Bernstein: Schuldigen. Im russ. Text steht nicht das in § 37 verwendete Wort, sondern ein mit „Beschuldigter" (Angeschuldigter, Angeklagter) gleichbedeutendes. Hier ist trotz § 115 StPO. der weiteste Begriff gewählt worden, um dem ganzen Paragraphen gerecht zu werden. 2 Eine Straffreierklärung gibt es in dem auch im Oberost-Gebiet anzuwendenden deutschen Verfahren nicht. Nach russ. Gesetz würde in den Fällen der §§ 39 ff., 68 ff. u. a. der Angeklagte nicht freigesprochen, sondern straffrei erklärt werden. Die Unterscheidung ist heute belanglos Die Straffreierklärung könnte daher fortbleiben.

Vierter Abschnitt.

Bedingungen der Zurechnung und der Strafbarkeit der Handlungen.

§ 39. Eine strafbrae Handlung ist dem Täter nicht zuzurechnen[1], wenn er bei ihrer Begehung infolge krankhafter Störung der Seelentätigkeit[2] oder von Bewußtlosigkeit oder von einem körperlichen Gebrechen oder einer Krankheit herrührender, mangelhafter geistiger Entwicklung die Natur und die Bedeutung seines Tuns nicht verstehen oder seiner Handlungen nicht Herr sein konnte.

Wenn dem Gericht die Belassung derartiger Personen ohne besondere Aufsicht gefährlich[3] erscheint, überweist[4] es sie den Eltern, oder anderen Personen, die sich zur Übernahme der Pflege bereit erklärt haben, zur verantwortlichen Beaufsichtigung oder läßt sie in einer Heilanstalt unterbringen. Die Unterbringung in einer Heilanstalt ist notwendig[5] bei Personen, die eine Tötung[6], eine sehr schwere Körperverletzung[7], eine Vergewaltigung[8] oder eine Brandstiftung[9] begangen oder versucht haben[10].

1 Entspricht der Wendung der §§ 51—54 RStGB.: „eine strafbare Handlung ist nicht vorhanden, wenn . . ." und bedeutet die Schuld- im

Gegensatz zur Strafausschließung der §§ 44 ff. **2** Deckt sich in der Bedeutung mit der „Geistestätigkeit" des § 51 RStGB. Die Nakasanija (das alte russ. StGB.) sprach von Verrücktheit und zählte kasuistisch alle Einzelfälle auf. Die Uloshenija (russ. StGB.) wollte mit dem Ausdruck für „Seelentätigkeit" einen alles umfassenden, seelische und geistige Störungen mitumschreibenden Ausdruck einführen. Es sollte damit nicht ein technischer Begriff der ärztlichen Wissenschaft verwendet, sondern mit dem Worte „krankhafte Störung der Seelentätigkeit" sollte ein juristisch-technischer Begriff geprägt werden, der einen regelwidrigen psychischen, die Verantwortung ausschließenden Zustand bezeichnet. **3** Der Begriff ist weiter als gemeingefährlich; er umfaßt auch eine Gefährdung des Kranken selbst und seiner nächsten Umgebung. **4** Die Überweisung ist bei gefährlichen Unzurechnungsfähigen zwingend; nur in der Art der Unterbringung hat das Gericht im Rahmen des Abs. 2 freie Hand. **5** Bei Bernstein beginnt der Satz mit: Obligatorisch ist die . . Das ist mißverständlich; der Ton liegt auf Unterbringung in einer Heilanstalt. Auf Unterbringung muß (vgl. Anm. 4) in jedem Falle erkannt werden; im Falle des Satz 2 kann die Unterbringung nur in einer Heilanstalt erfolgen. **6** Bernstein: Mord. Das entspricht jedoch nicht den §§ 453 ff., die hier gemeint sind. Den Begriff des Mordes im Sinne des § 211 RStGB. kennt das russ. StGB. nicht. **7** § 467. **8** Unter den Begriff der Vergewaltigung fallen — so Taganzew S. 707 f. zu § 522 ff. — 1) jeder Beischlaf mit einer Frauensperson ohne deren Einwilligung, auch ohne Anwendung von Gewalt, sofern er in §§ 520 ff. unter Strafe gestellt ist, im besonderen der Beischlaf mit Mädchen unter 16 Jahren; mit Mädchen unter 14 Jahren wird jeder Beischlaf ganz ohne Rücksicht auf das Verhalten des Kindes als Vergewaltigung angesehen; 2) jeder Beischlaf unter Gewaltanwendung. Die Vergewaltigung ist in beiden Fällen nur durch einen Mann möglich, mit Ausnahme des § 522 Ziff. 1, wo Täterin auch eine Frau sein kann. Vergewaltigung setzt also grundsätzlich natürliche Beischlafsvollziehung voraus. Es wird aber auch die widernatürliche Unzucht unter männlichen Personen in den Fällen des § 516 II ², ³, III ¹, ³, ⁴ hierher zu zählen sein. **9** §§ 562—564, 568, 598. **10** Die Dauer der Unterbringung ist grundsätzlich unbeschränkt, d. h. im Regelfalle auf Lebenszeit. Es steht aber nichts im Wege, bei Gesundung die Entlassung herbeizuführen. Zu entscheiden hat dann die Vollstreckungsbehörde unter Mitwirkung des erkennenden Gerichts.

§ 40 [1]. Eine strafbare Handlung ist dem Täter nicht zuzurechnen, wenn er bei ihrer Begehung das zwölfte Lebensjahr nicht vollendet hatte.

Eine strafbare Handlung ist dem Täter nicht zuzurechnen, wenn er bei ihrer Begehung das zwölfte, aber nicht das achtzehnte Lebensjahr vollendet hatte und die zur Erkenntnis ihrer Strafbarkeit erforderliche Einsicht nicht besaß.

Besaß der Täter, welcher bei Begehung der strafbaren Handlung das zwölfte, aber nicht das achtzehnte Lebensjahr vollendet hatte, bei Begehung der Handlung die zur Erkenntnis der Strafbarkeit erforderliche Einsicht, so kommen folgende Bestimmungen zur Anwendung:

a) An Stelle der Todesstrafe und der lebenslänglichen Zuchthausstrafe ist auf Gefängnis von drei bis fünfzehn Jahren, an Stelle der zeitigen Zuchthausstrafe ist auf Gefängnis von drei Monaten bis zu acht Jahren zu erkennen. Eine weitere Milderung der Strafe aus § 53 des neuen russischen Strafgesetzbuches findet in diesen Fällen nicht statt.
b) Gefängnisstrafen sind nach den Grundsätzen des § 53 Nr. 3 des neuen russischen Strafgesetzbuches zu mildern.
c) Ist die Handlung ein Vergehen oder eine Übertretung, so kann in besonders leichten Fällen auf einen Verweis erkannt werden.
d) Verlust oder Beschränkung der Rechte treten als Straffolge nicht ein.

Begehen Personen, welche das achtzehnte Lebensjahr nicht vollendet haben, eine strafbare Handlung, die ihnen nach Absatz 1 und 2 nicht zuzurechnen ist, so können gegen sie für die Dauer der Minderjährigkeit vom Vormundschaftsgericht zwecks ihrer Beaufsichtigung und Besserung geeignete Erziehungsmaßregeln angeordnet werden. Für die Kosten der Erziehungsmaßregeln haften neben dem Minderjährigen auch der Vater, die Mutter, der Vormund oder Pfleger und der Arbeitgeber, sofern das Vormundschaftsgericht feststellt, daß sie es an der nach Lage der Umstände erforderlichen Aufsicht über den Minderjährigen haben fehlen lassen.

1 Geändert durch § 12 StRVO., der die §§ 40, 41, 55—57 beseitigt hat. Vgl. dazu die Erläuterung S. 22. Im Text ist der Gesetzestext des § 12 der StRVO. zum Abdruck gebracht, der in seinem Obersatz lautet:

Die Vorschriften der russischen Strafgesetze und Verordnungen über die Bestrafung jugendlicher Personen, insbesondere die §§ 40, 41, 55, 56 und 57 des neuen russischen Strafgesetzbuches bleiben außer Anwendung; sie werden durch folgende Bestimmungen ersetzt:

§ 42. Eine strafbare Handlung ist dem Täter nicht zuzurechnen, wenn er sie nicht voraussehen oder nicht verhindern konnte.

§ 43. Die Unkenntnis eines die Strafbarkeit der Handlung bedingenden oder eines die Verantwortlichkeit erhöhenden Umstandes schließt die Zurechnung der Handlung selbst oder des die Verantwortlichkeit erhöhenden Umstandes aus.

Bei der Bestrafung fahrlässig begangener Handlungen[1] gilt diese

Bestimmung nur insoweit, als die Unkenntnis selbst nicht durch Fahrlässigkeit verschuldet ist.

1 § 48 II.

§ 44. Eine Handlung ist nicht als strafbar anzusehen, wenn sie in Ausführung eines Gesetzes oder eines ordnungsgemäß von der zuständigen Obrigkeit in den Grenzen ihrer Zuständigkeit[1] erteilten Dienstbefehls begangen wurde, sofern dieser Befehl nichts offenbar Strafbares enthielt.

1 Bernstein: Kompetenz.

§ 45. Eine Handlung ist nicht als strafbar anzusehen, wenn sie bei der notwendigen Abwehr[1] eines rechtswidrigen Angriffs auf die Persönlichkeits- oder Vermögensgüter des Verteidigers selbst oder eines anderen begangen wurde.

Die Überschreitung der Notwehr durch übermäßige oder unzeitgemäße Verteidigung ist nur in den vom Gesetz besonders bezeichneten Fällen zu bestrafen[2].

1 Bernstein: Notwehr. Die wörtliche Übersetzung lautet: notwendige Verteidigung. 2 §§ 459, 473.

§ 46. Eine Handlung ist nicht als strafbar anzusehen, wenn sie zur Rettung des Lebens des Täters oder eines anderen[1] aus einer Gefahr, die durch Drohung[2], rechtswidrige Nötigung[3] oder eine andere Ursache entstanden ist und in derselben Zeit durch andere Mittel nicht abzuwenden war, begangen wurde.

Eine Handlung ist auch dann nicht als strafbar anzusehen, wenn sie zur Rettung der Gesundheit, der Freiheit, der Keuschheit oder eines anderen Persönlichkeits- oder Vermögensgutes des Täters oder eines anderen aus einer Gefahr, die durch Drohung, rechtswidrige Nötigung oder eine andere Ursache entstanden ist und in derselben Zeit durch ein anderes Mittel nicht abzuwenden war, begangen wurde, sofern der Täter genügenden Grund hatte, den von ihm verursachten Schaden für geringfügig im Verhältnis zum verteidigten Gut zu halten.

Obige Bestimmungen finden keine Anwendung in Fällen, in denen das Ausweichen der Gefahr schon an sich strafbar ist[4].

1 Weiter als § 54 RStGB. 2 Nicht auf die strafbare Drohung des § 510 beschränkt. 3 §§ 507, 80—84, 86, 87, 95 145—148, 408, 420 [3], 422, 509, 515 [2], 516 II [3], III [3], 522, 526, 650 II, IV, 665. 4 §§ 489 ff.

§ 47. Eine Handlung ist nicht als strafbar anzusehen, wenn sie gegen einen in der realen Wirklichkeit nicht vorhandenen oder zur Begehung von strafbaren Handlungen der vorgehabten Art offenbar untauglichen Gegenstand gerichtet war[1], [2], [3].

1 Den Versuch mit untauglichen Mitteln regelt § 49 IV. Im Gegensatz dazu bezieht sich § 47 grundsätzlich auf Handlungen, die über das Stadium des Versuches hinaus gediehen sind. Er läßt straffrei alle Fälle, in denen die Handlung gegen ein geschütztes Rechtsgut gerichtet ist, das zwar in der Vorstellung des Täters, nicht aber in Wirklichkeit vorhanden war oder das in sich nicht die Bedingungen erfüllt, unter denen es unter anderen Umständen Rechtsschutz genießt (Taganzew, der dafür als Beispiele anführt: Tötungshandlung an einem Leichnam, den der Täter für einen Lebendigen hielt; Abtreibungshandlung an einer Nichtschwangeren; Wegnahme der eigenen, für eine fremde gehaltenen Sache; Rauchen trotz eingebildeten Rauchverbots an Orten, an denen das Rauchen nicht verboten ist). Der Gegenstand darf nicht nur dem Täter, sondern muß einem jeden gegenüber zur gewollten Rechtsverletzung ungeeignet sein (Taganzew). Nach ihm wird ein Dieb, der eingebrochen war, bestraft, auch wenn in dem Raum nichts zum Diebstahl Geeignetes vorhanden war und er deshalb nichts stehlen konnte; desgleichen der Dieb, der ein verschlossenes, aber leeres Behältnis in Diebstahlsabsicht erbrochen hat. Hier ergibt sich die Strafbarkeit aus § 49. Danach ist auch der Taschendieb strafbar, der in die Tasche faßt, aber nichts vorfindet und daher die Hand wieder zurückzieht. 2 Ein weiterer Strafausschließungsgrund abgesehen von den Fällen der §§ 44—47 ist das Fehlen des Strafantrages bei den Antragsdelikten. Das russ. StGB. enthält darüber keine Bestimmungen; sie waren in der nicht übernommenen russ. StPO. gegeben. An die Stelle ihrer Vorschriften über den Strafantrag ist § 23 StRVO. getreten der lautet:

In den Fällen der §§ 469 Abs. 1, 474, 475, 530—533 und 540 des neuen russischen Strafgesetzbuches tritt die Strafverfolgung nur auf Antrag ein. Das gleiche gilt im Falle des Diebstahls, der Unterschlagung und des Betruges unter Eltern und Kindern sowie unter Ehegatten.

Die Zurücknahme des Antrages ist zulässig.

Die Vorschriften der §§ 61 bis 65 und 195 bis 198 des Strafgesetzbuches für das Deutsche Reich finden entsprechende Anwendung.

Die Strafverfolgung kann in den im Abs. 1 bezeichneten Fällen vom Gericht abgelehnt werden, wenn sie nach Lage der Sache, insbesondere wegen Unerheblichkeit der Rechtsverletzung, nicht angemessen erscheint.

3 Der Strafausschließung verwandt ist die Einstellung des Verfahrens aus Zweckmäßigkeitsgründen auf Grund des Opportunitätsprinzips, das in den im Oberostgebiet erlassenen Strafrechtspflegeverordnungen zur Geltung gebracht ist; die Strafverfolgung kann unterbleiben, wenn sie nach pflichtmäßigem Ermessen durch das öffentliche Interesse, insbesondere auch mit Rücksicht auf die Schwere der Strafe, welche der Beschuldigte wegen einer anderen Tat zu verbüßen oder noch zu erwarten hat, nicht geboten erscheint (so § 6 der VO. Oberost vom 22. 11. 17 (VOBl. Ziff. 69); entsprechende Bestimmungen gelten im ganzen Oberostgebiet und im Generalgouvernement Warschau). Der gleiche Gedanke ist in dem oben abgedruckten § 23 IV StRVO. zum Ausdruck gebracht; er entspricht der Bestimmung des § 60 russ. StGB., daß bei Bildung einer Gesamtstrafe die verwirkte schwerste Strafe erhöht werden kann, aber nicht erhöht zu werden braucht. — Vgl. dazu die Erl. S. 24 zu § 23 IV.

Fünfter Abschnitt.

Die Arten der Schuld.

§ 48. Eine strafbare Handlung ist nicht nur dann als eine vorsätzliche anzusehen, wenn der Täter ihre Begehung wollte, sondern auch, wenn er bewußt den Eintritt des die Strafbarkeit dieser Handlung bedingenden Erfolges gestattete[1].

Eine strafbare Handlung ist nicht nur dann als fahrlässig anzusehen[2], wenn der Täter sie nicht vorausgesehen hat, obwohl er sie hätte voraussehen können oder müssen, sondern auch, wenn er den Eintritt des die Strafbarkeit dieser Handlung bedingenden Erfolges vorausgesehen hatte, aber leichtsinnig voraussetzte[3], diesen Erfolg abzuwenden.

Verbrechen[4] sind nur bei vorsätzlicher Begehung zu bestrafen.

Vergehen sind bei vorsätzlicher Begehung immer, bei fahrlässiger nur in den vom Gesetz besonders bezeichneten Fällen zu bestrafen.

Übertretungen sind nicht nur bei vorsätzlicher, sondern auch bei fahrlässiger Begehung zu bestrafen, mit Ausnahme der vom Gesetz besonders bezeichneten Fälle.

1 Das Gesetz (so Taganzew auf Grund der Motive) unterscheidet zwischen direktem und indirektem Vorsatz: dolus directus und eventualis. Überall, wo das Gesetz von Vorsatz spricht, sind beide Formen gemeint. Es sind vier Möglichkeiten gegeben: eine Handlung als solche ist strafbar; gewisse Folgen einer Handlung bringen die Strafbarkeit; eine Unterlassung als solche ist strafbar; gewisse Folgen der Unterlassung bringen die Strafbarkeit. Nur im zweiten und vierten Falle kommt indirekter Vorsatz in Frage; diese meint Abs. 1 mit der Gestattung des die Strafbarkeit bedingenden Erfolges, während es beim direkten Vorsatz auf das Wollen des Erfolges ankommt; das Wort „ihre“ vor Begehung ist daher von Wichtigkeit. — Ähnlich wird bei der Fahrlässigkeit zwischen direkter und indirekter geschieden, je nachdem die Handlung oder Unterlassung als solche strafbar ist oder erst gewisse Folgen der Handlung oder Unterlassung die Strafbarkeit bringen. 2 Bernstein: zu bezeichnen. Im Russischen steht dasselbe Wort, das in Abs. 1 und in §§ 44—47 durch „zu betrachten“ wiedergegeben war. Hier ist überall das in diesem Zusammenhang gebräuchlichere „anzusehen“ gesetzt, auch in den folgenden Paragraphen. 3 Wörtlich aus dem Russischen im Gegensatz zu Bernsteins undeutscher Übersetzung: obwohl den Eintritt . . . voraussehend, leichtsinnigerweise glaubte . . . Nach den Motiven beruht der Grund der Fahrlässigkeitsbestrafung in diesem Falle (Halbsatz 2) auf einer leichtfertigen Überschätzung der Fähigkeiten des Täters, auf falschem Selbstvertrauen, während es im ersten Halbsatz auf die Unachtsamkeit als solche ankommt. Dieses ist direkte, jenes indirekte Fahrlässigkeit. Ungerechtfertigtes Selbstvertrauen (indirekte Fahrlässigkeit) grenzt an indirekten Vorsatz; der Täter hat die Folgen seines Handelns

vorausgesehen und sie zwar nicht zugelassen (d. h. die Möglichkeit ihres Eintritts nicht mit in seinen Willen aufgenommen; das wäre indirekter Vorsatz), wohl aber aus mangelnder Überlegung gehofft, sie abwenden zu können. — Außer Vorsatz und Fahrlässigkeit erwähnen die Motive noch als dritte Form der Schuld das Zusammentreffen beider. Diese Schuldart ist nicht im Allgemeinen Teil behandelt, sondern der Einzelregelung im Besonderen Teil vorbehalten. Sie soll im allgemeinen nach den Grundsätzen über Vorsatz und Fahrlässigkeit gemäß den Bestimmungen behandelt werden, die für das Zusammentreffen mehrerer strafbarer Handlungen gelten (§§ 60 ff.). Als Beispiele für derartige casus mixti sind angeführt: Anzündung eines Hauses, mit dem ein Mensch verbrennt, ohne Tötungsvorsatz; vorsätzliche Körperverletzung mit Todesfolge; vorsätzlicher Beischlaf mit einer Schwangeren mit Abort als Folge; aberratio ictus als Gemisch aus Zufall und Vorsatz oder Fahrlässigkeit. — Als selbstverständlich ist im russ. StGB. nicht erwähnt die grundlegende Voraussetzung der Strafbarkeit, nämlich objektive und subjektive Rechtswidrigkeit; ohne Nachweis, daß der Täter im Bewußtsein der Rechtswidrigkeit gehandelt hat, ist eine Bestrafung nicht möglich. 4 Das bezieht sich auch auf die im Gegensatz zum russischen Gesetz erst durch § 19 StRVO. als Verbrechen charakterisierten Handlungen (vgl. § 25 Anm. 4).

§ 49. Der Anfang der Ausführung einer vom Täter gewollten strafbaren Handlung[1], die infolge eines von seinem Willen unabhängigen Umstandes nicht vollendet worden ist, ist als Versuch anzusehen[2].

Das versuchte Verbrechen[3] und, in den vom Gesetz besonders bezeichneten Fällen, auch das versuchte Vergehen — sind strafbar, jedoch werden die im Gesetz für die strafbaren Handlungen bestimmten Strafen nach den in § 53 aufgestellten Grundsätzen gemildert.

Die versuchte Übertretung ist straflos.

Der Versuch der Begehung einer strafbaren Handlung durch offenbar untaugliche, aus äußerster Unwissenheit oder aus Aberglauben gewählte Mittel ist straflos.

1 In Frage kommen nur Verbrechen und Vergehen, da nach Abs. 3 der Versuch einer Übertretung straflos ist. 2 Ein strafbarer Versuch liegt also stets dann vor, wenn der Täter infolge eines außerhalb seines Willensbereichs liegenden Anlasses, d. h. unfreiwillig, sein Vorhaben aufgegeben hat. Nur das auf freier innerer Entschließung beruhende, freiwillige, Ablassen von seinem strafbaren Vorhaben bringt ihm Straffreiheit; der Rücktritt vom Versuch beseitigt die Strafbarkeit. Von dem Willen des Täters hängen aber nicht diejenigen äußeren Umstände ab, die ihm die Ausführung der Straftat unmöglich machen. Findet der zum Stehlen eingebrochene Dieb nichts zum Stehlen Geeignetes oder nicht das, was er suchte, und verläßt er daher das Haus wieder ohne zu stehlen, so hat er sein Vorhaben nicht infolge eines von seinem Willen abhängigen Umstandes aufgegeben, sondern infolge der

von seinem Willen unabhängigen Beschaffenheit des Objektes. Er ist daher wegen Versuchs zu bestrafen, wie ebenso der Taschendieb, der in eine von ihm als leer nicht erkannte leere Tasche greift und daher die Hand unverrichteter Sache wieder zurückzieht. Er hat nicht freiwillig, sondern gezwungen durch die Umstände und die Beschaffenheit des angegriffenen Gegenstandes seinen Plan nicht zu Ende führen können. In diesen Fällen liegt zwar ein Versuch am untauglichen Objekt vor; dennoch tritt aber auch nach § 47 nicht Straflosigkeit ein, weil einmal nach § 49 IV nur der Versuch mit untauglichen Mitteln, nicht aber auch der am untauglichen Objekt straflos ist, und weil ferner weder der Gegenstand des Angriffs nicht vorhanden war (der zu Bestehlende hatte entwendbares Vermögen, nur nicht am vom Täter vermuteten Orte oder der vom Täter vermuteten Art) noch offenbar untauglich war (Haus oder Tasche waren nicht für jeden als leere kenntlich). Nur der Diebstahlsversuch, der es auf eine ganz bestimmte Sache abgesehen hatte, die der zu Bestehlende nicht besaß, oder gegen einen gänzlich Besitzlosen und als solchen allgemein Bekannten können als nicht strafbar gelten. Ein ähnlicher Gedanke wie in § 49 I findet sich in § 50 II und 51 V, der die tätige Reue des Teilnehmers straffrei läßt. Von § 51 V abgesehen beseitigt tätige Reue die Strafbarkeit nur, solange die Straftat noch nicht vollendet war. Eine allgemeine Bestimmung wie in § 46 2 RStGB. ist dem russ. StGB. unbekannt. [3] Vgl. § 48 Anm. 4.

§ 50. Die Anschaffung oder Zurechtmachung von Mitteln zur Ausführung einer vorsätzlichen strafbaren Handlung ist als Vorbereitung anzusehen.

Die Vorbereitung ist nur in den vom Gesetz besonders bezeichneten Fällen zu bestrafen, und nur, wenn sie infolge eines vom Willen des Täters unabhängigen Umstandes eingestellt worden ist.

§ 51. Wenn eine strafbare Handlung von mehreren begangen wurde, die ihre Ausführung vereinbart haben oder wissentlich gemeinsam handelten [1], so gelten als Teilnehmer:

1) diejenigen, welche die strafbare Handlung unmittelbar verübt oder an ihrer Ausführung teilgenommen haben;

2) diejenigen, welche einen anderen zur Teilnahme an der strafbaren Handlung angestiftet [2] haben;

3) diejenigen, welche als Gehilfen [3] Mittel verschafften oder Hindernisse beseitigten oder sonst der Begehung der strafbaren Handlung durch Rat, Vorschlag [4] oder Versprechen, deren Ausführung nicht zu hindern oder sie zu verhehlen, Vorschub geleistet haben.

Die Strafe der Teilnehmer an einem Verbrechen oder Vergehen ist nach demjenigen Gesetze zu bestimmen, welches auf die begangene strafbare Handlung Anwendung findet; jedoch ist sie für denjenigen Gehilfen, dessen Hilfeleistung unwesentlich war, nach den in § 53 aufgestellten Grundsätzen zu mildern.

Von den Teilnehmern einer Übertretung ist nur derjenige zu

bestrafen, welcher sie unmittelbar begangen oder an ihrer Ausführung teilgenommen hat; der Anstifter und der Gehilfe sind nur in den vom Gesetz besonders bezeichneten Fällen zu bestrafen.

Besondere persönliche Verhältnisse und Umstände, welche die Strafbarkeit eines der Teilnehmer begründen, erhöhen oder vermindern, bleiben auf die Verantwortlichkeit der übrigen ohne Einfluß [5].

Ein Teilnehmer, der die Beteiligung an einer strafbaren Handlung aufgegeben und alle von ihm abhängigen Maßregeln zur Abwendung ihres Erfolges ergriffen hat, bleibt straffrei [6].

1 Der Nebensatz ergibt, daß die Teilnehmer wie nach deutschem Recht die Tat als eigene oder fremde gewollt und im Rahmen der Ziffern 1—3 an ihrer Begehung mitgewirkt haben müssen, sei es auch nur durch Mitbesprechung der Ausführung. 2 Eine Begriffsbestimmung der Anstiftung ist im Gesetz nicht gegeben; es steht nichts im Wege, sie im Sinne des § 48 RStGB. zu verstehen. 3 Die Strafe des Gehilfen ist grundsätzlich die gleiche wie die des Täters, anders als nach § 49 II RStGB.; vgl. Abs. 2. 4 Vgl. § 463 Anm. 2. 5 Entspricht § 50 RStGB. 6 Tätige Reue ist außerdem noch in §§ 49 I, 50 II als Strafausschließungsgrund vorgesehen.

§ 52. Wer in die Beteiligung an einer Verbindung zur Begehung eines Verbrechens [1] oder Vergehens eingewilligt und die weitere Mitbeteiligung nicht aufgegeben, aber am Verbrechen oder Vergehen nicht teilgenommen hat, ist nur für die Beteiligung an der Verbindung verantwortlich.

Die Beteiligung an einer auf Begehung eines Verbrechens oder Vergehens gerichteten Verbindung [2] oder an einer zum Zwecke der Begehung mehrerer Verbrechen oder Vergehen gebildeten Bande [2] ist in den vom Gesetz besonders bezeichneten Fällen zu bestrafen.

1 Auch im Sinne des § 19 StRVO.; vgl. § 25 Anm. 4. 2 Die Unterscheidung zwischen Verbindung als einer Vereinigung zur Begehung eines bestimmten Verbrechens oder Vergehens und Bande als einer Vereinigung zur fortgesetzten Begehung von Verbrechen oder Vergehen bei jeweils sich bietender Gelegenheit ist im Gesetz nicht folgerichtig durchgeführt. So bezwecken die Verbindungen der §§ 125, 126 die fortgesetzte Begehung gleichartiger Straftaten, ähnlich die des § 431; im Gegensatz dazu ist Bande in § 615 II [1] falsch gebraucht. Dem § 52 entsprechen die Bezeichnungen in §§ 457, 564, 584 [2], 589 [6], 590 [4], 595 [2]. Vgl. auch § 279.

Sechster Abschnitt.

Gründe, welche die Strafe mildern oder ändern.

§ 53. Die Strafe des Täters, dem mildernde Umstände zugebilligt worden sind [1], ist nach folgenden Grundsätzen zu mildern:

4*

1) es kann nicht auf den Höchstbetrag der für die begangene strafbare Handlung gesetzlich angedrohten Strafe erkannt werden;

2) ist im Gesetz ein Mindestbetrag der Strafe angegeben, so kann das Gericht diese bis auf den gesetzlichen Mindestbetrag der angedrohten Strafart ermäßigen; und

3) ist im Gesetz kein Mindestbetrag der Strafe angegeben, so kann das Gericht entweder diese bis auf den gesetzlichen Mindestbetrag der angedrohten Strafart ermäßigen, oder es kann, mit Ausnahme der unten angeführten Fälle [2], auf eine andere Strafe erkennen, und zwar in folgender Abstufung: an Stelle der Todesstrafe — auf lebenslängliches Zuchthaus [3] oder auf Zuchthausstrafe von zehn bis zu fünfzehn Jahren; an Stelle der lebenslänglichen Zuchthausstrafe — auf eine zeitige; an Stelle der zeitigen Zuchthausstrafe — auf Gefängnis von drei Monaten bis zu sechs Jahren; an Stelle der für Verschickung zur Ansiedlung eintretenden Zuchthausstrafe [4] — auf Festungshaft nicht unter einem Jahre; an Stelle der für Korrektionshausstrafe eintretenden Gefängnisstrafe — auf Gefängnis und an Stelle der Gefängnisstrafe — auf Haft [5].

1 Wann mildernde Umstände zugebilligt werden können, ist im Gesetz nirgends gesagt. Sie sind daher in jedem Falle zulässig d. h. das Gericht hat sich bei jeder Verurteilung darüber schlüssig zu machen, ob es sie zubilligen will oder nicht. 2 Die klein gedruckten Worte sind infolge der Aufhebung von Abs. 2 und 3 jetzt überflüssig. 3 Hier und im Nachfolgenden sind die sich aus § 2 StRVO. ergebenden Ersatzstrafen eingesetzt; Zuchthaus ohne Zusatz steht für Zwangsarbeit. Da die Milderungsgrundsätze bei Zwangsarbeit und Verschickung verschieden waren, ist im besonderen Teil stets in Anmerkungen gesagt, für welche der Strafen die Zuchthausstrafe eingetreten ist. Gemäß des zu § 25 in Anm. 4 Gesagten ist die Zuchthausstrafe des § 19 grundsätzlich der Zwangsarbeitsstrafe gleichzuachten. Es kann daher bei Zubilligung mildernder Umstände auf Gefängnis von drei Monaten bis zu sechs Jahren erkannt werden, wenn ohne Zubilligung mildernder Umstände bis auf den Mindestbetrag herabgegangen werden konnte. Über den Mindestbetrag der an Stelle von Zwangsarbeit tretenden Zuchthausstrafe herrschen Zweifel. Schließt man sich der in Anm. zu § 16 vertretenen Ansicht an, daß gesetzlicher Mindestbetrag der an Stelle von Zwangsarbeit tretenden Zuchthausstrafe vier Jahre ist, so ergibt sich daraus, daß bei Versagung mildernder Umstände nicht unter vier Jahren Zuchthaus erkannt werden kann, daß andererseits aber bei Zubilligung mildernder Umstände die Dauer der Zuchthausstrafe unter vier Jahren bemessen oder auf Gefängnis von drei Monaten bis sechs Jahren erkannt werden kann. Diese Ansicht wird dem russ. Gesetz am ehesten gerecht. Nach der abweichenden kann man auch ohne Zubilligung mildernder Umstände bis auf ein Jahr Zuchthaus hinabgehen und bei Zubilligung ebenfalls auf Gefängnis von drei Monaten bis zu sechs Jahren erkennen. Das ist dann der gleiche Strafrahmen, der bei Zu-

billigung mildernder Umstände gemäß § 53 Ziff. 2 für die aus § 19 StRVO. zu verhängende Zuchthausstrafe zur Verfügung steht. 4 Ob diese Bestimmung jetzt nach der Regelung, die das Strafensystem durch § 2 StRVO. gefunden hat, noch berechtigt ist, kann zweifelhaft sein. Man wird dem ursprünglichen Gesetz aber Rechnung tragen und dem Täter, der an Stelle der Verschickung die Zuchthausstrafe zu erleiden hätte, bei Zubilligung mildernder Umstände die Vergünstigung nicht versagen können, mit Festung anstatt sonst mit Gefängnis bestraft zu werden. Diese Möglichkeit ist in Anmerkungen stets hervorgehoben. — Zur Beseitigung der Zweifel ist eine gesetzgeberische Neufassung der Ziff. 3 erwünscht. 5 Abs. 2 und 3 sind durch § 8 StRVO. aufgehoben. Zu beachten ist, daß nach § 6 StRVO. bei Vergehen und Übertretungen an Stelle der Freiheitsstrafe stets auf Geldstrafe erkannt werden kann.

§ 54[1]. Ist gegen den Täter auf Freiheitsstrafe erkannt, so kann ihm die Untersuchungshaft durch das erkennende Gericht oder die zum Erlasse der Strafverfügung berufene Behörde ganz oder teilweise auf die Strafe angerechnet werden.

Als Untersuchungshaft im Sinne dieser Vorschrift gilt jede Freiheitentziehung, welche der Täter erlitten hat.

1 Die Fassung beruht auf § 13 StRVO.; für „Schuldigen" ist §§ 11, 12 StRVO. entsprechend „Täter" gesetzt; vgl. § 37 Anm. 2.

§ 55[1].

1 §§ 55—57 sind durch § 12 StRVO. (abgedruckt bei § 40) aufgehoben und ersetzt; § 58 ist durch § 8 StRVO. aufgehoben.

§ 59[1]. Eine Geldstrafe ist nach ordnungsgemäßer Feststellung der Zahlungsunfähigkeit des Verurteilten durch Haft[2] zu ersetzen, deren Dauer das Gericht im Urteil in folgendem Verhältnis zu bestimmen hat: an die Stelle einer Geldstrafe bis zur Höhe von fünfundzwanzig Rubeln tritt Haft bis zu einer Woche; an die Stelle einer Geldstrafe von fünfundzwanzig bis zu hundert Rubeln — Haft von einer Woche bis zu einem Monat; an die Stelle einer Geldstrafe von hundert bis zu fünfhundert Rubeln — Haft von einem bis zu drei Monaten; an die Stelle einer Geldstrafe von fünfhundert bis zu tausend Rubeln — Haft von drei bis zu sechs Monaten; an die Stelle einer Geldstrafe von über tausend Rubeln — Haft von sechs Monaten bis zu einem Jahre[3].

Wird die ganze Geldstrafe oder ein Teil während der Verbüßung der Ersatzhaft bezahlt, so wird diese eingestellt oder ihre Dauer entsprechend dem eingezahlten Betrage abgekürzt. Bei dieser Abkürzung ist die Haft nach dem vom Gericht im Urteil bestimmten Verhältnis anzurechnen.

1 Die Fassung beruht auf § 14 StRVO. 2 Nach. § 6 StRVO. auch Gefängnis. 3 Die Berechnung der Ersatzfreiheitsstrafe weicht

von der in § 29 RStGB. vorgeschriebenen ab (vgl. Abs. 2); es ist nicht für je einen Bruchteil der Gesamtgeldsumme ein Tag, sondern für die Gesamtgeldsumme eine einheitliche Haftstrafe einzusetzen, die im Falle teilweiser Zahlung verhältnismäßig zu mildern ist. Um diese verhältnismäßige Kürzung zu vereinfachen, empfiehlt es sich, § 29 RStGB. entsprechend die Geldstrafe als ein Vielfaches der Zahl der Hafttage zu bestimmen. § 59 findet bei den nach § 6 StRVO. verhängten Strafen keine Anwendung; hier empfiehlt es sich, auch ohne dahin gehende Bestimmung nach § 29 RStGB. zu verfahren; § 6 läßt dem richterlichen Ermessen jedoch weitesten Spielraum.

Siebenter Abschnitt.

Gründe, welche die Strafe erhöhen.

§ 60. Gegen denjenigen, welcher vor[1] der Verkündung des Urteils, der Resolution oder des Schuldigkeitsspruches[2] zwei oder mehrere strafbare[3] Handlungen begangen hat, ist auf die schwerste[4] vom Gericht für diese Handlungen bestimmte Strafe zu erkennen[5]. Das Gericht kann die verwirkte schwerste[4] Strafe bis auf den Höchstbetrag der vom Gesetz auf die entsprechende Handlung gesetzten Strafe erhöhen, jedoch darf die Gesamtstrafe den Betrag aller verwirkten Einzelstrafen nicht übersteigen, und müssen die Bestimmungen des § 22 beobachtet werden[5], wobei die Zwangsarbeitsstrafe auch nach Vierteljahren bemessen werden darf[6]. Trifft jedoch bei der Gesamtaburteilung Zwangsarbeit (Zuchthaus) oder Korrektionshaus (Gefängnis im Sinne von § 2 Absatz 1 zu c und Absatz 3 der Strafrechtsverordnung) einerseits mit Haft oder Festungshaft nicht über einem Jahre andererseits zusammen, so darf das Gericht die verwirkte schwerste Strafe nicht erhöhen[7].

Waren neben einer der verwirkten Einzelstrafen, wenn auch nicht neben der schwersten, der Verlust oder die Beschränkung der Rechte oder andere im Gesetz bezeichnete Nebenstrafen geboten, so ist auf diese neben der schwersten Strafe zu erkennen.

1 Die §§ 60—64 handeln von der Bildung einer Gesamtstrafe, der Realkonkurrenz im Sinne des § 74 RStGB. Die Idealkonkurrenz (§ 73 RStGB.) ist im russ. StGB. ursprünglich nicht, wohl aber durch § 22 StRVO. in dem neuen § 66a geregelt. §§ 60 und 61 betreffen das Zusammentreffen gleich- oder verschiedenartiger Straftaten, während § 64 sich auf mehrere gleichartige und gewohnheitsmäßige bezieht. Sie regeln die Bestrafung in den Fällen, in denen (§ 60) der Urteilsfällung mehrere ungesühnte Straftaten zeitlich vorangegangen sind oder (§§ 60, 61) die abzuurteilende Straftat vor einer oder mehreren früheren Verurteilungen begangen ist. Das ist im Gesetz zwar nicht ausdrücklich gesagt, ergibt sich aber aus den Motiven (Taganzew S. 129 ff.) wie den §§ 66, 67. In § 60 soll nicht etwa, wie es nach dem Wortlaut den Anschein haben kann, die Berücksichtigung von Vorstrafen in irgendeiner Form zur Pflicht gemacht sein; das ist vielmehr den §§ 66, 67 und den Rückfallbestimmungen des besonderen Teils vorbehalten. § 60 bezieht sich auf gleichzeitig abzuurteilende ungesühnte Straftaten, ohne Rücksicht darauf, ob in einem oder anderem Falle schon ein Urteil ergangen ist oder nicht, oder ob die Vollstreckung schon eingesetzt hat oder nicht; im letzteren Falle ist der vollstreckte Teil einer Einsatzstrafe oder die ganz vollstreckte Einsatzstrafe voll anzurechnen (§ 61, der dem allerdings engeren § 79 RStGB. entspricht). Voraussetzung dabei ist jedoch, daß die eine oder die mehreren zur Aburteilung stehenden Straftaten vor der Begehung der abgeurteilten liegen (anderenfalls greift § 66 Platz), daß also bei dem bereits ergangenen Urteil die Möglichkeit bestanden hätte, auch über den jetzt abzuurteilenden Fall mitzuerkennen, sofern er bekannt gewesen wäre. Die „schwerste vom Gericht bestimmte Strafe" kann daher sowohl in einem früheren Urteil (für eine der gegenwärtig unter Anklage stehenden nachgefolgte Tat) erkannt sein als auch in der gegenwärtigen Hauptverhandlung als Einsatzstrafe bestimmt werden. **2** Resolution und Schuldigkeitsspruch entstammen dem russischen Strafprozeß. Ihre Hinzufügung ist im heutigen Verfahren überflüssig; statt dessen müßte diesem entsprechend eingeschoben werden: „oder der Verkündung oder Zustellung der Strafverfügung". **3** ungleichartige oder gleichartige, aber nicht gewohnheitsmäßig begangene, im Gegensatz zu § 64; vgl. Anm. 1. In Betracht kommen aber im Gegensatz zu § 74 RStGB. auch Übertretungen. Es muß sich um eine unter Anklage stehende und mindestens noch eine andere Tat handeln. **4** Gemäß VO. 7. 6. 16 an Stelle von „höchste" im Bernsteinschen Text. **5** Der Grundsatz des § 60 geht anders als der des § 74 RStGB. dahin, daß beim Zusammentreffen mehrerer strafbarer Handlungen die Strafbefugnis des Gerichts wegen der leichteren durch die schwerere oder schwerste Strafe verbraucht wird. Die Motive begründen das damit, daß ein wiederholt betätigter Verbrecherwille nicht unbedingt den Schluß rechtfertige, der Täter sei strafwürdiger als ein nur einmal straffälliger; es sei in jedem Falle darauf abzustellen, ob jener eine größere Gefahr bilde oder nicht. — Dennoch sind für alle Einzelhandlungen Einsatzstrafen auszuwerfen (sofern das nicht schon in einzubeziehenden Urteilen geschehen); die nach Art und Maß schwerste ist dann maßgebend und kann erhöht werden. Sie bleibt, im Gegensatz zu § 74 RStGB., der Straferhöhung vorschreibt, grundsätzlich die einzige Strafe (nach den Motiven sog. einfache Strafeinheit); das Gericht kann erhöhen (sog. qualifizierte Strafeinheit) und zwar — anders als nach § 74 III RStGB. — bis zur Summe der Einsatzstrafen, jedoch nicht über diese hinaus und nicht über den gesetzlichen Höchstbetrag der Strafart hinaus. Ausnahme von letzterem macht § 64. Auch beim Zusammentreffen sehr langfristiger Zuchthausstrafen darf nicht über den Höchstbetrag hinausgegangen, nicht z. B. auf lebenslängliches Zuchthaus erkannt werden, sofern nicht mindestens eine Einsatzstrafe auf lebenslängliches Zuchthaus lautet. **6** Der klein gedruckte Nebensatz widerspricht dem § 22 in seiner durch § 10 StRVO. geänderten Fassung, der einen Monat als Mindesteinzelmaß zuläßt, und muß daher fortbleiben. Das ist bei der Abfassung der StRVO. augenscheinlich übersehen worden. 7 Die Fassung beruht auf § 15 StRVO.; vgl. dazu die Erläuterung S. 22.

§ 61. Hat der Täter die Strafe für eine der strafbaren Handlungen, die nach den im § 60 festgesetzten Bestimmungen über die Gesamtaburteilung eine zeitige Freiheitsstrafe oder eine Geldstrafe [1] nach sich ziehen, ganz oder teilweise verbüßt [2], so ist die verbüßte Strafe auf die Gesamtstrafe anzurechnen [3].

1 Da durch § 15 StRVO. die Geldstrafe aus § 60 ausgeschaltet und durch die Neufassung des § 63 in § 16 StRVO. angeordnet ist, daß auf Geldstrafe stets besonders zu erkennen ist, so müssen diese Worte jetzt fortbleiben, was augenscheinlich ebenfalls übersehen ist (vgl. § 60 Anm. 6). 2 § 61 geht weiter als § 79 RStGB., der verbüßte, verjährte oder erlassene Strafen von der Einbeziehung in die nachträglich zu bildende Gesamtstrafe ausschließt. Daraus, daß § 61 auch voll verbüßte Strafen in die Gesamtstrafe einschließt, wird zu folgern sein, daß das auch bei verjährten oder erlassenen Strafen zu geschehen hat. Dem in §§ 60, 61 ausgeprägten Grundsatz der Strafeinheit entspricht, daß im neuen Urteil nicht eine Strafe „zusätzlich" zu der bereits erkannten verhängt werden kann, sondern daß das Urteil auf Bestrafung „unter Einbeziehung" der erkannten Strafe lauten muß. 3 D. h.: Ist jemand nach Begehung der abzuurteilenden Straftat wegen einer anderen bereits bestraft und hat er diese Strafe ganz oder zum Teil verbüßt, so ist eine Gesamtstrafe zu bilden und die verbüßte Strafe auf diese anzurechnen. Es braucht aber gemäß dem Grundsatz des § 60 eine Straferhöhung nicht einzutreten; wenn die früher erkannte Strafe die schwerere ist, so kann die zum Urteil stehende Straftat vielmehr als durch das frühere Urteil mit abgegolten angesehen werden.

§ 62. Bei der Festsetzung der Gesamtstrafe ist die verhältnismäßige Schwere der Strafen bei Gleichartigkeit — durch ihre Dauer oder ihren Umfang [1], bei Ungleichartigkeit — durch ihre nach den in §§ 2 und 63 [2] bezeichneten Grundsätzen festgestellte Stufenfolge gegeben.

1 Diese Worte beziehen sich auf die nach §§ 60, 61 in die Gesamtstrafe einzubeziehende Geldstrafe. Infolge Beseitigung dieser Bestimmung durch die StRVO. müssen sie jetzt fortbleiben, vgl. § 61 Anm. 1. Außerdem steht im Bernsteinschen Text noch vor Gleichartigkeit und Ungleichartigkeit „ihrer"; es ist als im Deutschen überflüssig und schleppend fortgelassen. 2 Gemäß VO. vom 7. 6. 16 an Stelle des im Bernsteinschen Text falschen § 53.

§ 63 [1]**.** Bei der Zusammenlegung und Anrechnung der Strafen ist sechsmonatige Zuchthausstrafe einer einjährigen Gefängnisstrafe, einer zweijährigen Festungshaft oder einer vierjährigen Haft gleich zu achten.

Bei der Zusammenlegung von Festungshaft mit Gefängnis ist

immer auf Gefängnisstrafe unter entsprechender Verlängerung ihrer Dauer zu erkennen.

Auf Geldstrafen, welche wegen mehrerer strafbarer Handlungen allein oder neben einer Freiheitsstrafe verwirkt sind, ist stets ihrem vollen Betrage nach gesondert zu erkennen. Treffen bei der Gesamtaburteilung Zuchthaus, Gefängnis, Festungshaft oder Haft mit Geldstrafen zusammen und können die Geldstrafen nicht beigetrieben werden, so ist die Freiheitsstrafe nach Maßgabe der Vorschriften in § 64 Absatz 2 Nr. 2 angemessen zu erhöhen.

1 Die Fassung beruht auf § 16 StRVO.

§ 64. Gegen denjenigen, welcher vor Verkündung des Urteils, der Resolution oder des Schuldigkeitsspruches[1] zwei oder mehrere gleiche[2] oder gleichartige[3] strafbare Handlungen gewohnheits- oder gewerbsmäßig begangen hat, ist nach den in §§ 60—63 bestimmten Regeln über die Gesamtaburteilung zu erkennen, wenn im Gesetz für derartige Handlungen keine besondere Strafe angedroht ist[4].

Überdies kann das Gericht:

1[5]) wenn es als schwerste Strafe lebenslängliche Zwangsarbeit bestimmt — die Überführung zur Ansiedlung vor dem Ablauf von zwanzig Jahren verbieten;

2) wenn es als schwerste Strafe eine zeitige Freiheitsstrafe bestimmt, diese verlängern, und zwar: wenn ein Höchstmaß der Strafe vom Gesetz bestimmt ist — bis zum gesetzlichen Höchstbetrage der angedrohten Strafart und, wenn kein Höchstmaß bestimmt ist: Zuchthaus[6] — bis auf zwanzig Jahre, Gefängnis[7] (an Stelle von Korrektionshaus) und Festungshaft — bis auf acht Jahre, Gefängnis — bis auf zwei Jahre und Haft bis auf ein Jahr;

3) wenn es als schwerste Strafe eine Geldstrafe bestimmt, außerdem auf Haft nicht über einem Monat erkennen.

1 Vgl. § 60 Anm. 2. 2 Bernstein: identische. 3 § 64 regelt die Bestrafung bei gewerbs- oder gewohnheitsmäßiger Begehung mehrerer gleicher oder gleichartiger Straftaten. Der Begriff der Gleichartigkeit ist weder im Gesetz noch in den Motiven erläutert; bei Taganzew S. 138/139 ist nur gesagt, daß Straftaten derselben „Rubrik" gemeint seien. Die Entscheidung darüber steht in freiem richterlichen Ermessen und ist von Fall zu Fall zu prüfende Tatfrage. 4 Der gesetzliche Höchstbetrag darf im Rahmen der Ziff. 2 überschritten werden, sofern nicht im besonderen Teil für gewerbsmäßige oder gewohnheitsmäßige Begehung der fraglichen Straftat schwerere Strafen angedroht sind, wie z. B. in §§ 443 III, 523a II, 524 III, 526 III, 527[2], 585, 608 III, 616 II, 618, 619 II. 5 Ziff. 1 ist infolge der Beseitigung der Zwangsarbeit und Ansiedlung hinfällig geworden. 6 Gemäß § 2 StRVO. an Stelle von Zwangsarbeit. 7 Eingeschoben gemäß § 2 StRVO.

§ 65. Nach den in § 64 aufgestellten Grundsätzen kann das Gericht die Strafe eines Beamten[1] erhöhen, der eine gemeine strafbare Handlung begangen oder an ihrer Begehung teilgenommen hat, wenn er dies entweder unter Verletzung der dienstlichen Unterordnung[2] oder durch Mißbrauch seiner Pflicht oder Vollmacht oder durch Drohung mit Bedrückung oder mit anderweitigem Gewaltmißbrauch oder unter Verletzung der Amtspflicht gegen Privatpersonen getan hat, falls diese Verletzungen, Mißbräuche oder Drohungen vom Gesetz nicht mit besonderen Strafen belegt sind.

Wird ein Beamter wegen einer im staatlichen oder sonstigen[3] öffentlichen Dienst begangenen strafbaren Handlung zur Haft verurteilt, so kann das Gericht die Haft durch Amtsenthebung ersetzen oder neben der ersteren auch auf die letztere erkennen.

Wird ein Beamter wegen eines im staatlichen oder sonstigen öffentlichen Dienst begangenen Vergehens zu einer Gefängnisstrafe verurteilt, die keinen Verlust der Standesrechte nach sich zieht (§ 27), so kann ihn das Gericht für die Dauer von einem bis zu fünf Jahren seines Amtes entheben.

1 § 636 IV. **2** Bernstein: Subordination. **3** Der Deutlichkeit halber eingeschoben: „öffentlich" bezeichnet im Russischen den ständischen und kommunalen Dienst.

§ 66. Wer nach Verkündung des Urteils, der Resolution oder des Schuldigkeitsspruches[1] oder während der Strafverbüßung eine strafbare Handlung begeht, hat diese nach allgemeinen Grundsätzen zu verantworten, jedoch unter Beobachtung folgender Bestimmungen:

1)[2] bei Vereinigung lebenslänglicher Zwangsarbeit mit ebensolcher ist die für die Überführung zur Ansiedlung bestimmte Frist (§ 23) auf dreißig Jahre zu erhöhen;

2) bei Vereinigung lebenslänglicher Zwangsarbeit mit zeitiger ist die für die Überführung zur Ansiedlung bestimmte Frist um die Hälfte der Dauer der zeitigen Zwangsarbeit zu verlängern;

3) bei Vereinigung lebenslänglicher oder zeitiger Zwangsarbeit mit Verschickung zur Ansiedlung, ebenso der Verschickung zur Ansiedlung mit den beiden Arten der Zwangsarbeit ist die für die Verbringung von der Zwangsarbeit zur Ansiedlung bestimmte Frist (§ 23) um die Dauer von sechs Monaten bis zu zwei Jahren zu verlängern;

4) bei der Vereinigung lebenslänglicher Zwangsarbeit mit anderen zeitigen Freiheitsstrafen außer der Zwangsarbeit ist die für die Verbringung von der Zwangsarbeit zur Ansiedlung bestimmte Frist (§ 23) um die diesen Strafen nach den Umrechnungsbestimmungen des § 63 entsprechenden Fristen Zwangsarbeit, jedoch nicht mehr als um zwei Jahre zu verlängern;

5) bei Vereinigung der Verschickung zur Ansiedlung mit ebensolcher Strafe darf die Befreiung von der Ansiedlung nicht vor dem Ablauf von fünfzehn Jahren erfolgen;

6) bei Vereinigung der Verschickung zur Ansiedlung mit Korrektionshausstrafe, Festungshaft, Gefängnisstrafe oder Haft ist die zeitige Freiheitsstrafe unmittelbar nach Eintritt der Rechtskraft des Urteils zu verbüßen, und die Dauer dieser Strafen ist nicht auf die in § 23 zur Befreiung von der Ansiedlung festgesetzte Frist anzurechnen;

7) bei Vereinigung zeitiger Freiheitsstrafen werden diese zusammengezählt[3]; sind sie ungleichartig, so ist die ihrer Art nach schwerste Strafe um die übrigen zu erhöhen, mit Abkürzung der Dauer dieser nach den Umrechnungsbestimmungen[4] des § 63, wobei die Gesamtdauer der Strafen die in § 64 Abs. 2 Ziff. 2 bezeichnete Dauer[5] nicht übersteigen darf.

Während der Verbüßung der Zwangsarbeit von den Verurteilten begangene strafbare Handlungen sind nach den Bestimmungen der Verschicktenordnung abzuurteilen[6]).

1 Entsprechend dem heutigen Verfahren müßte ergänzend eingeschoben werden „oder nach Verkündung oder Zustellung der Strafverfügung". Vgl. § 60 Anm. 2. 2 Ziff. 1—6 sind infolge Beseitigung der Ansiedlung und Aufhebung des § 23 jetzt gegenstandslos. 3 Bernstein: kumuliert. 4 Bernstein: Anrechnungsbestimmungen; im Russischen ist jedoch nicht derselbe Ausdruck wie in § 63 gebraucht; Anrechnung ist mißverständlich, da von ihr in dem hier nicht zur Anwendung kommenden § 61 die Rede ist. 5 Bernstein: Fristen. 6 Abs. 2 ist heut gegenstandslos.

§ 66a[1]. Wenn eine und dieselbe Handlung mehrere Strafgesetze verletzt, so kommt nur dasjenige Gesetz, welches die schwerste Strafe, und bei ungleichen Strafen dasjenige Gesetz, welches die schwerste Strafart androht, zur Anwendung.

1 Eingeschoben durch § 22 StRVO.

§ 67. Wer nach der Verbüßung der Strafe eine strafbare Handlung begeht, hat sie nach allgemeinen Grundsätzen zu verantworten. Hat jedoch der Verurteilte eine der früheren gleiche oder gleichartige Handlung begangen, so ist, mit Ausnahme der Fälle, in denen das Gesetz für die Wiederholung strafbarer Handlungen besondere Strafen bestimmt[1], die neu festzusetzende Strafe nach den in § 64 aufgestellten Grundsätzen zu erhöhen, wenn bis zur Begehung der neuen gleichen oder gleichartigen strafbaren Handlung seit der Verbüßung der Strafe für die früheren: für[2] ein Verbrechen — nicht mehr als fünf Jahre, für ein Vergehen — nicht mehr als drei Jahre, und für eine Übertretung — nicht mehr als ein Jahr verflossen sind.

1 Zwingende Strafschärfung bei einmaligem Rückfall. Rückfallsstrafen z. B. in §§ 586, 587, 589 [7], 590 [5], 596, 597, 615 II [2], 624 [2]. 2 Nicht „bei"; d. h. die Fristen beziehen sich auf die frühere, nicht auf die abzuurteilende Straftat.

Achter Abschnitt.

Gründe, welche die Strafbarkeit aufheben.

§ 68. Durch Verjährung[1] wird die Bestrafung[2] ausgeschlossen:

1) wenn seit dem Tage der Begehung der strafbaren Handlungen bis zum Tage der Einleitung[3] der ordnungsmäßigen Strafverfolgung des Beschuldigten folgende Fristen verstrichen sind: bei Verbrechen, die vom Gesetz im Höchstbetrage mit dem Tode bedroht sind, — fünfzehn Jahre; bei den übrigen Verbrechen — zehn Jahre; bei Vergehen, die vom Gesetz im Höchstbetrage mit Gefängnis[4] an Stelle der Korrektionshausstrafe bedroht sind — acht Jahre; bei den übrigen Vergehen — drei Jahre und bei Übertretungen — ein Jahr;

2) wenn seit dem Tage der Begehung bis zum Tage der Urteilsfällung gegen den Täter bei Verbrechen und Vergehen — die doppelten, bei Übertretungen die dreifachen Fristen der Ziff. 1 dieses Paragraphen verstrichen sind;

3) wenn seit dem Tage der Fällung des Urteils bis zu dem Tage der Einleitung von Vollstreckungsmaßnahmen[5] die in der Ziff. 2 dieses Paragraphen bezeichneten Fristen verstrichen sind, die in diesen Fällen entsprechend der im Urteil erkannten Strafe zu berechnen sind[6].

Die Strafbarkeit des im § 99 vorgesehenen Verbrechens wird durch die in Ziff. 1 dieses Paragraphen bestimmte Verjährung nicht aufgehoben; sind jedoch seit dem Tage der Begehung dieser strafbaren Handlung bis zum Tage der Eröffnung der ordnungsmäßigen Strafverfolgung des Angeklagten fünfzehn Jahre verflossen, so ist gegen ihn an Stelle der Todesstrafe oder der Zwangsarbeit auf Verschickung zur Ansiedlung zu erkennen[7].

1 Das russ. Recht unterscheidet (Mot. S. 140—142) im Gegensatz zum RStGB. drei Arten der Verjährung: a) die der Strafverfolgung im engeren Sinne, d. h. Ablauf einer bestimmten Zeit seit Begehung der Tat nimmt der Strafverfolgungsbehörde die Möglichkeit, einzuschreiten; b) die der Urteilsfindung (Strafverfolgung im weiteren Sinne): Zeitablauf seit Einleitung der Strafverfolgung schließt die Möglichkeit der Urteilsfällung aus; c) die der Vollstreckung: Zeitablauf seit Urteilsfällung läßt die Vollstreckbarkeit erlöschen. Bei dem ersten und letzten Fall ist der Beginn des Zeitlaufs der Verjährung eindeutig gegeben, d. h. mit der Vollendung der Straftat (vgl. § 70) oder mit der Rechtskraft des Urteils. Bei der Urteilsfindung hingegen läßt sich ein solcher Zeitpunkt nicht in jedem Falle einwandfrei feststellen. Man schwankte auch, was man als maßgebend ansehen sollte: Anzeige (bei Gericht oder Polizei oder sonstiger Behörde?); erste Vernehmung des Beschuldigten (durch Ermittelungsorgan oder Gericht?); Abgabe der Sache an das zuständige Gericht. Man entschied sich dafür, diese Form der Verjährung nicht von dem Tätigwerden irgendeiner Behörde abhängig zu machen, sondern wählte auch hier die Begehung der Tat als Verjährungsbeginn,

vervielfachte aber die Dauer. Durch den Ablauf der Verjährungsfristen in Ziff. 1 erlischt die Möglichkeit für die Gerichte, einzuschreiten; sind die Gerichte innerhalb dieser Frist tätig geworden, dann wird die Verjährung der Ziff. 2 mit rückwirkender Kraft vom Tage der Begehung der Tat an in Lauf gesetzt. Ihr fruchtloser Ablauf schließt die Möglichkeit der Urteilsfällung aus. Die Verjährung beginnt in beiden Fällen an dem Tage der Begehung, der mitgerechnet wird, nicht erst am nächstfolgenden. — In den beiden Fällen der Verfolgungsverjährung werden die Fristen nach der Art der strafbaren Handlungen bestimmt, unter die die Straftat wegen des vom Gesetz für sie gegebenen Strafrahmens fällt, ohne Rücksicht darauf, wie die Bestrafung ausfallen würde (das letztere heben die Motive ausdrücklich hervor), während sich die Vollstreckungsverjährung nach der im Urteil festgesetzten Strafe und der sich daraus ergebenden Art der strafbaren Handlungen bestimmt. 2 Der russ. Text lautet in wörtlicher Übersetzung: „Infolge von Verjährung wird die Strafe nicht angewendet." Durch diesen Ausdruck soll die Verfolgungs- und Vollstreckungsverjährung bezeichnet werden. Mit „Anwendung der Strafe" ist daher sowohl ihre Verhängung als ihre Vollstreckung gemeint. In diesem weiteren Sinne kann zwanglos das Wort Bestrafung verstanden werden. „Anwendung der Strafe" jedoch ist im Deutschen unverständlich. Eine sinngemäße und keine der Sprachen vergewaltigende Übersetzung ist daher anstatt der Bernsteinschen: „wird die Anwendung der Strafe ausgeschlossen": „Durch Verjährung wird die Bestrafung ausgeschlossen", wenn man nicht in Anlehnung an § 66 RStGB. sagen will: Durch d. V. wird die Strafverfolgung oder die Strafvollstreckung ausgeschlossen. 3 Bernstein: Eröffnung ... des Angeklagten. 4 Gemäß § 2 StRVO. ergänzt. 5 Im russ. Text steht nicht „Vollstreckung", wie Bernstein übersetzt, sondern „Zuwendung zur Vollstreckung", was durch „Einleitung von Maßnahmen zur Vollstreckung" wiedergegeben werden muß. 6 Wie in Anm. 1 ausgeführt, ist damit gemeint, daß für die Berechnung der Verjährungsfrist, d. h. für die Entscheidung, ob Verbrechen, Vergehen oder Übertretung, nur die erkannte Strafe maßgebend ist; es kommt nicht darauf an, ob nach der angedrohten Strafe oder Strafart die Tat einer anderen Gattung der strafbaren Handlungen zugezählt werden müßte. 7 § 99 ist durch § 8 StRVO. aufgehoben und damit Abs. 3 gegenstandslos geworden.

§ 69. Die Entziehung oder die Beschränkung der Rechte, die der Verurteilte nach einem rechtskräftigen, aber der Verjährung wegen nicht vollstreckten Urteil zu erleiden hat, wird durch die Verjährung nicht aufgehoben. Die Dauer des Verlustes oder der Beschränkung der Rechte ist von[1] dem Tage der Verjährung der im Urteil erkannten[2] Strafe an zu berechnen.

1 Bernstein: seit. 2 Im russischen Text steht dasselbe Wort wie in § 68 Ziff. 3, das von Bernstein dort mit „bestimmten" übersetzt ist.

§ 70. Bei einer aus mehreren Einzelhandlungen[1] bestehenden strafbaren Handlung sind die Verjährungsfristen von dem Tage der Vollendung[2] der letzten Einzelhandlung, und bei einer ununterbrochen fortdauernden strafbaren Handlung — von ihrer Einstellung an zu berechnen [3].

1 Bernstein: Akten. 2 Bernstein: Vollziehung. 3 In § 70 ist die Verjährung bei fortgesetzten Handlungen und bei Dauer- oder Zustandsstraftaten geregelt. Maßgebend für den Beginn der Verjährung ist wie nach deutschem Strafrecht das Aufhören der letzten strafbaren Tätigkeit oder Unterlassung.

§ 71. Wenn die Strafverfolgung nach dem Gesetz nicht vor Entscheidung der Sache im Verfahren vor einem Zivil- oder Kirchengericht eingeleitet [1] werden kann, oder wenn das Verfahren nach begonnener Strafverfolgung oder die Vollstreckung des Urteils aus im Gesetze bezeichneten Gründen ruhte, so wird die Dauer des Verfahrens vor diesen Gerichten oder des gesetzlichen Ruhens [2] nicht auf die Dauer der Verjährung angerechnet [3].

1 Bernstein: in Zivil- und Kirchengericht begonnen. Die letzteren entscheiden auf dem Gebiet des bürgerlichen in Ehesachen, auf dem des Strafrechts über Straftaten aller Angehörigen des geistlichen Standes bei Verletzung der Sondergesetze und über Straftaten zum Nachteil dieser Personen, soweit nicht das russ. StGB. Platz greift. 2 Bernstein: Einstellung. Es handelt sich nicht um eine Stillegung des Verfahrens durch den Richter, sondern unmittelbar kraft Gesetzes. 3 § 71 regelt etwas abweichend von § 69 RStGB. das Ruhen der Verjährung. Vorschriften über deren Unterbrechung, wie sie § 68 RStGB. vorsieht, sind im russ. StGB. nicht gegeben. Aus § 68 [1] russ. StGB. folgt aber, daß durch das Tätigwerden der Strafverfolgungsbehörden im Sinne der Ziff. 1 die neue Frist der Ziff. 2 in Lauf gesetzt wird. Dadurch wird eine Bestimmung, wie sie § 68 RStGB. gibt, ersetzt. Eine Unterbrechung der Vollstreckungsverjährung im Sinne der §§ 68, 72 RStGB. ist im russ. StGB. nicht ausdrücklich vorgesehen. Derartige Bestimmungen sind aber auch nicht erforderlich, da Ermittelungsmaßnahmen (§ 68 [1, 2]) oder Verfolgungsmaßnahmen (§ 68 [3]) innerhalb der Verjährungsfristen die Verjährungswirkung beseitigen. Ob sie eine neue Verjährung in Lauf setzen, ist mangels ausdrücklicher Bestimmung zweifelhaft.

§ 72 [1].

1 Aufgehoben durch § 8 StRVO.

Zweites Kapitel.

Verletzung der zum Schutze der Religion erlassenen Bestimmungen [1].

1 Für dieses und die nachfolgenden Kapitel bestimmt § 9 StRVO.:

Diejenigen Vorschriften der russischen Strafgesetze, welche den besonderen Schutz der russischen Staats-, Kirchen- und Gesellschaftsordnung bezwecken, bestehen, auch wenn sie nicht ausdrücklich außer Kraft gesetzt sind, nur insoweit fort, als sie sich mit den Grundsätzen und den Zielen der deutschen Verwaltung vereinbaren lassen. Bei ihrer Anwendung ist stets den veränderten Umständen Rechnung zu tragen, welche sich aus der Einführung der deutschen Verwaltung ergeben.

Völlig aufgehoben sind aus diesem Kapitel nur §§ 93, 94; dagegen die Kapitel 3 und 4 ganz und Kapitel 8 bis auf die §§ 193, 194. Bei denjenigen Bestimmungen, deren Anwendung außerdem nicht mehr angängig erscheint, wird im folgenden darauf hingewiesen.

§ 73. Wer den in der einigen Dreifaltigkeit gepriesenen Gott, unsere heilige Mutter Gottes und Jungfrau Maria, die unkörperlichen Himmelsmächte oder die heiligen Diener Gottes lästert; wer die heiligen Sakramente, das heilige Kreuz, die heiligen Reliquien, die heiligen Bilder oder andere von der orthodoxen oder einer anderen christlichen Kirche als heilig verehrte Gegenstände (Beilage I) [1] durch Tat oder Wort beschimpft; wer die Heilige Schrift oder die orthodoxe Kirche und ihre Dogmen oder überhaupt die christliche Religion schmäht,

wird wegen [2] Gotteslästerung oder Beschimpfung des Heiligtums bestraft:

1) wenn sie während eines öffentlichen Gottesdienstes oder in einer Kirche begangen wurde:

mit zeitiger Zuchthausstrafe [3];

2) wenn sie in einer Kapelle oder in einem christlichen Bethause oder öffentlich oder in verbreiteten oder öffentlich ausgestellten Erzeugnissen der Buchdruckerpresse, in Handschriften oder Abbildungen begangen wurde:

mit zeitiger Zuchthausstrafe [4];

3) wenn sie begangen wurde, um die Anwesenden in Versuchung zu führen:

mit Gefängnis von drei Monaten bis zu drei Jahren [5] oder mit Festungshaft nicht über drei Jahren [6].

Wurde jedoch die Gotteslästerung oder die Beschimpfung des Heiligtums zwar unter den in diesem Paragraphen bezeichneten Umständen, aber aus Unverstand, Unwissenheit oder im Zustande der Trunkenheit begangen, so wird der Täter bestraft:

mit Haft.

1 Beilage I lautet: Heilige Gegenstände sind: 1) nach den Vorschriften der orthodoxen Kirche: die Kelche, die Patenen, die Ciborien, die

Monstranzen, die Asteriscen, die Abendmahllöffel, die Spieße, die gestielten Cherubsbilder, die Kreuze, die Evangelien, die Heiligenbilder, die Reliquien, ebenso die Einfassung und der Zierrat der Heiligenbilder, Kreuze und Reliquien, die Gefäße mit dem heiligen Salböl, die Meßtücher, die Decken und die Abendmahlsdecken, die zur Bedeckung der Kelche und der Patenen dienen, und die Bekleidung des Altars und des Opfertisches; 2) nach den Vorschriften der römisch-katholischen Kirche: die in den Monstranzen aufbewahrten geweihten Gaben; das Öl, welches bei der hl. Taufe, bei der Salbung und bei der letzten Ölung von Kranken gebraucht wird; die Kelche und die Patenen, die Ciborien (monstrantia); die Monstranzen; die Steine auf den Altären mit den hl. Reliquien, genannt altare portatile; die bei dem Gottesdienst gebrauchten Reliquien, Kreuze und Evangelien, darunter auch die Einfassung und der Zierrat der Kreuze, Heiligenbilder, Reliquien und Evangelien begriffen, und das hl. Wasser in den Taufbecken; 3) nach den Vorschriften der armenisch-gregorianischen Kirche: die Kelche, die Patenen, die Monstranzen, die Kreuze, die Evangelien, die gesalbten Heiligenbilder, die Reliquien, die Einfassungen der Kreuze, Heiligenbilder und Reliquien, die Decken der heiligen Gefäße, die Bekleidung der Altäre und Opfertische, und an Stelle der Abendmahlsdecken die in der armenischen Kirche zur Vornahme des Gottesdienstes auf dem Altar stehenden Steine mit dem auf diesen ausgehauenen gesalbten Kreuz. **2** Bernstein hat hier wie stets vor der Benennung der Straftat dem russischen Text entsprechend das Fürwort „dieses". Es ist als dem deutschen Sprachgebrauch zuwiderlaufend überall fortgelassen. **3** Gemäß § 2 StRVO. Ersatzstrafe für Zwangsarbeit oder Verschickung. Daraus ergibt sich entsprechend dem zu § 2 StRVO. bei § 16 russ. StGB. Ausgeführten als Strafrahmen: 4—15 Jahre oder 1—15 Jahre d. h. also 1—15 Jahre und bei Zubilligung mildernder Umstände statt dessen Gefängnis von 3 Monaten bis zu 6 Jahren oder Festung von 1—6 Jahren. **4** Gemäß § 2 StRVO. Ersatzstrafe für Verschickung. Daher Strafrahmen 1—15 Jahre Zuchthaus oder bei Zubilligung mildernder Umstände 1—6 Jahre Festung. **5** Gemäß § 2 StRVO. Ersatzstrafe für Korrektionshaus. **6** Mindestbetrag 2 Wochen.

§ 74. Wer:

1) die Einrichtungen oder die Gebräuche der orthodoxen Kirche oder überhaupt des Christentums schmäht;

2) die durch Gebrauch bei dem orthodoxen oder anderem christlichen Gottesdienst geheiligten Gegenstände (Beilage II) [1] durch Tat oder Wort beschimpft;

3) die in § 73 aufgezählten heiligen Gegenstände oder Gegenstände des Glaubens ungebührlich verspottet,

wird wegen Religionsspötterei bestraft:

1) wenn sie während eines öffentlichen Gottesdienstes oder in einer Kirche begangen wurde:

mit Gefängnis nicht unter sechs Monaten [2];

2) wenn sie in einer Kapelle oder in einem christlichen Bethause oder öffentlich oder in verbreiteten oder öffentlich ausgestellten Erzeugnissen der Buchdruckerpresse, in Handschriften oder Abbildungen begangen wurde:

mit Gefängnis[2];

3) wenn sie begangen wurde, um die Anwesenden in Versuchung zu führen:

mit Gefängnis nicht über sechs Monaten.

Wurde jedoch die Religionsspötterei zwar unter den in diesem Paragraphen bezeichneten Umständen, aber aus Unverstand, Unwissenheit oder im Zustande der Trunkenheit begangen, so wird der Täter bestraft:

mit Haft nicht über drei Monaten

1 Beilage II lautet: Durch den Gebrauch beim Gottesdienst geheiligte Gegenstände sind: 1) nach den Vorschriften der orthodoxen Kirche: die Taufbecken und die übrigen zur Wasserweihe dienenden großen Kelche, die Schüsseln, die Schöpfkellen, die Weihwasserwedel, die Bekleidung der Analogien, die Meßgewänder, die Weihrauchfässer, die Leuchter, die Kronleuchter, ebenso die schon eingestellten Lichte, die Meßbücher außer den Evangelien, die Lämpchen und der den Heiligenbildern umgehängte Zierrat; 2) nach den Vorschriften der römisch-katholischen Kirche: die Gefäße zum Darbringen der hl. Kommunion an Kranke, die Gefäße zum Aufbewahren des hl. Öls, die Anhängsel (vota), die Bekleidung der Altäre, Analogien und dgl., die kirchlichen Meßgewänder und die Wäsche, die Fahnen, die Glocken, die Glöckchen, die Leuchter, die Kronleuchter nebst den eingestellten Lichten, die Weihrauchfässer und die Gefäße zu deren Aufbewahrung, die Ampeln, die Meßbücher und überhaupt alle beim Gottesdienst gebrauchten Gegenstände; 3) nach den Vorschriften der armenisch-gregorianischen Kirche: die zur Wasserweihe dienenden Kelche, die Schöpfkellen, die Meßgewänder, die Kronleuchter nebst den eingestellten Lichten, die kleinen und großen Leuchter auf und vor dem Altar und vor den Reliquien, die Meßbücher und die Kirchentüren; 4) nach den Vorschriften der evangelisch-protestantischen Kirchen: die Kreuze (Kruzifixe), die hl. Schrift (Biblia), die Kelche, die Patenen, die Oblatenbehälter, die Taufbecken und die zur Aufbewahrung des beim Abendmahl verabreichten Weines bestimmten Gefäße. 2 Höchstmaß 1 Jahr

§ 75. Wer während eines öffentlichen christlichen[1] Gottesdienstes oder in einer Kirche, einer Kapelle oder einem christlichen Bethause ungebührlich schreit, lärmt oder sonstigen störenden Unfug verübt, wird bestraft:

mit Haft nicht über drei Monaten.

Wenn infolge dieses Unfugs der Gottesdienst unterbrochen wurde, oder wenn dieser Unfug von einem Haufen verübt wurde, so wird der Täter bestraft:

mit Haft.

Wenn der im Abs. 1 dieses Paragraphen bezeichnete Unfug zum Zwecke der Verhinderung des Gottesdienstes verübt wurde, so wird der Täter bestraft:

mit Gefängnis [2].

Wenn infolge des zum Zwecke der Verhinderung des Gottesdienstes verübten Unfugs der Gottesdienst unterbrochen wurde, oder wenn dieser Unfug von einem Haufen [3] verübt wurde, so wird der Täter bestraft:

mit Gefängnis nicht unter sechs Monaten [4].

1 Schutz nichtchristlicher Bekenntnisse in § 77. 2 2 Wochen bis 1 Jahr. 3 Zufällig zusammengelaufene Menschenmenge im Gegensatz zur planmäßigen Verbindung oder Bande. 4 Höchstmaß 1 Jahr.

§ 76. Wer ein in Rußland anerkanntes nichtchristliches Glaubensbekenntnis [1] schmäht oder einen Gegenstand der religiösen Verehrung dieses Glaubensbekenntnisses durch Tat oder Wort beschimpft, wird, wenn diese Schmähung oder Beschimpfung in einem Bethause des nichtchristlichen Glaubensbekenntnisses oder bei öffentlicher Vornahme eines durch dieses Glaubensbekenntnis vorgeschriebenen öffentlichen Religionsdienstes begangen wurde, bestraft:

mit Haft.

Wenn diese Schmähung oder Beschimpfung aus Unverstand, Unwissenheit oder im Zustande der Trunkenheit begangen wurde, so wird der Täter bestraft:

mit Haft nicht über einem Monat oder mit Geldstrafe nicht über hundert Rubeln.

1 Rußland steht hier auch in beschränktem Sinne; vgl. § 5 Anm. 6. Bisher sind Bestimmungen oder Abmachungen über Anerkennung von Glaubensbekenntnissen nicht getroffen. Daher gelten alle im früheren Rußland anerkannten auch in den besetzten Gebieten als anerkannt. Gewisse Schwierigkeiten ergeben sich nur daraus, daß die griechisch-orthodoxe Kirche Staatskirche war, als solche aber in den besetzten Gebieten nicht mehr anerkannt werden kann. Die zu ihrem besonderen Schutz erlassenen härteren Strafandrohungen sind daher im Sinne des § 9 StRVO. entsprechend zu mildern. Neben § 53 russ. StGB. gibt dazu eine Handhabe stets § 6 StRVO.

§ 77. Wer durch ungebührliches Schreien, Lärmen oder sonstigen Unfug den öffentlichen Religionsdienst eines in Rußland anerkannten nichtchristlichen Glaubensbekenntnisses [1] unterbricht, wird, wenn er diesen Unfug öffentlich oder im Bethause eines solchen Glaubensbekenntnisses verübt, bestraft:

mit Haft nicht über drei Monaten.

1 Vgl. § 76 Anm. 1.

§ 78. Wer einen Christen ohne christliche Zeremonie beerdigt, obwohl die Zuziehung[1] einer geistlichen Person des entsprechenden Glaubensbekenntnisses zur Vornahme dieser Zeremonie keine besonderen Schwierigkeiten bot, wird bestraft:

mit Haft nicht über drei Monaten.

1 Bernstein: Einladung.

§ 79. Wer einen beerdigten oder nicht beerdigten Leichnam entwendet oder durch Tat beschimpft, wird bestraft:

mit Gefängnis von drei Monaten bis zu drei Jahren[1].

Hat dabei der Täter an dem Leichnam eine unsittliche Handlung vorgenommen, so wird er bestraft:

mit Gefängnis von drei Jahren bis zu sechs Jahren[2].

Wurden jedoch die in diesem Paragraphen bezeichneten Handlungen aus Aberglauben, Unverstand, Unwissenheit oder im Zustande der Trunkenheit begangen, so wird der Täter bestraft:

mit Gefängnis nicht über sechs Monaten.

1 Gemäß § 2 StRVO. Ersatzstrafe für Korrektionshaus nicht über drei Jahren. 2 Gemäß § 2 StRVO. Ersatzstrafe für Korrektionshaus nicht unter drei Jahren.

§ 80. Wer:

1) einen anderen[1] durch Gewalt gegen die Person oder durch strafbare Drohung[2] nötigt, einen Gottesdienst oder eine Zeremonie, welche nach den Vorschriften des Glaubensbekenntnisses des Genötigten verboten oder unerlaubt sind, vorzunehmen oder an einem solchen Gottesdienst oder an einer solchen Zeremonie teilzunehmen;

2) einen anderen[1] durch Gewalt gegen die Person oder durch strafbare Drohung[2] verhindert[3], einen Gottesdienst oder eine Zeremonie vorzunehmen, welche nach den Regeln eines in Rußland[4] anerkannten Glaubensbekenntnisses, dem der Genötigte angehört, vorgeschrieben sind, oder an einem solchen Gottesdienst oder an einer solchen Zeremonie teilzunehmen, wird bestraft:

mit Gefängnis[5].

Wurde diese Nötigung oder Verhinderung gegen einen Religionsdiener eines christlichen Glaubensbekenntnisses oder eine geistliche Person eines nichtchristlichen Glaubensbekenntnisses verübt, so wird der Täter bestraft:

mit Gefängnis nicht unter drei Monaten[5].

1 Bernstein: jemand. 2 §§ 475, 510. 3 Der Text ist in engster Anlehnung an das Russische dem deutschen Sprachgebrauch angepaßt. 4 Vgl. § 76 Anm. 1. 5 Höchstmaß 1 Jahr.

§ 81. Ein Nichtchrist, der einen bei ihm in Dienst, Handwerkslehre oder Arbeit befindlichen Christen, wenn auch ohne Gewalt gegen die Person oder strafbare Drohung[1] verhindert, eine religiöse Pflicht seines Glaubensbekenntnisses zu erfüllen oder an einer von seinem Glaubensbekenntnis vorgeschriebenen Feier des Sonntags oder eines anderen Festtages teilzunehmen, wird bestraft:

mit Geldstrafe nicht über fünfzig Rubeln

1 §§ 475, 510.

§ 82. Wer durch Mißbrauch des Ansehens[1], Nötigung, Verlockung mittels Versprechens von Vorteilen oder Täuschung[2] einen Christen zur Annahme eines nichtchristlichen Glaubens verleitet, wird bestraft:

mit Gefängnis von drei Monaten bis zu drei Jahren[3]
oder mit Festungshaft nicht über drei Jahren.

Wurde jedoch die Verleitung durch Gewalt gegen die Person oder durch strafbare Drohung begangen, so wird der Täter bestraft:

mit zeitiger Zuchthausstrafe[4].

1 Bernstein: der Gewalt. Es ist aber, wie auch Abs 2 ergibt, nicht die Anwendung physischer Gewalt, sondern Mißbrauch eines jeglichen Autoritätsverhältnisses gemeint. Diese Änderung ist auch in den §§ 83, 84, 86 vorgenommen; sie entspricht dem russischen Text. Desgleichen ist in §§ 82—84, 86 Täuschung für Betrug gesetzt, da es sich nicht um Betrug im technischen Sinne handelt, und für Verführung „Verleitung", das dem deutschen Sprachgebrauch mehr entspricht. Diesem ist auch sonst der Wortlaut angepaßt. 2 Bernstein: Betrug. Vgl. Anm 1 3 Gemäß § 2 StRVO. Ersatzstrafe für Korrektionshaus von gleicher Dauer 4 Gemäß § 2 StRVO. Ersatzstrafe für Zwangsarbeit nicht über 6 Jahren oder Verschickung. Der Mindestbetrag ist daher (vgl. § 16 Anm 1) ein Jahr, da auch auf Verschickung hätte erkannt werden können, und bei Zubilligung mildernder Umstände (vgl. § 53 Anm. 1) Gefängnis von 3 Monaten bis 6 Jahren oder Festung von 1 Jahr bis 6 Jahren. Der Höchstbetrag ist 15 Jahre, da für Verschickung zeitige Zuchthausstrafe einzutreten hat.

§ 83. Wer durch Mißbrauch des Ansehens[1], Nötigung, Verlockung mittels Versprechens von Vorteilen oder Täuschung einen Orthodoxen[2] zur Annahme eines anderen christlichen Glaubensbekenntnisses verleitet, wird bestraft:

mit Festungshaft nicht über drei Jahren

Wurde jedoch die Verleitung durch Gewalt gegen die Person oder durch strafbare Drohung begangen, so wird der Täter bestraft:

mit zeitiger Zuchthausstrafe[3, 4].

1 Vgl. § 82 Anm. 1. 2 D. h. einen Anhänger der früheren Staatskirche, einen rechtgläubigen Anhänger der griechisch-katholischen Kirche. 3 Gemäß § 2 StRVO. Ersatzstrafe für Verschickung. Daher Mindestmaß 1 Jahr, Höchstmaß 15 Jahre, und bei Zubilligung mildernder Umstände Festung von 1 Jahr bis 6 Jahren, nicht aber Gefängnis, im Gegensatz zu § 82 Anm. 4. Vgl. § 53. 4 Dieser Paragraph dürfte wie auch § 84 gemäß § 9 StRVO. als außer Geltung gesetzt anzusehen sein, da er den rechtgläubigen Anhängern des griechisch-katholischen Bekenntnisses einen höheren Schutz gewährt als Andersgläubigen, für eine solche Sonderstellung aber jetzt ein innerer oder staatlicher Grund nicht mehr vorhanden ist. Bekehrung zu einem anderen Bekenntnis ist jetzt vielmehr nur nach §§ 87 ff. zu bestrafen, wenn man nicht überhaupt gemäß § 9 StRVO. von einer Verfolgung absieht.

§ 84. Wer durch Mißbrauch des Ansehens[1], Nötigung, Verlockung mittels Versprechens von Vorteilen oder Täuschung einen Orthodoxen[2] zum Anschluß an bereits vorhandene oder neu gepredigte Schismen[3] oder Sekten[4] verleitet, wird bestraft:

mit zeitiger Zuchthausstrafe[5].

Wurde jedoch diese Verleitung durch Gewalt gegen die Person oder durch strafbare Drohung begangen, so wird der Täter bestraft:

mit zeitiger Zuchthausstrafe[6].

Ist die Zugehörigkeit zu dem Schisma oder der Sekte, zu denen der Orthodoxe verleitet wurde, mit fanatisch-abergläubischen Anschlägen gegen eigenes oder fremdes Leben, mit Kastration seiner selbst oder anderer oder mit offenbar unsittlichen Handlungen verbunden, so wird der Täter bestraft:

mit zeitiger Zuchthausstrafe[7].

Wurde jedoch diese Verleitung durch Gewalt gegen die Person oder durch strafbare Drohung[8] begangen, so wird der Täter bestraft:

mit Zuchthaus[9] nicht über acht Jahren.

Dieselben Strafen nach denselben Grundsätzen treffen Anhänger des Skopzentums[10] oder einer anderen fanatisch-abergläubischen Lehre der obenbezeichneten Art, welche einen heterodoxen Christen oder einen Nichtchristen zur Annahme ihrer Lehre verleiten.

1 Vgl. § 82 Anm. 1. 2 Vgl. § 83 Anm. 2 und 4. 3 Schismatiker sind die sogenannten Raskolniki, altgläubige Anhänger des griechischen Katholizismus; darunter werden aber auch alle anderen griechischen Katholiken verstanden, die sich nicht streng an das orthodoxe Bekenntnis halten. 4 Sektierer sind alle Anhänger christlicher Bekenntnisse, die nicht zu den anerkannten Lehrgemeinden (Protestanten, römische Katholiken, Lutheraner, Reformierte, Anglikaner) gehören, z. B. Menoniten, Paschkowiten, Mormonen. 5 Vgl. § 83 Anm. 3. 6 Vgl. § 82 Anm. 4. 7 Wie § 83 Anm. 3. Der frühere Zusatz:

Verschickung in besonders bestimmte Gegenden ist heute belanglos. 8 §§ 475, 510. 9 Gemäß § 2 StRVO. Ersatzstrafe für Zwangsarbeit nicht über 8 Jahren. Daher Mindestmaß 4 Jahre Zuchthaus (vgl. § 16 Anm. 1) und bei Zubilligung mildernder Umstände 3 Monate bis 6 Jahre Gefängnis. 10 Die Skopzen verwerfen den Geschlechtsverkehr. Bei ihnen machen sich die Männer durch Kastration, die Weiber durch Exstirpation des Uterus zum Geschlechtsverkehr unfähig; zudem pflegen sich letztere die Brüste auszuschneiden.

§ 85. Wer einen Anhänger der skopzischen Ketzerei[1] oder, wenn auch einen Nichtanhänger dieser, so doch um ihn zu ihr zu verführen, kastriert, wird bestraft:

mit Zuchthaus[2] nicht über sechs Jahren.

Wurde die Kastration durch Gewalt gegen die Person oder durch strafbare Drohung[2] begangen, so wird der Täter bestraft:

mit Zuchthaus[3] nicht über zehn Jahren.

1 Vgl. § 84 Anm. 9. 2 Vgl. § 84 Anm. 8. 3 Gemäß § 2 StRVO. Ersatzstrafe für Zwangsarbeit. Mindestmaß 4 Jahre (vgl. § 16 Anm. 1).

§ 86. Ein Mohammedaner, Jude oder Heide, der durch Mißbrauch des Ansehens[1], Nötigung, Verlockung mittels Versprechens von Vorteilen oder Täuschung einen Angehörigen einer Fremdvölkerschaft nichtchristlichen Glaubensbekenntnisses, der russischer Untertan[2] ist, zur Annahme eines anderen nichtchristlichen Glaubens verleitet, wird bestraft:

mit Gefängnis nicht über drei Monaten.

1 Vgl. § 82 Anm. 1. 2 Vgl. § 6 Anm. 2.

§ 87. Wer durch Gewalt gegen die Person oder durch strafbare Drohung[1] einen andern[2] zum Übertritt aus einem Glaubensbekenntnis in ein anderes verleitet, wird, wenn er nicht nach den §§ 82 bis 84 zu bestrafen ist, bestraft:

mit Gefängnis von drei Monaten bis zu drei Jahren[3].

1 §§ 475, 510. 2 Bernstein: jemand aus einem Glaubensbekenntnis in ein anderes verführt. 3 Gemäß § 2 StRVO. Ersatzstrafe für Korrektionshaus nicht über 3 Jahren.

§ 88. Eltern oder Vormünder, die nach dem Gesetz verpflichtet sind, ihre minderjährigen Kinder oder Mündel, die das vierzehnte Lebensjahr nicht vollendet haben, gemäß den Vorschriften des christlichen Glaubens zu erziehen, werden bestraft, wenn sie mit ihnen religiöse Zeremonien eines nichtchristlichen Glaubensbekenntnisses vornehmen:

mit Festungshaft nicht über drei Jahren.

§ 89. Eltern oder Vormünder, die nach dem Gesetz verpflichtet sind, ihre minderjährigen Kinder oder Mündel, die das vierzehnte Lebensjahr nicht vollendet haben, gemäß den Vorschriften des orthodoxen Glaubens zu erziehen, werden bestraft, wenn sie die Kinder oder Mündel zur Taufe oder zu sonstigen Sakramenten eines anderen christlichen Glaubensbekenntnisses bringen:

mit Festungshaft nicht über einem Jahre[1].

1 Vgl. § 83 Anm. 4.

§ 90. Wer Predigten, Reden oder Abhandlungen öffentlich vorträgt oder vorliest oder Abhandlungen oder Bilder verbreitet oder öffentlich ausstellt, welche Orthodoxe[1] zum Übertritt zu einem anderen Glaubensbekenntnis oder zu einem Schisma[2] oder einer Sekte[3] auffordern, wird, wenn er diese Handlungen zum Zwecke der Verleitung von Orthodoxen begangen hat, bestraft:

mit Festungshaft nicht über einem Jahre oder mit Haft.

1 Vgl. § 83 Anm. 2. 2 Vgl. § 84 Anm. 3. 3 Vgl. § 84 Anm. 4.

§ 91. Ein Schismatiker[1] oder Sektierer[2], der wissentlich[3] an einer orthodoxen[4] oder an einer gemäß den Vorschriften der orthodoxen Kirche zu taufenden Person die Taufe oder eine andere geistliche, die Aufnahme in das Schisma oder in die Sekte kennzeichnende Handlung vornimmt, wird, wenn er nicht wegen Verleitung[5] zu bestrafen ist, bestraft:

mit Haft.

Dieselbe Strafe trifft einen Schismatiker oder Sektierer, der eine sonstige geistliche Handlung an einer Person vornimmt, welche sich bei der Vornahme dieser Handlung, wie er wußte[3], zum orthodoxen Glauben bekannte.

1 Vgl. § 84 Anm. 3. 2 Vgl. § 84 Anm. 4. 3 Gemäß der VO. vom 7. 6. 17 an Stelle von notorisch. Vgl. S. 26. Das russische Wort sawjedomo bedeutet etwa mit Wissen und Willen; es ist eine Verstärkung des Stammes wjedatj = wissen, also ungefähr gleichbedeutend mit genau wissend. Der Täter selbst muß die Umstände gekannt haben; wissen müssen genügt nicht, was insbesondere für § 616 von Wichtigkeit ist. Bernstein übersetzt das Wort zumeist durch notorisch, was den falschen Sinn zuläßt, daß die Umstände allgemein bekannt sein müßten. Hier ist wie im folgenden stets der VO. vom 7 6. 16 Rechnung getragen. 4 Vgl. § 83 Anm. 2. 5 Im Sinne der §§ 82—87.

§ 92. Wer sich öffentlich zu einem gesetzlich verbotenen Schisma[1] bekennt, wird bestraft:

mit Geldstrafe nicht über dreihundert Rubeln.

1 § 84 Anm. 3.

§ 93 [1].

1 §§ 93, 94 sind durch § 8 StRVO. aufgehoben.

§ 95. Wer eine Person, die den orthodoxen[1] Glauben annehmen will, durch Gewalt gegen die Person oder durch strafbare Drohung[2] daran verhindert, wird bestraft:

mit Gefängnis nicht unter sechs Monaten[3], [4].

1 § 83 Anm. 2. 2 §§ 475, 510. 3 Höchstmaß 1 Jahr. 4 Vgl. § 83 Anm. 4.

§ 96. Wer einem Schisma[1] oder einer Sekte[2] angehört, die mit fanatisch-abergläubischen Anschlägen gegen eigenes oder fremdes Leben oder mit Kastration seiner selbst oder Anderer oder mit offenbar unsittlichen Handlungen verbunden sind, wird bestraft:

mit zeitiger Zuchthausstrafe[3].

Dieselbe Strafe trifft denjenigen, welcher, durch Fanatismus irregeführt, sich selbst kastriert.

1 § 84 Anm. 3. 2 § 84 Anm. 4. 3 Gemäß § 2 StRVO. Ersatzstrafe für Verschickung in für diese Verurteilte besonders bestimmte Gegenden. Der letzte Zusatz ist heut belanglos. Bei Zubilligung mildernder Umstände ist gemäß § 53 nicht auf Gefängnis, sondern auf Festung nicht unter einem Jahr zu erkennen. Regelmäßiger Strafrahmen: 1—15 Jahre Zuchthaus.

§ 97. Wer in eigenmächtiger Anmaßung der Würde eines Religionsdieners eines christlichen Glaubensbekenntnisses eine kirchliche Handlung vornimmt, die nur von einem Religionsdiener dieses Glaubensbekenntnisses vorgenommen werden darf, wird bestraft:

mit Gefängnis[1].

Hat der Täter eine Taufe oder eine Eheschließung vorgenommen, so wird er bestraft:

mit Gefängnis von drei Monaten bis zu sechs Jahren[2].

1 Höchstmaß 1 Jahr. 2 Gemäß § 2 StRVO. Ersatzstrafe für Korrektionshaus.

§ 98. Personen nichtchristlichen oder heterodoxen christlichen Glaubensbekenntnisses, Schismatiker[1] oder Sektierer[2], die zwar nicht während der Vornahme eines Gottesdienstes oder einer geistlichen Handlung, aber zum Zwecke der Erzeigung von Mißachtung des orthodoxen Glaubens und der orthodoxen Kirche einen orthodoxen[3] Religionsdiener beleidigen oder die unter § 475 fallende Gewalt gegen seine Person verüben, werden bestraft:

mit Gefängnis[4].

Wird diese Beleidigung oder Gewalt gegen die Person während der Vornahme eines Gottesdienstes oder einer geistlichen Handlung durch den Religionsdiener verübt, so wird der Täter bestraft:

wegen Beleidigung — mit Gefängnis von drei Monaten bis zu drei Jahren[5];

wegen Gewalt — mit Gefängnis von drei Monaten bis zu sechs Jahren[6].

1 § 84 Anm. 3. 2 § 84 Anm. 4. 3 Vgl. § 83 Anm. 2. 4 2 Wochen bis 1 Jahr. 5 Gemäß § 2 StRVO. Ersatzstrafe für Korrektionshaus von gleicher Dauer. 6 Gemäß § 2 StRVO. Ersatzstrafe für Korrektionshaus.

Drittes Kapitel.

Hochverrat und strafbare Handlungen gegen die heilige Person des Kaisers und die Mitglieder des kaiserlichen Hauses[1].

1 Sämtliche Bestimmungen dieses Kapitels (§§ 99—107) sind durch § 8 StRVO. außer Kraft gesetzt.

Viertes Kapitel.

Landesverrat[1].

1 Sämtliche Bestimmungen dieses Kapitels (§§ 108—119) sind durch § 8 StRVO. außer Kraft gesetzt.

Fünftes Kapitel.

Aufruhr[1].

1 Die Vorschriften dieses Kapitels finden nur Anwendung, sofern nicht nach § 161 MStGB., § 5 Ziff. 4 MStGO. die Militärgerichte zuständig sind oder (mehrfach ergangene) Verordnungen ähnlichen Inhalts verletzt sind, wie z. B. die VO. Oberost vom 26. 11. 15. Vgl. oben S. 19 § 24 StRVO.

§ 120. Wer eine öffentliche Zusammenrottung nicht verläßt, die wie ihm bekannt ist[1], von der Polizeimacht[2] zum Auseinandergehen aufgefordert wurde, wird bestraft:

mit Haft nicht über drei Monaten.

Mußte zum Zerstreuen einer solchen Zusammenrottung wegen des hartnäckigen Ungehorsams ihrer Teilnehmer gegen die am Orte der Zusammenrottung befindliche Polizeimacht andere Polizeimacht zur

Hilfe gerufen werden, so wird derjenige, welcher nach ihm bekannter [1] erneuter Aufforderung zum Auseinandergehen die Zusammenrottung nicht verläßt, bestraft:

mit Haft.

Wurde zum Zerstreuen einer solchen Zusammenrottung bewaffnete Macht herbeigerufen, so wird derjenige, welcher nach der in Gegenwart [3] der bewaffneten Macht ergangenen Aufforderung zum Auseinandergehen die Zusammenrottung nicht verläßt, bestraft:

mit Gefängnis [4].

Ein Teilnehmer an einer solchen Zusammenrottung, der zum Ungehorsam gegen die ergangene Aufforderung zum Auseinandergehen anstiftete, wird bestraft:

in dem im Abs. 1 dieses Paragraphen bezeichneten Falle — mit Haft;

in dem im Abs. 2 dieses Paragraphen bezeichneten Falle — mit Gefängnis [4];

in dem im Abs. 3 dieses Paragraphen bezeichneten Falle — mit Gefängnis nicht unter sechs Monaten [5].

1 Gemäß VO. vom 7. 6. 16 an Stelle von notorisch. 2 Wörtlich: von einer polizeilichen Gewalt. Das kann auch eine einzelne Person sein. Damit ist jeder einzige Angehörige der Polizei gemeint, der sich im Dienst befindet. 3 Die Aufforderung braucht nicht von einer Militärperson usw. auszugehen; es genügt deren bloße Anwesenheit. 4 2 Wochen bis 1 Jahr. 5 Höchstmaß 1 Jahr.

§ 121. Wer an einer öffentlichen Zusammenrottung teilnimmt [1], die, wie ihm bekannt ist [2], sich versammelt hat, um Mißachtung der obersten Gewalt oder Mißbilligung der durch die Grundgesetze festgestellten Regierungsform oder Thronfolgeordnung auszudrücken, oder um mit Aufruhr [3] oder mit Verrat [4] oder mit einer Person, die eine aufrührerische oder verräterische Handlung begangen hat, oder mit einer Lehre, welche die gewaltsame Zerstörung der im Staate bestehenden gesellschaftlichen Ordnung anstrebt, oder mit einem Anhänger solcher Lehre ihr Einverständnis [5] kundzugeben, wird bestraft:

mit Festungshaft nicht über drei Jahren oder mit Gefängnis [6].

Wer eine solche Zusammenrottung veranstaltet oder zu ihrer Veranstaltung verleitet hat, ebenso ein Teilnehmer an der Zusammenrottung, der diese angeführt hat, wird bestraft:

mit Festungshaft oder mit Gefängnis nicht unter sechs Monaten [7].

Wurde jedoch zum Zerstreuen einer solchen Zusammenrottung

bewaffnete Macht herbeigerufen, so wird derjenige, welcher nach der in Gegenwart der bewaffneten Macht ergangenen Aufforderung zum Auseinandergehen die Zusammenrottung nicht verläßt, bestraft:

mit zeitiger Zuchthausstrafe[8] oder mit Gefängnis von drei Monaten bis zu sechs Jahren[9].

1 Auch wer sich nachträglich einfindet, macht sich strafbar, sofern er Zweck und Ziel der Zusammenrottung kennt (Taganzew S. 223). 2 Gemäß VO. vom 7. 6. 16 für notorisch. 3 Bernstein: Rebellion. Im Russischen steht dasselbe Wort, das in der Überschrift zu Kap. III in der Zusammensetzung mit „gegen die höchste Gewalt" gebraucht und in dieser Zusammensetzung durch „Hochverrat" wiedergegeben ist. Damit ist also auf die Tatbestände dieses jetzt aufgehobenen Kapitels hingedeutet, aber gleichzeitig auch zum Ausdruck gebracht, daß nicht nur diese gemeint sind. 4 Hier gilt Entsprechendes, wie in Anm. 3 gesagt: Im russischen Text steht dasselbe Wort, das in der Überschrift zu Kap. IV in Zusammensetzung mit einem anderen gebraucht ist, die beide dort durch Landesverrat übersetzt sind. 5 Bernstein: Sympathie. Auch der Satzbau ist mehr der deutschen Sprache angepaßt. 6 2 Wochen bis 1 Jahr. 7 Höchstmaß 1 Jahr. 8 Gemäß § 2 StRVO. an Stelle von Verschickung. Daher gemäß § 53 bei Zubilligung mildernder Umstände Festung, nicht Gefängnis. 9 Gemäß § 2 StRVO. an Stelle von Korrektionshaus..

§ 122. Wer an einer öffentlichen Zusammenrottung teilnimmt, die mit vereinten Kräften der Teilnehmer:

1) Gewalt gegen Personen verübt[1] oder fremdes Eigentum entwendet[2] oder beschädigt[3] oder in fremde bewohnte Gebäude oder sonstige Räumlichkeiten eindringt[4] oder eine dieser Handlungen versucht[5], alles dieses aus Gründen, welche aus Religions-, Nationalitäten- oder Klassenhaß, wirtschaftlichen Verhältnissen oder die öffentliche Ruhe störenden Gerüchten[6] entspringen;

2) einen Widerstand oder eine Nötigung im Sinne der §§ 142 oder 145 begeht,

wird bestraft:

mit Gefängnis von drei Monaten bis zu sechs Jahren[7].

Wer eine solche Zusammenrottung veranstaltet oder zu ihrer Veranstaltung verleitet hat, ebenso ein Teilnehmer an der Zusammenrottung, der diese bei der Begehung der in diesem Paragraphen vorgesehenen Handlungen angeführt oder zu deren Begehung oder Fortführung angestiftet oder bei ihrer Begehung Waffen gebraucht hat, wird bestraft:

mit Gefängnis von drei Jahren bis zu sechs Jahren[8].

1 Im russ. Text steht als einziges Zeitwort für die Ziffern 1 und 2 „begangen hat", während in Ziff. 1 und 2 nur Hauptworte (Gewalt,

Entwendung usw.) aufgezählt sind. Mit Gewalt gegen Personen ist über den Tatbestand des § 475 hinaus jeder gewaltsame Angriff gegen die persönliche Freiheit eines Einzelnen oder mehrerer gemeint, insbesondere die Nötigung der §§ 80—84, 86, 87, 95, 145—148, 173, 408, 508, 509, 515, 516, 522, 526, 590, 650; Bedrohung mit Gewalt, die in einigen dieser Bestimmungen ebenfalls erwähnt ist, genügt nicht. 2 §§ 581 ff., 591 ff. Die letzteren dürften jedoch hier ausscheiden; wohl aber kann noch § 633 Ziff. 9 in Betracht kommen. 3 §§ 173 II, 547 bis 570. 4 §§ 511, 512. Das Wort „bewohnte" bezieht sich auch auf Räumlichkeiten. Im Russischen steht bewohnt im Plural und Gebäude und Räumlichkeit im Singular. 5 Bernstein übersetzt versehentlich „verursacht"; es ist aber der Tatbestand des § 49 gemeint. 6 Der Verbreiter derartiger Gerüchte wird nach § 263 bestraft. 7 Gemäß § 2 StRVO. Ersatzstrafe für Korrektionshaus. 8 Gemäß § 2 StRVO. Ersatzstrafe für Korrektionshaus nicht unter 3 Jahren.

§ 123. Wer an einer Zusammenrottung [1] teilnimmt, die mit vereinten Kräften der Teilnehmer:

1) der zum Zerstreuen der Zusammenrottung herbeigerufenen bewaffneten Macht gewaltsamen Widerstand leistet oder eine Militärwache oder deren Posten gewalttätig überfällt;

2) eine Niederlage von Waffen oder Kriegsvorräten, eine Gewehr- oder Geschützfabrik, einen befestigten Ort, ein Kriegsschiff, eine Eisenbahn, eine dem öffentlichen oder staatlichen Gebrauch dienende Telegraphen- oder Telephonanlage, eine Münzanstalt [2], eine Reichsrentei [3], eine staatliche oder mit Genehmigung der Regierung gegründete öffentliche oder Aktien-Kreditanstalt in ihre Gewalt bringt, plündert oder zerstört;

3) durch Gewalt gegen die Personen der Wache oder durch Beschädigung der Einsperrungsräumlichkeiten Gefangene aus der Bewachung [4] befreit;

4) Sprengvorrichtungen [5] oder -stoffe zur Verübung von Gewalttätigkeiten benutzt,

wird bestraft:

mit Zuchthaus [6] nicht über acht Jahren.

Wer eine solche Zusammenrottung veranstaltet oder zu ihrer Veranstaltung verleitet hat, oder ein Teilnehmer an der Zusammenrottung, der diese bei der Begehung der in diesem Paragraphen vorgesehenen Handlungen angeführt oder zu deren Begehung oder Fortführung angestiftet oder bei ihrer Begehung Sprengvorrichtungen oder -stoffe oder Waffen gebraucht hat, wird bestraft:

mit zeitiger Zuchthausstrafe [7].

1 Im Gegensatz zu § 122 nicht öffentlich; es genügt auch ein Zusammenwirken im geschlossenen Raum, das aber im Gegensatz zu § 124 ff. auch zufälliger Art sein kann 2 Bernstein. Münzhof. Gemeint ist jede Münzanstalt, Münze 3 Reichsrenteien waren zur russischen Zeit die in den größeren Städten errichteten Annahmestellen für öffentliche Abgaben, namentlich Steuern, und Zahlstellen für staatliche Renten und Pensionen. Derartige Geschäfte werden jetzt durch die Gouvernements-, Stadt- oder Kreiskassen wahrgenommen Da sie danach an die Stelle der sog. Reichsrenteien getreten sind, so müssen Angriffe auf sie nach § 123 bestraft werden, sofern nicht die Militärgesetze Anwendung finden. 4 Wörtlich aus dem Russischen im Gegensatz zu Bernstein, der „bewachte Gefangene" übersetzt. 5 Bernstein: Explosions-Vorrichtungen. Der Begriff Vorrichtungen ist weiter als der des Russischen. Darunter sind vor allem Sprenggeschosse zu verstehen. 6 Gemäß § 2 StRVO Ersatzstrafe für Zwangsarbeit von gleicher Dauer. Vgl. wegen des Strafrahmens § 16 Anm 1. 7 Gemäß § 2 StRVO. Ersatzstrafe für zeitige Zwangsarbeit.

§ 124. Wer wissentlich[1] an einer ordnungsmäßig verbotenen Verbindung[2] teilnimmt, wird bestraft:

mit Festungshaft nicht über einem Jahr oder mit Haft[3].

1 Gemäß VO vom 7 6. 16 für notorisch. 2 Darunter ist jede planmäßige und grundsätzlich auf längere Dauer berechnete Personenvereinigung mit bestimmtem Zweck verstanden Der Begriff weicht von dem des § 52 II ab.

3 Durch das aufrechterhaltene Gesetz vom 4. 3. 06 über die zeitweiligen Vorschriften für Vereine und Verbände hat § 124 folgende Fassung erhalten:

Wer ohne Beachtung oder unter Verletzung der gesetzlichen Vorschriften einen Vereinsverband[4] oder einen Verein[5] — unter Einschluß der professionellen Vereine[6] — gründet oder verwaltet oder in einen solchen eintritt, sowie jede Amtsperson, welche eine gesetzmäßige Verfügung der Obrigkeit verletzt, die ihr die Bildung eines Vereins oder den Eintritt in einen solchen verbietet, wird mit Haft bis zu drei Monaten oder mit Geldstrafe bis zu dreihundert Rubeln bestraft.

Wer einen Vereinsverband oder einen Verein — unter Einschluß der professionellen Vereine — gründet oder in einen solchen eintritt, obwohl er weiß,

1) daß der Vereinsverband oder der Verein strafgesetzlich verbotene, die öffentliche Sittlichkeit verletzende oder die öffentliche Ruhe und Sicherheit gefährdende Zwecke verfolgt, oder aber, daß ein von den in Art 9[7] der zeitweiligen Vorschriften für Vereine und Verbände genannten Angestellten gebildeter Verein nach Art. 10[8] dieser Vorschriften verbotene Zwecke verfolgt;
2) daß der Vereinsverband oder Verein politische Zwecke verfolgt, oder daß ein professioneller Verein von im Auslande befindlichen Personen oder Anstalten geleitet wird;
3) daß der Vereinsverband oder Verein von der zuständigen Behörde nicht gestattet, verboten oder geschlossen ist, oder daß ihm seine Tätigkeit ordnungsmäßig untersagt worden ist;
4) daß der Vereinsverband oder Verein besondere Maßnahmen zur

Verheimlichung seines Bestehens, der von ihm verfolgten Zwecke, der Art seiner Verwaltung oder der an seiner Verwaltung beteiligten Personen ergreift,

wird bestraft: mit Festungshaft nicht unter einem Jahre oder mit Gefängnis. Der gleichen Strafe unterliegen auch Personen, welche einen Verband der in Art. 9 der zeitweiligen Vorschriften für Vereine oder Verbände bezeichneten Beamtenvereine oder einen Verband professioneller Vereine gründen oder in einen solchen Verband eintreten, sowie diejenigen, welche Zweigvereine professioneller Vereine mit einer vom Hauptverein getrennten Verwaltung gründen oder in solche Zweigvereine eintreten.

4 Das ist ein Zusammenschluß von nicht auf einen wirtschaftlichen Zweck gerichteten Vereinen. **5** Im Sinne der zeitweiligen Vorschriften für Vereine und Verbände vom 4. 3. 06. **6** Das sind Vereinigungen von Arbeitern oder Angestellten eines öffentlichen, Handels- oder Industrieunternehmens oder von Inhabern gleichartiger Industrie- oder Handelsunternehmungen zur Wahrung ihrer wirtschaftlichen Interessen, Besserung ihrer Arbeitsverhältnisse oder Steigerung ihrer Produktionsfähigkeit. **7** Das sind Vereine von Angestellten an öffentlichen Behörden, an Staats- oder Privateisenbahnen, an öffentlichen Fernsprechunternehmungen; diesen ist nur die Verfolgung wohltätiger Zwecke oder Befriedigung geistiger oder materieller Bedürfnisse gestattet. **8** Ihnen ist die Verfolgung politischer Zwecke sowie aller Ziele, die mit den Anforderungen der Dienstpflicht, des Dienstverhältnisses oder der Dienstvorschriften unvereinbar sind, verboten. Sie dürfen sich nicht zu Verbänden zusammenschließen.

§ 125. Wer an einer Verbindung [1] teilnimmt, die sich zum Ziel ihrer Tätigkeit gesetzt hat:

1) Aufreizung zum Ungehorsam oder zum Widerstande gegen das Gesetz oder eine verbindliche Verordnung oder eine gesetzmäßige Verfügung der Obrigkeit [2];

2) Aufreizung zum Haß zwischen einzelnen Teilen oder Klassen der Bevölkerung, zwischen den Ständen oder zwischen den Arbeitgebern und Arbeitern;

3) Aufreizung von Arbeitern zur Veranstaltung oder Fortführung eines unter § 367 fallenden Streiks,

wird bestraft:

mit Gefängnis von drei Monaten bis zu sechs Jahren [3] oder mit Festungshaft.

1 S. § 124 Anm. 2. **2** Zwischen Verordnung und Verfügung besteht der gleiche Unterschied wie in der deutschen Rechtssprache. Mit Verordnung ist eine allgemeine, an die Allgemeinheit gerichtete Anordnung einer dazu berufenen Behörde oder Person gemeint, unter Verfügung eine im Einzelfall an eine bestimmte Vielheit oder Einzelperson gerichtete dienstliche Anordnung verstanden. **3** Gemäß § 2 StRVO. Ersatzstrafe für Korrektionshaus.

§ 126. Wer an einer Verbindung[1] teilnimmt, die sich zum Ziel ihrer Tätigkeit den Sturz der im Staate bestehenden gesellschaftlichen Ordnung oder die Begehung von Verbrechen mittels Sprengstoffen oder -vorrichtungen[2] gesetzt hat, wird bestraft:

mit zeitiger Zuchthausstrafe[3].

Verfügte diese Verbindung, wie dem Täter bekannt war[4], über Sprengmittel[5] oder über eine Waffenniederlage, so werden die Teilnehmer an dieser Verbindung bestraft:

mit zeitiger Zuchthausstrafe[6].

1 § 124 Anm. 2. 2 § 123 Anm. 5. 3 Gemäß § 2 StRVO. an Stelle von Zwangsarbeit nicht über 8 Jahren oder Verschickung. Daher Strafrahmen: 1—15 Jahre oder bei Zubilligung mildernder Umstände Gefängnis von 3 Monaten bis zu 6 Jahren oder Festung von 1—6 Jahren. 4 Gemäß VO. vom 7. 6. 16 für notorisch. 5 Der Begriff ist weiter als in Abs. 1. 6 Gemäß § 2 StRVO. Ersatzstrafe für zeitige Zwangsarbeit. Über Mindestmaß vgl. § 16 Anm. 1.

§ 127. Wer eine Versammlung einer, wie ihm bekannt ist[1], gesetzwidrigen Verbindung im Sinne der §§ 124 bis 126 in ihm gehörenden oder von ihm verwalteten oder beaufsichtigten Räumlichkeiten oder Orten[2] zuläßt, ist wie ein Teilnehmer an der Verbindung zu bestrafen.

Einem Teilnehmer an einer gesetzwidrigen Verbindung im Sinne der §§ 124 bis 126, welcher diese Verbindung anzeigt, bevor ihr Bestehen entdeckt wurde, ist die Strafe nach den im § 53 festgesetzten Grundsätzen zu ermäßigen oder er kann überhaupt straffrei bleiben[2].

1 Gemäß VO. vom 7. 6. 16 für notorisch. 2 Maßgebend ist nicht das Eigentum als solches, sondern die tatsächliche Verfügungsgewalt; verantwortlich ist derjenige, der die Aufsicht über die Räume oder Orte ausübt. 3 Bernstein: von der Strafe befreit werden.

§ 128. Wer freche Mißachtung der obersten Gewalt bezeigt oder die durch die Grundgesetze festgelegte Regierungsform oder Thronfolgeordnung durch öffentliches Vortragen oder Vorlesen[1] von Reden oder Abhandlungen oder durch Verbreitung oder öffentliche Ausstellung von Abhandlungen oder Abbildungen schmäht, wird bestraft:

mit zeitiger Zuchthausstrafe[2, 3].

1 Damit ist im Gegensatz zum Vortrag vor allem das Vorlesen fremder Niederschriften gemeint. 2 Gemäß § 2 StRVO. Ersatzstrafe für Verschickung. Daher bei Zubilligung mildernder Umstände nicht Gefängnis, sondern Festung. 3 Vorbereitungshandlungen bedroht § 132.

§ 129. Wer eine Rede oder Abhandlung öffentlich[1] vorträgt oder vorliest oder eine Abhandlung oder Abbildung verbreitet oder öffentlich ausstellt, welche aufreizt:

1) zur Begehung einer hochverräterischen oder verräterischen Handlung[2];

2) zum Sturz der im Staate bestehenden gesellschaftlichen Ordnung;

3) zum Ungehorsam oder zum Widerstande gegen das Gesetz oder eine verbindliche Verordnung oder eine gesetzmäßige Verfügung[3] der Obrigkeit;

4) zur Begehung eines andern Verbrechens,

wird bestraft:

wegen der unter Ziff. 1 oder 2 dieses Paragraphen fallenden Aufreizung —

mit zeitiger Zuchthausstrafe[4];

wegen der unter Ziff. 3 oder 4 dieses Paragraphen fallenden Aufreizung —

mit Gefängnis von drei Monaten bis zu drei Jahren[5].

Wenn:

1) der Täter zur Begehung der Handlung auf eine für das Leben Vieler gefährliche Art aufreizte;

2) infolge der Aufreizung ein Verbrechen begangen wurde,

so ist der Täter, falls er nicht als Teilnehmer der begangenen strafbaren Handlung einer schwereren Strafe unterliegt, zu bestrafen:

wegen der unter Ziff. 1 oder 2 dieses Paragraphen fallenden Aufreizung —

mit Zuchthaus nicht über acht Jahren[6];

wegen der unter Ziff. 3 oder 4 dieses Paragraphen fallenden Aufreizung —

mit Gefängnis von drei Monaten bis zu sechs Jahren[7].

Der Versuch ist strafbar[8].

1 Nicht öffentliche Aufreizung bedroht § 130. **2** Gemeint sind die in Kap. III und IV erörterten Tatbestände. Jetzt findet u. a. in ihrem Geltungsbereich die VO. Oberost vom 26. 11. 15 (BefuVOBl. S. 9) Anwendung. **3** Vgl. § 125 Anm. 2. **4** Gemäß § 2 StRVO. Ersatzstrafe für Verschickung. Daher bei Zubilligung mildernder Umstände Festung von 1—6 Jahren. Bei Zumessung der Zuchthausstrafe wird zu berücksichtigen sein, daß der schwerere Fall des Abs. 2 nur mit Zuchthaus nicht über 8 Jahren bedroht ist. **5** Gemäß § 2 StRVO. Ersatzstrafe für Korrektionshaus von gleicher Dauer. **6** Gemäß § 2 StRVO. Ersatzstrafe für Zwangsarbeit von gleicher Dauer. Daher (vgl. § 16 Anm. 1) Mindestmaß 4 Jahre. **7** Gemäß § 2 StRVO. Ersatzstrafe für Korrektionshaus. 8 Vorbereitungshandlungen bedroht § 132.

§ 130. Wer nichtöffentlich[1] Lehren oder Ansichten verbreitet, welche aufreizen:

1) zur Begehung einer hochverräterischen oder verräterischen Handlung[2];

2) zum Sturz der im Staate bestehenden gesellschaftlichen Ordnung;

3) zum Ungehorsam oder zum Widerstande gegen das Gesetz oder eine verbindliche Verordnung oder eine gesetzmäßige Verfügung[3] der Obrigkeit;

4) zur Begehung eines andern Verbrechens,

wird, falls diese strafbaren Lehren oder Ansichten unter der Landbevölkerung, im Heere, unter Arbeitern oder überhaupt solchen Personen verbreitet worden sind, bei denen diese Lehren oder Ansichten nicht gehörigen Widerstand finden könnten und deren Aufreizung zugleich den staatlichen Frieden zu gefährden drohte, bestraft:

wegen der unter Ziff. 1 oder 2 dieses Paragraphen fallenden Verbreitung von Lehren —

mit zeitiger Zuchthausstrafe[4];

wegen der unter Ziff. 3 oder 4 dieses Paragraphen fallenden Verbreitung von Lehren —

mit Gefängnis von drei Monaten bis zu drei Jahren[5].

Falls bei Verbreitung der in diesem Paragraphen bezeichneten Lehren oder[8] Ansichten:

1) der Täter zur Begehung der Handlung auf eine für das Leben Vieler gefährliche Art aufreizte;

2) infolge der Aufreizung ein Verbrechen begangen wurde,

so ist der Täter, falls er nicht als Teilnehmer der begangenen strafbaren Handlung einer schwereren Strafe unterliegt, zu bestrafen:

wegen der unter Ziff. 1 oder 2 des ersten Absatzes dieses Paragraphen fallenden Verbreitung von Lehren —

mit Zuchthaus nicht über acht Jahren[6];

wegen der unter Ziff. 3 oder 4 des ersten Absatzes dieses Paragraphen fallenden Verbreitung von Lehren —

mit Gefängnis von drei Monaten bis zu sechs Jahren[7].

Der Versuch ist strafbar.

1 Im Gegensatz zu § 129. 2 3 4 5 6 7 Vgl. § 129 Anm. 2—7. 8 Bernstein fälschlich: und.

§ 131[1]. Wer nichtöffentlich unter dem Heere Lehren oder Ansichten verbreitet, welche Militärpersonen zur Verletzung der militärischen Dienstpflichten aufreizen, wird bestraft:

mit zeitiger Zuchthausstrafe [2].

Falls bei Verbreitung solcher Lehren oder Ansichten:

1) der Täter zur Begehung der Handlung auf eine für das Leben Vieler gefährliche Art aufreizte;

2) infolge der Aufreizung ein Verbrechen begangen wurde,

so ist der Täter, falls er nicht als Teilnehmer der begangenen strafbaren Handlung einer schwereren Bestrafung unterliegt, zu bestrafen:

mit Zuchthaus nicht über acht Jahren [3].

1 Heute werden in der Regel §§ 99, 100, 161 MStGB. Anwendung finden. 2 Vgl. § 129 Anm. 4. 3 Hier steht versehentlich schon bei Bernstein Zuchthaus; im Russischen Zwangsarbeit. Wegen des Mindestmaßes vgl. § 16 Anm. 1.

§ 132. Wer:

1) eine der in § 128 oder § 129 bezeichneten Abhandlungen oder Abbildungen zum Zwecke ihrer Verbreitung oder öffentlichen Ausstellung verfaßt;

2) die in Ziff. 1 dieses Paragraphen bezeichneten Abhandlungen oder Abbildungen in Kenntnis ihres Inhalts zu dem in derselben Ziff. 1 angegebenen Zwecke vervielfältigt, aufbewahrt oder aus dem Auslande einführt,

wird, wenn die Verbreitung oder öffentliche Ausstellung dieser Abhandlungen oder Abbildungen nicht erfolgt ist, bestraft:

mit Festungshaft nicht über drei Jahren.

§ 133. Wer ein Verbrechen oder Vergehen in einer öffentlich vorgetragenen oder vorgelesenen Rede oder Abhandlung anpreist oder Abhandlungen oder Abbildungen, von denen er weiß [1], daß sie eine derartige Anpreisung enthalten, öffentlich ausstellt oder verbreitet, wird bestraft:

mit Haft.

1 Gemäß VO. vom 7. 6. 16 für notorisch.

§ 134 [1]. Wer:

1) sich für ein, wenn auch verstorbenes, Mitglied des russischen Kaiserhauses ausgibt;

2) sich für eine vom regierenden Kaiser besonders bevollmächtigte oder beauftragte Person ausgibt;

3) wissentlich falsche Gerüchte verbreitet über die Abänderung der durch die Grundgesetze festgelegten Regierungsform oder Thronfolgeordnung oder über das Ableben des regierenden Kaisers oder des Thronfolgers oder über den Verzicht des regierenden Kaisers auf den Thron oder des Thronfolgers auf das Thronfolgerecht,

wird bestraft:

mit Gefängnis von drei Monaten bis zu sechs Jahren [2].

Falls die in Abs. 1 dieses Paragraphen bezeichneten Handlungen im Volke oder unter dem Heere eine für die öffentliche Sicherheit gefährliche Erregung hervorgerufen haben, so wird der Täter bestraft:

mit Zuchthaus nicht über acht Jahren [3].

1 Diese Bestimmung muß außer Anwendung bleiben. Allem Anschein nach ist ihre Außerkraftsetzung wie der ähnlichen Bestimmungen in §§ 455 [4] und 471 [4] versehentlich unterblieben, während Kap. III beseitigt ist. Vgl. § 9 StRVO. 2 Gemäß § 2 StRVO. Ersatzstrafe für Korrektionshaus. 3 Gemäß § 2 StRVO. Ersatzstrafe für Zwangsarbeit von gleicher Dauer.

§ 135 [1]. Wer es im Inlande versucht, die Regierung eines Rußland [2] befreundeten Staates gewaltsam zu stürzen oder die in ihm bestehende Regierungsform gewaltsam abzuändern, oder zu diesem Zwecke vorbereitende Handlungen begeht oder an einer zu demselben Zwecke gebildeten Verbindung teilnimmt, wird, sofern wegen der Strafbarkeit solcher Handlungen die Gegenseitigkeit vorhanden ist, bestraft:

mit Festungshaft.

1 Mangels Bestehens von Gegenseitigkeitsabmachungen und einer fertigen Verfassung der Randstaaten zurzeit belanglos. Vgl. § 9 StRVO. 2 Vgl. §§ 4 Anm. 1, 5 Anm. 6.

§ 136. Wer ein öffentlich ausgestelltes Staatswappen oder ein anderes Hoheitszeichen eines Rußland [1] befreundeten Staates vorsätzlich beschimpft, wird bestraft:

mit Haft.

Wurde diese Beschimpfung von einer Menge begangen, so wird der Täter bestraft:

mit Gefängnis [2].

1 Vgl. § 5 Anm. 6. Auch dieser Paragraph wird zurzeit kaum Anwendung finden können. Vgl. § 9 StRVO. 2 2 Wochen bis 1 Jahr.

§ 137 [1]. Wer die ordnungsmäßig verkündigten Vorschriften über Neutralität verletzt, wird bestraft:

mit Festungshaft.

1 Gegenwärtig belanglos. Vgl. § 9 StRVO.

Sechstes Kapitel.

Ungehorsam gegen die Obrigkeit.

§ 138 [1]. Wer einer verbindlichen Verordnung zuwiderhandelt, wird bestraft, falls für diese Zuwiderhandlung in Gesetzen oder Verordnungen keine besondere Strafe bestimmt ist:

mit Geldstrafe bis zu zweitausend Rubeln oder mit Haft.

Wenn die Verordnung die Erfassung oder Verteilung von Lebensmitteln, die Bestandsaufnahme oder die Ablieferung von Pferden, Vieh und sonstigen landwirtschaftlichen Erzeugnissen, die Anzeigepflicht bei Viehverkäufen oder andere ähnliche Maßnahmen betrifft [2], kann außerdem auf Einziehung der Gegenstände erkannt werden, auf welche sich die Verordnung bezieht.

1 Die Fassung beruht auf § 17 StRVO. in der Fassung vom 9. 7. 18. Vgl. dazu die Erläuterung S. 23. 2 Vgl. §§ 193, 194.

§ 139 [1]. Wer einer gesetzlichen Anordnung [2] oder einer gesetzlichen [3] an ihn ergangenen Aufforderung eines Beamten [4] oder einer Behörde zuwiderhandelt, wird bestraft, falls für diese Zuwiderhandlung in Gesetzen oder Verordnungen keine besondere Strafe bestimmt ist:

mit Geldstrafe bis zu zweitausend Rubeln oder mit Haft.

Die Vorschrift des § 138 Absatz 2 findet entsprechende Anwendung.

Den Beamten stehen gleich:

a) der Bewegungsleiter eines Eisenbahnzuges;
b) der Kapitän eines Dampfers oder eines Seeschiffes;
c) alle Personen, zu deren Dienstpflichten die Fürsorge für die Sicherheit des Eisenbahnverkehrs oder der Schiff- oder Seefahrt gehört.

1 Vgl. § 138 Anm. 1. 2 Im russ. Text steht dasselbe Wort, das in § 125 [1] durch Verfügung übersetzt ist; daher müßte es auch hier Verfügung heißen. Im Gegensatz dazu steht die Aufforderung des Vollziehungsbeamten. Vgl. die Erläuterung S. 23 zu § 17 StRVO. 3 Sprachlich richtiger wäre gesetzmäßigen. 4 Vgl. § 636 IV.

§ 140. Eine in einer ständischen oder öffentlichen Versammlung befindliche fremde Person, die einer an sie ergangenen gesetzmäßigen Aufforderung des Vorsitzenden dieser Versammlung zuwiderhandelt, wird bestraft:

mit Geldstrafe nicht über fünfzig Rubeln.

Hat jedoch diese Zuwiderhandlung eine Unterbrechung der Sitzung zur Folge gehabt, so wird der Täter bestraft:

mit Geldstrafe nicht über hundert Rubeln.

§ 141. Ein Mitglied einer ständischen oder öffentlichen Versammlung, welches die Aussprache weiterführt oder an der Beschlußfassung der Versammlung teilnimmt, nachdem der Vorsitzende die Versammlung für geschlossen erklärt hat, oder welches eine Sitzung der aufgelösten Versammlung eigenmächtig eröffnet, wird bestraft:

mit Geldstrafe nicht über hundert Rubeln.

Überschritten die Aussprache oder der gefaßte Beschluß die

Grenzen der der bezeichneten Versammlung vom Gesetze eingeräumten Rechte, so wird der Täter, falls er nicht dem Inhalte der Aussprache oder des gefaßten Beschlusses gemäß einer schwereren Bestrafung unterliegt, bestraft:

mit Geldstrafe nicht über dreihundert Rubeln.

Überdies ist dem Gericht anheimgestellt, dem Täter, der die Aussprache geleitet oder die Gewalt des Vorsitzenden der Versammlung sich eigenmächtig angemaßt hat, die Teilnahme an einer solchen Versammlung auf die Dauer von einer bis zu drei Wahlperioden zu untersagen.

§ 142[1]. Wer einem Beamten[2] oder einer diesem behilflichen Privatperson durch Gewalt gegen die Person oder strafbare Drohung[3] Widerstand leistet, um die Bekanntmachung oder den Vollzug eines Gesetzes, einer verbindlichen Verordnung oder gesetzmäßigen Verfügung[4] der Obrigkeit oder die Erfüllung einer gesetzmäßigen Diensthandlung zu verhindern, wird bestraft:

mit Gefängnis[5].

Falls solcher Widerstand von mehreren Personen geleistet wurde, die jedoch keine strafbare Zusammenrottung[6] gebildet haben, so wird derjenige der Täter, der bei diesem Widerstande Waffen gebraucht oder eine Körperverletzung verursacht hat, bestraft:

mit Gefängnis von drei Monaten bis zu sechs Jahren[7].

Denselben Strafen nach denselben Grundsätzen unterliegt derjenige, welcher sich des in diesem Paragraphen vorgesehenen Widerstandes schuldig macht gegenüber dem Bewegungsleiter eines Eisenbahnzuges oder dem Kapitän eines Dampfers oder Seeschiffes, oder überhaupt einer Person, von deren pflichtmäßiger Diensterfüllung[8] die Sicherheit des Eisenbahnverkehrs, der Schiff- oder Seefahrt abhängt.

1 Findet nur Anwendung, soweit nicht deutsche Heeresangehörige verletzt sind. 2 § 636 IV. 3 §§ 475, 510. 4 § 125 Anm. 2. 5 2 Wochen bis 1 Jahr. 6 §§ 120—123. 7 Gemäß § 2 StRVO. Ersatzstrafe für Korrektionshaus. 8 Bernstein: von der Erfüllung der Dienstpflichten welcher. Es empfiehlt sich Ausgleichung der Fassung mit § 139 II c.

§ 143. Wer eine Amtsperson[1] vorsätzlich am Eintritt[2] in ein Gebäude, eine Räumlichkeit oder einen anderen Ort verhindert, zu denen diese Person nach dem Gesetze Zutritt hat, wird bestraft:

mit Haft nicht über drei Monaten oder mit Geldstrafe nicht über dreihundert Rubeln.

Derselben Strafe unterliegt derjenige, welcher eine Person der Handelsaufsicht[3] zur Erfüllung der ihr durch die Bestimmungen über die staatliche Gewerbesteuer auferlegten Pflichten zur Überwachung der richtigen Gewerbebesteuerung des Handels und anderer Gewerbe vorsätzlich nicht zuläßt.

1 Dem Russischen entsprechender Wechsel im Ausdruck gegenüber §§ 139, 145 ff., 636 ff. u. a.. Eine Amtsperson gehört zu den Beamten des § 636 IV. 2 Bernstein: Eindringen. 3 Bernstein: Handelsinspektion. Es ist nicht eine bestimmte Dienststelle, sondern jede zu Kontrollen dieser Art amtlich befugte Person gemeint.

§ 144. Wer ein Siegel oder ein anderes Zeichen, die auf Anordnung einer Amtsperson[1] in den im Gesetze bezeichneten Fällen einer Räumlichkeit, einem Behälter oder einem Gegenstand zum Zwecke ihrer Bewahrung angelegt worden sind, beschädigt oder den Zutritt zu solchen versiegelten Räumlichkeiten oder Behältern eröffnet, wird bestraft:

mit Gefängnis[2].

Der Versuch ist strafbar.

Die Beschädigung des Siegels oder eines anderen Zeichens oder die Eröffnung des Zutritts zu den versiegelten Räumlichkeiten oder Behältern ist nicht als strafbar zu erachten, wenn diese Handlungen durch den Inhaber[3] der versiegelten Räumlichkeiten, Behälter oder Gegenstände begangen wurden, nachdem in gesetzlichem Verfahren eine zu vollziehende Anordnung[4] oder Verfügung über die Ablösung des Siegels oder des Zeichens erfolgt ist, oder nach der Befriedigung der Person, in deren Interesse die Versiegelung vorgenommen wurde.

1 Vgl. § 143 Anm. 1. 2 2 Wochen bis 1 Jahr. 3 Bernstein: Herrn. 4 Bernstein: Verordnung. Im Russischen steht nicht das u. a. in §§ 125, 138 gebrauchte Wort, sondern ein anderes, das eine gerichtliche Anordnung bezeichnet, aber auch weiter ausgedehnt werden kann.

§ 145. Wer durch Gewalt gegen die Person oder strafbare Drohung[1] einen Beamten[2] zur Nichterfüllung seiner Dienstpflicht oder zum Mißbrauch seiner Dienstgewalt[3] nötigt, wird bestraft:

mit Gefängnis[4].

Falls die Nötigung von mehreren Personen begangen wurde, die jedoch keine strafbare Zusammenrottung[5] gebildet haben, so wird derjenige der Täter, der bei diesem Widerstande Waffen gebraucht oder eine Körperverletzung[6] verursacht hat, bestraft:

mit Gefängnis von drei Monaten bis zu drei Jahren[7].

Der Versuch ist strafbar.

1 §§ 475, 510. 2 § 636 IV. 3 Bernstein: Dienstvollmachten. 4 2 Wochen bis 1 Jahr. 5 §§ 120—123. 6 §§ 467 ff. 7 Gemäß § 2 StRVO. Ersatzstrafe für Korrektionshaus von gleicher Dauer.

§ 146. Wer es versucht, durch Gewalt gegen die Person oder strafbare Drohung[1] einen Beamten[2] zu nötigen, ein Vergehen oder Verbrechen mittels Nichterfüllung seiner Pflicht oder durch Mißbrauch seiner Dienstgewalt zu begehen, wird bestraft:

falls er zu einem Vergehen nötigte —

mit Gefängnis von drei Monaten bis zu drei Jahren[3];

falls er zu einem Verbrechen nötigte —

mit Gefängnis von drei Jahren bis zu sechs Jahren[3].

Falls das Vergehen oder Verbrechen oder deren strafbarer Versuch vom Genötigten begangen worden sind und der Nötigende[4] ihretwegen nicht als Teilnehmer an der begangenen strafbaren Handlung einer schwereren Bestrafung unterliegt, so wird er bestraft:

wegen der Nötigung zu einem Vergehen —

mit Gefängnis von drei Monaten bis zu sechs Jahren[5];

wegen der Nötigung zu einem Verbrechen —

mit Zuchthaus[6] nicht über acht Jahren.

1 §§ 475, 510. 2 § 636 IV. 3 Gemäß § 2 StRVO. Ersatzstrafe für Korrektionshaus von gleicher Dauer. 4 Bernstein im Gegensatz zum Russischen fälschlich: Genötigte. 5 Gemäß § 2 StRVO. Ersatzstrafe für Korrektionshaus. 6 Gemäß § 2 StRVO. Ersatzstrafe für Zwangsarbeit von gleicher Dauer. Mindestmaß s. § 16 Anm. 1.

§ 147. Wer einen Beamten[1] ohne dessen Willen in bewußtlosen Zustand versetzt, um ihn der Möglichkeit der Erfüllung seiner Pflicht zu berauben, wird bestraft:

mit Gefängnis[2].

Der Versuch ist strafbar.

1 § 636 IV. 2 2 Wochen bis 1 Jahr.

§ 148. Wer durch Gewalt gegen die Person oder strafbare Drohung[1] den Bewegungsleiter eines Eisenbahnzuges oder den Kapitän eines Dampfers oder Seeschiffes oder eine andere Person, von deren pflichtgemäßer Diensterfüllung[2] die Sicherheit des Eisenbahnverkehrs, der Schiff- oder Seefahrt abhängt, zur Nichterfüllung ihrer Pflicht nötigt oder diese Personen ohne ihren Willen in bewußtlosen Zustand versetzt, um sie der Möglichkeit der Erfüllung ihrer Pflicht zu berauben, wird bestraft:

mit Gefängnis[3].

Wurde hierdurch die Gefahr eines Eisenbahn-, Dampfer- oder Seeschiffsunglücks herbeigeführt, so wird der Täter bestraft:

mit Gefängnis von drei Monaten bis zu sechs Jahren[4].

Wurde jedoch hierdurch ein Eisenbahn-, Dampfer- oder Seeschiffsunglück herbeigeführt, so wird der Täter bestraft:

mit zeitiger Zuchthausstrafe[5].

Wurde die Nötigung oder die Versetzung in bewußtlosen Zustand zum Zwecke der Herbeiführung eines Eisenbahn-, Dampfer- oder Seeschiffsunglücks begangen, so wird der Täter bestraft:

in dem im Abs. 1 dieses Paragraphen bezeichneten Falle — mit Gefängnis von drei Monaten bis zu sechs Jahren[4];

in dem im Abs. 2 dieses Paragraphen bezeichneten Falle — mit zeitiger Zuchthausstrafe[5];

in dem im Abs. 3 dieses Paragraphen bezeichneten Falle — mit lebenslänglicher Zuchthausstrafe[5].

Der Versuch ist strafbar.

1 §§ 475, 510. 2 Vgl. § 142 Anm. 8. 3 2 Wochen bis 1 Jahr. 4 Gemäß § 2 StRVO. Ersatzstrafe für Korrektionshaus. 5 Gemäß § 2 StRVO. Ersatzstrafe für Zwangsarbeit von gleicher Dauer.

§ 149. Wer es versucht[1], einen Beamten[2] durch ein Geschenk[3] zu bewegen, ein Vergehen oder Verbrechen[4] mittels Nichterfüllung seiner Pflicht oder durch Mißbrauch seiner Dienstgewalt[5] zu begehen, wird bestraft:

mit Gefängnis[6].

Falls das Vergehen oder Verbrechen oder deren strafbarer Versuch vom Bestochenen begangen worden sind und der Bestechende ihretwegen nicht als Teilnehmer der begangenen strafbaren Handlung einer schwereren Bestrafung unterliegt, so wird er bestraft:

wegen Bestechung zur Begehung eines Vergehens — mit Gefängnis nicht unter sechs Monaten[7];

wegen Bestechung zur Begehung eines Verbrechens — mit Gefängnis von drei Monaten bis zu sechs Jahren[8].

1 Im Russischen steht der technische Ausdruck des § 49. Erforderlich zur Anwendung des § 149 ist eine psychische Einwirkung auf den Beamten mit dem Ziele, ihn zu einer der näher bezeichneten strafbaren Handlungen zu veranlassen. Der Täter muß aus eigenem Antriebe, nicht auf Veranlassung des Beamten handeln; daher fällt nicht unter § 149, wer ein von dem Beamten gefordertes Geschenk gibt. Daß die strafbare Handlung begangen wird, ist zur Anwendung des Abs. 1 nicht erforderlich, schließt sie im Gegenteil aus. Auch die Hingabe oder Annahme des Geschenkes sind nicht Wesensmerkmal; sie stehen aber der Anwendung nicht entgegen. Abs. 2 greift nur insoweit Platz, als der Bestechende nicht im Rahmen des § 51 wegen Teilnahme an der strafbaren Handlung, die er durch die Bestechung herbeigeführt hat, verantwortlich ist. Daraus ergibt sich, daß eine Bestrafung wegen Bestechung und Mittäterschaft, Anstiftung oder Beihilfe in realer Konkurrenz nicht dem Willen des Gesetzgebers entspricht: die Strafbarkeit wegen Bestechung wird durch die Bestrafung wegen Teilnahme an dem Verbrechen oder Vergehen oder an deren Versuch beseitigt; es kommt nur Idealkonkurrenz in Frage. — § 149 handelt von aktiver Bestechung im

Gegensatz zu §§ 656, 657, die die passive Bestechung ahnden. Aber auch abgesehen von dieser Unterscheidung decken sich die Tatbestände nicht: die durch die Bestechung angestrebte Handlung ist in §§ 656 I, II, 657 I, III eine Diensthandlung, in §§ 656 III, 657 II eine in den Rahmen der Dienstobliegenheiten fallende strafbare Handlung oder Dienstübertretung, in § 149 ein Verbrechen oder Vergehen mittels Nichterfüllung der Dienstpflichten oder durch Mißbrauch der Dienstgewalt. Nur in dem innerhalb dieser Steigerung schwersten Falle stellt das Gesetz das Unternehmen aktiver Bestechung unter Strafe (§ 149). Das geschieht deshalb, weil dieser schwerste Tatbestand ohne Rücksicht darauf, ob er bis zur passiven Bestechung gedeiht, unter Strafe gestellt werden soll (§ 149 I); nimmt der Beamte das Geschenk an, ohne das Verbrechen oder Vergehen zu begehen, dann ist zu prüfen, ob die Tatbestandsmerkmale des § 656 III (§ 657 II, der eine Forderung seitens des Beamten voraussetzt, kommt nicht in Frage) erfüllt sind, und die Strafe gegebenenfalls aus diesem, verneinendenfalls aus §§ 149, 51 [1], [3] gegen den Bestochenen wegen notwendiger Teilnahme an der Straftat des Bestechenden zu verhängen. Bei Taganzew (S. 269 Ziff. 5) ist gesagt, daß § 149 nur die Fälle erfassen wolle, in denen der Bestechende nicht aus §§ 656, 657, 51 wegen notwendiger Teilnahme zu bestrafen ist. Der Grundsatz der Bestechungsahndung ist also, daß Bestechender und Bestochener nach den Regeln der notwendigen Teilnahme demselben Gesetz unterliegen. Der aus Taganzew angeführte Satz gilt umgekehrt auch gegen den Bestochenen. Vollendete aktive Bestechung fällt daher, soweit nicht § 149 Platz greift, unter §§ 656, 657, 51; vollendete passive Bestechung ist, sofern nicht §§ 656, 657 Anwendung finden, nach §§ 149, 51 zu bestrafen.. 2 § 636 IV. 3 Bernstein: Geschenke; im Russischen steht der Singular des auch in §§ 656 ff. verwendeten Wortes. Es genügt das Angebot der Zuwendung eines jeden materiellen Vorteils, nicht aber eines ideellen. 4 Wenn das dem Beamten zugemutete Tun keine derartige strafbare Handlung ist, so bleibt für die Anwendung des § 149 kein Raum, kann vielmehr nur wegen Beleidigung (§§ 530 ff.) eingeschritten werden. 5 Bernstein: Dienstvollmachten. 6 2 Wochen bis 1 Jahr. 7 Höchstmaß 1 Jahr. 8 Gemäß § 2 StRVO. Ersatzstrafe für Korrektionshaus.

§ 150. Wer es versucht, ein Mitglied einer ständischen oder öffentlichen Versammlung durch ein Geschenk oder eine strafbare Drohung [1] zu bewegen, die Stimme zu seinen oder eines anderen Gunsten oder zu Ungunsten eines anderen abzugeben, wird bestraft:

mit Haft nicht über drei Monaten oder mit Geldstrafe nicht über dreihundert Rubeln.

Überdies ist dem Gericht anheimgestellt, dem Täter die Teilnahme an einer solchen Versammlung auf die Dauer von einer bis zu drei Wahlperioden zu untersagen.

1 Im Russ. steht der Singular, bei Bernstein der Plural.

§ 151. Wer sich Gewalt anmaßt:

1) durch eigenmächtige Annahme einer Beamtenwürde zum Zwecke der Begehung einer Handlung, die nur von einem Beamten vorgenommen werden durfte;

2) durch eigenmächtige Begehung einer Handlung, die nur von einem Beamten vorgenommen werden durfte,

wird bestraft:

mit Haft oder mit Geldstrafe nicht über fünfhundert Rubeln.

Beging derjenige, der sich die Gewalt angemaßt hat, durch Mißbrauch der angemaßten Gewalt ein Verbrechen oder Vergehen, so wird er nach den Vorschriften über die Gesamtaburteilung[1] bestraft.

Beging derjenige, der sich die Gewalt angemaßt hat, eine Handlung, welche einem Verbrechen oder Vergehen im staatlichen oder öffentlichen Dienste[2] entspricht, so unterliegt er derselben Bestrafung, der ein Beamter wegen einer solchen Handlung unterläge.

1 §§ 60 ff. 2 §§ 636 ff.

§ 152. Wer eigenmächtig die durch das Gesetz den Regierungsrabbinern oder deren Gehilfen auferlegten Pflichten[1] erfüllt, wird bestraft:

mit Gefängnis[2].

1 Diesen obliegt neben den geistlichen Amtsverrichtungen auch die Führung der Standesregister. 2 2 Wochen bis 1 Jahr.

§ 153[1]. Wer sich vor Gericht vorsätzlich für eine andere Person ausgibt, die zur Erfüllung der Geschworenenpflicht herangezogen wurde, wird bestraft:

mit Geldstrafe nicht über dreihundert Rubeln.

Hat der Täter tatsächlich für einen anderen die Pflicht eines Geschworenen erfüllt, so wird er bestraft:

mit Haft.

Denselben Strafen nach denselben Grundsätzen unterliegt derjenige, welcher jemanden anstiftet, statt seiner oder eines anderen zur Erfüllung der Geschworenenpflicht zu erscheinen, falls solches Erscheinen erfolgt ist.

1 Gegenwärtig belanglos, da Geschworenengerichte nicht bestehen. Die Anwendung des Paragraphen setzt voraus, daß eine Heranziehung zur Erfüllung vorangegangen ist; es muß also zum mindesten bereits für den Fall, daß Schwurgerichte nach der deutschen StPO. gebildet werden, die Spruchliste gebildet sein (§§ 91, 92 GVG., § 277 StPO.).

§ 154. Wer durch Begehung einer offenbar ungebührlichen[1] Handlung in einer Regierungs- oder öffentlichen Anstalt, während in dieser Dienst getan wurde, Mißachtung der Obrigkeit erzeigt, wird bestraft:

mit Haft.

Wurde die Mißachtung der Obrigkeit erzeigt durch Beleidigung[2] der Regierungs- oder öffentlichen Anstalt in einem dieser Anstalt eingereichten Schreiben oder in öffentlich vorgetragenen oder vorgelesenen Reden oder Abhandlungen oder in verbreiteten oder öffentlich ausgestellten Erzeugnissen der Buchdruckerpresse, Handschriften oder Abbildungen, so wird der Täter bestraft:

mit Gefängnis [3].

Wurde die Mißachtung der Obrigkeit erzeigt durch Beleidigung der Regierungs- oder öffentlichen Anstalt oder eines ihrer Mitglieder, während in dieser Anstalt Dienst getan wurde, so wird der Täter bestraft:

mit Gefängnis von drei Monaten bis zu drei Jahren [4].

Wurde die Mißachtung der Obrigkeit erzeigt durch Begehung von Gewalt gegen die Person eines Mitgliedes einer staatlichen oder öffentlichen Anstalt, während in dieser Dienst getan wurde, so wird der Täter, falls er wegen der begangenen strafbaren Handlung nicht einer schwereren Bestrafung unterliegt, bestraft:

mit Gefängnis von drei Monaten bis zu sechs Jahren [5].

1 Bernstein: unanständig. Dieser Begriff ist aber enger als der russische, der jede unziemliche Handlung umfaßt. 2 Die Beleidigung muß derart sein, daß sie zugleich eine Mißachtung der Obrigkeit darstellt, worunter jede Verletzung der schuldigen Ehrerbietung gegenüber einer Behörde verstanden wird. Zu beachten ist § 161 MStGB. Ob. S. 19. 3 2 Wochen bis 1 Jahr. 4 Gemäß § 2 StRVO. Ersatzstrafe für Korrektionshaus von gleicher Dauer. Vgl. § 532 I 3. 5 Gemäß § 2 StRVO. Ersatzstrafe für Korrektionshaus.

§ 155. Wer öffentlich auf Anordnung der zuständigen Obrigkeit ausgestellte Bekanntmachungen oder andere staatliche oder öffentliche Urkunden [1], Aufschriften, Wappen oder andere Hoheitszeichen [2] oder militärische Fahnen oder Standarten oder Kriegsmarineflaggen vorsätzlich abreißt, beschädigt oder entstellt [3], wird, falls er nicht wegen der begangenen Urkundenbeschädigung [4] einer schwereren Bestrafung unterliegt, bestraft:

mit Haft oder mit Geldstrafe nicht über fünfhundert Rubeln.

Falls:

1) diese Übertretung zum Zwecke der Erzeigung von Mißachtung der Obrigkeit begangen wurde;

2) eine öffentliche Beschimpfung einer militärischen Fahne oder Standarte oder einer Kriegsmarineflagge begangen wurde,

so wird der Täter bestraft:

mit Gefängnis [5].

Wurde jedoch zum Zwecke der Erzeigung von Mißachtung der Obrigkeit ein öffentlich ausgestelltes Manifest oder Allerhöchster Befehl abgerissen, beschädigt oder verunstaltet, so wird der Täter bestraft:

mit Gefängnis von drei Monaten bis zu sechs Jahren[6].

1 Bernstein: Dokumente. 2 Bernstein: Zeichen der Gewalt. 3 Bernstein: verunstaltet; dieser Ausdruck ist aber zu eng, da der russische auch die Entstellung des Sinnes, nicht nur die äußere Verunstaltung mitumfaßt. 4 § 552. 5 2 Wochen bis 1 Jahr. 6 Gemäß § 2 StRVO. Ersatzstrafe für Korrektionshaus. Abs. 2 ist gegenwärtig belanglos.

Siebentes Kapitel.

Widerstand gegen die Rechtspflege.

§ 156. Wer bei einer Behörde, von der die Einleitung eines Strafverfahrens[1] abhängt, eine wissentlich falsche Anzeige[2] über ein nicht begangenes[3] Verbrechen oder Vergehen macht, wird bestraft:

mit Haft.

1 Bernstein: Eröffnung der Strafverfolgung. 2 Wie in § 164 RStGB. im weitesten Sinne; nach Taganzew S. 281 gleichbedeutend auch mit Anklage, Anschuldigung. 3 Bernstein: stattgefundenes.

§ 157. Wer bei einer Behörde, von der die Einleitung eines Straf- oder Disziplinarverfahrens[1] abhängt, eine Anzeige[2] macht, durch welche er eine bestimmte Person wider besseres Wissen der Begehung einer strafbaren Handlung oder einer Dienstübertretung[3] unter Angabe der Anschuldigungsgründe beschuldigt, wird bestraft:

mit Gefängnis[4].

Wurde der Angezeigte durch die wissentlich falsche Anschuldigung eines Verbrechens beschuldigt, so wird der Täter bestraft:

mit Gefängnis von drei Monaten bis zu sechs Jahren[5].

1 2 S. § 156 Anm. 1, 2. 3 Vgl. § 656 Anm. 5. Der Begriff ist derselbe wie der deutschrechtliche: Verletzung einer Amtspflicht (Taganzew S. 229, 286). 4 2 Wochen bis 1 Jahr. 5 Gemäß § 2 StRVO. Ersatzstrafe für Korrektionshaus.

§ 158. Wer zum Nachteil der Rechtspflege bei einer Untersuchung oder vor Gericht als Zeuge, Sachverständiger oder Dolmetscher oder im Ermittelungsverfahren durch Nachbarleute[1] wissentlich falsch aussagt, wird bestraft:

mit Gefängnis[2].

Wurde die falsche Aussage abgegeben:

1) infolge von Bestechung;

2) von einem unter Eid oder unter den Eid ersetzenden Ermahnungen oder Gelübden[3] Befragten,

so wird der Täter bestraft:

mit Gefängnis von drei Monaten bis zu sechs Jahren[5].

Eine falsche Aussage, die zugunsten des Beschuldigten[4] von einer Person abgegeben wurde, welche nach dem Gesetz ihr Zeugnis verweigern[6] durfte, ist nicht als strafbar zu erachten, falls der Zeuge über sein Recht von der die Aussage abnehmenden Behörde nicht belehrt worden ist[7].

1 Mit den Worten ist nicht etwa jede Befragung durch Nachbarn, sondern eine besondere Art des Ermittelungsverfahrens gemäß § 454 ff. russ. StPO. gemeint. Da diese nicht übernommen ist, sind die Worte belanglos. 2 2 Wochen bis 1 Jahr. 3 Darunter sind dem gegenwärtigen deutschen Verfahren entsprechend die Beteuerungsformeln des § 484 ZPO. und der §§ 64, 288 StPO. zu verstehen, die das russische Verfahren in ähnlicher Art auch kannte. 4 Bernstein: Angeklagten. Vgl. § 167 Anm. 2. 5 Gemäß § 2 StRVO. Ersatzstrafe für Korrektionshaus. 6 Bernstein: die Zeugenaussage ablehnen. 7 Ein falscher Parteieid fällt unter § 160.

§ 158a[1]. Wer vor einer zur Abnahme einer Versicherung an Eidesstatt zuständigen Behörde eine solche Versicherung wissentlich falsch abgibt oder unter Berufung auf eine solche Versicherung wissentlich falsch aussagt, wird mit Gefängnis von drei Monaten bis zu drei Jahren bestraft.

1 Eingeschaltet durch § 22 StRVO.

§ 159. Wer:

1) schriftliche oder stoffliche Beweismittel[1] fälscht oder verfälscht, um gegen eine bestimmte Person den Verdacht der Begehung einer strafbaren Handlung oder einer Dienstübertretung[2] zu lenken, falls diese falschen Beweismittel Gegenstand eines Ermittelungsverfahrens geworden sind oder den Grund zur Einleitung eines Straf- oder Disziplinarverfahrens abgegeben haben;

2) dem Gericht oder der zur Führung des Ermittelungsverfahrens oder zur Einleitung eines Straf- oder Disziplinarverfahrens ermächtigten Behörde wissentlich falsche schriftliche oder stoffliche Beweismittel vorlegt, um gegen eine bestimmte Person den Verdacht der Begehung einer strafbaren Handlung oder einer Dienstübertretung zu lenken,

wird bestraft:

mit Gefängnis von drei Monaten bis zu sechs Jahren[3].

Wurden schriftliche oder stoffliche Beweismittel in einer ein Verbrechen betreffenden Sache gefälscht oder verfälscht, oder wurden in einer solchen Sache falsche Beweismittel vorgelegt, so wird der Täter bestraft:

mit Gefängnis von drei Jahren bis zu sechs Jahren[4].

1 Im russ. Text steht der Singular. 2 S. § 157 Anm. 3. 3 Gemäß § 2 StRVO. Ersatzstrafe für Korrektionshaus. 4 Gemäß § 2 StRVO. Ersatzstrafe für Korrektionshaus von gleicher Dauer.

§ 160. Ein Kläger oder Beklagter[1], der in einer Zivilsache zum Nachteil der Rechtspflege unter Eid wissentlich falsch aussagt[2], wird bestraft:

mit Gefängnis von drei Monaten bis zu sechs Jahren[3].

1 Den Meineid des Zeugen ahndet § 158 II 2. 2 Eine solche eidliche Aussage, wie sie der russische Zivilprozeß auch für die Parteien vorsah, gibt es heute nur im Verfahren vor den Kirchengerichten, wie z. B. in Ehesachen. Es ist aber unbedenklich, auch den zugeschobenen, zurückgeschobenen oder auferlegten Parteieid als eine derartige Aussage anzusehen. 3 Gemäß § 2 StRVO. Ersatzstrafe für Korrektionshaus.

§ 160 a[1]. Wer es unternimmt, einen anderen zur Begehung eines Meineides zu verleiten, wird mit Gefängnis von drei Monaten bis zu sechs Jahren, und wer es unternimmt, einen anderen zur wissentlichen Abgabe einer falschen Versicherung an Eidesstatt oder zu einer falschen uneidlichen Aussage zu verleiten, mit Gefängnis bis zu einem Jahre bestraft.

1 Eingeschoben durch § 22 StRVO.

§ 161. Wer:

1) bei der Untersuchung oder vor Gericht wissentlich falsch aussagt über einen Umstand, der als gesetzlicher Grund dient, ihn als beeidigten oder unbeeidigten Zeugen oder Sachverständigen oder Dolmetscher zu beseitigen[1] oder abzulehnen[2];

2) in einem Gesuche um die Erteilung der Erlaubnis, in fremden Sachen vor Gericht aufzutreten, wissentlich falsch angibt[3], daß keinerlei gesetzliche Gründe entgegenstehen[4], ihm die Erlaubnis zu erteilen;

3) dem Gericht wissentlich falsche Angaben über seine Vermögenslage macht, um die Befreiung von den Gerichtskosten[5] oder den Zivilprozeßsteuern[6] oder die Bewilligung des Armenrechts zu erwirken, oder das ihm bewilligte Armenrecht benutzt, obwohl die Umstände, infolge deren er von der Zahlung der Gebühren oder Steuern[6] befreit wurde, sich, wie ihm bekannt ist[7], geändert haben,

wird bestraft:

mit Haft.

Derselben Strafe unterliegt derjenige, welcher, ohne die festgesetzte Erlaubnis zum Auftreten in fremden Sachen zu besitzen, dem Gericht über die Häufigkeit seines Auftretens in fremden Sachen im Laufe des Jahres im Bezirke dieses Gerichts wissentlich falsche Angaben macht.

1 Bernstein: ... Grund seiner Beseitigung oder Ablehnung als ... Nach russischem Prozeß hatten Verwandte usw. das Recht, sich als Zeugen zu beseitigen (§§ 704, 705 russ. StPO.), oder waren unfähig zum Zeugnis. Das entspricht unserem Zeugnisverweigerungsrecht der §§ 51 ff. StPO., 383 ff. ZPO. 2 Abgelehnt werden konnten (§ 707 russ. StPO.) der Rechte Verlustige, der Geschädigte und dessen Verwandte. Es unterliegt keinem Bedenken, diesen Begriff auf die zum eidlichen Zeugnis Unfähigen des § 56 StPO., § 393 ZPO. anzuwenden. 3 Bernstein: bezeugt. 4 Bernstein: verhindern. 5 Bernstein: »gebühren. Der russ. Ausdruck umfaßt Gebühren und Auslagen; er muß daher durch Kosten wiedergegeben werden. 6 Werden, von gewissen Stempelabgaben abgesehen, im heutigen Verfahren nicht erhoben. 7 Gemäß VO. 7. 6. 16 für notorisch.

§ 162. Wer es ohne triftigen Grund unterläßt, der zuständigen Behörde oder der bedrohten Person den ihm in glaubhafter Weise bekannt gewordenen Plan oder Beginn eines[1] Verbrechens anzuzeigen, wird, falls zu dessen Verhütung oder Abwendung[2] noch Vorkehrungen getroffen werden konnten und dabei das geplante Verbrechen oder dessen Versuch wirklich begangen wurden, bestraft:

mit Gefängnis[3].

1 Bernstein: unternommenes; wörtlich in Angriff genommenes, vgl. § 643 Anm. 5. 2 Bernstein: Beseitigung, vgl. § 643 Anm. 2. Es handelt sich nicht um Beseitigung der Folgen eines verübten Verbrechens. 3 2 Wochen bis 1 Jahr. Straffreiheit im Falle des § 170.

§ 163. Wer es ohne triftigen Grund unterläßt, der zuständigen Behörde den ihm in glaubhafter Weise bekannt gewordenen Plan oder Beginn eines unter §§ 99 bis 102, 108 oder 118 fallenden Verbrechens anzuzeigen, wird, falls das geplante Verbrechen wirklich begangen wurde, bestraft:

im Falle der Nichtanzeige eines unter § 99 fallenden Verbrechens —

mit zeitiger Zuchthausstrafe;

im Falle der Nichtanzeige eines unter § 100 oder § 108 fallenden Verbrechens —

mit Zuchthaus nicht über acht Jahren;

im Falle der Nichtanzeige eines unter § 101 oder § 102 fallenden Verbrechens —

mit Zuchthaus;

im Falle der Nichtanzeige eines unter § 118 fallenden Verbrechens —

mit Festungshaft[1].

1 Alle in § 163 angezogenen Paragraphen sind durch § 8 StRVO. außer Kraft gesetzt; er ist daher gegenstandslos. Im Russischen zeitige Zwangsarbeit, Zwangsarbeit nicht über 8 Jahren, Verschickung.

§ 164. Wer es ohne triftigen Grund unterläßt, der zuständigen Behörde einen ihm in glaubhafter Weise bekannt gewordenen Teilnehmer eines unter §§ 99 bis 102, 108 oder 118 fallenden Verbrechens anzuzeigen, wird bestraft:

im Falle der Nichtanzeige eines Teilnehmers eines unter § 99 fallenden Verbrechens —

mit Zuchthaus nicht über acht Jahren;

im Falle der Nichtanzeige eines Teilnehmers eines unter §§ 100 bis 102 oder 108 fallenden Verbrechens —

mit Zuchthaus;

im Falle der Nichtanzeige eines Teilnehmers eines unter § 118 fallenden Verbrechens —

mit Festungshaft[1].

1 Vgl. § 163 Anm. 1. Im Russischen Zwangsarbeit nicht über 8 Jahren, Verschickung.

§ 165[1]. Wer einer von der zuständigen Behörde an ihn ergangenen gesetzlichen Aufforderung über Herausgabe in seiner Verfügung befindlicher stofflicher oder schriftlicher Beweismittel in einer Strafsache vorsätzlich zuwiderhandelt, wird bestraft[2]:

mit Haft nicht über drei Monaten oder mit Geldstrafe nicht über dreihundert Rubeln.

Wurden die Beweismittel vom Täter, wie diesem bekannt war[3], in Sachen eines Verbrechens gefordert, so wird er bestraft[2]:

mit Gefängnis[4].

1 lex specialis gegenüber § 139. Bei dessen Neufassung durch § 17 StRVO. ist § 165 wohl unabsichtlich übergangen worden. Dadurch ist das früher strengere Gesetz (§ 165) zum milderen geworden. 2 Straffreiheit im Falle des § 170. 3 Gemäß VO. 7. 6. 16 für notorisch. 4 2 Wochen bis 1 Jahr.

§ 166. Wer:

1) stoffliche oder schriftliche Beweismittel, die, wie ihm bekannt ist[1], von der zuständigen Behörde zur Herbeiziehung[2] in einer Straf- oder Zivilsache in Verwahrung genommen[3] oder in einer solchen Sache bereits herbeigezogen sind, beschädigt, verheimlicht oder wegnimmt;

2) stoffliche oder schriftliche, in einer Strafsache noch nicht herbeigezogene Beweismittel eines Verbrechens oder Vergehens beschädigt, verheimlicht oder wegnimmt, um solche strafbare Handlung oder ihren Täter der Verfolgung[4] zu entziehen.

wird bestraft[5]:

mit Gefängnis[6].

Falls die Beweismittel sich auf ein unter §§ 99 bis 102, 108 oder 118 fallendes Verbrechen bezogen, so ist der Täter zu bestrafen:

falls die Beweismittel sich auf ein unter § 99 fallendes Verbrechen bezogen —

mit Zuchthaus nicht über acht Jahren;

falls die Beweismittel sich auf ein unter §§ 100—102 oder 108 fallendes Verbrechen bezogen —
mit Zuchthaus;
falls die Beweise sich auf ein unter § 118 fallendes Verbrechen bezogen —
mit Festungshaft [7].

1 Gemäß VO. 7. 6. 16 für notorisch. 2 Bernstein: Einverleibung einer Strafe ... Der russische Ausdruck bezeichnet so viel wie zufügen, beifügen. Damit wird der deutsche Begriff: „zu den Akten bringen oder nehmen, herbeiziehen" bezeichnet. 3 Bernstein: bewahrt. 4 Bernstein: Rechtspflege. Das russische Wort bedeutet ursprünglich: Rechtsgericht. 5 Straffreiheit im Falle des § 170. 6 2 Wochen bis 1 Jahr. 7 Abs. 2 ist infolge Aufhebung der angezogenen Paragraphen durch § 8 StRVO. gegenstandslos. Zuchthaus steht für Verschickung.

§ 167. Wer wissentlich [1] eine zur Haft verurteilte oder unter der Beschuldigung [2] einer Übertretung zur Untersuchung oder vor Gericht gezogene Person verheimlicht oder bei ihrer Verheimlichung mitwirkt, wird, falls die Hehlerei [3] begangen wurde, um diese Person dem Gericht oder der Bestrafung zu entziehen, bestraft [4]:
mit Geldstrafe nicht über hundert Rubeln.

1 Gemäß VO. 7. 6. 16 für notorisch. §§ 167, 168 regeln die Begünstigung; einen Sonderfall behandelt § 279 II. Der Begriff der Begünstigung nach russ. StGB. ist weiter als der des § 257 RStGB.; sie umfaßt auch die Verheimlichung eines bereits Verurteilten und erstreckt sich auch auf Übertretungen. Bei Verbrechen, Vergehen und Übertretungen, über die ein Urteil noch nicht vorliegt, sind die Tatbestandsmerkmale verschieden. Bei Verbrechen genügt die bloße Kenntnis von seiner Begehung durch den Begünstigten, bei Vergehen muß die Kenntnis hinzukommen, daß die Behörden den Begünstigten unter dem Verdacht der Täterschaft suchen; bei Übertretungen darüber hinaus die Kenntnis, daß der Begünstigte sich vor einer zur Untersuchung zuständigen Stelle bereits hat verantworten müssen. 2 Bernstein: Anklage. Anklageerhebung im technischen Sinne ist aber nicht vorausgesetzt; es genügt die Beschuldigung durch Dritte, die die Einleitung einer Untersuchung zur Folge gehabt hat, wie auch § 170 ergibt. 3 Nach dem Sprachgebrauch des RStGB. wäre dafür Begünstigung zu setzen, da auch die sogenannte Personenhehlerei des § 258 RStGB. von dieser Hehlerei des russ. StGB. verschieden ist, weil jene Handeln zu eigenem Vorteil voraussetzt, was nach russ. StGB. nicht der Fall ist. 4 Straffreiheit, auch im Falle des § 168, gemäß § 170.

§ 168. Wer wissentlich [1] eine:

1) zu einer Gefängnis- oder schwereren Strafe verurteilte Person;

2) unter der Beschuldigung [2] eines Verbrechens oder Vergehens zur Untersuchung oder vor Gericht gezogene oder unter dem Verdacht

der Begehung eines Verbrechens oder Vergehens von den Behörden gesuchte Person;

3) Person, die ein Verbrechen begangen hat, aber von den Behörden noch nicht gesucht wird,

verheimlicht oder zu ihrer Verheimlichung mitwirkt, wird, falls die Hehlerei begangen wurde, um die verhehlte Person dem Gericht oder der Bestrafung zu entziehen, bestraft:

mit Gefängnis [3].

Falls:

1) wissentlich [1] eine zu Zuchthaus [4] verurteilte Person verhehlt wurde;

2) die Hehlerei gewerbsmäßig betrieben wurde,

so wird der Täter bestraft:

mit Gefängnis von drei Monaten bis zu sechs Jahren [5].

Falls jedoch eine Person verhehlt wurde [6], die, wie der Täter weiß, ein unter §§ 99 bis 102, 108 oder 118 fallendes Verbrechen begangen hat oder einer solchen Handlung angeklagt oder ihretwegen verurteilt war, so wird er bestraft:

im Falle der Hehlerei einer Person, die ein unter § 99 fallendes Verbrechen begangen hat —

mit Zuchthaus nicht über acht Jahren;

im Falle der Hehlerei einer Person, die ein unter §§ 100 bis 102 oder 108 fallendes Verbrechen begangen hat —

mit Zuchthaus;

im Falle der Hehlerei einer Person, die ein unter § 118 fallendes Verbrechen begangen hat —

mit Festungshaft.

1 Gemäß VO. 7. 6. 16 für notorisch, das Bernstein in die Ziffern 1, 2, 3 eingereiht hat; im Russischen steht das Wort wie hier voran. — Über den Begriff der Begünstigung vgl. § 167 Anm. 1. **2** Siehe § 167 Anm. 2, 4. **3** 2 Wochen bis 1 Jahr. **4** Gemäß § 2 StRVO. für Zwangsarbeit. Begünstigung sich verborgen haltender, in früherer Zeit zu Zwangsarbeit Verurteilter, fällt auch hierunter. **5** Gemäß § 2 StRVO. für Korrektionshaus. **6** Absatz 3 ist jetzt gegenstandslos, da die angezogenen Paragraphen durch § 8 StRVO. aufgehoben sind.

§ 169. Wer:

1) sich eines Verbrechens oder Vergehens schuldig bekennt, von dem er weiß, daß eine andere Person es begangen hat;

2) sich während der Untersuchung oder vor Gericht wissentlich falsch für eine andere Person ausgibt, die eines Verbrechens oder Vergehens beschuldigt [1] wurde;

3) eine Freiheitsstrafe wissentlich für eine andere zu ihr verurteilte Person verbüßt,

wird bestraft[2]:

mit Haft oder mit Geldstrafe nicht über fünfhundert Rubeln.

1 Vgl. § 167 Anm. 2. 2 Straffreiheit im Falle des § 170.

§ 170. Wer eine unter §§ 162 bis 169 fallende strafbare Handlung begeht, wird nicht bestraft:

1) falls die Anzeige die Beschuldigung[1] eines Verbrechens oder Vergehens gegen den Nichtanzeigenden oder ein Mitglied seiner Familie wäre;

2) falls eine strafbare Handlung verhehlt wurde, an deren Begehung der Hehler selbst oder ein Mitglied seiner Familie teilgenommen haben;

3) falls ein Mitglied der Familie des Hehlers verhehlt wurde.

1 Bernstein: Anklage. Nach deutschem Sprachgebrauch handelt es sich um die bloße Bezichtigung, nicht die öffentliche Klage.

§ 171. Wer eine Leiche, die, wie er weiß[1], der gerichtlich-medizinischen Besichtigung unterliegt, vor dieser Besichtigung beerdigt oder ohne Beerdigung verheimlicht, wird, falls dies nicht um die Spuren eines Verbrechens oder Vergehens zu verwischen geschah[2], bestraft:

mit Haft nicht über drei Monaten oder mit Geldstrafe nicht über dreihundert Rubeln.

1 Gemäß VO. 7. 6. 16 für notorisch. 2 Anderenfalls Bestrafung nach § 166 oder § 168. Vgl. auch § 221[3].

§ 172. Wer zur Untersuchung oder vor Gericht als Zeuge, Ponjatoi[1], Sachverständiger oder Dolmetscher erschienen ist und ohne triftigen Grund sich weigert, seine Pflicht zu erfüllen, wird bestraft:

mit Haft nicht über einem Monat oder mit Geldstrafe nicht über hundert Rubeln.

1 Darunter wird im russ. Strafprozeß eine Art Schiedsmann verstanden, der ähnlich wie ein Sachverständiger der Hauptverhandlung beiwohnt und sich gutachtlich zu äußern hat.

§ 173[1]. Wer eingesperrte oder bewachte Gefangene befreit oder Gefangenen zur Flucht verhilft, wird bestraft:

mit Gefängnis[2].

Falls die Befreiung durch Gewalt gegen die Personen der Wache oder durch Beschädigung der Einsperrungsräumlichkeiten verübt wurde, so wird der Täter bestraft[3]:

mit Gefängnis von drei Monaten bis zu drei Jahren[4].

Falls eine Person befreit wurde, von welcher der Täter wußte, daß sie zu Zuchthaus[5] verurteilt war oder diese Strafe verbüßte, so wird er bestraft[6]:

in dem im Abs. 1 dieses Paragraphen bezeichneten Falle —
mit Gefängnis von drei Monaten bis zu drei Jahren[4];
in dem im Abs. 2 dieses Paragraphen bezeichneten Falle —
mit Gefängnis von drei Monaten bis zu sechs Jahren[7].

Falls jedoch eine Person befreit wurde[8], die, wie der Täter weiß, wegen eines unter §§ 99 bis 102, 108 oder 118 fallenden Verbrechens zur Untersuchung gezogen oder verurteilt worden ist, so wird er bestraft:

falls unter den im Abs. 1 dieses Paragraphen bezeichneten Umständen eine Person befreit wurde, die zur Untersuchung gezogen oder verurteilt worden ist:
wegen eines unter § 99 fallenden Verbrechens —
mit Zuchthaus nicht über acht Jahren;
wegen eines unter §§ 100 bis 102 oder 108 fallenden Verbrechens —
mit Zuchthaus,
und wegen eines unter § 118 fallenden Verbrechens —
mit Festungshaft;

falls unter den im Abs. 2 dieses Paragraphen bezeichneten Umständen eine Person befreit wurde, die zur Untersuchung gezogen oder verurteilt worden ist:
wegen eines unter § 99 fallenden Verbrechens —
mit zeitiger Zuchthausstrafe;
wegen eines unter §§ 100 bis 102 oder 108 fallenden Verbrechens —
mit Zuchthaus nicht über acht Jahren,
und wegen eines unter § 118 fallenden Verbrechens —
mit Gefängnis von drei Monaten bis zu sechs Jahren.

Der Versuch ist strafbar.

1 Gewaltsame Gefangenenbefreiung regelt § 6 VO. Oberost vom 26. 11. 15 (BefuVOBl. S. 9). 2 2 Wochen bis 1 Jahr. 3 Bei Zusammenrottung findet, sofern nicht die VO. 26. 11 15 Platz greift, § 123[3] Anwendung. 4 Gemäß § 2 StRVO. Ersatzstrafe für Korrektionshaus von gleicher Dauer. 5 Gemäß § 2 StRVO. für Zwangsarbeit. 6 Die Abweichung gegenüber dem Bernsteinschen Text ergibt sich aus der Ausmerzung des Wortes „notorisch" gemäß VO. 7. 6. 16. 7 Gemäß § 2 StRVO. Ersatzstrafe für Korrektionshaus. 8 Abs. 3 ist infolge Außerkraftsetzung der angezogenen Paragraphen durch § 8 StRVO. jetzt gegenstandslos.

§ 174. Ein bewachter oder eingesperrter Gefangener[1], der mittels Gewalt gegen die Personen der Wache oder mittels Beschädigung der Einsperrungsräumlichkeiten flüchtet, wird, falls die von ihm begangene Handlung keine schwerere strafbare Handlung bildet, bestraft:

mit Gefängnis[2].

Falls solche Flucht im Einvernehmen[3] mit anderen Gefangenen begangen wurde, so wird der Täter bestraft:

mit Gefängnis von drei Monaten bis zu sechs Jahren[4].

1 Mit Ausnahme der Zuchthäusler, für die § 176 gilt. 2 2 Wochen bis 1 Jahr. 3 Bernstein: im Einverständnis. Das russische Wort bedeutet etwa gegenseitige Vereinbarung, Abmachung. Es ist von Bernstein z. B. in § 242 I mit Übereinkunft, in § 372 II mit Verabredung übersetzt. 4 Gemäß § 2 StRVO. Ersatzstrafe für Korrektionshaus.

§ 175[1]. Wer aus der Ansiedlung flüchtet, wird bestraft:

mit Gefängnis von drei Monaten bis zu drei Jahren oder mit Verlängerung der im § 23 festgesetzten Frist zur Entlassung aus der Ansiedlung um ein bis zwei Jahre.

1 Diese Bestimmung ist durch Aufhebung der Ansiedlung gegenstandslos geworden. Die Bestrafung aus Rußland geflüchteter Ansiedler ist im Rahmen des § 10 möglich. Die Flucht aus dem Zuchthause fällt unter § 176. Jetzt noch einen Unterschied für die an Stelle von Zwangsarbeit oder an Stelle von Verschickung oder auf Grund des § 19 StRVO. zu Zuchthaus Verurteilten zu machen, erscheint nicht angebracht. Die Zuchthausstrafe muß als einheitliche behandelt werden; vgl. § 25 Anm. 4. — § 23 ist außer Kraft gesetzt.

§ 176. Wer aus dem Zuchthause[1] flüchtet, wird bestraft:

mit Verlängerung der Dauer der Zuchthausstrafe[1] um ein bis zwei Jahre.

Falls die Flucht aus dem Zuchthause[1] unter den in § 174 Abs. 1 bezeichneten Umständen verübt wurde, so wird der Täter bestraft:

mit Verlängerung der Dauer der Zuchthausstrafe[1] um zwei bis vier Jahre.

Falls jedoch die Flucht aus dem Zuchthause[1] unter den in § 174 Abs. 2 bezeichneten Umständen verübt wurde, so wird der Täter bestraft:

mit Verlängerung der Dauer der Zuchthausstrafe[1] um vier bis acht Jahre.

1 Gemäß § 2 StRVO. für Zwangsarbeit. Sieht man in dem alten § 176 ein für die Zwangsarbeit als eine besondere Einsperrungsart geschaffenes delictum sui generis dann muß man jetzt auch die Flucht aus dem Zuchthause nach § 174 bestrafen, da die mit besonderen Schärfungen verbundene Zwangsarbeitsstrafe jetzt nicht mehr besteht, das Zuchthaus vielmehr auch nur eine Einsperrung im Sinne des § 174 ist.

§ 177. Wer:

1) den ihm durch eine gesetzmäßige Verfügung der Obrigkeit angewiesenen[1] Wohnort eigenmächtig verläßt;

2) sich an einem Orte, an dem ihm der Aufenthalt durch eine gesetzmäßige Verfügung der Obrigkeit untersagt ist, eigenmächtig aufhält;

3) ein Recht ausübt, welches ihm durch ein rechtskräftiges Gerichtsurteil aberkannt wurde,

wird bestraft:

mit Haft.

Falls der Täter wegen einer in diesem Paragraphen vorgesehenen Handlung schon bestraft worden ist und seit der Verbüßung der Strafe nicht mehr als ein Jahr verflossen ist, so wird er bestraft:

mit Gefängnis[2].

Dieser letzteren Strafe unterliegt auch ein Ausländer[3], der nach seiner auf gesetzmäßige Verfügung der Obrigkeit hin erfolgten Ausweisung ins Ausland eigenmächtig nach Rußland[4] zurückkehrt.

1 § 34[2]. Bernstein hat hier noch „obligatorischen", was nach deutschem Sprachgebrauch überflüssig ist. 2 2 Wochen bis 1 Jahr. 3 Vgl. § 4 Anm. 2. 4 Vgl. § 5 Anm. 6.

§ 178. Ein Schuldner, der einer Verfügung des Gerichts oder seiner dem Gericht, in den in der Zivilprozeßordnung vorgesehenen Fällen, gegebenen schriftlichen Versicherung zuwider[1] aus seinem Wohn- oder zeitigen Aufenthaltsorte abreist, wird bestraft:

mit Haft nicht über drei Monaten oder mit Geldstrafe nicht über dreihundert Rubeln.

1 Der zweite Halbsatz ist gegenwärtig belanglos, da die russ. ZPO. nicht übernommen ist und die an ihrer Stelle eingeführte deutsche eine derartige Versicherung nicht kennt. Die Beschränkung des § 933 ZPO. fällt unter den ersten Halbsatz.

Achtes Kapitel.

Verletzung der Bestimmungen über die Wehrpflicht und die Landesabgaben.

§ 179[1].

1 Die §§ 179 bis 192 sind durch § 8 StRVO. außer Kraft gesetzt.

§ 193. Wer bei Komplettierung des Armeebestandes oder während eines Krieges Pferde oder Fuhrwerke nebst Geschirr, die dem Heere zu liefern sind[1], ohne triftigen Grund nicht zur Sammelstelle schafft, wird bestraft:

mit Geldstrafe: für jedes nicht herbeigeschaffte Pferd — nicht über den Betrag des doppelten für die beste Pferdegattung bestimmten Preises, und für jedes nicht herbeigeschaffte Fuhrwerk nebst Geschirr — nicht über den Betrag des doppelten, für die wertvollste Gattung der Fuhrwerke nebst Geschirr bestimmten Preises.

Wer den besonderen, für die Gouvernements des Königreichs Polen erlassenen Verordnungen über die Berechnung der Pferde und die Komplettierung des Heeres mit Pferden und über die Versorgung des Heeres mit Fuhrwerken und Geschirr bei der Komplettierung des Armeebestandes oder während eines Krieges zuwiderhandelt, unterliegt der Verantwortung auf Grund dieser besonderen Verordnungen.

1 Voraussetzung ist ordnungsmäßige Beschlagnahme oder Requisition. Es kommen aber in der Regel besondere Verordnungen zur Anwendung.

§ 194. Wer zur Leistung der gesetzlich festgestellten Naturallasten[1] verpflichtet ist und[2] einer gesetzmäßigen Verfügung[3] oder einer gesetzmäßigen an ihn ergangenen Aufforderung einer Amtsperson wegen Leistung dieser Lasten zuwiderhandelt, wird, falls diese Zuwiderhandlung von mehreren Personen zusammen begangen wurde, die jedoch keine strafbare Zusammenrottung[4] gebildet haben, bestraft:

mit Haft, und derjenige, der zu solcher Zuwiderhandlung anstiftet — mit Gefängnis[5].

1 Bernstein: Naturallandesabgaben; es sind aber nicht Abgaben im technischen Sinne, sondern Naturalleistungen gemeint. 2 Voraussetzung der Strafbarkeit ist neben der durch Gesetz oder ihm gleichgestellte Verordnung getroffenen allgemeinen Anordnung eine gesetzmäßige Verfügung. Vgl. § 138 II. 3 Hier ist nicht Verordnung gemeint; es steht vielmehr im Russischen dasselbe Wort wie in § 125 Ziff. 1 an zweiter Stelle. Bernstein hat: Anordnung. 4 §§ 120 bis 123. 5 2 Wochen bis 1 Jahr.

Neuntes Kapitel.

Verletzung der zum Schutze der Volksgesundheit erlassenen Bestimmungen[1].

1 In den Kapiteln 9—19 sind im Wesentlichen die übertretungen behandelt. Nur ein Teil ist im Gesetz selbst unmittelbar unter Strafe gestellt. In zahlreichen Fällen dagegen ist die Bestrafung von einem außerhalb des russ. StGB. erlassenen Ge- oder Verbot abhängig. Die einschlägigen Bestimmungen sind nur in den seltensten Fällen bekannt und schwer aufzufinden. Es wäre angezeigt, bei einer Neufassung des Gesetzes die Bezugnahme auf Verordnungen usw. fortzulassen und die in den einzelnen Paragraphen normierten Tatbestände schlechthin unter Strafe zu stellen.

§ 195[1]. Wer, ohne das Recht der ärztlichen Praxis zu besitzen, oder nach Aberkennung dieses Rechtes mittels giftiger oder stark-wirkender Stoffe heilt, wird bestraft:

mit Haft nicht über drei Monaten oder mit Geldstrafe nicht über dreihundert Rubeln.

Dieser Bestrafung unterliegt nicht derjenige, welcher unentgeltlich ärztliche Hilfe geleistet hat.

1 Sonderbestimmungen für Beamte enthält § 646.

§ 196. Eine Hebamme, die es ohne triftigen Grund unterläßt, in den vom Gesetz vorgeschriebenen Fällen[1] einen Arzt zur Kindbetterin zu rufen, wird bestraft:

mit Haft nicht über drei Monaten oder mit Geldstrafe nicht über dreihundert Rubeln.

Hat die Hebamme bei der Schwangeren eine Frühgeburt hervorgerufen, so wird sie bestraft[2]:

mit Gefängnis nicht über sechs Monaten.

1 Nach §§ 120, 126 der Ärzteordnung (Swod Sakonow Bd. 13) haben Hebammen in allen schwierigen Fällen einen Arzt oder, falls das nicht möglich, eine zweite erfahrene Hebamme zuzuziehen und dürfen keinerlei operative Eingriffe vornehmen, außer der Ausweitung oder Nabelschnurtrennung. 2 Die Vorschriften über Abtreibung bleiben unberührt; vgl. § 466 II.

§ 197. Wer außerhalb von Apotheken, Fabriken oder Laboratorien oder besonderen Abteilungen chemischer Werke[3], die zur Herstellung komplizierter[1] pharmazeutischer Präparate eingerichtet sind, Heilmittel herstellt[2], feilhält oder verkauft, deren Herstellung durch Gesetz oder verbindliche Verordnung nur in Apotheken oder den genannten Fabriken, Laboratorien oder Abteilungen chemischer Werke[3] erlaubt ist, wird bestraft:

mit Geldstrafe nicht über dreihundert Rubeln[4].

Derselben Bestrafung unterliegt derjenige, welcher außerhalb von Apotheken Heilmittel herstellt, feilhält oder verkauft, deren Verabfolgung in Apotheken nur auf ärztliches Rezept hin erlaubt ist.

1 Es kommen nur besondere Sachkunde voraussetzende Zubereitungen in Frage, für die besondere Sach- und Fachkunde und besondere Hilfsmittel erforderlich sind. 2 Ob auch die Herstellung zu eigenem Bedarf oder nur die zu gewerbsmäßiger Verbreitung strafbar ist, ist nach dem Gesetz zweifelhaft. Nach dem russ. Text in wörtlicher Übersetzung wird bestraft, wer sich schuldig macht: der Herstellung oder der Aufbewahrung zum Verkauf, oder des Verkaufs. Das Komma hinter „Verkauf" läßt schließen, daß Verkauf sich sowohl auf Herstellung als auch auf Aufbewahrung beziehen soll. Im alten Gesetz (§ 177 der Nakasanija) war das ausdrücklich gesagt, indem „zum Verkauf" zu beiden Substantiven hinzugesetzt war. Daß man von dieser Regelung habe abweichen wollen, geht

aus den Motiven nicht hervor. Daher ist der Schluß gerechtfertigt, daß nur die gewerbsmäßige Herstellung unter Strafe gestellt ist; vgl. § 200 Anm. 1. 3 Bernstein: Manufaktur; das entspricht nicht dem Russischen. Das Wort sawod hat mit Handarbeit nichts zu tun. Richtige Übersetzung ist Werk oder Anlage. Glasenapp sagt in der Übersetzung der Nakasanija (Dorpat 1887) in §§ 1346 ff.: Gewerk. 4 Außerdem ist nach § 199 auf Einziehung zu erkennen. Vgl. § 36.

§ 198. Ein Heilstoff-Groß- oder -Kleinhändler, welcher:

1) die durch Gesetz oder verbindliche Verordnung festgesetzten Vorschriften über den Verkauf komplizierter[1] pharmazeutischer Präparate nicht befolgt;

2) Heilstoffe zerschnitten, zerhackt, zu Pulver zerrieben oder gemischt herstellt[2], feilhält oder verkauft, mit Ausnahme derjenigen Heilstoffe, die aus den Fabriken, Laboratorien oder besonderen Abteilungen chemischer Werke, die zur Herstellung komplizierter pharmazeutischer Präparate eingerichtet sind, in diesem Zustande bezogen werden, oder die in diesem Zustande im Handel umlaufen;

3) Heilmittel auf ärztliches Rezept hin bereitet oder zusammenstellt[3],

wird bestraft:

mit Geldstrafe nicht über fünfhundert Rubeln.

Überdies ist dem Gericht anheimgestellt, dem schuldigen Heilstoffhändler den Handel mit diesen Stoffen auf die Dauer von einem bis zu fünf Jahren zu untersagen.

1 Vgl. § 197 Anm. 1. Während § 197 die Herstellung wie den Verkauf unter Strafe stellt, richtet sich § 198 ausschließlich gegen den Händler. Ihm ist grundsätzlich jede Veränderung an den bei ihm zum Verkauf befindlichen Heilmitteln und jede selbständige gewerbsmäßige Herstellung untersagt. 2 Siehe § 197 Anm. 2. 3 Bernstein unter Abweichung von dem russischen Text: herstellt oder bereitet. 4 Außerdem ist auf Einziehung zu erkennen (§ 199). Vgl. § 36.

§ 199. Die Heilmittel, die unter Verletzung der in den §§ 197 bis 198 erwähnten Vorschriften hergestellt, aufbewahrt oder verkauft werden, werden eingezogen.

§ 200. Ein Verwalter[1] einer Apotheke oder ein in einer Apotheke angestellter Pharmazeut oder Schüler, welcher:

1) ohne ärztliches Rezept aus der Apotheke Heilmittel verabfolgt, deren Verabfolgung nur auf ärztliches Rezept hin erlaubt ist;

2) aus der Apotheke Heilmittel verabfolgt, welche nicht dem Rezept entsprechend hergestellt sind;

3) aus der Apotheke Heilmittel verabfolgt, die aus Stoffen unvorschriftsmäßiger Beschaffenheit[2] oder in unreinen oder gesund-

heitsschädlichen Gefäßen oder mit unvorschriftsmäßiger Verpackung hergestellt sind;

4) vom Medizinalkonseil[3] nicht genehmigte Geheimheilmittel zubereitet oder verabfolgt;

5) irrtümlich[4] ein Heilmittel an Stelle eines anderen verabfolgt;

6) die durch Gesetz oder verbindliche Verordnung festgesetzten Vorschriften über die Berechnung[5] und Aufbewahrung der Rezepte oder über die Führung und Aufbewahrung der Rezeptbücher verletzt,

wird bestraft:

mit Geldstrafen: ein Verwalter einer Apotheke oder ein Pharmazeut — nicht über dreihundert Rubeln, ein Schüler — nicht über hundert Rubeln[6].

1 Damit ist der mittätige Apothekenbesitzer ebenso wie der sogenannte Provisor gemeint. 2 Bernstein: ungehöriger Qualität. 3 Die höchste Petersburger Behörde; daher nur noch von Belang, solange deren Erlasse noch gelten. 4 Zu unterscheiden von fahrlässig; gleichbedeutend mit versehentlich. 5 Bernstein: Rechnung. Gemeint ist die Berechnung der Preise der einzelnen Bestandteile des Medikaments und des Gesamtpreises. 6 Strafschärfung nach § 202 möglich.

§ 201. Ein Verwalter[1] einer Apotheke oder Fabrik, eines Laboratoriums oder einer besonderen Abteilung eines chemischen Werkes[2], die zur Herstellung komplizierter[3] pharmazeutischer Präparate eingerichtet sind, ebenso ein in jenen angestellter Pharmazeut, Chemiker oder Schüler, welcher den Vorschriften über die Aufbewahrung, Verabfolgung oder den Gebrauch giftiger oder starkwirkender Stoffe oder den Vorschriften über die Herstellung oder Verabfolgung von solche Stoffe enthaltenden Heilmitteln zuwiderhandelt, wird bestraft:

mit Geldstrafe: ein Verwalter, Chemiker oder Pharmazeut — nicht über fünfhundert Rubeln, ein Schüler — nicht über zweihundert Rubeln[4].

1 § 200 Anm. 1. 2 § 197 Anm. 3. 3 § 197 Anm. 1. 4 Strafschärfung nach § 202 möglich.

§ 202. Wurde eine unter § 200 oder § 201 fallende strafbare Handlung zum zweiten Male begangen oder konnte sie, zwar erstmalig begangen, nach den Umständen ihrer Begehung besonders schädliche Folgen haben, so wird der Täter bestraft:

mit Haft nicht über drei Monaten.

Überdies ist dem Gericht anheimgestellt, dem Täter das Recht zur Ausübung der pharmazeutischen Praxis auf die Dauer von sechs Monaten bis zu zwei Jahren zu entziehen.

Verwaltete der Täter eine Apotheke oder eine Fabrik, ein Laboratorium oder eine besondere Abteilung eines chemischen Werkes, die zur Herstellung komplizierter pharmazeutischer Präparate eingerichtet sind[1], so ist dem Gericht anheimgestellt, ihm das Recht zur Verwaltung derartiger Anstalten, oder, falls er selbst eine solche Anstalt hielt, das Recht, diese Anstalt zu halten, beides[2] auf die Dauer von einem bis zu fünf Jahren, zu entziehen.

1 Der Relativsatz bezieht sich nicht auf Apotheke. Der Satz ist unter Abweichung von der Bernsteinschen Übersetzung dem deutschen Satzbau angepaßt. 2 Es kann also, falls der Täter beide Voraussetzungen in sich vereinigt, auf beide Beschränkungen nebeneinander erkannt werden.

§ 203. Ein Verwalter einer Apotheke oder einer Fabrik, eines Laboratoriums oder einer besonderen Abteilung eines chemischen Werkes, die zur Herstellung komplizierter pharmazeutischer Präparate[1] eingerichtet sind[2], der zur Ausübung der Pflichten eines Pharmazeuten, Chemikers oder Schülers eine Person zuläßt, die dazu nicht berechtigt ist, wird bestraft:

mit Geldstrafe nicht über dreihundert Rubeln.

1 Bernstein hat versehentlich „Apparate“. 2 Vgl. § 202 Anm. 1.

§ 204. Wer giftige oder starkwirkende Stoffe ohne gehörige Erlaubnis oder zwar mit Erlaubnis, aber unter Verletzung der durch Gesetz oder verbindliche Verordnung festgesetzten Vorschriften feilhält oder verkauft, wird bestraft:

mit Haft nicht über drei Monaten oder mit Geldstrafe nicht über dreihundert Rubeln.

Überdies ist dem Gericht anheimgestellt, dem Täter das Recht zum Verkauf der bezeichneten Stoffe auf die Dauer von einem bis zu fünf Jahren zu entziehen.

§ 205[1]. Wer der Art seiner Tätigkeit zufolge giftige oder starkwirkende Stoffe bei sich haben oder in seinem Betriebe[2] gebrauchen darf und die durch Gesetz oder verbindliche Verordnung festgesetzten Vorschriften über Aufbewahrung oder Gebrauch dieser Stoffe nicht befolgt, wird bestraft:

mit Geldstrafe nicht über hundert Rubeln.

Überdies ist dem Gericht anheimgestellt, dem Täter das Recht, die angeführten Stoffe bei sich zu haben oder in seinem Betriebe zu gebrauchen, auf die Dauer von einem bis zu fünf Jahren zu entziehen.

1 Der bei Bernstein unnötig schwerfällige Satzbau ist dem deutschen Sprachgebrauch angepaßt. 2 Das russische Wort bezeichnet ganz allgemein jede gewerbliche Tätigkeit.

§ 206. Wer durch Gesetz oder verbindliche Verordnung verpflichtet ist, Fälle von ansteckenden Krankheiten bei Menschen rechtzeitig anzuzeigen, und dieser Verpflichtung nicht nachkommt, wird bestraft:

mit Haft nicht über zwei Monaten oder mit Geldstrafe nicht über zweihundert Rubeln.

§ 207. Wer den durch Gesetz oder verbindliche Verordnung festgesetzten Bestimmungen über Maßnahmen zum Schutze der Volksgesundheit zuwiderhandelt, wird bestraft:

mit Haft nicht über drei Monaten oder mit Geldstrafe nicht über dreihundert Rubeln.

Bezog sich die Zuwiderhandlung gegen die vorgeschriebenen Bestimmungen auf Maßnahmen zum Schutze der Volksgesundheit gegen ansteckende Krankheiten, so wird der Täter bestraft:

mit Haft oder mit Geldstrafe nicht über fünfhundert Rubeln.

Wurde die Zuwiderhandlung gegen die vorgeschriebenen Bestimmungen in einer Gegend begangen, in welcher in gesetzlich vorgeschriebener Weise[1] das Inkrafttreten von Ausnahmebestimmungen bekanntgemacht wurde, die für den Fall oder zur Zeit des Auftretens ansteckender, vom Gesetz den besonders gefährlichen zugerechneter Krankheiten erlassen worden sind, so wird der der Verletzung der bezeichneten Bestimmungen Schuldige, falls in diesen für ihre Nichtbefolgung keine andere Verantwortung festgesetzt ist, bestraft:

mit Gefängnis von zwei Wochen bis zu sechs Jahren[2].

1 Bernstein: festgestellter Ordnung. 2 Gemäß § 2 StRVO. für Korrektionshaus oder Gefängnis.

§ 208. Eine Frauensperson[1], die sich als Amme verdingt oder die Verpflichtung zur Pflege eines Kindes übernimmt und dem Dienstherrn[2] verheimlicht oder verschweigt, daß sie an einer ansteckenden, von ihr vor oder nach der Verdingung erlangten Krankheit leidet, wird bestraft:

mit Haft.

1 Bernstein: Frauenzimmer. 2 Bernstein: Mieter.

§ 209. Ein Händler[1] oder Gewerbetreibender, der bei der Herstellung zum Verkauf oder bei der Feilhaltung oder beim Verkauf von Eßwaren oder von Getränken nicht gehörig reinlich und sauber verfährt, wird bestraft:

mit Geldstrafe nicht über fünfzig Rubeln[2].

1 Bernstein: Handelsmann. Für dieses Wort ist auch in den §§ 210 bis 213, 218, 219 Händler gesetzt. Die Strafandrohungen sind nicht auf Mannspersonen beschränkt. 2 Nebenstrafe in § 218.

§ 210. Ein Händler oder Gewerbetreibender, welcher:

1) die durch Gesetz oder verbindliche Verordnung festgesetzten Bestimmungen zur Verhütung der Fälschung von Eßwaren oder von Getränken verletzt;

2) bei der Herstellung, Feilhaltung[1] oder beim Verkauf von Gegenständen, über deren Herstellung, Aufbewahrung oder Verkauf durch Gesetze oder verbindliche Verordnung zum Schutze der Volksgesundheit besondere Bestimmungen festgesetzt sind, diese verletzt,

wird bestraft:

mit Haft nicht über einem Monat oder mit Geldstrafe nicht über hundert Rubeln[2].

1 Im Russischen steht anders als in § 209 wörtlich: „bei Herstellung oder Aufbewahrung zum Verkauf oder beim Verkauf". Daraus ergibt sich, daß auch hier nur die Herstellung zum Verkauf, nicht aber die zum eigenen Bedarf unter Strafe gestellt ist; sonst wäre „bei" auch zu Aufbewahrung gesetzt worden. 2 Nebenstrafe in § 218.

§ 211. Ein Händler oder Gewerbetreibender, welcher:

1) gesundheitsschädliche oder verdorbene Eßwaren oder Getränke;

2) aus gesundheitsschädlichem Material angefertigtes Geschirr;

3) im Handelsverkehr verbotene Gebrauchs- oder Hausbedarfsgegenstände (mit giftigen Farben gefärbte Stoffe, Tapeten, Papier, Pappe, Lichte, Spielwaren u. dgl.);

4) vom Medizinalkonseil[1] für schädlich befundene, zum Färben oder Umfärben von Gebrauchsgegenständen, Eßwaren oder Getränken dienende Farben oder Essenzen, ebenso als Zusatz zu Eßwaren oder Getränken oder zu deren Fälschung dienende Stoffe oder Materialien,

herstellt[2], feilhält oder verkauft,

wird bestraft:

mit Haft oder mit Geldstrafe nicht über fünfhundert Rubeln[3].

1 Vgl. § 200 Anm. 3. 2 Vgl. § 197 Anm. 2. 3 Nebenstrafe in § 218.

§ 212. Ein Händler oder Gewerbetreibender, welcher gebackenes Brot unter Zusatz nahrungsuntauglicher Stoffe herstellt[1], feilhält oder verkauft, wird bestraft:

mit Haft nicht über drei Monaten oder mit Geldstrafe nicht über dreihundert Rubeln[2].

War dieser Zusatz, wie dem Täter bekannt war[3], gesundheitsschädlich, so wird er bestraft:

mit Gefängnis[4].

1 Vgl. § 197 Anm. 2. 2 Nebenstrafe in § 218. 3 Gemäß VO. 7. 6. 16 für notorisch. 4 2 Wochen bis 1 Jahr. Nebenstrafe in § 218.

§ 213. Ein Händler oder Gewerbetreibender, welcher die durch Gesetz oder verbindliche Verordnung festgesetzten Bestimmungen zur Verhütung des Verderbens von Getreide oder Mehl durch Zusatz nahrungsuntauglicher Stoffe verletzt, wird bestraft:

mit Haft nicht über drei Monaten oder mit Geldstrafe nicht über dreihundert Rubeln[1].

Wurden die vorgeschriebenen Bestimmungen von einem Großhändler verletzt, so wird er bestraft:

mit Haft[1].

Wurden die vorgeschriebenen Bestimmungen verletzt in Zeiten einer allgemeinen Nahrungsmittelnot[2] oder war der Zusatz, wie dem Täter bekannt war[3], gesundheitsschädlich, so wird er bestraft:

mit Gefängnis nicht unter drei Monaten[4].

1 Nebenstrafe in § 218. 2 Bernstein: eines Volksbrotmangels. Das ist die wörtliche Übersetzung, aber zu eng; chljeb bedeutet in übertragener Bedeutung auch Kost, Unterhalt, Nahrung. 3 Gemäß § 2 StRVO. für notorisch. 4 Höchstmaß 1 Jahr. Nebenstrafe in § 218.

§ 214. Wer die durch Gesetz oder verbindliche Verordnung festgesetzten Bestimmungen über Erzeugung, Aufbewahrung oder Verkauf von Margarine, künstlicher Butter oder anderen Fetten verletzt, wird bestraft:

mit Geldstrafe nicht über hundert Rubeln[1].

Stellte es sich jedoch dabei heraus, daß Margarine, künstliche Butter oder andere Fette mit Kuhbutter vermischt waren zum Zwecke des Handels mit solchen Mischungen, oder, daß diese Mischungen in Kuhbutter-Erzeugungs- oder -Verkaufsstellen aufbewahrt waren, so wird der Täter bestraft:

mit Haft nicht über einem Monat oder mit Geldstrafe nicht über hundert Rubeln.

1 Nebenstrafe in § 218.

§ 215. Wer die durch Gesetz oder verbindliche Verordnung festgesetzten Bestimmungen über Erzeugung, Einführung aus dem Auslande, Aufbewahrung oder Beförderung[1] künstlicher Süßstoffe verletzt, wird bestraft:

mit Geldstrafe nicht über hundert Rubeln[2].

Sind die durch Gesetz oder verbindliche Verordnung festgesetzten Bestimmungen über den Verkauf künstlicher Süßstoffe verletzt worden, so wird der Täter bestraft:

mit Haft nicht über einem Monat oder mit Geldstrafe nicht über hundert Rubeln[2].

Hat jedoch der Täter Eßwaren oder Getränke mit Beimischung künstlicher Süßstoffe zubereitet[3], feilgehalten oder verkauft, so wird er bestraft:

mit Haft nicht über drei Monaten oder mit Geldstrafe nicht über dreihundert Rubeln[2].

Die Stoffe, Waren und Getränke werden eingezogen.

1 Bei Bernstein „Überführung" im gleichen Sinne wie in § 221[2]; im Deutschen nur dort, sonst nicht gebräuchlich. 2 Nebenstrafe in § 218. 3 Vgl. § 197 Anm. 2. Die Bestimmung des Abs. 3 dürfte als außer Kraft befindlich anzusehen sein, da bei dem gegenwärtigen Zuckermangel künstlicher Süßstoff ganz allgemein zugelassen ist.

§ 216. Wer in den Tee zurichtenden[1] Gewerbeanstalten oder in den Räumlichkeiten zum Ausbreiten[1] von Tee dem russischen Tee andere Stoffe unerlaubterweise beimischt oder in diesen Anstalten oder Räumlichkeiten verfälschten Tee oder Stoffe, die zur Verfälschung von Tee dienen können, aufbewahrt, wird bestraft:

mit Haft nicht über einem Monat oder mit Geldstrafe nicht über hundert Rubeln[2].

Die bezeichneten Produkte werden eingezogen.

1 Bei Bernstein: zubereitenden und Aufschütten. Es sind nicht Schankwirtschaften gemeint, sondern diejenigen Anstalten, in denen der Tee getrocknet und versandfertig gemacht wird. 2 Nebenstrafe in § 218.

§ 217. Wer verfälschten Tee oder Produkte, die dem Tee äußerlich ähnlich sind oder ihn ersetzen, in Verpackungen feilhält, die für echten Tee benutzt werden oder dessen Aufschrift tragen, wird bestraft:

mit Haft nicht über drei Monaten oder mit Geldstrafe nicht über dreihundert Rubeln[1].

Die bezeichneten Produkte werden eingezogen.

1 Nebenstrafe in § 218.

§ 218. Wird ein Händler oder Gewerbetreibender wegen einer unter §§ 209 bis 217 fallenden strafbaren Handlung verurteilt, so ist dem Gericht anheimgestellt, das Urteil zu veröffentlichen, ebenso dem Täter das Recht, Handel der entsprechenden Art zu treiben, auf die Dauer von einem bis zu fünf Jahren zu entziehen.

§ 219. Ein Händler, welcher Bier durch Wasser oder Zusatz gesundheitsunschädlicher[1] Stoffe verdünnt oder Biere verschiedener Brauereien vermischt, wird bestraft:

mit Geldstrafe nicht über fünfzig Rubeln.

1 Bei Gesundheitsschädlichkeit Bestrafung aus § 211 Ziff. 1.

§ 220. Wer zum Trinken oder Tränken dienendes Wasser durch Hineinwerfen, Hineinschütten[1], Hineingießen[2], Hineinleiten[3] oder Einweichen[4] von Stoffen, die es zum Trinken oder Tränken untauglich machen, verdirbt, wird bestraft:

mit Haft nicht über einem Monat oder mit Geldstrafe nicht über hundert Rubeln.

Wurde das Wasser infolge dieses Verderbens der menschlichen Gesundheit schädlich, so wird der Täter bestraft:

mit Haft oder mit Geldstrafe nicht über fünfhundert Rubeln.

1 Bernstein: Abladen. Der Sinn des russischen Wortes ist hineinkippen, hineinschütten. 2 Bernstein: Ausgießen. 3 Bernstein: Ablassen. Mit dem russischen Wort ist aber nicht das Ablassen des Wassers, sondern das Hineinlassen eines anderen Stoffes gemeint. 4 Bei Bernstein folgt noch „in ihm“ und „verschiedener“. Das erstere ist durch die Präposition hinein- oder ein- zum Ausdruck gebracht; verschiedener steht nicht im russischen Text.

§ 221. Wer:

1) einen Toten außerhalb des Kirchhofs ohne die gehörige Erlaubnis begräbt;

2) die durch Gesetz oder verbindliche Verordnung festgesetzten Bestimmungen über die Beerdigung, Wiederausgrabung, Einführung aus dem Auslande oder Überführung von Leichen nicht befolgt;

3) einen Leichnam ohne Beerdigung verheimlicht[1];

4) die durch Gesetz oder verbindliche Verordnung festgesetzten Bestimmungen über die Einrichtung[2] oder den Schutz bestehender oder über den Schutz geschlossener Kirchhöfe nicht befolgt,

wird bestraft:

mit Haft nicht über einem Monat oder mit Geldstrafe nicht über hundert Rubeln.

1 Vgl. § 171. 2 Damit ist im wesentlichen das Herrichten, Anlegen verstanden.

Zehntes Kapitel.

Verletzung der zum Schutze der öffentlichen und persönlichen Sicherheit erlassenen Bestimmungen.

§ 222. Wer Sprengstoffe oder -vorrichtungen[1] unter Umständen herstellt, anschafft, aufbewahrt oder abgibt, welche dartun, daß diese Stoffe oder Vorrichtungen wissentlich[2] zur Begehung eines Verbrechens bestimmt sind, wird bestraft:

mit Gefängnis von drei Monaten bis zu sechs Jahren[3].

1 Vgl. § 123 Anm. 5. 2 Gemäß VO. 7. 6. 16 für notorisch. 3 Gemäß § 2 StRVO. Ersatzstrafe für Korrektionshaus; vgl. auch § 457 II.

§ 223. Wer:

1) ohne die durch Gesetz oder verbindliche Verordnung vorgeschriebene Erlaubnis Schieß- oder Sprengstoffe[1], Schieß- oder Sprengvorrichtungen oder deren Teile herstellt;

2) ohne die gehörige Erlaubnis ein Werk[2] oder eine andere Anstalt zur Herstellung von Schieß- oder Sprengstoffen, Schieß- oder Sprengvorrichtungen oder deren Teilen einrichtet;

3) Waffen herstellt, deren Herstellung[3] durch Privatpersonen verboten ist, oder ein Werk oder eine sonstige Anstalt zur Herstellung solcher Waffen einrichtet,

wird bestraft:

mit Gefängnis nicht unter sechs Monaten[4].

Die hergestellten Stoffe, Vorrichtungen, Waffen und deren Teile, ebenso die in dem Werk oder der Anstalt vorgefundenen Materialien und Herstellungswerkzeuge werden eingezogen.

1 Bernstein: „Explosions"-; dafür ist hier und in den folgenden Bestimmungen „Spreng"- gesetzt. 2 Vgl. § 197 Anm. 3. Der Begriff Manufaktur ist zu eng. Das russische Wort ist dem deutschen „Werk" entsprechend ein Synonoym für das in beiden Sprachen gebrauchte „Fabrik". 3 Bernstein: Fabrikation. 4 Höchstmaß 1 Jahr.

§ 224. Wer:

1) in einem mit gehöriger Erlaubnis eingerichteten Werk oder in einer sonstigen derartigen Anstalt zur Herstellung von Schieß-

oder Sprengstoffen oder Schieß- oder Sprengvorrichtungen oder deren Teilen vor der Vornahme der vorgeschriebenen Besichtigung des Werkes oder der Anstalt Arbeiten ausführt;

2) die durch Gesetz oder verbindliche Verordnung festgesetzten Bestimmungen über die Einrichtung der in Ziff. 1 dieses Paragraphen aufgezählten Anstalten oder die Bestimmungen über die Ordnung der Ausführung der Arbeit in ihnen nicht befolgt,

wird bestraft:

mit Haft oder mit Geldstrafe nicht über fünfhundert Rubeln.

Drohte infolge der vom Täter zugelassenen Nichtbefolgung der festgesetzten Bestimmungen Explosionsgefahr, so wird er bestraft:

mit Gefängnis nicht über sechs Monaten.

In diesem letzteren Falle ist dem Gericht anheimgestellt, dem Täter das Recht, eine solche Anstalt zu halten, auf die Dauer von einem bis zu fünf Jahren zu entziehen.

§ 225. Wer:

1) Schießstoffe, außer Pulver, oder Sprengstoffe oder -vorrichtungen ohne die gehörige Erlaubnis oder zwar mit Erlaubnis zu deren Anschaffung, aber außerhalb der für diese Stoffe oder Vorrichtungen eingerichteten Niederlage oder zwar in der Niederlage, aber in größerer Menge, als erlaubt, aufbewahrt;

2) eine Niederlage von Pulver oder anderen Schieß- oder Sprengstoffen ohne die gehörige Erlaubnis einrichtet;

3) für eine, wenn auch erlaubte, Niederlage Sprengstoffe oder -vorrichtungen ohne die besondere Erlaubnis zu deren Anschaffung anschafft;

4) einer Person, die keine Erlaubnis zur Anschaffung von Sprengstoffen oder -vorrichtungen hat, diese verkauft oder sonst abgibt;

5) Handel mit Pulver oder anderen Schieß- oder Sprengstoffen oder -vorrichtungen ohne gehörige Erlaubnis betreibt,

wird bestraft:

mit Gefängnis[1].

Wurden diese strafbaren Handlungen von einem Händler begangen, so ist überdies dem Gericht anheimgestellt, ihm das Recht zum Handel mit Schieß- oder Sprengstoffen oder das Recht, eine Niederlage dieser zu haben, auf die Dauer von einem bis zu fünf Jahren oder für immer zu entziehen.

Das rechtswidrig aufbewahrte oder angeschaffte Pulver oder die sonstigen Schieß- oder Sprengstoffe oder -vorrichtungen werden eingezogen.

Derselben Bestrafung nach denselben Grundsätzen unterliegt der Inhaber einer Niederlage von Sprengstoffen oder -vorrichtungen, falls in der Niederlage ein Fehlen dieser Gegenstände gegenüber ihrem in das Schnurbuch[2] eingetragenen Bestande entdeckt wird.

1 2 Wochen bis 1 Jahr. 2 Darunter ist ein Buch verstanden, dessen Blätter fortlaufend beziffert und durch eine Schnur verbunden sind, sodaß keines unbemerkt entfernt werden kann.

§ 226. Wer Pulver außerhalb einer Niederlage in einer Menge von mehr als dreißig Pfund oder zwar in einer Niederlage, aber in größerer Menge, als erlaubt, aufbewahrt, wird bestraft:

mit Gefängnis nicht über sechs Monaten.

Das rechtswidrig aufbewahrte Pulver wird eingezogen.

§ 227. Wer:

1) die durch Gesetz oder verbindliche Verordnung festgesetzten Bestimmungen über die Errichtung oder Instandhaltung der Niederlagen von Sprengstoffen für die Bedürfnisse der Bergwerk- oder Salzindustrie oder über Aufbewahrung innerhalb oder außerhalb einer Niederlage, über Beförderung[1], Verabfolgung, Verkauf, Anschaffung, Verbrauch oder Gebrauch von Sprengstoffen oder -vorrichtungen nicht befolgt;

2) Pulver oder sonstige Schieß- oder Sprengstoffe in einer mit gehöriger Erlaubnis eingerichteten Niederlage vor deren Besichtigung aufbewahrt,

wird bestraft:

mit Haft oder mit Geldstrafe nicht über fünfhundert Rubeln.

Drohte infolge der vom Täter zugelassenen Nichtbefolgung der festgesetzten Bestimmungen Explosionsgefahr, so wird er bestraft:

mit Gefängnis nicht über sechs Monaten.

Der in Abs. 1 dieses Paragraphen bestimmten Bestrafung unterliegt auch derjenige, welcher, wenn auch ohne Verletzung der festgesetzten Bestimmungen, mit Pulver oder sonstigen Schieß- oder Sprengstoffen oder -vorrichtungen derart fahrlässig[2] umgeht, daß Explosionsgefahr drohte.

Wurden die unter Abs. 2 dieses Paragraphen fallenden strafbaren Handlungen von einem Inhaber einer Niederlage von Sprengstoffen oder -vorrichtungen zum zweiten Male begangen, so ist dem Gericht anheimgestellt, dem Täter das Recht, Niederlagen von Stoffen oder Vorrichtungen der bezeichneten Art zu halten, auf die Dauer von einem bis zu fünf Jahren zu entziehen.

1 Vgl. § 215 Anm. 1. 2 Bernstein: unvorsichtig. Im Russischen steht dasselbe Wort wie in § 48 II.

§ 228. Wer die durch Gesetz oder verbindliche Verordnung festgesetzten Bestimmungen über den Gebrauch von Acetylen oder über Aufbewahrung und Verkauf von Calciumkarbid nicht befolgt, wird bestraft:

mit Haft nicht über drei Monaten oder mit Geldstrafe nicht über dreihundert Rubeln.

Wurde diese Übertretung zum zweiten Male begangen, so ist überdies dem Gericht anheimgestellt, dem Täter das Recht, eine Calciumkarbid-Niederlage zu halten oder Handel mit Calciumkarbid zu betreiben, auf die Dauer von einem bis zu fünf Jahren oder für immer zu entziehen.

§ 229. Wer die durch Gesetz oder verbindliche Verordnung festgesetzten Bestimmung über die Benutzung von Dampfkesseln nicht befolgt, wird bestraft:

mit Haft nicht über drei Monaten oder mit Geldstrafe nicht über dreihundert Rubeln.

§ 230. Wer:

1)[1] verbotene Waffen aufbewahrt oder bei sich trägt;

2) Waffen aufbewahrt oder bei sich trägt an Orten, an denen Gesetz oder verbindliche Verordnung sie aufzubewahren oder zu tragen verbieten;

3) mit Feuer- oder sonstigen gefährlichen Waffen an Orten schießt, an denen Gesetz oder verbindliche Verordnung derartiges Schießen verbieten;

4) bei dem Umgang mit geladenen Feuer- oder sonstigen gefährlichen Waffen, bei dem Ausstellen, Aushängen, Werfen, Aufstapeln oder Befördern[2] fester Gegenstände, bei dem Ausgießen von Flüssigkeiten, bei der Personenbeförderung[3] auf dem Wasser, bei dem Halten eines Haustieres, von welchem er weiß, daß es gefährlich ist[4], nicht mit gehöriger Vorsicht verfährt;

5) an Bau- oder anderen Arbeiten, an Gruben, Brunnen oder überhaupt an Stellen, an denen zur persönlichen Sicherheit das Anbringen von Warnungszeichen oder Schutzvorrichtungen notwendig ist, derartige Zeichen oder Vorrichtungen nicht anbringt,

wird bestraft:

mit Haft nicht über zwei Wochen oder mit Geldstrafe nicht über fünfzig Rubeln.

1 Der Waffenbesitz usw. ist durch besondere Verordnungen unter Strafe gestellt und nach diesen zu bestrafen. 2 Vgl. § 215 Anm. 1. 3 Bernstein: Menschentransport. 4 Gemäß VO. 7. 6. 16 für notorisch. Über wilde Tiere vgl. § 232.

§ 231. Wer:

1) in Städten oder Dörfern unvorsichtig oder übermäßig schnell fährt;

2) wissentlich[1] einem Unfähigen oder Betrunkenen das Lenken eines Pferdes überträgt;

wird bestraft:

mit Haft nicht über zwei Wochen oder mit Geldstrafe nicht über fünfzig Rubeln.

1 Gemäß VO. 7. 6. 16 für notorisch.

§ 232. Wer bei dem Halten wilder Tiere[1] nicht mit gehöriger Vorsicht verfährt, wird bestraft:

mit Haft nicht über drei Monaten oder mit Geldstrafe nicht über dreihundert Rubeln.

1 Haustiere siehe § 230[4].

§ 233. Wer vorsätzlich Hunde oder andere Tiere auf Menschen hetzt, wird bestraft:

mit Haft.

§ 234. Ein Verkäufer in einer Anstalt, in welcher geistige Getränke ausgeschenkt werden, der keine Maßnahmen trifft zum Schutz eines in seiner Anstalt befindlichen oder sie verlassenden Betrunkenen, welcher ohne augenscheinliche Gefahr nicht sich selbst überlassen werden kann, wird bestraft:

mit Haft nicht über zwei Wochen oder mit Geldstrafe nicht über fünfzig Rubeln.

§ 235. Wer die durch Gesetz oder verbindliche Verordnung festgesetzten Bestimmungen über Aufbewahrung oder Verkauf von Beleuchtungsmineralölen nicht befolgt, wird bestraft:

mit Haft nicht über drei Monaten oder mit Geldstrafe nicht über dreihundert Rubeln.

§ 236. Wer die durch Gesetz oder verbindliche Verordnung festgesetzten Bestimmungen über:

1) Vorsichtsmaßregeln zum Schutze gegen Feuer innerhalb von Bauwerken, auf Schiffen, Flößen oder in anderen Räumlichkeiten oder bei dem Umgang mit Feuer oder leicht entzündbaren Stoffen außerhalb von Gebäuden;

2) Mitwirkung bei Feuerlöscharbeiten;

3) Herstellung, Aufbewahrung, Beförderung[1], Ausladung oder Verkauf leicht entzündbarer Öle mit Ausnahme der Mineralöle

nicht befolgt, wird bestraft:

mit Haft nicht über zwei Wochen oder mit Geldstrafe nicht über fünfzig Rubeln.

1 Vgl. § 215 Anm. 1.

§ 237. Wer die Bestimmungen über Vorsichtsmaßregeln zum Schutze gegen Feuer in Niederlagen oder Ausladestellen leicht entzündbarer Stoffe oder auf Schiffen oder in Waggons, die mit diesen Stoffen beladen sind, oder an Orten, an denen sich solche Schiffe oder Waggons befinden, nicht befolgt, wird bestraft:

mit Haft nicht über einem Monat oder mit Geldstrafe nicht über hundert Rubeln.

§ 238. Wer:

1) Tabak raucht an Orten, wo dies durch Gesetz oder verbindliche Verordnung verboten ist;

2) entgegen einer angebrachten Warnung über Tabakrauchverbot Tabak raucht, obwohl daraus Feuer- oder Explosionsgefahr droht,

wird bestraft:

mit Geldstrafe nicht über zehn Rubeln.

Drohte infolge Tabakrauchens an Orten, an welchen es durch Gesetz oder verbindliche Verordnung verboten ist, Feuer- oder Explosionsgefahr, so wird der Täter bestraft:

mit Geldstrafe nicht über fünfzig Rubeln.

§ 239. Wer durch Gesetz oder verbindliche Verordnung verpflichtet ist, der Polizei anzuzeigen, daß ein Brand stattgefunden hat, und dieser Verpflichtung nicht rechtzeitig nachkommt, wird bestraft:

mit Geldstrafe nicht über zehn Rubeln.

Elftes Kapitel.

Verletzung der zum Schutze des Volkswohlstandes erlassenen Bestimmungen.

§ 240. Wer an der Aufspeicherung in öffentlichen Magazinen aufzubewahrender Getreidevorräte beteiligt ist, wird, wenn er diese Vorräte eigenmächtig entnimmt, bestraft[1]:

mit Haft nicht über einem Monat oder mit Geldstrafe nicht über hundert Rubeln.

Sind die Verpflegungsbedürfnisse der örtlichen Bevölkerung infolge der Größe des infolge dieser eigenmächtigen Entnahme der Getreidevorräte entstandenen Schadens unbefriedigt geblieben, so werden die Täter bestraft:

mit Haft.

1 Anstatt des undeutschen Obersatzes bei Bernstein: Teilnehmer an der Ansammlung in öffentlichen Magazins aufbewahrter Kornvorräte, welche diese Vorräte eigenmächtig entnehmen. . . Diese Bestimmung bezieht sich darauf, daß nach russ. Provinzialrecht in den Gemeinden durch gemeinsame Lieferungen Getreidevorräte zusammengebracht und aufbewahrt werden mußten, um damit einer Lebensmittel- oder Saatkornnot vorzubeugen. Die Vorräte blieben gemeinschaftliches Eigentum der Beteiligten; darum ist nicht als Diebstahl (§ 581) zu bestrafen, wenn ein Anteilsberechtigter seinen Anteil oder einen Teil davon entnimmt. Vgl. § 576.

§ 241. Wer die durch Gesetz oder verbindliche Verordnung gegebenen Bestimmungen über die Sicherstellung der Unterstützung der Landleute mit Verpflegung oder zur Bestellung[1] der Felder nicht befolgt, wird bestraft:

mit Haft nicht über einem Monat oder mit Geldstrafe nicht über hundert Rubeln.

1 Bernstein: Besäung. Vgl. § 647.

§ 242. Ein Händler[1] oder Gewerbetreibender, der die Preise der Verpflegungsmittel oder sonstiger notwendiger Bedarfsgegenstände im Einvernehmen[2] mit anderen, die mit diesen Gegenständen handeln, oder mit anderen Gewerbetreibenden übermäßig erhöht, wird bestraft:

mit Gefängnis[3].

Machte sich der Täter dabei die durch den Mangel an diesen Gegenständen entstandene äußerste Not der örtlichen Bevölkerung zu Nutzen, so wird er bestraft:

mit Gefängnis nicht unter drei Monaten[4].

Der in Abs. 1 dieses Paragraphen bestimmten Bestrafung unterliegt auch ein Händler oder Gewerbetreibender, der die Preise der

Verpflegungsmittel oder sonstiger notwendiger Bedarfsgegenstände unter Ausnutzung der durch den Mangel an diesen Gegenständen entstandenen äußersten Not der örtlichen Bevölkerung übermäßig erhöht.

1 Bernstein: Handelsmann; vgl. § 209 Anm. 1. 2 Bernstein: nach Übereinkunft; vgl. § 174 Anm. 3. 3 2 Wochen bis 1 Jahr. 4 Höchstmaß 1 Jahr. 5 Bernstein: Zunutzemachung. Im Gegensatz zu Abs. 1 ist hier Einvernehmen mit anderen Handeltreibenden nicht erforderlich; es genügt Ausbeutung der Notlage durch einen einzelnen.

§ 243. Wer entgegen der durch Gesetz oder verbindliche Verordnung festgesetzten Verpflichtung das Auftreten ansteckender oder epidemischer Krankheiten bei Haustieren oder das Erscheinen für landwirtschaftliche Pflanzen oder Obst- oder Baumanpflanzungen schädlicher Insekten oder Tiere nicht rechtzeitig anzeigt[1], wird bestraft:

mit Haft nicht über einem Monat oder mit Geldstrafe nicht über hundert Rubeln.

1 Bernstein: Wer der . . Verpflichtung . . anzuzeigen, nicht nachkommt.

§ 244. Wer entgegen der durch Gesetz oder verbindliche Verordnung festgesetzten Verpflichtung das Auftreten ansteckender Krankheiten bei landwirtschaftlichen Pflanzen oder Obst- oder Baumanpflanzungen nicht rechtzeitig anzeigt, wird bestraft:

mit Geldstrafe nicht über hundert Rubeln.

§ 245. Wer die durch Gesetz oder verbindliche Verordnung festgesetzten Bestimmungen über Vorsichtsmaßregeln:

1) gegen Ansteckung von Haustieren, landwirtschaftlichen Pflanzen oder Obst- oder Baumanpflanzungen;

2) gegen Verbreitung für landwirtschaftliche Pflanzen oder Obst- oder Baumanpflanzungen schädlicher Insekten oder Tiere,

nicht befolgt, wird bestraft:

mit Haft nicht über zwei Monaten oder mit Geldstrafe nicht über zweihundert Rubeln.

§ 246. Wer zu verbotener Zeit, an verbotenen Orten, auf verbotene Art oder, ohne die vorgeschriebenen Bestimmungen zu beobachten, Fisch- oder sonstigen Fang treibt, wird bestraft:

mit Geldstrafe nicht über fünfundzwanzig Rubeln.

Betreibt der Täter den verbotenen Fang gewerbsmäßig oder fischt er mittels vergifteter oder explodierender Stoffe, so wird er bestraft:

mit Haft nicht über einem Monat oder mit Geldstrafe nicht über hundert Rubeln.

Die verbotenen Fanggeräte werden eingezogen.

§ 247. Wer:

1) ohne den vorgeschriebenen Jagdschein;
2) mit einem fremden Jagdschein;
3) nicht die Wildart, welche zu jagen zu der Zeit erlaubt ist;
4) auf verbotene Art,

jagt, wird bestraft:

mit Geldstrafe: in dem in Ziff. 1 dieses Paragraphen bezeichneten Falle — nicht über fünfundzwanzig Rubeln und in den übrigen Fällen nicht über hundert Rubeln[1].

Die verbotenen Jagdgeräte werden eingezogen.

1 Bei Bernstein ist ein Teil der Strafandrohung fortgelassen.

§ 248. Wer entgegen einem bestehenden Verbote Vogelnester zerstört oder aus ihnen Eier oder Junge ausnimmt, wird bestraft:

mit Geldstrafe nicht über fünfundzwanzig Rubeln.

§ 249. Wer bei der Jagdausübung die Vorzeigung des Jagdscheines trotz Aufforderung einer die Innehaltung der Jagdvorschriften überwachenden Person verweigert, wird bestraft:

mit Geldstrafe nicht über fünf[1] Rubeln.

1 Bernstein versehentlich: 25 Rbl.

§ 250. Wer auf der Jagd einen Auerochsen oder ein Weibchen oder Kalb eines Elches, eines Hirschen oder einer Gemse erlegt, wird bestraft:

mit Geldstrafe: für jeden erlegten Auerochsen — mit fünfhundert Rubeln; für jede erlegte Elch- oder Hirschkuh — mit fünfzig Rubeln; für jedes Gemsweibchen und für jedes Elch-, Hirsch- oder Gemskalb — mit fünfundzwanzig Rubeln.

§ 251. Wer in der Schonzeit erlegtes Wild herumträgt, herumfährt, verkauft oder kauft, um es zu verkaufen, wird bestraft:

mit Geldstrafe: für jeden bei ihm gefundenen Elch, Hirsch, wilden Berg- oder Steppen-Gemsbock oder jede wilde Berg- oder Steppenziege — mit fünfundzwanzig Rubeln; für jedes andere bei ihm gefundene Stück Wild — mit einem Rubel.

§ 252[1]. Die in den §§ 247 bis 251 bestimmten Geldstrafen, ebenso der Erlös vom Verkauf der eingezogenen Jagdgeräte und des eingezogenen Wildes werden den Spezialfonds des Ministeriums des Innern zur Verstärkung der Überwachung der Innehaltung der Jagdvorschriften überwiesen.

1 Jetzt gegenstandslos, da ein entsprechender Fonds nicht besteht. Die vereinnahmten Gelder sind nach allgemeinen Grundsätzen zu verwenden.

§ 253. Wer die für einige Gegenden erlassenen besonderen Gesetze über:

1) die Jagd, die Fischerei, die Austern-, Seehund-, Tier- oder sonstige Jagd, den Fang von Walrossen, Seehunden oder überhaupt von Tieren dieser Art;

2) öffentliches Heumachen,

nicht befolgt, unterliegt der Bestrafung auf Grund dieser besonderen Gesetze.

§ 254. Wer die gesetzlich verbotene Robbenseejagd ausübt oder die Robbenlandjagd eigenmächtig ausübt, wird bestraft:

mit Gefängnis [1].

Die Fanggeräte, die Beute, die Jagdschiffe mit deren Zubehör, Inventar und Ladung werden eingezogen.

1 2 Wochen bis 1 Jahr.

§ 255. Der Besitzer eines Waldes oder eine Person, welcher er die Verfügung über den Wald übertragen hat [1], die stehenden Wald fällen oder Stämme oder Wurzeln ausroden in Fällen, in denen solches Fällen oder Ausroden durch Gesetz oder verbindliche Verordnung verboten ist, oder die beim Fällen stehenden Waldes oder beim Ausroden von Stämmen und Wurzeln die festgesetzten Bestimmungen verletzen, werden bestraft:

mit Geldstrafe in der Höhe des Wertes des gefällten oder ausgerodeten Waldes; der Wert wird bestimmt auf Grund der örtlichen Waldtaxe des Ackerbau- und Reichsdomänenministeriums für Wald der niedrigsten Kategorie im Kreise, und in der Donheeresprovinz — auf Grund der Heerestaxe für Wald der niedrigsten Kategorie im Bezirk [2].

Überdies werden das gefällte Holz oder die ausgerodeten Stämme oder Wurzeln eingezogen oder deren Wert beigetrieben.

1 wörtlich: erlaubt hat, über den Wald zu verfügen. Bernstein: das Recht, über den Wald zu verfügen, einräumt (falsches Präsens). Die Änderung ist auch in §§ 256—258 durchgeführt. 2 Der klein gedruckte Teil ist jetzt gegenstandslos. Die Schätzung unterliegt daher richterlichem Ermessen an der Hand der sonst zu Gebote stehenden Erkenntnisquellen.

§ 256. Der Besitzer eines Waldes oder eine Person, welcher er die Verfügung über den Wald übertragen hat, die eine Waldfläche lichten oder in andere wirtschaftliche Benutzung nehmen [1] in Fällen, in denen eine derartige Lichtung der Waldfläche oder ihre andersartige wirtschaftliche Benutzung durch Gesetz oder verbindliche Verordnung verboten sind, werden bestraft:

mit Geldstrafe nicht über fünf Rubeln für jede hundert Quadratfaden[2] der gelichteten oder in andere wirtschaftliche Benutzung genommene Waldfläche.

Eine gelichtete oder in andere wirtschaftliche Benutzung genommene Waldfläche von weniger als hundert Quadratfaden wird für volle hundert Quadratfaden gerechnet.

Die unter diesen Paragraphen fallende Übertretung wird unabhängig von der in § 255 für das Fällen des Waldes an sich bestimmten Strafe bestraft.

1 Wörtlich aus dem Russischen: in einer anderen Art der Ausnutzung landwirtschaftlich nutzbarer Flächen. Bernstein: in Grundstücke anderer Nutzart verwandelt. Es ist nicht erforderlich, daß mehrere verschiedenartig benutzte Flächen daraus gemacht werden, wie der Plural Grundstücke in der Bernsteinschen Fassung ergeben könnte; es genügt vielmehr jede andere, auch gleichförmige Ausnutzung des Grund und Bodens.
2 Bernstein: Quadratklafter. Das Maß Klafter ist im Russischen unbekannt. Das gebräuchliche und auch durch das russische Wort bezeichnete Raummaß für Holz ist Faden (2,14 Meter). Die Änderung ist auch in § 257 durchgeführt.

§ 257. Der Besitzer eines Waldes oder eine Person, welcher er die Verfügung über den Wald übertragen hat, die:

1) im Walde Vieh weiden lassen, Waldstreu sammeln oder andere Nebennutzungen betreiben in Fällen, in denen solches Viehweiden, das Streusammeln oder die Nebennutzungen des Waldes durch Gesetz oder verbindliche Verordnung verboten sind;

2) die befristete landwirtschaftliche Benutzung des Waldbodens über die für derartige Benutzung durch Gesetz oder verbindliche Verordnung bestimmte Frist hinaus eigenmächtig ausdehnen,

werden bestraft:

wegen der unter Ziff. 1 dieses Paragraphen fallenden Handlungen — mit Geldstrafe nicht über zehn Rubeln;
wegen der unter Ziff. 2 dieses Paragraphen fallenden Handlung — mit Geldstrafe nicht über einem Rubel für jede hundert Quadratfaden der über die Frist hinaus benutzten Waldfläche.

Eine über die Frist hinaus benutzte Waldfläche von weniger als hundert Quadratfaden wird für volle hundert Quadratfaden gerechnet.

§ 258. Der in §§ 255 bis 257 angedrohten Bestrafung nach den in diesen Paragraphen bezeichneten Grundsätzen unterliegt auch derjenige, welcher ohne Zustimmung des Besitzers des Waldes oder der

Person, welcher jener die Verfügung über den Wald übertragen hat, aber in Kenntnis des Verbotes, Wald zu fällen oder Stämme oder Wurzeln auszuroden oder die Waldfläche zu lichten oder sie in andere wirtschaftliche Benutzung zu nehmen oder den Wald zu benutzen, eine der in diesen Paragraphen vorgesehenen Übertretungen begeht.

Das gefällte Holz, ebenso die ausgerodeten Stämme oder Wurzeln werden nicht eingezogen, aber ihr Wert wird von dem Täter beigetrieben.

Die Bestrafung tritt unabhängig von der Bestrafung wegen des eigenmächtigen Waldfällens ein[1].

1 Vgl. § 624.

§ 259 [1]. Wer in den Stanizawäldern der Donschen und Astrachanschen Kosackenheere wissentlich entgegen dem bestätigten Plan der Waldwirtschaft Wald fällt, wird bestraft:

mit Geldstrafe nicht über fünfzig Rubeln.

Derselben Bestrafung unterliegt ein Baschkir, welcher in dem seiner Dorfgemeinde gehörigen, unter Staatsaufsicht befindlichen Walde außerhalb der dieser Gemeinde zur Nutzung angewiesenen Holzschläge Wald fällt.

1 Jetzt gegenstandslos, da außerhalb der Randstaaten belegen.

§ 260 [1]. Die in den §§ 255 bis 258 bestimmten Geldstrafen, ebenso der Erlös vom Verkauf der eingezogenen Waldmaterialien fließen den Spezialfonds des Forstamtes zu. In der Donheeresprovinz und im Astrachanschen Kosackenheer werden die bezeichneten Strafen und Gelder, ebenso die im § 259 Abs. 1 bestimmten Geldstrafen dem Heereskapital überwiesen.

Die in § 259 Abs 2 bestimmten Geldstrafen werden den Spezialfonds des Ackerbau- und Reichsdomänenministeriums überwiesen zur Bildung eines Kapitals für die Bedürfnisse der Forstwirtschaft in den unter Staatsaufsicht befindlichen Wäldern der Baschkiren.

1 Jetzt gegenstandslos.

§ 261. Wer eigenmächtig und in Widerspruch mit den Vorschriften über die Errichtung von Gräben und anderen Wasserleitungsbauten auf fremden Grundstücken zu Ent- und Bewässerungs- und Irrigationszwecken diese Bauten, ebenso den für sie bestimmten Boden oder das in ihnen befindliche Wasser benutzt, wird dort, wo diese Vorschriften Geltung haben, bestraft:

mit Geldstrafe nicht über fünfzig Rubeln.

Verletzte der Täter die Vorschriften über die Benutzung des Wassers eines Wasserbehälters, in bezug auf welchen das Gesetz über die Benutzung von Irrigationswasser in Transkaukasien Geltung hat, so wird er bestraft:

mit Haft nicht über einem Monat oder mit Geldstrafe nicht über hundert Rubeln.

Derselben Bestrafung unterliegt in Transkaukasien derjenige, welcher:

1) einen solchen Wasserbehälter verschmutzt oder Vieh in ihn Zutritt gewährt oder durch ihn treibt oder ihn durchfährt an Stellen, die zu diesem Zweck nicht bestimmt sind;

2) den Verpflichtungen bezüglich der Unterhaltung eines derartigen Wasserbehälters oder Irrigationsbaues nicht nachkommt;

3) durch die Vorschriften über den Schutz der genannten Wasserbehälter verbotene Aussaaten oder Anpflanzungen vornimmt[1].

1 Abs. 2 und 3 sind jetzt gegenstandslos.

Zwölftes Kapitel.

Verletzung der zum Schutze der öffentlichen Ruhe erlassenen Bestimmungen.

§ 262. Wer an öffentlichen Orten oder in öffentlichen Versammlungen oder, wenn auch außerhalb dieser Orte, aber unter Störung der öffentlichen Ruhe oder Ordnung, lärmt, schreit oder sonstigen Unfug verübt, wird bestraft:

mit Haft nicht über zwei Wochen oder mit Geldstrafe nicht über hundert Rubeln.

Wurden unter den bezeichneten Umständen eine Rauferei, ein Faustkampf[1] oder eine sonstige Ausschreitung[2] verübt, so wird der Täter bestraft:

mit Haft nicht über einem Monat oder mit Geldstrafe nicht über hundert Rubeln.

Hat jedoch der Unfug oder die Ausschreitung die Sitzung einer öffentlichen Versammlung oder eine öffentliche Vorlesung oder Vorstellung unterbrochen oder die Ordnung während einer Fest- oder Beerdigungsprozession, einer öffentlichen Lustbarkeit[3], eine Theater- oder ähnliche Vorstellung gestört oder hat am Unfug oder der Ausschreitung ein Haufe sich beteiligt, der auf Aufforderung der Polizeigewalt sich nicht zerstreut hat, so wird der Täter bestraft:

mit Haft nicht über drei Monaten oder mit Geldstrafe nicht über dreihundert Rubeln.

Hatte die von einem Haufen begangene Ausschreitung eine schwere oder sehr schwere Körperverletzung[4] oder den Tod eines Menschen zur Folge, so werden diejenigen Beteiligten[5], welche nicht wegen der Herbeiführung der bezeichneten Verletzung oder des Todes einer strengeren Bestrafung unterliegen, bestraft:

wer den Haufen angeführt[6] oder zur Verübung oder Fortsetzung der Ausschreitung angestiftet oder bei der

Ausschreitung Waffen angewendet hat — mit Gefängnis; die übrigen Beteiligten[7] — mit Gefängnis[8] nicht über drei Monaten.

1 Damit ist im Gegensatz zu Rauferei eine Schlägerei ohne Verwendung von Stöcken usw. gemeint. 2 Bernstein: Exzesse; im Russischen steht der Singular. 3 Bernstein: Gesamtvolksvergnügung. 4 §§ 467, 468. 5 Bernstein: Exzedenten. 6 Bernstein: ein Teilnehmer des Haufens, der ihn anführte. 7 Bernstein: Teilnehmer des Haufens. 8 2 Wochen bis 1 Jahr.

§ 263. Wer:

1) über eine Regierungsmaßnahme, eine öffentliche Not oder ein anderes Ereignis wissentlich falsche Gerüchte verbreitet, welche geeignet sind, öffentliche Beunruhigung zu erregen;

2) eine öffentliche Beunruhigung durch Sturmläuten oder auf andere Weise ohne jeden Grund dazu erregt,

wird bestraft:

mit Haft nicht über drei Monaten oder mit Geldstrafe nicht über dreihundert Rubeln.

Hatte derartiges Verbreiten falscher Gerüchte oder Erregen öffentlicher Beunruhigung eine Volksbewegung, Widerstand gegen die Gewalt oder Störung der Ordnung in Heeresabteilungen zur Folge, so wird der Täter bestraft:

mit Gefängnis[1].

1 2 Wochen bis 1 Jahr. Gegebenenfalls kommt Bestrafung aus § 122 in Frage.

§ 264. Wer auf der Börse oder unter Personen, die sich mit Börsengeschäften befassen[1], falsche Gerüchte verbreitet, von denen er weiß[2], daß sie den Abschluß von Börsengeschäften beeinflussen können, wird bestraft:

mit Haft oder mit Geldstrafe nicht über fünfhundert Rubeln.

Wurden solche falsche Gerüchte in der Absicht verbreitet, den Abschluß von Börsengeschäften zu beeinflussen, so wird der Täter bestraft:

mit Gefängnis[3] und überdies mit Geldbuße nicht über tausend Rubeln.

1 Bernstein: mit Börsenoperationen beschäftigen. 2 Gemäß BO. 7. 6. 16 für notorisch. 3 2 Wochen bis 1 Jahr.

§ 265. Wer:

1) russische Untertanen zu unerlaubtem Wohnsitzwechsel[1] im Inlande oder ins Ausland verleitet;

2) wissentlich falsche Gerüchte über die Vorteile des Wohnsitzwechsels in irgendeine Gegend des In- oder Auslandes unter der Bevölkerung verbreitet, um sie zum Verlassen ihres ständigen Wohnsitzes [2] zu veranlassen,

wird bestraft:

mit Gefängnis [3].

Hatte solche Verleitung oder Verbreitung falscher Gerüchte den Ruin der Wirtschaft einer oder mehrerer ausgewanderter Familien zur Folge, so wird der Täter bestraft:

mit Gefängnis von drei Monaten bis zu drei Jahren [4].

Wer jedoch Militärpresonen [5] zur Übersiedelung ins Ausland verleitet, wird bestraft:

mit Gefängnis von drei Monaten bis zu sechs Jahren [6].

1 Bernstein: Übersiedelung. Vgl. § 6 Anm. 2. 2 Bernstein: Wohnortes. 3 2 Wochen bis 1 Jahr. 4 Gemäß § 2 StRVO. Ersatzstrafe für Korrektionshaus von gleicher Dauer. 5 Darunter sind auch beurlaubte Heeresangehörige verstanden. 6 Gemäß § 2 StRVO. Ersatzstrafe für Korrektionshaus.

§ 266. Wer kraft Gesetzes oder auf Grund einer verbindlichen Verordnung verpflichtet ist, bei der Polizei die das Haus verlassenden oder in das Haus zum Wohnen ankommenden Personen anzumelden, wird, falls er dieser Verpflichtung nicht nachkommt, bestraft:

mit Geldstrafe von nicht mehr als fünfzig Kopeken für jeden versäumten Tag, im Gesamtbetrage jedoch nicht über fünfzehn Rubeln.

Wird jedoch diese Übertretung von dem Verwalter eines Gasthauses oder einer sonstigen ähnlichen Anstalt für Zugereiste begangen, so wird der Täter bestraft:

mit Geldstrafe: in den Residenzstädten — nicht über fünf Rubeln für jeden versäumten Tag, im Gesamtbetrage jedoch nicht über hundertundfünfzig Rubeln; in anderen Gegenden — nicht über einem Rubel für jeden versäumten Tag, im Gesamtbetrage jedoch nicht über dreißig Rubeln.

Dem Verwalter eines Gasthauses oder einer sonstigen ähnlichen Anstalt für Zugereiste, welcher im Laufe eines Jahres mehr als acht Mal in bezeichneter Weise bestraft wird, kann das Recht der Verwaltung solcher Anstalten für immer entzogen werden.

§ 267. Wer möblierte Zimmer ohne die gehörige Erlaubnis, wo diese erforderlich ist, eröffnet[1], ebenso der Halter solcher Zimmer, der die vorgeschriebenen Schilder oder Tafeln nicht anbringt, wird bestraft:

mit Geldstrafe nicht über fünfzig Rubeln.

1 Das durch „eröffnen" wiedergegebene Wort ist ein technischer Ausdruck für die Eröffnung eines Logierhauses ohne Gastwirtschaftsbetrieb. In § 267 ist nicht die unerlaubte Abgabe eines einzelnen möblierten Zimmers auf regelmäßig längere Zeit, sondern die Zimmervermietung innerhalb eines hotelartigen Betriebes unter Strafe gestellt, in dem regelmäßig eine größere Anzahl von Zimmern zur Verfügung gehalten wird, zumeist zu tageweiser Vermietung an Durchreisende; begriffsnotwendig ist also die Zugänglichmachung einer vorübergehenden Unterkunft für einen unbestimmten Personenkreis. In dem gleichen Sinne ist das Wort eröffnen in §§ 288, 289 II, 290, 318, 324[1] gebraucht.

§ 268. Wer dem Wirt oder dem Hausverwalter den Wechsel seines Wohnortes nicht oder falsch anmeldet in Gegenden, in denen solche Anmeldung durch Gesetz oder verbindliche Verordnung vorgeschrieben ist, wird bestraft:

mit Geldstrafe nicht über zehn Rubeln.

In den Städten Riga und Wilna fließen die in diesem Paragraphen und in § 266 bestimmten Geldstrafen den städtischen Einnahmen zur Deckung der Unkosten bei der Einrichtung von Adreßtischen in den genannten Städten zu.

§ 269. Wer ohne den festgesetzten oder mit einem nicht mehr gültigen Schein in Fällen, in denen dem Gesetze gemäß ein Schein erforderlich ist, sich aufhält oder entfernt, wird bestraft:

mit Geldstrafe nicht über fünfzig Kopeken für jeden Tag, im Gesamtbetrage jedoch nicht über fünfzehn Rubeln[1].

Derselben Bestrafung unterliegt derjenige, welcher eine Person, die gesetzlich verpflichtet ist, einen Aufenthaltsschein zu haben, jedoch keinen hat oder mit einem nicht mehr gültigen Schein sich aufhält, bei sich in Arbeit oder in Diensten hält.

1 Diese Bestimmungen sind durch die zur Zeit als Sonderbestimmungen vorgehenden Paßvorschriften außer Anwendung gesetzt.

§ 270. Wer sich ohne den vorgeschriebenen Schein ins Ausland begibt, wird unabhängig von der Beitreibung der Scheingebühren bestraft:

mit Geldstrafe nicht über fünfundzwanzig Rubeln[1].

1 Auch § 270 ist zur Zeit wegen der ihm vorgehenden Reiseordnungen belanglos.

§ 271. Wer zur Erlangung[1] eines Aufenthaltsscheines bei der diesen Schein ausstellenden Behörde wissentlich falsch angibt, daß er keinen Aufenthaltsschein hat, wird bestraft:

mit Haft nicht über drei Monaten.

1 Bernstein: bei dem Erhalten.

§ 272. Wer:

1) der zuständigen Gewalt seinen Vor-, Vater- oder Familiennamen verheimlicht;

2) einen ihm nicht zukommenden[1] Beruf, Stand, Rang, Wappen oder Titel sich eigenmächtig anmaßt;

3) wissentlich[2] ihm nicht zukommende Orden oder Ehrenzeichen öffentlich trägt,

wird bestraft:

mit Geldstrafe nicht über dreihundert Rubeln.

Derselben Bestrafung unterliegt ein Jude, welcher seinen in das Geburtsregister eingetragenen Vor- oder Familiennamen eigenmächtig ändert.

1 Bernstein: gehörende. 2 Gemäß VO. 7. 6. 16 für notorisch.

§ 273. Wer der zuständigen Gewalt einen wissentlich fremden[1] oder dem Vorzeiger ungehörig ausgestellten Aufenthaltsschein[2] zur falschen Feststellung der Persönlichkeit vorzeigt, wird bestraft:

mit Haft oder mit Geldstrafe nicht über fünfhundert Rubeln.

Derselben Bestrafung unterliegt derjenige, welcher einer anderen Person seinen oder einen fremden Aufenthaltsschein zur falschen Feststellung der Persönlichkeit vor der zuständigen Gewalt übergibt, falls die Vorzeigung des Aufenthaltsscheines erfolgt ist.

1 Bei Bernstein steht in Folge eines Übersetzungsfehlers: „falschen". Es muß aber „fremden" heißen. Die Benutzung falscher Papiere ahndet § 448. 2 Darunter fällt jeder Personalausweis, insbesondere auch der Paß.

§ 274. Wer ohne den festgesetzten Aufenthaltsschein[1] sich aufhält, ohne dabei einen bestimmten Wohnsitz, ein Handwerk, ein Gewerbe, bestimmte Beschäftigung oder Existenzmittel zu besitzen, wird wegen Müßigganges bestraft:

mit Gefängnis[2].

Hatte der Täter dabei falsche Schlüssel, Dietriche, zum Einbrechen geeignete Instrumente oder Waffen bei sich oder wurde er zur Nachtzeit ohne Wissen des Wirtes oder dessen Stellvertreters in bewohnten Gebäuden oder sonstigen bewohnten Räumlichkeiten oder in einem umzäunten Hof eines bewohnten Gebäudes oder im Gebiet eines bewohnten Gehöfts vorgefunden, so wird er bestraft:

mit Gefängnis von drei Monaten bis zu sechs Jahren[3].

1 § 273 Anm. 2. 2 2 Wochen bis 1 Jahr. 3 Gemäß § 2 StRVO. Ersatzstrafe für Korrektionshaus.

§ 275. Ein Müßiggänger, der die Feststellung seiner Persönlichkeit verweigert oder über diese falsche Angaben macht, wird wegen Landstreicherei bestraft:

mit Gefängnis von drei Jahren bis zu sechs Jahren[1].

Falls seine Persönlichkeit auch nach Verbüßung dieser Strafe unbekannt blieb, so wird er verschickt zur Ansiedlung auf der Insel Sachalin[2].

1 Gemäß § 2 StRVO. Ersatzstrafe für Korrektionshaus von gleicher Dauer. 2 Abs. 2 ist jetzt belanglos.

§ 276. Wer:

1) aus Gewohnheit zur Müßigkeit;

2) mittels betrügerischer Handlungen oder wissentlich falscher Versicherungen über einen Unglücksfall oder eine Krankheit;

3) grob oder frech

um Almosen bittet, wird wegen Bettelns bestraft:

mit Gefängnis nicht über drei Monaten.

Hatte der des Bettelns Schuldige falsche Schlüssel, Dietriche, zum Einbrechen geeignete Instrumente oder Waffen bei sich, so wird er bestraft:

mit Gefängnis[1].

1 2 Wochen bis 1 Jahr.

§ 277. Wer ohne die gehörige Erlaubnis mit einem Buch oder einem Heiligenbild für eine Kirche, ein Kloster oder eine sonstige fromme Stiftung sammeln geht, wird bestraft:

mit Haft nicht über zwei Wochen oder mit Geldstrafe nicht über fünfzig Rubeln.

Ist der Zweck der Sammlung erdichtet, so wird der Täter bestraft:

mit Gefängnis nicht über sechs Monaten.

Die vom Täter angesammelten Spenden werden eingezogen und der Kirche, dem Kloster oder der Stiftung, für welche gesammelt wurde, oder, falls der Zweck der Sammlung erdichtet war, den örtlichen frommen Stiftungen überwiesen.

§ 278. Wer ohne die gehörige Erlaubnis in ihm gehörenden Gebäuden oder in Räumlichkeiten, die er innehat[1], einen öffentlichen jüdischen Gottesdienst zuläßt, für dessen Abhaltung außerhalb der festgesetzten Stellen das Gesetz eine derartige Erlaubnis verlangt, wird bestraft[2]:

mit Geldstrafe nicht über dreihundert Rubeln.

1 Bernstein: einnimmt. 2 Wegen der grundsätzlichen Gleichstellung aller Bekenntnisse ist die Anwendbarkeit dieser Bestimmung jetzt zweifelhaft. Vgl. § 9 StRVO.

§ 279. Wer an einer Bande[1] sich beteiligt, die sich gebildet hat:

1) um die in den §§ 427 und 428 genannten Münzen, Noten oder Papiere oder andere Urkunden zu fälschen, zu verfälschen oder gefälscht oder verfälscht abzusetzen;

2) zur Begehung der in § 564[2] bezeichneten Beschädigungen fremden Vermögens;

3) um zu stehlen, zu rauben, zu erpressen oder zu betrügen[3];

4) um wissentlich[4] mittels strafbarer Handlungen erlangtes fremdes Vermögen zu erwerben, in Verwahrung zu nehmen, zu verheimlichen, zu verpfänden oder abzusetzen;

5) zum Warenschmuggel[5],

wird, falls er nicht wegen einer von der Bande begangenen strafbaren Handlung einer schwereren Bestrafung unterliegt, bestraft:

mit Gefängnis von drei Monaten bis zu sechs Jahren[6].

Derselben Bestrafung unterliegt derjenige, welcher wissentlich ein Mitglied[7] einer solchen Bande beherbergt oder ihm Mittel zur Begehung strafbarer Handlungen verschafft[8, 9].

1 Vereinigung zur fortgesetzten Begehung von Straftaten bei jeweils sich bietender Gelegenheit. Den Gegensatz bildet die Verbindung; vgl. z. B. § 457 I. Vgl. auch Anm. 3 und § 52. 2 Gemäß VO. 30. 4. 16 für § 64. 3 Im Russischen stehen statt der Infinitive Substantiva im Plural. Daraus ergibt sich, daß zum Begriff der Bande auch nach russischem Recht die Willensrichtung auf fortgesetzte Begehung von Straftaten gerichtet sein muß, und daß die Verabredung eines Diebstahls, eines Raubes usw. dem Bandenbegriff nicht genügt. 4 Gemäß VO. 7. 6. 16 für notorisch. 5 Bernstein: Unterbringung von Konterbande; mit den russischen Worten ist die unberechtigte Einfuhr und der Absatz von Waren unter Verletzung der Zollvorschriften gemeint. 6 Gemäß § 2 StRVO. Ersatzstrafe für Korrektionshaus. 7 Bernstein: den Teilnehmer. 8 Wird die strafbare Handlung begangen, dann kommt § 51 zur Anwendung. 9 Gegen das Bandenunwesen richten sich mehrere Verordnungen, die § 279 vorgehen.

Dreizehntes Kapitel.

Verletzung der zum Schutz der öffentlichen Sittlichkeit erlassenen Bestimmungen.

§ 280. Wer durch schamlose Worte oder Taten öffentlich den Anstand verletzt, wird bestraft:

mit Haft nicht über einem Monat oder mit Geldstrafe nicht über hundert Rubeln.

Bestand die schamlose Tat in einer wollüstigen oder sonstigen unsittlichen, auf andere verführerisch wirkenden Handlung, so wird der Täter, falls er nicht wegen Unzucht[1] einer schwereren Bestrafung unterliegt, bestraft:

mit Gefängnis nicht über sechs Monaten.

1 §§ 513 ff.

§ 281. Wer wissentlich schamlose Abhandlungen oder Abbildungen feilhält, verkauft, öffentlich ausstellt oder sonst verbreitet, wird bestraft:

mit Haft nicht über drei Monaten oder mit Geldstrafe nicht über dreihundert Rubeln.

War der Täter Händler oder Schriftleiter einer Zeitung, so ist dem Gericht überdies anheimgestellt, ihm das Recht zum Handel oder zur Schriftleitung auf die Dauer von einem bis zu fünf Jahren zu entziehen.

§ 282. Wer einen seiner Aufsicht oder Pflege anvertrauten Geisteskranken grausam behandelt, wird, falls seine Handlung keine sehr schwere oder schwere Körperverletzung[1] bildet, bestraft:

mit Gefängnis[2].

Derselben Bestrafung unterliegt ein Meister, der einen bei ihm in Lehre befindlichen Lehrling oder Gesellen grausam behandelt[3].

1 §§ 467, 468. 2 2 Wochen bis 1 Jahr. 3 Eltern usw. fallen unter § 420[1].

§ 283. Wer eine Person unter siebzehn Jahren aufnimmt[1], um sie zum Betteln oder zu sonstigen unsittlichen Beschäftigungen zu verleiten, wird bestraft:

mit Gefängnis[2].

1 Eltern, Vormünder usw. werden nach § 420[2] bestraft; Entführung zum gleichen Zweck ahndet § 502 II. 2 2 Wochen bis 1 Jahr.

§ 284. Wer in einem die Sicherheit, Ruhe oder Ordnung bedrohenden Zustande offenbarer Trunkenheit an einem öffentlichen Orte erscheint, wird bestraft:

mit Haft nicht über drei Tagen oder mit Geldstrafe nicht über zehn Rubeln.

Im Falle der Wiederholung einer solchen Übertretung wird der Täter bestraft:

mit Haft nicht über zwei Wochen oder mit Geldstrafe nicht über fünfzig Rubeln.

§ 285. Wer an einer Ansammlung[1] zum öffentlichen Trinken geistiger Getränke auf der Straße, auf Plätzen, in Höfen oder unter Toren teilnimmt, wird bestraft:

mit Haft nicht über drei Tagen oder mit Geldstrafe nicht über zehn Rubeln.

Im Falle der Wiederholung einer solchen Übertretung wird der Täter bestraft:

mit Haft nicht über zwei Wochen oder mit Geldstrafe nicht über fünfzig Rubeln.

1 Bernstein: Zusammenrottung. Im Russischen steht aber weder das in §§ 120 ff. noch das in § 262 IV gebrauchte Wort.

§ 286. Wer innerhalb der Grenze städtischer Ansiedlungen geistige Getränke öffentlich trinkt, wo solches Trinken durch eine verbindliche Verordnung verboten ist, wird bestraft:

mit Haft nicht über drei Tagen oder mit Geldstrafe nicht über zehn Rubeln.

§ 287. Wer Haustiere unnötig[1] quält, wird bestraft:

mit Haft nicht über sieben Tagen oder mit Geldstrafe nicht über fünfundzwanzig Rubeln.

1 Bernstein: unnütz. Der Sinn des russischen Wortes ist zwecklos, unnötigerweise; nicht ungehörigerweise.

§ 288. Wer eine öffentliche Lustbarkeit[1] ohne die durch Gesetz oder verbindliche Verordnung festgesetzte Erlaubnis oder zu unerlaubter Zeit eröffnet, wird bestraft:

mit Geldstrafe nicht über hundert Rubeln.

1 Siehe § 262 Anm. 3.

§ 289. Wer durch Gesetz oder verbindliche Verordnung verbotene Karten-, Würfel- oder ähnliche Spiele veranstaltet oder seine Räumlichkeiten für solche Spiele hergibt, wird bestraft:

mit Haft oder mit Geldstrafe nicht über fünfhundert Rubeln.

Hat der Täter ein Spielhaus für verbotene Spiele eröffnet, so wird er bestraft:

mit Gefängnis und überdies mit Geldbuße nicht über dreitausend Rubeln.

Vierzehntes Kapitel.

Verletzung der Bestimmungen über die Beaufsichtigung der Erziehung der Jugend.

§ 290. Wer:

1) ein Lehranstalt ohne die gehörige Erlaubnis eröffnet;

2) die Pflichten eines Lehrers oder Erziehers in einer Lehranstalt oder in einem Privathause übernimmt, falls die Ausübung dieser Pflichten ihm durch eine Verfügung der zuständigen Gewalt verboten ist und er nicht auf Grund des § 177 der Verantwortung unterliegt,

wird bestraft:

mit Geldstrafe nicht über hundert Rubeln.

Diese Geldstrafen werden dem Spezialfonds des Ministeriums der Volksaufklärung überwiesen, und zwar dem Kapital zur Versorgung von Personen, die das Recht des Unterrichts der Jugend in Privathäusern erlangt haben[1].

1 Abs. 2 ist gegenwärtig belanglos. Die Strafen fließen der allgemeinen Landesverwaltungskasse zu.

§ 291. Wer die durch Gesetz oder verbindliche Verordnung festgesetzten Bestimmungen über den Unterricht der jüdischen Jugend oder über die Beaufsichtigung dieses Unterrichts nicht befolgt, wird bestraft:

mit Geldstrafe nicht über hundert Rubeln.

Begeht ein Melamed[1] oder ein sonstiger Lehrer an jüdischen privaten oder öffentlichen Schulen eine solche Übertretung wiederholt, so wird er bestraft:

mit Haft.

1 Jüdischer Religionslehrer.

Fünfzehntes Kapitel.

Verletzung der Bestimmungen über die Beaufsichtigung des Druckes.

§ 292. Wer eine Druckerei, wenn auch mit nur einer Presse, ohne die durch Gesetz festgesetzte Erlaubnis einrichtet oder hält, wird bestraft:

mit Haft nicht über drei Monaten oder mit Geldstrafe nicht über dreihundert Rubeln.

Wurde eine solche Druckerei unter Vorkehrungen zu ihrer Verheimlichung vor der festgesetzten Aufsichtsbehörde eingerichtet oder gehalten, so wird derjenige, welcher eine solche Anstalt einrichtet oder hält, bestraft:

mit Gefängnis [1].

Der in Abs. 1 dieses Paragraphen bestimmten Bestrafung unterliegt auch derjenige, welcher für den eigenen Bedarf eine Druckerpresse ohne die durch Gesetz festgesetzte Erlaubnis gebraucht.

1 2 Wochen bis 1 Jahr.

§ 293. Der Verwalter einer Druckerei, welcher:

1) eine Änderung der Zahl oder der Größe der Pressen oder Schnelldruckmaschinen nicht in der durch Gesetz oder verbindliche Verordnung festgesetzten Ordnung anmeldet;

2) die durch Gesetz oder verbindliche Verordnung festgesetzten Bestimmungen über die Führung der Schnurbücher [1] zur Eintragung der zum Druck bestimmten Arbeiten nicht befolgt;

3) den Druck einer Zeitschrift vor der Empfangnahme der Bescheinigung über ihre Gestattung oder der Quittung über die Hinterlegung der Verlegerkaution beginnt;

4) aus der Druckerei Zeitungen oder sonstige Schriften ohne die Beobachtung der durch Gesetz hierfür festgesetzten Bestimmungen dem Verkehr übergibt,

wird bestraft:

mit Geldstrafe nicht über dreihundert Rubeln.

1 Vgl. § 225 Anm. 2.

§ 294. Wer aus einer Druckerei Schriften dem Verkehr übergibt:

1) mit wissentlich falscher Angabe ihrer Gestattung durch die Zensur;

2) mit wissentlich falscher Bezeichnung der Anstalt, in welcher sie gedruckt sind;

3) mit wissentlich falscher Angabe des Namens des Verlegers oder des verantwortlichen Schriftleiters, falls eine Zeitung ohne die gehörige Erlaubnis herausgegeben wurde,

wird bestraft:

mit Gefängnis [1].

1 2 Wochen bis 1 Jahr.

§ 295. Der Hersteller oder Verkäufer von Druckereibedarfsgegenständen, welcher:

1) die durch Gesetz oder verbindliche Verordnung festgesetzten Bestimmungen über die Führung der Schnurbücher[1] zur Eintragung der verkauften Druckereibedarfsgegenstände nicht befolgt;

2) eine Druckerpresse oder Druckerschrift einer Person verkauft, die dem Gesetze gemäß kein Recht zu deren Anschaffung besitzt,

wird bestraft:

mit Geldstrafe nicht über hundert Rubeln.

1 Vgl. § 225 Anm. 2.

§ 296. Wer ohne die durch Gesetz oder verbindliche Verordnung festgesetzte Erlaubnis eine Buchhandlung oder eine Lesebücherei eröffnet oder mit Druckereierzeugnissen Handel treibt, wird bestraft:

mit Geldstrafe nicht über hundert Rubeln.

§ 297. Wer ohne die durch Gesetz oder verbindliche Verordnung festgesetzte Erlaubnis mit Druckereierzeugnissen Straßen- oder Hausierhandel treibt, wird bestraft:

mit Geldstrafe nicht über fünfundzwanzig Rubeln.

§ 298. Ein Druckereierzeugnishändler oder Büchereiinhaber, welcher:

1) eine Schrift, die in das Verzeichnis der verbotenen eingetragen ist oder deren Verbot in der festgesetzten Ordnung bekanntgemacht wurde;

2) eine Schrift, die, wie ihm bekannt ist[1], der vorhergehenden Durchsicht durch die Zensur unterliegt, jedoch keine Zensurerlaubnis hat,

feilhält, verkauft oder sonst verbreitet, wird bestraft:

mit Geldstrafe nicht über dreihundert Rubeln.

1 Gemäß VO. 7. 6. 16 für notorisch.

§ 299. Wer:

1) ohne die durch Gesetz festgesetzte Erlaubnis ein Druckereierzeugnis abdruckt, zu dessen Druck, wie ihm bekannt ist[1], die vorhergehende Erlaubnis der Zensur oder einer anderen Behörde erforderlich ist;

2) nachdem die Zensur die Erlaubnis zur Herausgabe eines Druckereierzeugnisses erteilt hat, bei dessen Druck den allgemeinen Zensurbestimmungen widersprechende Zusätze oder Änderungen zuläßt

oder in einer Schrift Zeichnungen anbringt, die, wie ihm bekannt ist[2], der Zensurdurchsicht nicht unterzogen waren;

3) eine, wie ihm bekannt ist[1], durch Gerichtsurteil verbotene oder in das Verzeichnis verbotener Bücher eingetragene Abhandlung abdruckt,

wird bestraft:

mit Haft nicht über drei Monaten oder mit Geldstrafe nicht über dreihundert Rubeln.

1 Gemäß VO. 7. 6. 16 für notorisch.

§ 300. Wer eine, wie ihm bekannt ist[1], von der Zensur angehaltene Schrift dem Verkehr übergibt, wird bestraft:

mit Gefängnis nicht über sechs Monaten.

Derselben Bestrafung unterliegen Druckereiinhaber, Geschäftsführer, Setzer oder überhaupt in solchen Anstalten angestellte Personen, welche von der Zensur angehaltene Schriften verheimlichen.

1 Gemäß VO. 7. 6. 16 für notorisch.

§ 301. Wer zum Verkehr nicht zugelassene schismatische[1] Meßbücher herstellt, feilhält oder verkauft, wird bestraft:

mit Geldstrafe nicht über dreihundert Rubeln.

Die gefundenen Bücher werden eingezogen und der örtlichen Eparchialobrigkeit zur Verfügung gestellt.

1 Bernstein: sektiererische. Im russischen Text steht „raskolnik", was in §§ 84, 91 durch Schismatiker wiedergegeben ist und auch hier so verstanden werden muß. Es handelt sich um Abarten des orthodoxen, d. h. griechisch-katholischen Glaubens. Die Anwendung dieser Bestimmung beschränkt § 9 StRVO.

§ 302. Wer ein literarisches Erzeugnis oder ein Musikwerk mit begleitendem Text, deren Aufführung, wie er weiß[1], verboten ist oder die, wie er weiß[1], der Durchsicht der zuständigen Zensur nicht unterzogen waren, öffentlich aufführt oder auf der Bühne darstellt, wird bestraft:

mit Haft oder mit Geldstrafe nicht über fünfhundert Rubeln.

Derselben Bestrafung unterliegt derjenige, welcher ein literarisches Erzeugnis oder ein Musikwerk mit begleitendem Text ohne Einhaltung der vom Zensor vorgeschriebenen Änderungen oder Streichungen öffentlich aufführt oder auf der Bühne darstellt.

1 Gemäß VO. 7. 6. 16 für notorisch. Der Urheberschutz fällt unter § 620.

§ 303. Der Verleger einer Zeitung[1], welcher:

1) die Zeitung dem Verkehr übergibt vor Empfang[2] der durch Gesetz festgesetzten Erlaubnis;

2) den Übergang der Zeitung an eine andere Person nicht in der durch Gesetz festgesetzten Ordnung anmeldet;

3) nicht die bestimmte Exemplaranzahl einer ohne vorhergehende Zensur erscheinenden Zeitung in der durch Gesetz festgesetzten Frist abliefert;

4) in der Zeitung einen Aufsatz abdruckt, der über die Grenzen des bestätigten Programms der Schrift hinausgeht,

wird bestraft:

mit Geldstrafe nicht über hundert Rubeln.

1 Bernstein: Zeitschrift. Wörtlich „tägliche Schrift", „Zeitschrift" widerspricht daher dem deutschen Sprachgebrauch. Da sich ein fester Sprachgebrauch im Russischen nicht herausgebildet hat, können auch Zeitschriften darunter verstanden werden. 2 Bernstein: vor der Erhaltung.

§ 304. Der Verleger einer zeitweilig verbotenen[1] Zeitung[2], der dem Verbot, diese Zeitung oder an deren Stelle eine andere Zeitung im Namen derselben Schriftleitung an seine Abonnenten herauszugeben[3], zuwiderhandelt, wird bestraft:

mit Geldstrafe nicht über fünfhundert Rubeln.

1 Bernstein: einstweilig suspendierten. 2 Vgl. § 303 Anm. 1. 3 Der Satzbau ist dem deutschen Sprachgebrauch angepaßt.

§ 305. Wer:

1) vor der Gerichtssitzung oder vor der Einstellung des Verfahrens in der Presse Umstände veröffentlicht, die im Ermittelungsverfahren oder bei der Voruntersuchung sich herausgestellt haben;

2) die durch Gesetz festgesetzten Bestimmungen über den Abdruck von Gerichtsurteilen und von Berichten über Gerichtssachen nicht einhält;

3) Nachrichten, die dem Gesetze gemäß nur mit besonderer Erlaubnis dazu veröffentlicht werden durften, oder wissentlich entgegen einem Veröffentlichungsverbot in der Presse veröffentlicht,

wird bestraft:

mit Haft oder mit Geldstrafe nicht über fünfhundert Rubeln.

§ 306. Der Herausgeber einer Zeitung[1], welcher es unterläßt:

1) ein Gerichtsurteil oder einen Gerichtsbeschluß oder eine von der Regierung mit Bezug auf einen Artikel des Blattes ihm zugefertigte Verwarnung, Widerlegung oder Berichtigung[2];

2) eine von einer Privatperson mit Bezug auf einen Artikel des Blattes ihm mitgeteilte Widerlegung oder Berichtigung, falls die Aufnahme einer solchen Berichtigung nach dem Gesetz zu erfolgen hat,

bei einer Zeitung binnen drei Tagen seit der Benachrichtigung, bei einer Zeitschrift in der ersten nach Ablauf von drei Tagen seit der Benachrichtigung erscheinenden Ausgabe aufzunehmen,

wird bestraft:

mit Geldstrafe nicht über fünfundzwanzig Rubeln bei Zeitungen, — nicht über hundert Rubeln bei Zeitschriften für jede Ausgabe, welche nach Ablauf der Frist zur Aufnahme bis zum Tage des Abdruckes des Urteils, des Beschlusses, der Verwarnung, der Widerlegung oder der Berichtigung erschienen ist[3].

Werden das Urteil, der Beschluß, die Verwarnung, die Widerlegung oder die Berichtigung im Laufe dreier Monate nicht zum Abdruck gebracht, so wird, abgesehen von der Beitreibung der Geldstrafe, die Zeitung eingestellt.

1 Vgl. § 303 Anm. 1. 2 Der Bernsteinsche Text ist nahezu unverständlich, jedenfalls aber undeutsch und gibt zu Zweifeln Anlaß. Der Text in der oben gewählten Fassung gibt den Sinn des russischen genau wieder; Zeitung ist für „tägliche Schrift", Zeitschrift für „in längeren Fristen erscheinende Schrift" gesetzt. 3 Vgl. § 11 des Preßgesetzes.

§ 307. Der Verfasser, Verleger, Druckereiverwalter oder Buchhändler oder der verantwortliche Schriftleiter einer Zeitung[1], welche aus Unachtsamkeit[2] die Verbreitung[3] eines Druckereierzeugnisses zulassen, dessen Inhalt die Merkmale einer strafbaren Handlung enthält, werden, falls sie nicht auf Grund der Bestimmungen über die Teilnahme an strafbaren Handlungen der Verantwortung unterliegen, bestraft:

mit Geldstrafe nicht über fünfhundert Rubeln.

In diesem Falle werden zur Verantwortung gezogen[4]: bei Zeitungen — die verantwortlichen Schriftleiter, bei anderen Schriften — die Verfasser, Verleger, Druckereiverwalter oder Buchhändler, und zwar in folgender Reihenfolge[5]:

1) der Verfasser — falls er nicht nachweist, daß die Abhandlung ohne sein Wissen veröffentlicht wurde;

2) der Verleger — falls der Verfasser oder dessen Aufenthaltsort unbekannt sind, oder falls er sich im Auslande befindet;

3) der Druckereiverwalter — falls der Verfasser und der Verleger oder deren Aufenthaltsort unbekannt sind, oder falls sie sich im Auslande befinden;

4) der Buchhändler — falls auf der Schrift die Anstalt nicht angegeben ist, in welcher sie hergestellt wurde.

1 Vgl. § 303 Anm. 1. Zeitung gehört nur zu Schriftleiter. 2 Nicht Fahrlässigkeit im Sinne des § 48 II; Bernstein: Unvorsichtigkeit. 3 Bernstein: das Inverkehrtreten. 4 Bernstein: angeklagt; die wörtliche Übersetzung lautet: vor Gericht gezogen. 5 Bernstein: Gradation.

§ 308. Der Schriftleiter einer ohne vorhergehende Zensur erscheinenden Zeitung, welcher der Aufforderung des Ministers des Innern[1], den Stand, den Vor- und Familiennamen des Verfassers eines in dieser Schrift abgedruckten Aufsatzes mitzuteilen, nicht Folge leistet, wird bestraft:

mit Geldstrafe nicht über hundert Rubeln.

1 An deren Stelle die Aufforderung der nach heutigem Recht zu einer derartigen Aufforderung zuständigen Stelle zuzulassen, erscheint unbedenklich; anderenfalls ist Bestrafung nach § 139 möglich.

§ 309. In Sachen über Herstellung oder Verbreitung[1] von Druckereierzeugnissen strafbaren Inhalts hat das Gericht, unabhängig von der Anwendung des § 36, das Recht:

1) ein zeitweiliges Verbot von Zeitungen oder deren endgültige Einstellung;

2) die Einrückung des Gerichtsurteils in die nächste Nummer der Schrift

zu verfügen.

1 Bernstein: Übergabe dem Verkehr. Im Russischen steht dasselbe Wort wie in § 307 I.

Sechzehntes Kapitel.

Verletzung der Bestimmungen über die Gewerbe- und Handelsaufsicht.

§ 310. Wer ein Werk[1], eine Fabrik, eine Apotheke oder eine sonstige Gewerbe- oder Handelsanstalt ohne die gehörige Erlaubnis einrichtet oder einzurichten beginnt, wird bestraft:

mit Geldstrafe nicht über hundert Rubeln.

Wurden jedoch ein Werk, eine Fabrik, eine Apotheke oder eine sonstige Gewerbe- oder Handelsanstalt[2] eingerichtet oder mit ihrer Einrichtung begonnen, zwar mit Erlaubnis der zuständigen Gewalt, aber

1) von einer Person, die kein Recht hat, Anstalten dieser Art zu halten;

2) an einem Orte, an welchem die Einrichtung der bezeichneten Anstalten durch Gesetz oder verbindliche Verordnung verboten ist,

so wird der Täter bestraft:

mit Haft oder mit Geldstrafe nicht über fünfhundert Rubeln.

1 Vgl. §§ 197 Anm. 3, 223 Anm. 2. 2 Die Worte von dem ersten „oder" an fehlen im Bernsteinschen Text.

§ 311. Der Eigentümer[1] oder der Verwalter eines Werkes, einer Fabrik, einer Handwerks- oder einer Handelsanstalt, welcher es unterläßt, in einer solchen Anstalt durch Gesetz oder verbindliche Verordnung vorgeschriebene Einrichtungen zur Verhütung der Verseuchung[2] der Luft, des Wassers oder des Bodens anzubringen, wird bestraft:

mit Haft nicht über drei Monaten oder mit Geldstrafe nicht über dreihundert Rubeln.

1 Bernstein: Herr. 2 Bernstein: Ansteckung. Gemeint sind Vorschriften zur Verhütung der Übertragung ansteckender Krankheiten.

§ 312. Wer ein Schlachthaus, ohne die durch Gesetz oder verbindliche Verordnung festgesetzten Bestimmungen zu beobachten, einrichtet oder es in unsauberem Zustande hält, wird bestraft:

mit Geldstrafe nicht über hundert Rubeln.

§ 313. Wer in Gegenden, in denen Schlachthäuser eingerichtet sind, die Bestimmung, Vieh ausschließlich in diesen zu schlachten, verletzt, wird bestraft:

mit Haft nicht über sieben Tagen oder mit Geldstrafe nicht über fünfundzwanzig Rubeln.

§ 314. Ein Verkäufer, welcher einem Verbot zuwider in den im Gesetz bezeichneten Gegenden beim Ausschank geistiger Getränke im Kleinhandel[1] andere als die gesetzlich zulässigen Eßwaren feilhält, wird bestraft:

mit Geldstrafe nicht über fünfzig Rubeln.

1 Bernstein: in einem Stückgeschäft geistiger Getränke.

§ 315. Wer:

1) ein Privatgeschäft zum Verkauf geistiger Getränke[1] oder ein Geschäft des Wirtshausgewerbes[2] zu einer für diese Geschäfte unerlaubten Zeit offen hält;

2) in diesen Geschäften unerlaubte Vergnügungen, Spiele oder Ausschreitungen[3] zuläßt;

3) die durch Gesetz oder verbindliche Verordnung festgesetzten Bestimmungen über den Verkehr von[4] Gemeinen des Heeres und die Verabfolgung[5] geistiger Getränke an sie nicht befolgt;

4) in einem Privatgeschäft zum Verkauf geistiger Getränke oder in einem Geschäft des Wirtshausgewerbes mit Verkauf geistiger Getränke eine Person als Bedienung hält, welche das durch Gesetz oder verbindliche Verordnung festgesetzte Alter nicht erreicht, oder einen Minderjährigen, welcher das vierzehnte Lebensjahr nicht vollendet hat, oder eine offenbar betrunkene Person zum Trinken geistiger Getränke in diesen Geschäften zuläßt;

5) die durch Gesetz oder verbindliche Verordnung festgesetzten Bestimmungen über das Halten von Privatgeschäften zum Verkauf geistiger Getränke und über den Handelsbetrieb in ihnen nicht befolgt;

6) anderen seine Wohnung oder andere Räumlichkeiten zum Trinken anderweitig gekaufter geistiger Getränke gewerbsmäßig überläßt;

7) in Geschäften des Wirtshausgewerbes teuerer, als bekanntgegeben, Lebensmittel oder Getränke verkauft oder Zimmer[6] vermietet,

wird bestraft:

mit Geldstrafe nicht über hundert Rubeln.

1 Bernstein: Privatgeschäft geistiger Getränke. Damit sind im Gegensatz zu den staatlichen, auf Grund des Monopols eingerichteten Verkaufsstellen solche privater Unternehmer gemeint, denen der Verkauf über die Straße gestattet war, in der Regel aber nicht der Ausschank. 2 Darunter sind die sogenannten Trakteuranstalten verstanden, deren Gewerbe im Gegensatz zu den in Anm. 1 genannten Verkaufsstellen im Wesentlichen im Ausschank besteht. 3 Bernstein: Exzesse; vgl. § 262. 4 Bernstein: Einlaß der . . . 5 Bernstein: Überlassung. 6 Bernstein: Gemächer.

§ 316. Wer:

1) an Orten, an denen der Handel mit geistigen Getränken verboten ist;

2) ohne das Recht zum Handel[1] mit geistigen Getränken überhaupt oder in der gegebenen Gegend;

3) in einer Anstalt, zu deren Eröffnung nicht die gehörige Erlaubnis erteilt ist[2] oder deren innere Einrichtung nicht den Anforderungen des Gesetzes entspricht,

mit geistigen Getränken Handel treibt, wird bestraft:

mit Geldstrafe nicht über dreihundert Rubeln.

Überdies wird dem Täter das Recht zum Verkauf[3] geistiger Getränke entzogen.

1 Bernstein: nicht im Besitze des Rechtes . . . zu handeln. 2 Bernstein: erhalten wurde. 3 Bernstein: Erlaubnis des Verkaufs. Abs. 2 lautet wörtlich gleich § 317 II.

§ 317. Wer ein Privatgeschäft zum Verkauf geistiger Getränke hält oder in diesem Geschäft tätig ist[1] und:

1) gegen Verpfändung von Sachen, auf Rechnung der zukünftigen Ernte[2] oder überhaupt auf Borg geistige Getränke verkauft;

2) geistige Getränke gegen Getreide oder sonstige ländliche Erzeugnisse eintauscht;

3) Verbindlichkeiten[3] oder geleistete Arbeit anstatt mit Geld mit geistigen Getränken bezahlt,

wird bestraft:

mit Haft nicht über drei Monaten oder mit Geldstrafe nicht über dreihundert Rubeln.

Überdies wird dem Täter das Recht zum Verkauf geistiger Getränke entzogen.

Die für die erhaltenen Getränke übernommenen Verpflichtungen werden für nichtig befunden, die zum Pfand oder zum Tausch genommenen Sachen werden dem Täter abgenommen und den Eigentümern oder ihren nicht ausgesonderten[4] Familienmitgliedern zurückgegeben.

Die Bestimmungen des Abs. 1 Ziff. 1 und des Abs. 3 dieses Paragraphen beziehen sich nicht auf Schuldverpflichtungen aus dem Verkauf geistiger Getränke aus Fabriken und Engrosniederlagen.

1 Bernstein: handelt. 2 Gemeint ist eine Art der Verpfändung der Ernte, die in der Weise üblich ist, daß nicht ein bestimmter Geldbetrag als Schuld festgesetzt und für diese ein Teil der künftigen Ernte versprochen wurde, sondern daß ein bestimmter Teil der Ernte in Natur oder die ganze Ernte dem Schankwirt zu künftigem Eigentum übertragen wird; vgl. §§ 609, 610. 3 Bernstein: Verpflichtungen; gemeint sind im Wesentlichen Geldschulden. 4 Das Land der innerrussischen Gemeinden ist ähnlich der deutschrechtlichen Allmende Gemeindeeigentum des Mir, der Bauerschaft; das einzelne Familienhaupt erhält einen Anteil zur Benutzung. Die erwachsenen Söhne werden bei der in regelmäßigen Abständen wiederholten Neuverteilung „ausgesondert" und damit selbständig. Das Wort bezeichnet aber auch schlechthin die „Ausstattung" im Sinne des § 1624 BGB. Vgl. z. B. §§ 182, 994 ff., 1001 ff. russ. ZGB., Art. 240, 1793, 1857, 1901 BaltProvR.

§ 318. Wer:

1) eine Handels- oder Gewerbegesellschaft oder -genossenschaft;

2) eine private oder öffentliche Kreditanstalt, ein Bankiergeschäft oder eine Wechselstube;

3) ein Kommissionär- oder Erkundigungsbureau für Privatangelegenheiten;

4) eine Leihkasse

ohne Beachtung der bestehenden Vorschriften[1] oder ohne die gehörige Erlaubnis eröffnet, wird bestraft:

mit Haft oder mit Geldstrafe nicht über fünfhundert Rubeln.

Derselben Bestrafung unterliegt derjenige, welcher im Namen einer gehörig erlaubten Gesellschaft oder Genossenschaft Geschäfte schließt, deren Abschluß der Gesellschaft oder Genossenschaft nicht erlaubt ist, oder welcher erlaubte Geschäfte nicht der erhaltenen Erlaubnis gemäß schließt.

1 Bernstein: ohne die festgesetzten Bestimmungen zu beobachten.

§ 319. Ein Inhaber oder Angestellter einer Leihkasse, welcher die durch Gesetz oder verbindliche Verordnung festgesetzten Bestimmungen über das Halten von Leihkassen nicht befolgt, wird bestraft:

mit Geldstrafe nicht über dreihundert Rubeln.

Überdies ist dem Gericht anheimgestellt, dem Täter das Recht zum Halten einer Leihkasse auf die Dauer von einem bis zu fünf Jahren und im Falle der Wiederholung dieser Übertretung für immer zu entziehen.

§ 320. Wer:

1) mittels von Staats- oder Privatzinspapieren abgetrennter Zinsscheine[1], deren Bezahlungstermin noch nicht eingetreten ist, unerlaubterweise Zahlungen leistet;

2) unerlaubterweise Geschäfte abschließt, welche Zinsscheine, deren Zinslauf noch nicht begonnen hat, zum Gegenstande haben;

3) Zinsscheine verpfändeter oder zur Aufbewahrung gegebener Zinspapiere, deren Zinslauf noch nicht begonnen hat, in Fällen herausgibt, in welchen ihre Herausgabe durch Gesetz verboten ist,

wird bestraft:

mit Geldstrafe nicht über dreihundert Rubeln.

1 Bernstein: Kupons.

§ 321. Ein Inhaber, Verwalter oder Angestellter eines Bankiergeschäftes oder einer Wechselstube, welcher:

1) Staats- oder Privatzinspapiere mit fehlenden Zinsscheinen, deren Zinslauf noch nicht begonnen hat, unerlaubterweise kauft oder verkauft;

2) auf in Ziff. 1 dieses Paragraphen bezeichnete Papiere unerlaubterweise Darlehen gewährt oder eine durch solche Papiere sichergestellte laufende Rechnung eröffnet;

3) irgendein Geschäft schließt, welches in Ziff. 1 dieses Paragraphen bezeichnete Papiere zum Gegenstande hat,

wird bestraft:

mit Geldstrafe nicht über dreihundert Rubeln.

§ 322. Ein Inhaber, Verwalter oder Angestellter[1] eines Bankiergeschäfts oder einer Wechselstube, welcher durch Gesetz oder verbindliche Verordnung verbotene Geschäfte schließt, wird bestraft:

mit Geldstrafe nicht über zweitausend[2] Rubeln.

Im Falle der Wiederholung einer solchen Übertretung wird der Täter bestraft:

mit Gefängnis nicht über sechs Monaten und überdies mit Geldbuße nicht über dreitausend Rubeln.

Überdies ist dem Gericht anheimgestellt, dem Täter das Recht, ein Bankiergeschäft oder eine Wechselstube zu halten oder zu verwalten, auf die Dauer von einem bis zu fünf Jahren und im Falle der Wiederholung dieser Übertretung — für immer zu entziehen.

1 Bernstein: im Dienste . . . stehender. 2 Bei Bernstein fälschlich: zweihundert.

§ 323. Ein Inhaber, Verwalter oder Angestellter eines Bankiergeschäfts oder einer Wechselstube, welcher Geschäfte schließt, über welche er dem Gouverneur keine Meldung erstattet hat[1], wird bestraft:

mit Geldstrafe nicht über zweihundert Rubeln.

1 Bezieht sich auf Geschäfte eines nicht angemeldeten ganzen Geschäftszweiges wie z. B. die Eröffnung eines Giro- oder Lombardverkehrs, ohne daß die allgemeine Genehmigung zum Abschluß derartiger Geschäfte erteilt ist; die Genehmigung galt als erteilt, wenn die Mitteilung des Bankgeschäfts unwidersprochen blieb.

§ 324. Wer:

1) Wertpapiere aller Art im Namen einer Handels- oder Gewerbegesellschaft oder -genossenschaft zur Zeichnung auflegt, die zur Zeichnung nicht zugelassen sind[1];

2) Wertpapiere aller Art im Namen einer öffentlichen Anstalt oder einer Handels- oder Gewerbegesellschaft oder -genossenschaft ausgibt, ohne daß diese die gehörige Erlaubnis zur Ausgabe solcher Papiere hat[2], oder von anderem als in der Erlaubnis festgesetztem

Wert oder in größerer als der erlaubten Menge, wenn auch ohne Überschreitung der Gesamtsumme der zur Ausgabe zugelassenen Papiere,

wird bestraft:

mit Gefängnis nicht über sechs Monaten.

1 Bernstein: die Zeichnung . . . eröffnet, deren Eröffnung nicht erlaubt wurde. Vgl. § 267 Anm. 1. 2 Bernstein mißverständlich: ohne die gehörige Erlaubnis zur Ausgabe. In den Motiven ist gesagt, daß es sich um die Papiere nicht zugelassener Gesellschaften handelt. Nicht das Bankgeschäft, sondern die Gesellschaft muß die vorgeschriebene Erlaubnis zur Ausgabe von Noten haben. Vgl. § 580 [4], [5].

§ 325. Wer im Namen einer Versicherungsgesellschaft, die keine gehörige Erlaubnis besitzt, oder zwar im Namen einer gehörig erlaubten Gesellschaft, aber nicht in Übereinstimmung mit der erhaltenen Erlaubnis Versicherungsgeschäfte schließt, wird bestraft:

mit Gefängnis nicht über sechs Monaten.

§ 326. Der Gründer einer Handels- oder Gewerbegesellschaft oder -genossenschaft, welcher:

1) die gesetzlich vorgeschriebenen Schnurbücher[1] zur Eintragung der Aktien oder der Anteilscheine und der gemäß diesen eingehenden Summen zu führen unterläßt;

2) solche Bücher der zuständigen Behörde, die sie ausgegeben hat, auf ihre Aufforderung nicht zur Prüfung vorlegt,

wird bestraft:

mit Geldstrafe nicht über fünfhundert Rubeln.

1 Siehe § 225 Anm. 2.

§ 327. Wer in Erklärungen an Gewerbesteuer-Veranlagungsämter[1] wissentlich falsche Angaben über Umsatz und Gewinn von Handels- oder Gewerbeunternehmungen macht, die auf Verringerung dieser Steuer oder auf Befreiung von ihr abzielen, wird bestraft:

mit Haft nicht über drei Monaten oder mit Geldstrafe nicht über dreihundert Rubeln.

1 Bernstein: Gewerbesteuerrepartitionsämter; darunter sind die Einschätzungs- und Veranlagungsstellen verstanden.

§ 328. Wer in Berichten und Bilanzen von Unternehmungen, die zu öffentlicher Rechnungslegung verpflichtet oder solchen gleichgestellt sind, oder in ergänzenden Mitteilungen oder Erläuterungen zu diesen Berichten wissentlich falsche Angaben macht[1], die auf Herabsetzung der Gewerbesteuer oder auf Befreiung von ihr abzielen, ebenso die Verwaltungsmitglieder, verantwortlichen Agenten ausländischer Gesellschaften[2], Buchhalter und überhaupt Personen, welche die falschen Berichte, Bilanzen oder ergänzenden Mitteilungen oder Erläuterungen unterschreiben oder gegenzeichnen, werden bestraft:

mit Gefängnis nicht über sechs Monaten und überdies
mit Geldbuße nicht über eintausend Rubeln.

1 Der Satzbau ist gegenüber dem Bernsteinschen Text dem deutschen Sprachempfinden angepaßt. 2 Gehört nur zu Agenten.

§ 329. Wer Inhabergeldzeichen in irgendeiner Form in Verkehr bringt, wird bestraft:

mit Gefängnis[1].

1 2 Wochen bis 1 Jahr.

§ 330. Der Verwalter oder Geschäftsführer mit Erlaubnis der Regierung gegründeter Kreditanstalten, Versicherungsgesellschaften auf Gegenseitigkeit, Anteilsgenossenschaften oder Aktiengesellschaften, welcher den bezeichneten Anstalten, Gesellschaften oder Genossenschaften untersagte Geschäfte abschließt, wird bestraft:

mit Geldstrafe nicht über zweitausend Rubeln.

Im Falle der Wiederholung einer solchen Übertretung wird der Täter bestraft:

mit Gefängnis nicht über sechs Monaten und überdies
mit Geldbuße nicht über dreitausend Rubeln.

§ 331. Wer:

1) die durch Gesetz oder verbindliche Verordnung festgesetzten Bestimmungen über Ausgabe[1] von Wertpapieren aller Art verletzt;

2) Formulare für Wertpapiere aller Art nicht vorschriftsmäßig[2] herstellt,

wird bestraft:

mit Geldstrafe nicht über fünfhundert Rubeln.

1 Bernstein: Emission. 2 Bernstein: in vorgeschriebener Ordnung.

§ 332. Wer eine öffentliche Lotterie ohne die gehörige Erlaubnis oder unter Verletzung der hierfür bestehenden Vorschriften[1] veranstaltet, wird bestraft:

mit Geldstrafe nicht über dreihundert Rubeln.

1 Bernstein: festgesetzten Bestimmungen.

§ 333. Wer:

1) zum Verkehr nicht zugelassene Loose[1] ausländischer Lotterien verkauft oder sonst verbreitet;

2) Bezugsrechte[2] auf Lotterien oder auf Loose von Prämienanleihen[3] einem gesetzlichen Verbot zuwider verkauft,

10*

wird bestraft:

mit Haft oder mit Geldstrafe nicht über fünfhundert Rubeln.

1 Bernstein: Billets. 2 Bernstein: Promessen. Damit ist die Umgehung des Lotterieverbots unter Strafe gestellt, die darin besteht, daß nicht die Loose als solche, sondern Anteilsrechte an Gewinnmöglichkeiten verkauft werden. 3 Bernstein: Billets von Anleihen mit Gewinnen. Die russischen Worte sind der technische Ausdruck für Prämienanleihen.

§ 334. Wer in den Gegenden mit Zunftordnung seines Handwerks[1] der ihm nicht zustehenden Würde eines Zunftmeisters sich bedient oder in den Gegenden mit vereinfachter Handwerkerordnung[2] die ihm nicht zustehenden Rechte eines Handwerkers ausübt, wird bestraft:

mit Geldstrafe nicht über fünfzig Rubeln.

1 Damit sind Orte gemeint, in denen, ähnlich den deutschen mit Zwangsinnungen oder Innungszwang, Handwerkerorganisationen, meist Gilden genannt, bestehen. 2 Orte, in denen Organisationen der in Anm. 1 genannten Art nicht eingeführt sind.

§ 335. Wer nach dem Gesetze nicht berechtigt ist, Handel oder Gewerbe überhaupt oder Handel oder Gewerbe einer bestimmten Art überall oder in der gegebenen Gegend zu betreiben, und solchen Handel oder solches Gewerbe betreibt, wird bestraft:

mit Geldstrafe nicht über fünfhundert Rubeln.

Stellt jedoch der Täter, um eine Erlaubnis zum Handels- oder Gewerbebetrieb zu erhalten, eine Bescheinigung[1] unwahren Inhalts über seine Nichtzugehörigkeit zur Zahl der Personen, denen nach dem Gesetz der Handels- oder Gewerbebetrieb untersagt ist, aus oder verheimlicht er Gründe[2], die nach dem Gesetz der Erteilung der bezeichneten Erlaubnis im Wege stehen, so wird er bestraft:

mit Haft.

Ein Jude, der die in diesem Paragraphen vorgesehenen Übertretungen begeht, unterliegt überdies der Ausweisung in das Gebiet des jüdischen Ansiedlungsrayons auf die Dauer von einem bis zu fünf Jahren, und im Falle der Wiederholung der bezeichneten Übertretungen — für immer[3].

1 Bernstein: Revers. 2 Bernstein sagt hier im Gegensatz zum Russischen: die Gründe. 3 Abs 3 ist jetzt gegenstandslos.

§ 336. Wer Heiligenbilder oder überhaupt geheiligte Bilder in Ärgernis erregender[1] Weise herstellt, verkauft oder überhaupt verbreitet, wird, falls er nicht wegen der unter § 73 oder § 74 fallenden strafbaren Handlungen der Bestrafung unterliegt, bestraft:

mit Haft oder mit Geldstrafe nicht über fünfhundert Rubeln.

1 Bernstein: verführerisch. Das ist eine hier mißverständliche Wiedergabe des russischen Wortes, das ursprünglich so viel wie „sittenverderbend" bedeutet.

§ 337. Wer unberechtigterweise Kleinhandel mit Kirchenlichten treibt, wird bestraft:

mit Geldstrafe, zugunsten des geistlichen Ressorts[1], nicht über hundert Rubeln.

Die beim Täter gefundenen Lichte werden eingezogen und der Eparchialobrigkeit zur Verfügung gestellt[1].

1 Jetzt gegenstandslos.

§ 338. Wer Lichte nicht aus reinem Bienenwachs, mehr als acht Stück aus einem Pfund, nach dem äußeren Ansehen oder der Farbe des Dochtes Kirchenlichten ähnlich, herstellt[1], feilhält oder verkauft, wird bestraft:

mit Geldstrafe, zugunsten des geistlichen Ressorts[2], nicht über dreihundert Rubeln.

Die bestimmungswidrig angefertigten Lichte werden eingezogen und der Eparchialobrigkeit zur Verfügung gestellt[2].

1 Vgl. § 210 Anm. 1. 2 Vgl. § 337 Anm. 1.

§ 339. Wer die Bestimmungen über die Ausgabe von Kirchenlichten aus den Fabriken und über den Großhandel mit ihnen verletzt, wird bestraft:

mit Geldstrafe, zugunsten des geistlichen Ressorts[1], nicht über hundert Rubeln.

1 Vgl. § 337 Anm. 1.

§ 340. Wer die durch Gesetz oder verbindliche Verordnung festgesetzten Bestimmungen über den Verkauf künstlichen Brennöles verletzt, wird bestraft:

mit Geldstrafe nicht über fünfzig Rubeln.

§ 341. Ein Händler, welcher Getreide[1], Mehl, Graupen, Malz, gestoßenes Mehl[2], Kleie oder überhaupt gemahlenes oder gestoßenes Getreide[1] oder Öl-, Saat-[3] oder andere Samen, die er kauft, nicht dem Gewicht nach, sondern auf andere Weise in Empfang nimmt, wird, in Gegenden, in welchen ihr Empfang dem Gesetz oder einer verbindlichen Verordnung gemäß nach Gewicht zu geschehen hat, bestraft:

mit Geldstrafe nicht über hundert Rubeln.

1 Bernstein: Korn. Mit dem russischen Wort ist in erster Linie Brotgetreide verstanden. 2 Im Gegensatz zum gemahlenen in Mörsern durch Zerstampfen der Körner zubereitetes Mehl. 3 Damit ist im Gegensatz zu Getreide usw., das zu Ernährungszwecken verkauft wird, der Verkauf von Saatkorn gemeint.

§ 342. Ein Händler, welcher die durch Gesetz oder verbindliche Verordnung festgesetzten Bestimmungen über den Verkauf von Flachs oder Hanf verletzt, wird bestraft:

mit Geldstrafe nicht über hundert Rubeln.

Hat jedoch ein Händler Flachs oder Hanf mit Beimischung von Abfällen[1] oder sonstigen fremden Stoffen oder zur künstlichen Vergrößerung des Gewichts der Fasern angefeuchtet zubereitet[2], feilgehalten oder verkauft, so wird er bestraft:

mit Haft nicht über einem Monat oder mit Geldstrafe nicht über hundert Rubeln.

1 Bernstein: Schund. „Abfälle" entspricht dem Russischen. 2 Vgl. § 210 Anm. 1.

§ 343. Wer die Bestimmungen über den Handel mit Spielkarten verletzt, wird bestraft:

mit Geldstrafe nicht über dreihundert Rubeln.

§ 344. Wer Spielkarten herstellt, um sie abzusetzen, oder zu demselben Zweck gebrauchte Karten umändert, auswäscht oder reinigt oder ungesetzlich hergestellte, umgeänderte, ausgewaschene oder gereinigte Karten feilhält oder absetzt, wird bestraft:

mit Gefängnis nicht über sechs Monaten.

Überdies werden vom Täter fünfzehn Rubel für jedes Dutzend solcher Spiele beigetrieben.

Derselben Bestrafung unterliegt, wer Wertzeichen nicht bildende Banderolen[1] herstellt, die Spielkarten angelegt werden, oder solche Banderolen benutzt oder Karten echte, schon gebrauchte Banderolen anlegt.

Hat der Täter die Karten oder Banderolen gewerbsmäßig hergestellt oder abgesetzt, so wird er bestraft:

mit Gefängnis[2].

Die Herstellungsmittel, ebenso die ungesetzlich hergestellten Karten oder Banderolen, werden eingezogen.

1 Bernstein: Kreuzbänder; es handelt sich um eine Art Banderolesteuer. Wertzeichenbanderolen fallen unter § 435. 2 2 Wochen bis 1 Jahr.

§ 345. Wer Eintrittskarten zu Schauspielen, Konzerten oder sonstigen Vergnügungen wissentlich ohne die Entrichtung der für sie festgesetzten Gebühr zugunsten des Ressorts der Anstalten der Kaiserin Marie verkauft, wird bestraft:

mit Geldstrafe nicht über fünfzig Rubeln[1].

1 Jetzt gegenstandslos, da derartige Gebühren nicht mehr erhoben werden.

§ 346. Wer Medaillen, Jetons, Einladungskarten, Affichen, Visitenkarten, Preisverzeichnisse oder sonstige Gegenstände, auf welchen die Abbildung von Geldzeichen oder von Zeichen wiedergegeben ist, die das Eingehen von Akzise-, Stempel- oder Postgebühren bezeugen und als derartige Zeichen abgesetzt werden können, aus dem Auslande einführt, um sie in Verkehr zu bringen, oder zu demselben Zwecke herstellt oder in Verkehr bringt, wird bestraft:

mit Haft nicht über drei Monaten oder mit Geldstrafe nicht über dreihundert Rubeln.

Diese Gegenstände werden eingezogen.

§ 347. Ein Graveur, welcher Siegel oder andere Werkzeuge, die zur Aufdrückung eines Beglaubigungszeichens im Namen einer staatlichen oder sonstigen öffentlichen Anstalt oder eines Beamten dienen, im Auftrage einer dazu nicht ermächtigten Person herstellt, wird bestraft:

mit Haft.

§ 348. Ein Gewerbetreibender oder ein Händler, welcher:

1) obligatorischer Eichung unterliegende Gold- oder Silberfabrikate mit Ausnahme der zur Ausbesserung angenommenen Sachen ohne die vorgeschriebenen Stempel;

2) Blattgold, Blattsilber oder Doppelfäden in Büchern, auf denen die Zahl und das Gewicht der Blätter gar nicht oder falsch angegeben sind, oder Bücher dieses Metalls, die keine Zeichen einer Probieranstalt oder keine Plomben tragen;

3) Fabrikate der Kantillenproduktion, darunter auch Flittergold, ohne Aufdrückung des Namensstempels auf den Plomben, Banderolen oder Aufschriften oder ohne Angabe des Gehaltes[2] jener Waren auf ihnen oder mit falscher Angabe desselben

feilhält oder verkauft, wird bestraft:

mit Geldstrafe nicht über den fünffachen Wert des Metalles in den Fabrikaten, die keine Stempel, Zeichen, Plomben, Namensstempel und Angaben oder falsche Angaben tragen[1].

1 Einziehung laut § 353. 2 Bernstein: der Qualität.

§ 349. Ein Gewerbetreibender oder ein Händler, welcher ein

obligatorischer Eichung unterliegendes oder von solcher Eichung befreites Gold- oder Silberfabrikat feilhält oder verkauft, das in seiner Gesamtmasse oder in den Bestand- oder Ergänzungsteilen die gesetzliche Probe nicht erreicht, mit Ausnahme der von der obligatorischen Probe befreiten Fabrikate und zur Ausbesserung angenommener Sachen wird bestraft:

mit Haft nicht über drei Monaten oder mit Geldstrafe nicht über dreihundert Rubeln[1].

Im Falle der Wiederholung einer solchen Übertretung wird der Täter bestraft:

mit Gefängnis nicht über sechs Monaten und überdies mit Geldbuße nicht über dreihundert Rubeln[1].

1 Einziehung laut § 353.

§ 350. Ein Gewerbetreibender, welcher Gold- oder Silberbarren, ohne ihnen seinen Namensstempel aufzudrücken, in Verkehr bringt, wird bestraft:

mit Geldstrafe nicht über den dreifachen Wert des ungeeichten Metalls[1].

1 Einziehung laut § 353.

§ 351. Wer:

1) falsche Probierstempel herstellt oder feilhält;

2) Gold- oder Silberfabrikaten oder -barren falsche Probierstempel aufdrückt;

3) den von einer Probieranstalt aufgedrückten Stempel in einen höheren umändert;

4) ohne Wissen einer Probieranstalt einen Probierstempel aufdrückt;

5) von einer Probieranstalt Fabrikaten oder Barren aufgedrückte Stempel in andere Fabrikate oder Barren einlötet,

wird bestraft:

mit Gefängnis[1, 2].

1 2 Wochen bis 1 Jahr. 2 Einziehung laut § 353.

§ 352. Ein Gewerbetreibender oder ein Händler, welcher Gold- oder Silberfabrikate oder -barren feilhält oder verkauft, von denen er weiß, daß ihnen ein falscher Stempel aufgedrückt oder daß der ihnen von einer Probieranstalt aufgedrückte Stempel in einen höheren umgeändert oder daß in sie ein von einer Probieranstalt einem anderen Fabrikate oder Barren aufgedrückter Stempel eingelötet ist, wird bestraft:

mit Gefängnis nicht über sechs Monaten[1].

1 Einziehung laut § 353.

§ 353. In den in §§ 348 bis 352 bezeichneten Fällen werden das Gold und das Silber in Fabrikaten und Barren, auf welchen die festgesetzten Stempel, Zeichen, Plomben, Namensstempel oder Angaben fehlen oder welche die gesetzliche Probe nicht erreichen, eingezogen und von den Probieranstalten nach dem St. Petersburger Münzhof zur Umarbeitung in Münzen geschickt[1].

1 Der letzte Halbsatz ist gegenstandslos; Annahmestelle ist die Darlehnskasse Ost.

§ 354. Wer innerhalb von Niederlassungen Forschungsarbeiten vornimmt[1], um Gold zu suchen, wird bestraft:

mit Haft nicht über drei Monaten.

1 Damit ist besonders das Schürfen gemeint.

§ 355. Wer wissentlich[1] von der Bezahlung der Bergsteuer nicht befreites Schlich- oder gediegenes Gold:

1) ohne die Beobachtung der festgesetzten Bestimmungen kauft oder verkauft;

2) ohne die Erlaubnis des Ackerbau- und Staatsdomänenministers nach dem Auslande ausführt[2],

wird bestraft:

mit Gefängnis nicht über sechs Monaten.

Überdies wird das ungesetzlich gekaufte oder ausgeführte Gold, je nach der Zugehörigkeit zugunsten der Krone oder des Kabinetts Seiner Majestät[3], eingezogen.

Derselben Bestrafung unterliegt derjenige, welcher in den Bezirken des Kabinetts Seiner Majestät Altai und Njertschinsk und in den Kronländereien der Kreise Bargusin, Wjerchnjeudinsk, Sjeljenginsk und Troitzkossawsk der Transbaikalprovinz ohne die Beobachtung der für diese Gegenden besonders festgesetzten Bestimmungen Goldfabrikate herstellt, ebenso wer in diesen Gegenden mit Goldbarren, die keinen Münzhofstempel tragen, Handel treibt oder solche Barren zu Hause aufbewahrt[4].

1 Gemäß VO. 7. 6. 16 für notorisch. 2 Ziff. 2 ist jetzt gegenstandslos. Da über den Goldhandel besondere Bestimmungen ergangen sind, findet der ganze § 355 zurzeit keine Anwendung. 3 Gegenwärtig belangloser Zusatz. Die Einziehung und Verwertung richtet sich nach den allgemeinen Grundsätzen. 4 Abs. 3 findet im besetzten Gebiet keine Anwendung.

§ 356. Ein Gewerbetreibender oder ein Händler, welcher:

1) auf von ihm hergestellten Waren oder auf der Verpackung oder auf Gefäßen, in welchen die Waren aufbewahrt werden, oder auf Handelsanzeigen, Preisverzeichnissen oder Formularen Warenzeichen, die eine genaue Wiedergabe gleicher Warenzeichen bilden, von denen er weiß[1], daß sie sich in ausschließlicher Benutzung an-

derer Gewerbetreibender oder Händler befinden, oder welche mit solchen Zeichen offenbar übereinstimmen, eigenmächtig anbringt[2];

2) Waren, von denen er weiß[1], daß auf ihnen die in Ziff. 1 dieses Paragraphen angegebenen Zeichen eigenmächtig angebracht sind, feilhält oder verkauft oder solche Waren zu Handelszwecken in Verkehr bringt,

wird bestraft:

mit Gefängnis nicht über sechs Monaten.

Die ungesetzlich angebrachten Zeichen unterliegen der Entfernung und Vernichtung[3].

1 Gemäß VO. 7. 6. 16 für notorisch. 2 §§ 356 ff. regeln den Warenzeichenschutz etwas abweichend von §§ 13—15 WarenZGes. Täter kann nur ein Händler oder Gewerbetreibender sein. § 356 bezieht sich auf geschützte wie auf nicht geschützte Warenzeichen; das beruht darauf, daß es einen Warenzeichenschutz nach dem Muster der deutschen Zeichenrolle nicht gibt. Als geschützte Zeichen kommen auch ausländische in Frage. Deren Schutz ist zu Kriegsbeginn aufgehoben, aber jetzt wiederhergestellt worden. Ob Mißbrauch derartiger Zeichen jetzt strafrechtlich verfolgt werden kann, ist zweifelhaft bei Mustern, die vor der Besetzung nicht mehr geschützt waren; strafbar sind nur Mißbrauchsfälle, in denen die geschützten Zeichen nach der Besetzung angebracht sind. 3 Diese Bestimmung ist im Gegensatz zu der des § 36 zwingend. Sie bezieht sich aber, wie die ausdrückliche Erwähnung der Zeichen ergibt, nur auf diese, nicht auch auf die mit ihnen versehenen Waren. Ob neben dieser notwendigen Entfernung und Vernichtung der Zeichen auch noch nach § 36 auf Einziehung der Waren erkannt werden kann, ist zweifelhaft. Sieht man § 356 II im Verhältnis zu § 36 als Sondergesetz an, das nicht den vollen Umfang der zulässigen Maßnahmen aufrecht erhalten, diese Beschränkung aber zwingend Anwendung finden lassen will, dann ist die Anwendung des § 36 ausgeschlossen. Sieht man den Unterschied aber darin, daß im Gegensatz zu den Befugnissen aus § 36 ein Teil des nach ihm Möglichen zur Pflicht gemacht werden soll, dann sind beide Bestimmungen nebeneinander anwendbar. Die letztere Ansicht verdient den Vorzug; es muß also auf Entfernung und Vernichtung der Zeichen und kann auf Einziehung der Waren erkannt werden. Entfällt die Anwendbarkeit der §§ 356, 357 mangels Verfolgbarkeit eines bestimmten Täters, dann bleibt das objektive Verfahren nach §§ 36 IV, 38, das sich insoweit auch auf die Zeichen bezieht.

§ 357. Ein Gewerbetreibender oder ein Händler, welcher auf Waren, auf der Verpackung oder auf Gefäßen, in welchen die Waren aufbewahrt werden, oder auf Handelsanzeigen, Preisverzeichnissen oder Formularen Warenzeichen mit verbotenen Aufschriften oder Abbildungen anbringt oder Waren mit solchen Zeichen feilhält oder verkauft, wird bestraft:

mit Geldstrafe nicht über zweihundert Rubeln.

Die ungesetzlich angebrachten Zeichen unterliegen der Entfernung und Vernichtung[1].

1 Vgl. § 356 Anm. 3.

§ 358. Wer auf Fabrikaten zum Schutze des Zeichnungs- und Musterbenutzungsrechts festgesetzte Zeichen benutzt, ohne vorher die Zeichnung oder das Muster vorschriftsmäßig[1] anzumelden, wird bestraft:

mit Geldstrafe nicht über fünfzig Rubeln.

1 Bernstein: in vorgeschriebener Ordnung.

§ 359. Wer im Handel, bei der Durchfuhr von Gegenständen, bei der Erhebung von Gebühren aller Art, auf Schildern oder Anzeigen von Handels- oder Gewerbeanstalten ohne die gehörige Erlaubnis Zeichen benutzt, welche gesetzmäßig[1] gegründeten Gesellschaften zustehen, wird bestraft:

mit Haft nicht über drei Monaten oder mit Geldstrafe nicht über dreihundert Rubeln.

1 Bernstein: in festgesetzter Ordnung.

§ 360. Wer Abbildungen des Staatswappens[1] oder Abbildungen, die mit diesem Wappen offenbar übereinstimmen, ohne die gehörige Erlaubnis benutzt, wird bestraft:

mit Haft oder mit Geldstrafe nicht über fünfhundert Rubeln.

1 Diese Bestimmung beschützt an sich nur das Wappen des russischen Reiches. Da das nicht ausdrücklich gesagt ist, ist ausdehnende Auslegung nicht ausgeschlossen, weil das Gesetz für das jetzige Staatswesen eingeführt ist.

§ 361. Wer die zuständige Obrigkeit über den Übergang eines ihm gehörenden russischen, mit einem Patent zur Führung der russischen Handelsflagge versehenen Schiffes in den Besitz einer Person, welche nach dem Gesetze diese Flagge zu benutzen nicht berechtigt ist, zu benachrichtigen unterläßt, wird bestraft:

mit Haft oder mit Geldstrafe nicht über fünfhundert Rubeln[1].

1 Da § 361 ausdrücklich den Schutz der russischen Handelsflagge im Auge hat, für die ein Rechtsschutzinteresse nicht mehr besteht, und eine Handelsflagge für die Randstaaten, auf die § 361 entsprechend angewendet werden könnte, weil sie Teile des früheren Ganzen sind, noch nicht besteht, ist er jetzt gegenstandslos. Vgl. auch § 6 Anm. 2.

§ 362. Wer einer Person, welche die russische Handelsflagge zu führen nicht berechtigt ist, die Möglichkeit gewährt, seinen Namen zur Erhaltung eines Patentes auf die Fahrt eines Schiffes unter russischer Handelsflagge oder zur Benutzung eines solchen erteilten Patentes zu benutzen, wird bestraft:

mit Gefängnis.

Derselben Bestrafung unterliegt ein Ausländer[2], welcher mit einem russischen Untertan ein gesetzwidriges Geschäft abschließt, um sich ein Patent auf die Fahrt eines Schiffes unter russischer Handelsflagge anzueignen, ohne dazu berechtigt zu sein, ebenso der Kapitän eines ausländischen Schiffes, welcher gesetzwidrig unter russischer Handelsflagge fährt[1].

1 Vgl. § 361 Anm. 1. 2 Vgl. § 4 Anm. 2.

§ 363. Ein Gewerbetreibender oder ein Händler, welcher Waagen oder Maße feilhält oder im Handel oder Gewerbe benutzt, welche:

1) falsch;

2) zur Benutzung im Handel überhaupt oder in der betriebenen Handelsart im besonderen untersagt;

3) ohne den vorgeschriebenen Stempel

sind, wird bestraft:

mit Haft nicht über drei Monaten oder mit Geldstrafe nicht über dreihundert Rubeln.

Derselben Bestrafung unterliegen Inhaber von Werken[1], Fabriken oder Handwerksanstalten[2], welche für akzisepflichtige Getränke bestimmtes Glasmaßgeschirr zu Verkaufszwecken herstellen[3], oder die mit solchem Geschirr Handeltreibenden, welche derartiges Geschirr von unvorschriftsmäßigen Maßen herstellen[4], feilhalten oder verkaufen.

1 Vgl. § 197 Anm. 3. 2 Hier wäre „Manufakturen" angebracht. 3 Bernstein: bereiten. 4 Vgl. § 210 Anm. 1.

Siebzehntes Kapitel.

Verletzung der Bestimmungen über Personalmiete.

§ 364. Der Verwalter eines Werkes[1], einer Fabrik, eines Gewerbe-[2] oder Handwerksbetriebes[3] oder sein Stellvertreter, welcher:

1) gesetzlich festgesetzten Vorschriften zuwider den Arbeitslohn eigenmächtig herabsetzt;

2) Arbeiter zwingt, den Lohn statt in barem Gelde in Waren oder anderen Gegenständen anzunehmen;

3) Arbeiter mit Zinsscheinen, wenn auch nach Eintritt des Bezahlungstermins derselben, oder mit Zeichen von bedingtem Wert bezahlt,

wird bestraft[4]:

mit Haft nicht über drei Monaten oder mit Geldstrafe nicht über dreihundert Rubeln.

Wurde diese Übertretung zum dritten Male begangen oder hat sie, wenn auch erstmalig begangen, unter den Arbeitern Unruhen hervorgerufen, welche das Eingreifen[5] der Obrigkeit zur Wiederherstellung der Ordnung veranlaßt haben, so wird der Täter bestraft[4]:

mit Haft.

Überdies ist dem Gericht anheimgestellt, dem Täter, falls

er ein Werk, eine Fabrik, einen Gewerbe- oder Handwerksbetrieb verwaltete, das Recht, solche Werke, Fabriken, Gewerbe- oder Handwerksbetriebe zu verwalten, auf die Dauer von einem bis zu fünf Jahren zu entziehen.

1 Bernstein: Manufaktur. Vgl. § 197 Anm. 3. 2 Bernstein: Werk. Das russische Wort enthält denselben Stamm wie das in §§ 218 ff., 348 ff. richtig mit „Gewerbetreibender" oder das in § 310 mit Gewerbeanstalt wiedergegebene. 3 Bernstein: Handwerksanstalt. Der Ausdruck „Anstalt" kann mißverständlich dahin gedeutet werden, daß es sich um ein größeres Handwerksunternehmen handelt; das ist aber nicht der Fall; gemeint ist der Arbeitsraum auch des kleinsten mit fremden Kräften arbeitenden Handwerkers. 4 Nebenstrafe in § 366 II. Ähnliche Bestimmungen: §§ 317, 320, 374, 609. 5 Bernstein: Ankunft.

§ 365. Der Verwalter eines Werkes, eine Fabrik, eines Gewerbe- oder Handwerksbetriebes oder sein Stellvertreter, welcher minderjährigen Arbeitern nicht die Möglichkeit gewährt, in den gesetzlich festgesetzten Fällen und während der gesetzlich festgesetzten Zeit die Schule zu besuchen, wird bestraft:

mit Geldstrafe nicht über hundert Rubeln[1].

1 Nebenstrafe in § 366 II.

§ 366. Der Verwalter eines Werkes, einer Fabrik, eines Gewerbe- oder eines Handwerksbetriebes oder dessen Stellvertreter, welcher die durch Gesetz oder verbindliche Verordnung zum Schutze der Gesundheit oder der Sicherheit der Minderjährigen[1], Halberwachsenen[2] und Frauen für deren Arbeit vorgeschriebenen Bestimmungen nicht befolgt, wird bestraft:

mit Haft nicht über einem Monat oder mit Geldstrafe nicht über hundert Rubeln.

Die Geldstrafen für die Begehung der unter diesen Paragraphen wie unter §§ 364 und 365 fallenden strafbaren Handlungen werden dem Fonds[3] zur Gewährung von Unterstützungen an kranke und verkrüppelte Arbeiter überwiesen.

1 Darunter sind alle noch nicht voll Geschäftsfähigen verstanden. 2 Damit sind die Personen unter 17 Jahren gemeint, zu deren Schutz besondere Bestimmungen erlassen waren, die noch in Kraft sind. 3 Bernstein: Kapital.

§ 367. Werk-, Fabrik-, Bergwerks-, Eisenbahn-, Hafen- und ähnliche Werkstättenarbeiter oder überhaupt Arbeiter von Unternehmungen, deren Arbeitseinstellung[1] die Interessen der örtlichen Bevölkerung ungünstig beeinflussen kann, die nach gegenseitiger Verabredung die Arbeit einstellen, um den Unternehmer zu einer Lohnerhöhung oder zur Abänderung der Bedingungen des Arbeitsvertrages[2] vor dessen Ablauf zu zwingen, werden wegen Streiks bestraft:

mit Gefängnis nicht über sechs Monaten.

Beschädigt ein Streikteilnehmer während des Streiks vorsätzlich das Vermögen des Unternehmers oder seines Angestellten, so wird er, falls er wegen dieser Beschädigung nicht einer schwereren Bestrafung unterliegt[3], bestraft:

mit Gefängnis[4].

Tritt ein Streikteilnehmer auf die Aufforderung der zuständigen Obrigkeit oder des Verwalters einer in Abs. 1 dieses Paragraphen bezeichneten Unternehmung die Arbeit an, so bleibt er wegen der Streikbeteiligung straffrei.

1 Bernstein: Tätigkeitseinstellung. 2 Bernstein: Dienstvertrages. Hier handelt es sich nur um den Arbeiterdienstvertrag, also den Arbeitsvertrag. 3 §§ 547 ff. 4 2 Wochen bis 1 Jahr.

§ 368. Wer, auch ohne selbst Arbeiter zu sein, Arbeiter zu dem im § 367 vorgesehenen Streik anstiftet, wird, falls der Streik erfolgt, bestraft:

mit Gefängnis von drei Monaten bis zu sechs Jahren[1].

Stiftet ein Nichtarbeiter zu solchem Streik an und erfolgt kein Streik, so wird er bestraft:

mit Gefängnis[2].

1 Gemäß § 2 StRVO. Ersatzstrafe für Korrektionshaus. 2 2 Wochen bis 1 Jahr.

§ 369. Ein Werk-, Fabrik- oder Bergwerksarbeiter, welcher vor Ablauf des Arbeitsvertrags oder bei einem Arbeitsvertrage von unbestimmter Dauer, ohne dem Herrn zwei Wochen vorher zu kündigen, die Arbeit eigenmächtig niederlegt[1], wird bestraft:

mit Haft nicht über einem Monat.

Derselben Bestrafung unterliegt ein Arbeiter, welcher sich in ein Gold- oder Platinwerk verdingt und dort überhaupt nicht oder erst[2] nach Ablauf zweier Wochen seit dem im Arbeitsvertrage verabredeten Termin erscheint.

1 Bernstein: verweigert. Gemeint ist aber nicht nur eine ausdrückliche Verweigerung, sondern jeder Kontraktbruch. 2 Bernstein mißverständlich: nur.

§ 370. Der Kapitän eines Dampfers oder eines Seeschiffes, welcher die gesetzlich festgesetzten Bestimmungen über Anstellung des Dienstpersonals auf Dampfern oder Seeschiffen, über die Abrechnung mit diesem oder im Auslande[1] über dessen Entlassung[2] von Dampfern oder Seeschiffen nicht befolgt, wird bestraft:

mit Geldstrafe nicht über dreihundert Rubeln.

Derselben Bestrafung unterliegt der Eigentümer eines Dampfers oder eines Seeschiffes, welcher die gesetzlich festgesetzten Bestimmungen über den Abschluß eines schriftlichen Vertrages mit dem Kapitän des Dampfers oder Seeschiffes nicht befolgt.

1 Vgl. § 6 Anm. 1. 2 Bernstein: Entfernung. Gemeint ist nicht die aktive, sondern die passive Entfernung, das Entlassen.

§ 371. Der Kapitän eines Dampfers oder Seeschiffes, welcher:

1) diese mit unzureichender oder nahrungsuntauglicher Verpflegung versieht;

2) ohne äußerste Notwendigkeit die dem Dienstpersonal des Dampfers oder Seeschiffes zukommenden Rationen verringert;

3) Verpflegung[1] in nahrungsuntauglichem Zustande verabfolgt,

wird bestraft:

mit Haft oder mit Geldstrafe nicht über fünfhundert Rubeln.

Wurden in diesen Fällen die auf dem Dampfer oder Seeschiff befindlichen Leute während der Fahrt wegen des Mangels oder der Untauglichkeit der Vorräte einer lebensgefährlichen Krankheit oder der Gefahr des Hungertodes ausgesetzt, so wird der schuldige Kapitän des Dampfers oder Seeschiffes bestraft:

mit Gefängnis[2].

1 Bernstein: Provisión. Dieses Wort wird von deutschsprechenden Russen unter Anlehnung an das russische Wort provisia für Verpflegung gebraucht; diese ist auch hier gemeint. 2 2 Wochen bis 1 Jahr.

§ 372. Auf Dampfern oder Seeschiffen Angestellte, welche:

1) den ihnen von die Reise antretenden oder auf der Reise befindlichen Dampfern oder Seeschiffen aus gegebenen Urlaub überschreiten, falls diese Überschreitung mehr als dreimal vierundzwanzig Stunden beträgt;

2) die Reise antretende oder auf der Reise befindliche Dampfer oder Seeschiffe ohne triftigen Grund für länger als dreimal vierundzwanzig Stunden eigenmächtig verlassen;

3) sich auf den Dampfern oder Seeschiffen zu der für die Abreise der Dampfer oder Seeschiffe bestimmten Zeit ohne triftigen Grund nicht einfinden,

werden bestraft:

mit Haft.

Wird eine solche strafbare Handlung in gegenseitigem Einvernehmen mehrerer Personen begangen[1], so werden die Täter bestraft:

mit Gefängnis[2].

1 Vgl. § 174 Anm. 3. 2 2 Wochen bis 1 Jahr. Schwererer Fall in § 496.

§ 373. Wer für landwirtschaftliche Arbeiten Arbeiter dingt, von denen er weiß, daß sie laut schriftlichen Vertrages[1] einem anderen Dienstherrn auf bestimmte Zeit[2] verpflichtet sind, wird bestraft:

mit Haft nicht über drei Monaten oder mit Geldstrafe nicht über dreihundert Rubeln.

1 Bernstein: Vertragsbogen. 2 Bernstein: kraft eines Termindienstvertrages. Diese Änderungen sind auch in §§ 375, 376 durchgeführt.

§ 374. Ein Dienstherr, welcher landwirtschaftliche Arbeiter zwingt, den Lohn statt in barem Gelde in Waren oder anderen Gegenständen anzunehmen, wird bestraft:

mit Geldstrafe nicht über hundert Rubeln[1].

Geschieht die Bezahlung mit Zinsscheinen, wenn auch nach Eintritt ihres Bezahlungstermines, oder mit Zeichen von bedingtem Werte, so wird der Täter bestraft[2]:

mit Geldstrafe nicht über dreihundert Rubeln.

1 Ähnliche Bestimmungen in §§ 317, 364, 609. 2 Verbot der Zahlung mit noch nicht fälligen Zinsscheinen § 320.

§ 375. Ein landwirtschaftlicher Arbeiter, welcher bei der Verdingung für landwirtschaftliche Arbeiten einen fremden schriftlichen Vertrag[1] für den eigenen ausgibt oder den eigenen schriftlichen Vertrag zu demselben Zweck einem anderen übergibt, wird bestraft:

mit Haft.

1 Bernstein: Vertragsbogen.

§ 376. Ein landwirtschaftlicher Arbeiter, welcher:

1) der zuständigen Behörde den Verlust oder den Ausstellungsort des zur Verdingung für landwirtschaftliche Arbeiten ausgegebenen schriftlichen Vertrages wissentlich falsch meldet;

2) zu landwirtschaftlicher Tagearbeit, die zu einem bestimmten Termin zu verrichten er auf bestimmte Zeit laut schriftlichen Vertrages sich verpflichtet hat, sich eigenmächtig nicht einfindet oder solche Arbeit eigenmächtig verläßt und der Aufforderung der zuständigen Obrigkeit, beim Dienstherrn sich einzufinden oder die Arbeit wieder aufzunehmen, nicht nachkommt,

wird bestraft:

mit Haft nicht über einem Monat oder mit Geldstrafe nicht über hundert Rubeln.

Ein landwirtschaftlicher Arbeiter, welcher Handgeld[1] von mehreren

Dienstherren bei der Verdingung laut schriftlichen Vertrages für landwirtschaftliche Tagearbeit erhalten hat, von der er wußte, daß er sie in der vereinbarten Zeit nicht verrichten kann, wird, falls er diese Arbeit nicht rechtzeitig verrichtet, bestraft:

mit Haft nicht über einem Monat.

1 Bernstein: Aufgeld. Gemeint ist jedes Angeld wie der sogenannte Mietstaler.

§ 377. Diener, Handwerkslehrlinge oder landwirtschaftliche Arbeiter, welche mit dem Dienstherrn oder mit Mitgliedern seiner Familie vorsätzlich grob umgehen oder dem Dienstherrn oder Personen, denen die Aufsicht über die Arbeit oder die Arbeiter anvertraut ist, offen unter Grobheiten[1] den Gehorsam verweigern, werden bestraft:

mit Haft nicht über einem Monat oder mit Geldstrafe nicht über hundert Rubeln.

1 Wörtlich aus dem Russischen im Gegensatz zu „grob" bei Bernstein. Das bei Bernstein eingeschaltete „und" entspricht nicht dem russischen Text.

Achtzehntes Kapitel.

Verletzung der Bestimmungen über Ausführung von Bauarbeiten und über Benutzung der Verkehrswege und Verkehrsmittel.

§ 378. Wer ein Gebäude oder eine Anlage[1] ohne gehörige Erlaubnis, wo solche gesetzlich erforderlich ist, baut oder umbaut, wird bestraft:

mit Geldstrafe nicht über fünfzig Rubeln.

1 Bernstein: Bau. Zwischen Gebäude und Bau besteht im Deutschen kein Unterschied. Nach Taganzew (S. 507 Ziff. 2) ist mit dem zweiten Wort im Russischen jede bauliche Anlage, z. B. Wasserleitungsanlage, Berieselungs-, Sägewerk verstanden, ohne daß es darauf ankommt, daß sie mit einem Gebäude verbunden ist; es bezieht sich auf alle durch Menschenhand angelegten Werke.

§ 379. Wer:

1) eine Kirche oder ein christliches Bethaus ohne gehörige Erlaubnis errichtet oder in ihm gehörenden Gebäuden oder in Räumlichkeiten, die er einnimmt, ohne Erlaubnis einrichtet;

2) ein Bethaus eines nichtchristlichen Glaubensbekenntnisses errichtet oder überhaupt Räumlichkeiten zur Abhaltung öffentlichen Religionsdienstes eines solchen Glaubensbekenntnisses einrichtet, wird,

falls solches ohne gehörige Erlaubnis oder in geringerer als der festgesetzten oder erlaubten Entfernung von christlichen Kirchen oder sonstigen Baulichkeiten geschah,

bestraft:

mit Geldstrafe nicht über dreihundert Rubeln.

§ 380. Wer:

1) ein neues schismatisches[1] Bethaus baut oder eine bereits vorhandene Baulichkeit in ein solches Bethaus umwandelt;

2) ein schismatisches Bethaus unter Veränderung seiner äußeren Gesamtansicht umbaut;

3) ein baufällig werdendes schismatisches Bethaus ausbessert oder wiederherstellt,

wird, falls diese Handlungen ohne gehörige Erlaubnis vorgenommen werden, bestraft:

mit Haft oder mit Geldstrafe nicht über fünfhundert Rubeln.

Richtet der Täter ein schismatisches Kloster oder eine sonstige Behausung dieser Art ein, so wird er bestraft:

mit Gefängnis[2].

1 Im Russischen steht raskolnitschesski; daher ist sektiererisch — wie Bernstein übersetzt — falsch; vgl. § 84 Anm. 3, 4. 2 2 Wochen bis 1 Jahr. Über die Anwendbarkeit dieses Paragraphen vgl. § 9 StRVO.

§ 381. Die ohne gehörige Erlaubnis errichteten Kirchen oder Bethäuser können in den in §§ 379 oder 380 Abs. 1 vorgesehenen Fällen nach erfolgter gehöriger Erlaubnis dazu erhalten bleiben.

§ 382. Wer bei der Ausführung von Bauarbeiten oder bei der Herstellung von Verkehrslinien[1] oder Verkehrsmitteln die durch Gesetz oder verbindliche Verordnung festgesetzten technischen oder sonstigen Bestimmungen über Bauarbeiten oder über Herstellung von Verkehrslinien oder Verkehrsmitteln nicht befolgt, wird bestraft:

mit Haft nicht über zwei Wochen oder mit Geldstrafe nicht über fünfzig Rubeln.

Werden zum Schutze der persönlichen Sicherheit festgesetzte Bestimmungen nicht befolgt, so wird der Täter bestraft:

mit Haft nicht über einem Monat oder mit Geldstrafe nicht über hundert Rubeln.

Ist der Täter ein Techniker oder ein Unternehmer, welcher die Bauarbeiten im Ganzen übernommen hat, so wird er bestraft:

in dem im Abs. 1 dieses Paragraphen bezeichneten Falle —

mit Haft nicht über einem Monat oder[2] mit Geldstrafe nicht über hundert Rubeln;

in dem im Abs. 2 dieses Paragraphen bezeichneten Falle — mit Haft.

Überdies ist dem Gericht anheimgestellt, dem schuldigen Techniker oder Großunternehmer das Recht zur Ausführung derartiger Arbeiten für die Dauer von einem bis zu fünf Jahren, und im Falle der Wiederholung einer solchen Übertretung — für immer zu entziehen.

1 Bernstein: Kommunikationswegen. Darunter sind alle dem Verkehr dienenden Erdanlagen zu verstehen; insbesondere auch die Eisenbahnen. Es gibt im Deutschen keinen entsprechenden allgemeinen Ausdruck. Das Wort „Weg" ist jedenfalls zu eng. Mit „Verkehrslinien" sind also im Gegensatz zu den Verkehrsmitteln alle Unterbauten gemeint, auf denen sich diese fortbewegen können, außerdem aber auch noch Telegraphen- und ähnliche Anlagen, die der russische Ausdruck ebenfalls mitumfaßt. 2 Die Haftstrafe ist bei Bernstein versehentlich weggelassen.

§ 383. Wer der durch Gesetz oder verbindliche Verordnung festgesetzten Verpflichtung zur Instandhaltung von Brunnen nicht nachkommt, wird bestraft:

mit Geldstrafe nicht über zehn Rubeln.

§ 384. Wer im Gebiete des Schutzbezirks der Mineralwasser- und Mineralheilschlammquellen ohne gehörige Erlaubnis oder ohne rechtzeitige[1] vorherige Anmeldung bei der örtlichen Bergobrigkeit solche Arbeiten vornimmt, zu deren Ausführung die bezeichnete Erlaubnis oder Anmeldung notwendig ist, oder wer derartige Arbeiten nach ihrer Untersagung durch die genannte Obrigkeit wieder aufnimmt oder nach ihrem Verbot durch diese Obrigkeit vornimmt, wird bestraft:

mit Haft nicht über drei Monaten oder mit Geldstrafe nicht über dreihundert Rubeln.

1 Bernstein: in festgesetzter Frist.

§ 385. Wer Röhren zur Ableitung des Schmutzes mit Flüssen oder Kanälen an Orten, wo dieses durch Gesetz oder verbindliche Verordnung verboten ist, oder mit dazu nicht bestimmten städtischen Röhren verbindet, wird bestraft:

mit Geldstrafe nicht über zweihundert Rubeln.

§ 386. Wer die durch Gesetz oder verbindliche Verordnung festgesetzten Bestimmungen:

1) über Brenn- und Bauholzflößerei;

2) über die Instandhaltung des Leinpfades und seine Benutzung;

3) über das Auseinandernehmen[1] von Brücken beim Passieren der Schiffe und über das Ablassen des Wassers[2]

nicht befolgt, wird bestraft:

mit Geldstrafe nicht über fünfzig Rubeln.

Derselben Bestrafung unterliegt derjenige, welcher eine Stockung der Schiffahrt verursacht oder sonst die Bewegung der Schiffe hindert.

1 Damit ist nicht etwa das Zerlegen gemeint, sondern z. B. bei Zug- oder Drehbrücken die Freimachung des Durchlasses für größere Schiffe.
2 aus Schleusen oder in solche.

§ 387. Wer die durch Gesetz oder verbindliche Verordnung festgesetzten Bestimmungen über den Bau, die Ausrüstung und Instandhaltung der Schiffe, über die Bewegung der Schiffe auf Wasserwegen, über das Beladen und Entladen der Schiffe, über die Instandhaltung der Landungsplätze und ihre Benutzung, über die Benutzung der in den Häfen befindlichen Kräne, Warenspeicher und sonstigen Bauten und Vorrichtungen oder der angewiesenen Teile des Hafengebiets nicht befolgt, wird bestraft:

mit Geldstrafe nicht über hundert Rubeln.

Bedrohte die Verletzung der besagten Bestimmungen die persönliche Sicherheit, so wird der Täter bestraft:

mit Haft.

§ 388. Wer eigenmächtig die Richtung eines schiffbaren Flusses abändert oder seinen Lauf durch einen Damm hemmt oder seine Strömung durch Herstellung eines Kanals oder auf andere Weise abschwächt, wird bestraft:

mit Geldstrafe nicht über dreihundert Rubeln.

§ 389. Der Kapitän eines Dampfers oder eines Seeschiffes, welcher sich vom Dampfer oder vom Seeschiff entfernt, ohne dem nach ihm Rangältesten das Schiffskommando zu übergeben, wird bestraft:

mit Haft nicht über einem Monat oder mit Geldstrafe nicht über hundert Rubeln.

§ 390. Der Kapitän eines Dampfers oder eines Seeschiffes, welcher einen Passagier oder einen auf dem Dampfer oder dem Seeschiffe Angestellten eigenmächtig in einem anderen als dem vereinbarten Orte verläßt, wird bestraft:

mit Haft.

§ 391. Ein Lotse oder ein sonstiger Hafen- oder Strandführer, welcher seinen Verpflichtungen zur Führung der Schiffe nicht nachkommt, ebenso eine Person, welche, ohne dem Lotsenstande anzugehören, solche Verpflichtungen ohne gehörige Erlaubnis oder ohne offenbare Notwendigkeit dazu übernimmt, wird bestraft:

mit Haft nicht über zwei Wochen oder mit Geldstrafe nicht über fünfzig Rubeln.

Gerät das geführte Schiff durch Schuld des Lotsen oder desjenigen, der die Lotsenverpflichtungen übernimmt, auf eine Sandbank oder einen Stein oder tritt durch seine Schuld in der Schiffsbewegung eine Stockung ein, so wird der Täter bestraft:

mit Haft nicht über drei Monaten oder mit Geldstrafe nicht über dreihundert Rubeln.

§ 392. Wer einem gesetzlichen Verbot zuwider auf dem Strande in der Umgebung eines Leuchtturmes Feuer anzündet, wird bestraft:

mit Haft nicht über drei Monaten oder mit Geldstrafe nicht über dreihundert Rubeln.

Hatte dieses einen Schiffbruch zur Folge, so wird der Täter bestraft:

mit Gefängnis.

§ 393. Der Kapitän eines mit dem Auslegen oder[1] der Ausbesserung eines Seetelegraphenkabels beschäftigten Dampfers oder Seeschiffes, welcher die zur Verhütung von Schiffszusammenstößen festgesetzten Signalbestimmungen nicht befolgt, wird bestraft:

mit Haft nicht über einem Monat oder mit Geldstrafe nicht über hundert Rubeln.

1 Bernstein: Anlegung „und"; im russischen Text steht „oder".

§ 394. Wer Schiffe oder Fischernetze oder Geräte überhaupt nicht oder nicht rechtzeitig auf einen Abstand von wenigstens einer Seemeile von einem mit dem Auslegen oder der Ausbesserung eines Seekabels beschäftigten Schiffe unter Nichtachtung der von diesem angebrachten Signale oder auf einen Abstand von wenigstens einer Viertelseemeile von der die Liegestelle des Kabels während der Auslegungs- oder Ausbesserungsarbeiten bezeichnenden Bake entfernt, wird bestraft:

mit Geldstrafe nicht über fünfzig Rubeln.

Entfernt der Täter sein Schiff oder seine Fischereivorrichtungen auf die festgesetzten Abstände auch nach einer diesbezüglichen Aufforderung des Leiters der Auslegung oder der Ausbesserung des Kabels nicht, so wird er bestraft:

mit Haft nicht über einem Monat.

1 Der Satzbau und die Ausdrucksweise sind dem deutschen Sprachgebrauch angepaßt.

§ 395. Wer Ballast an hierfür bestimmten Stellen, aber unter Verletzung der durch Gesetz oder verbindliche Verordnung festgesetzten Bestimmungen auswirft, wird bestraft:

mit Geldstrafe nicht über hundert Rubeln.

Wird der Ballast an unerlaubten Stellen, als da sind: Reeden, Fahrwasser, Häfen, Flüsse oder Kanäle, ausgeworfen, so wird der Täter bestraft:

mit Haft nicht über drei Monaten oder mit Geldstrafe nicht über dreihundert Rubeln.

Konnte das Auswerfen des Ballastes an unerlaubten Stellen eine Stockung in der Bewegung der Schiffe hervorrufen, so wird der Täter bestraft:

mit Haft.

§ 396. Angestellte einer Eisenbahn oder einer Post- oder Wasserverkehrslinie[1], ebenso Führer, Aufseher oder Schaffner[2] öffentlicher Fuhrwerke, welche mit Reisenden grob umgehen, werden bestraft:

mit Haft nicht über sieben Tagen oder mit Geldstrafe nicht über fünfundzwanzig Rubeln.

1 Vgl. § 382 Anm. 1. 2 Bernstein: Kontrolleure oder Kondukteure.

§ 397. Wer die durch Gesetz oder verbindliche Verordnung festgesetzten Bestimmungen über das Verhalten des Publikums auf Eisenbahnen nicht befolgt, wird bestraft:

mit Geldstrafe nicht über fünfzig Rubeln.

§ 398. Wer:

1) zu unerlaubter Zeit über den Eisenbahnkörper fährt, geht oder etwas hinüberschleppt;

2) ein auf dem Bahnkörper geschaffenes Hindernis oder überhaupt eine die gesetzlichen Bestimmungen über Bauten und Arbeiten in der Nähe einer Eisenbahnstrecke verletzende Anlage trotz Aufforderung seitens der Polizei oder der Eisenbahnverwaltung nicht vernichtet oder fortschafft[1],

wird bestraft:

mit Geldstrafe nicht über hundert Rubeln.

1 Satzbau und Ausdrucksweise sind dem deutschen Sprachgebrauch angepaßt.

§ 399. Ein Eisenbahnangestellter, welcher die durch Gesetz oder verbindliche Verordnung festgesetzten Bestimmungen über die Personen- oder Warenbeförderung und über die Eisenbahnpolizeiaufsicht nicht befolgt, wird bestraft:

mit Haft nicht über einem Monat oder mit Geldstrafe nicht über hundert Rubeln.

§ 400. Wer im Eisenbahnbetriebs-[1] oder im Dampfer- oder Schiffsverkehrsdienst eine Person anstellt, von der er weiß, daß sie dazu nicht berechtigt ist, oder in solchem Betriebe die Erfüllung von Verrichtungen Personen überträgt, von denen er weiß, daß sie dazu unfähig sind, wird bestraft:

mit Haft nicht über drei Monaten oder mit Geldstrafe nicht über dreihundert Rubeln.

1 Bernstein in wörtlicher Wiedergabe des Russischen: Eisenbahnexploitierungsdienst. Exploitierung bedeutet zwar zunächst Ausbeutung, geschäftliche Ausnutzung. Über diesen engen Rahmen hinaus ist aber die gesamte Tätigkeit im Eisenbahnbetrieb und in der Geschäftsführung, nicht nur die wirtschaftliche Überwachung, gemeint. Dem wird am ehesten der Ausdruck „Betrieb" gerecht. Der Grund zu der Bestimmung liegt darin, daß in Rußland zahlreiche Eisenbahnlinien von Privatgesellschaften betrieben und damit auch „ausgebeutet" werden.

§ 401. Wer:

1) die durch Gesetz oder verbindliche Verordnung festgesetzten Bestimmungen über die Einrichtung von Straßen, Plätzen, Pflaster, Bürgersteigen, Rinnsteinen oder Abflußgräben[1] in Städten nicht befolgt;

2) die Bürgersteige, die Brückchen[2] oder das Pflaster nicht instand hält,

wird bestraft:

mit Geldstrafe nicht über fünfundzwanzig Rubeln.

1 Bernstein: „Gräben" und „Quergräben". Mit diesen sind die Abflußgräben von den Grundstücken zur Straße, mit jenen die bei uns sogenannten Rinnsteine gemeint. Die Hauptgräben (Rinnsteine) sind zumeist wegen des Fehlens der Kanalisation breiter als bei uns. 2 Das sind die Überführungen über die in der Anm. 1 erwähnten Haupt- und Quergräben, in denen die Abwässer abgeleitet werden.

§ 402. Wer die durch Gesetz oder verbindliche Verordnung festgesetzten Bestimmungen über die Instandhaltung oder die Beleuchtung der Straßen nicht befolgt, wird bestraft:

mit Geldstrafe nicht über fünfundzwanzig Rubeln.

§ 403. Wer die durch Gesetz oder verbindliche Verordnung festgesetzten Bestimmungen über das Befahren von Kunststraßen oder anderen Wegen mit Wagenzügen oder über das Treiben von Vieh auf ihnen nicht befolgt, wird bestraft:

mit Geldstrafe nicht über zehn Rubeln.

§ 404. Wer an Straßensperren vorüberfährt oder auf sonstige Art der Zahlung der Wegesteuer ausweicht, wird, unabhängig von der Entrichtung der festgesetzten Zahlung, bestraft:

mit Geldstrafe nicht über den dreifachen Betrag der Steuer, die er überhaupt nicht oder nicht ganz bezahlt hat.

§ 405. Ein Privatfuhrmann, welcher Reisende oder öffentliche Fuhrwerke[1] auf den Wegen der freien Posten unerlaubterweise mit Hilfe von Ablösungspferden befördert, wird bestraft:

mit Geldstrafe in Höhe vom einfachen bis zum dreifachen Betrage der Fahrgelder für jedes Pferd für die ganze Entfernung, die der Täter auf der Strecke der freien Posten zurücklegte.

Die vom Täter beigetriebenen Gelder werden dem geschädigten Posthalter überwiesen.

1 Bernstein: Equipagen. § 405 findet zurzeit keine Anwendung, da im besetzten Gebiet derartige öffentliche Fuhrunternehmungen und Poststraßen nicht bestehen und auch nicht bestanden. Sie sind ähnlich den alten deutschen Posten und finden sich nur im Innern Rußlands.

§ 406. Wer mit Umgehung des Postmonopols[1] eine Post zur unerlaubten Übersendung von Briefen, Geld oder Sachen einrichtet, wird bestraft:

mit Geldstrafe nicht über fünfhundert Rubeln.

1 Bernstein: Postressorts. Dieses entspricht etwa unserem Reichspostamt. Auch diese Bestimmung findet keine Anwendung, da durch deutsche Verordnungen überholt.

§ 407. Wer die Durchfahrt oder den Durchgang auf allgemeiner Benutzung überlassenen Verkehrslinien[1] durch ihre Versperrung hindert, wird bestraft:

mit Geldstrafe nicht über fünfzig Rubeln.

1 Vgl. § 382 Anm. 1.

Neunzehntes Kapitel.

Strafbare Handlungen gegen Familienrechte.

§ 408. Wer eine Ehe mit einer Person eingeht, von der er weiß, daß sie dazu genötigt wurde durch Gewalt gegen die Person[1] oder durch Bedrohung der Person oder eines Mitgliedes ihrer Familie mit dem Tode, einer schweren oder einer sehr schweren Körperverletzung[2], wird, falls solche Drohung beim Bedrohten die Befürchtung der Möglichkeit ihrer Verwirklichung hervorrufen konnte, bestraft:

mit Zuchthaus[3] nicht über acht Jahren oder mit Gefängnis von drei Monaten bis zu sechs Jahren[4].

Derselben Bestrafung unterliegt derjenige, welcher beide oder einen Eheschließenden zur Eingehung der Ehe auf die in diesem Paragraphen bezeichnete Art nötigt.

1 §§ 475 ff. 2 §§ 467, 468. Der Satzbau ist unter Abweichung vom Bernsteinschen Text dem deutschen Sprachgebrauch angepaßt. 3 Gemäß § 2 StRVO. Ersatzstrafe für Zwangsarbeit von gleicher Dauer; daher Mindestmaß 4 Jahre; vgl. § 16 Anm. 1. 4 Gemäß § 2 StRVO. Ersatzstrafe für Korrektionshaus.

§ 409. Wer eine Ehe mit einer Person eingeht, von der er weiß, daß sie infolge krankhafter Störung der Seelentätigkeit[1] oder infolge von Bewußtlosigkeit oder von einem körperlichen Gebrechen oder einer Krankheit herrührender, mangelhafter, geistiger Entwickelung die Natur und die Bedeutung ihres Tuns nicht verstehen oder ihrer Handlungen nicht Herr sein konnte, wird bestraft:

mit Gefängnis von drei Monaten bis zu sechs Jahren[2].

1 Die Willensstörungen sind die gleichen wie die Schuldausschließungsgründe des § 39. 2 Gemäß § 2 StRVO. Ersatzstrafe für Korrektionshaus.

§ 410. Wer bei der Eingehung der Ehe den Bräutigam oder die Braut dadurch täuscht[1], daß er sich fälschlich für die von ihnen zur Ehe erwählte Person ausgibt, oder einen die Ehe nichtig machenden Umstand[2] verheimlicht, wird bestraft:

mit Gefängnis von drei Monaten bis zu sechs Jahren[3].

1 Bernstein: betrügt. 2 Dazu gehören — die Nichtigkeitsgründe sind bei den einzelnen Bekenntnissen verschieden — Verurteilung zu Zwangsarbeit oder Verschickung; Heeresangehörigkeit als Soldat; Geisteskrankheit, erzwungene Einwilligung; Blutsverwandtschaft, Verschwägerung im 2. Grade, bestehende Ehe, Scheidung unter Verbot der Wiederverheiratung; Alter über 80, unter 16 (bei Frauen) oder 18 (bei Männern) Jahren; dreimalige Auflösung einer Ehe durch Tod oder Scheidung;

bei Orthodoxen nichtchristliches Bekenntnis des anderen Teils; Kirchenzugehörigkeit auf Grund eines Gelübdes als Mönch, Nonne oder ähnlicher Art. Vgl. §§ 2 ff. russ. ZivGB., §§ 1—4 BaltProvR. 3 Gemäß § 2 StRVO. Ersatzstrafe für Korrektionshaus.

§ 411. Wer wissentlich eine Ehe mit einem in solchem Grade Verwandten oder Verschwägerten eingeht, daß der Beischlaf in diesem Gesetzbuch als blutschänderisch[1] erklärt wird, wird wie ein Blutschänder bestraft.

1 §§ 518, 519.

§ 412. Wer wissentlich eine Ehe beim Bestehen einer früheren eingeht, wird, falls dafür keine besondere Erlaubnis durch gesetzlich anerkannte Vorschriften seines Glaubensbekenntnisses gegeben ist, bestraft:

wenn er verehelicht war —
mit Gefängnis von drei Monaten bis zu sechs Jahren[1],
wenn er unverehelicht war —
mit Gefängnis[2].

1 Gemäß § 2 StRVO. Ersatzstrafe für Korrektionshaus. 2 2 Wochen bis 1 Jahr.

§ 413. Ein Geistlicher christlichen Glaubensbekenntnisses, welcher wissentlich an der Schließung einer unter §§ 408 bis 412 fallenden Ehe mitwirkt[1], wird bestraft:

mit Gefängnis von zwei Wochen bis zu drei Jahren[2].

Derselben Bestrafung unterliegt: 1) ein Geistlicher nichtchristlichen Glaubensbekenntnisses, welcher wissentlich an der Schließung einer unter §§ 408 bis 412 fallenden Ehe mitwirkt; 2) ein Beamter, welcher wissentlich zur Beurkundung einer gesetzwidrigen Ehe (§§ 408 bis 412) eine Eintragung in das Register vornimmt; 3) ein Zeuge, welcher wissentlich bei einer solchen Ehe (§§ 408 bis 412) ein Bürgschaftszeugnis abgibt.

1 Bernstein: teilnimmt. Nicht die bloße Teilnahme, sondern die amtliche Mitwirkung kommt in Betracht. 2 Gemäß § 2 StRVO. an Stelle von Korrektionshaus nicht über drei Jahren oder Gefängnis.

§ 414. Wer nach Erreichung der Ehevolljährigkeit[1] eine Ehe mit einer Person eingeht, von der er weiß, daß sie[2] diese Volljährigkeit nicht erreicht, wird bestraft:

mit Haft.

1 Bei Männern 18, bei Frauen 16 Jahre; jedoch bei einzelnen Bekenntnissen abweichend. 2 Gemäß VO. 7. 6. 16 für notorisch.

§ 415. Eine Person christlichen Glaubensbekenntnisses, welche wissentlich[1] dem Gesetz zuwider eine Ehe mit einem Nichtchristen eingeht, wird bestraft:

mit Haft.

Der Täter bleibt straffrei, falls der Nichtchrist, der die Ehe mit ihm eingeht, während des Bestehens der Ehe zum Christentum übergetreten ist[2].

1 Gemäß VO. 7. 6. 16 für notorisch. 2 Bernstein fälschlich: übertritt. Zu berücksichtigen ist § 9 StRVO.

§ 416. Wer wissentlich eine Ehe mit einem in solchem Grade Verwandten oder Verschwägerten eingeht, daß die Ehe vom Gesetz als nichtig erklärt wird[1], wird, falls er nicht nach § 411 der Verantwortung unterliegt, bestraft:

mit Haft.

1 § 410 Anm. 2.

§ 417. Wer eine unverehelichte Frauensperson unter einundzwanzig Jahren, welche die Ehevolljährigkeit[1] erreicht hat, entführt, um sie mit ihrem Willen, jedoch ohne Einwilligung ihrer Eltern zur Ehe zu bringen, wird bestraft[2]:

mit Haft.

1 § 414 Anm. 1. 2 Der Minderjährige kann im Rahmen des § 419[3] ebenfalls bestraft werden.

§ 418. Ein Ehegatte, welcher Ehebruch begeht, ebenso, wer wissentlich mit einem Ehegatten ein ehebrecherisches Verhältnis anknüpft, wird bestraft:

mit Haft.

§ 419. Wer:

1) sich weigert, seiner Mutter[1] oder seinem ehelichen[5] Vater trotz Kenntnis[2] ihrer Bedürftigkeit Ernährung oder Unterhalt zu gewähren, obwohl er im Besitz genügender Mittel ist[3];

2) der elterlichen Gewalt gegenüber hartnäckig den Gehorsam verweigert oder mit der Mutter oder dem ehelichen[5] Vater grob umgeht;

3) vor der Erreichung des Alters von einundzwanzig Jahren einem ausdrücklichen[4] Verbot der Mutter oder des ehelichen[5] Vaters zuwider eine Ehe eingeht,

wird bestraft:

mit Haft.

1 Gleichgültig, ob ehelich oder außerehelich. 2 Gemäß VO. 7. 6. 16 für notorisch. 3 Der Satzbau ist unter Abweichung von Bernstein dem deutschen Sprachgebrauch angepaßt. 4 Bernstein: entschiedenen. 5 Vgl. § 454 Anm. 2.

§ 420. Eltern, Vormünder, Pfleger oder Wärter[1] eines Minderjährigen, welche:

1) einen Minderjährigen unter siebzehn Jahren grausam be-

handeln, falls ihre Handlung keine schwere oder sehr schwere Körperverletzung[2] bildet;

2) einen Minderjährigen unter siebzehn Jahren zum Betteln oder zu einer sonstigen unsittlichen Beschäftigung verleiten[3] oder ihn zu diesem Zweck einem anderen übergeben;

3) einen Minderjährigen unter einundzwanzig Jahren durch Mißbrauch der elterlichen oder vormundschaftlichen Gewalt zur Eingehung einer Ehe zwingen, falls die Ehe geschlossen wird,

werden bestraft:

mit Gefängnis[4].

Überdies ist dem Gericht anheimgestellt, dem Täter die Gewalt über den Minderjährigen zu entziehen.

1 Bernstein: Beaufsichtiger. Gemeint ist jede Person, die die Aufsicht übernommen hat oder ausübt. Der russische Begriff ist weiter als „Erzieher". 2 §§ 467, 468. 3 Bernstein: belehrten. 4 2 Wochen bis 1 Jahr.

§ 421. Eltern, Vormünder, Pfleger oder Wärter eines Minderjährigen, welche diesen vor der Erreichung des hierfür festgesetzten Alters in ein Werk[1], eine Fabrik, ein Bergwerk oder eine Handwerksanstalt geben, werden bestraft:

mit Haft nicht über einem Monat oder mit Geldstrafe nicht über hundert Rubeln.

1 Siehe § 197 Anm. 3.

§ 422. Ein Vormund oder ein Pfleger, welcher durch Mißbrauch seiner Gewalt eine Person unter einundzwanzig Jahren zur Eingehung der Ehe mit ihm nötigt, wird, falls die Ehe geschlossen wird, bestraft:

mit Gefängnis von drei Monaten bis zu drei Jahren[1].

1 Gemäß § 2 StRBO. Ersatzstrafe für Korrektionshaus nicht über 3 Jahren.

§ 423[1]. Eltern, Vormünder, Pfleger, Dienstherren, Arbeitgeber und alle übrigen Personen, welche kraft Gesetzes oder Vertrages zur Aufsicht über eine minderjährige Person verpflichtet sind, oder zu deren Hausgenossenschaft eine minderjährige Person gehört, werden, wenn der Minderjährige eine mit Strafe bedrohte Handlung begeht, mit Haft bis zu drei Monaten und mit Geldstrafe bis zu fünfhundert Rubeln oder mit einer dieser Strafen bestraft. Wird festgestellt, daß sie die Tat auch bei Ausübung der nach den Umständen erforderlichen Aufsicht nicht hätten verhindern können, so tritt Straflosigkeit ein.

1 Die Fassung beruht auf § 18 StRBO.

§ 424[1]. Wer Geburten oder Todesfälle bei demjenigen, der zur Führung der Personenstandsbücher[2] oder der Geburts- oder Todesregister[3] zuständig ist, anzumelden hat und[1] dieser Verpflichtung nicht nachkommt, wird bestraft:

mit Geldstrafe nicht über fünfzig Rubeln.

1 Der Text ist unter Abweichung von Bernstein dem deutschen Sprachgebrauch angepaßt. 2 Bernstein: Geburtsregister; im Russischen steht dasselbe Wort, das er in § 425 durch Geburtsbücher wiedergegeben hat; Ähnliches gilt von „Urkunden" in § 424 und „Register" in § 425. Es bedeutet wörtlich „metrische Bücher", in welche die gesamten Personenstandsveränderungen eingetragen werden. Dem entspricht am besten Personenstandsbücher. 3 Bernstein: Urkunden. Es sind aber nicht solche, sondern, wie Bernstein in § 425 richtig übersetzt, Register gemeint.

§ 425. Zur Führung der Personenstandsbücher oder der Geburts-, Todes- oder Eheschließungsregister verpflichtete Geistliche andersgläubiger christlicher oder nichtchristlicher Glaubensbekenntnisse oder Beamte, welche in jene Bücher oder Register Angaben, durch welche die bürgerlichen Folgen dieser Ereignisse bedingt werden, einzutragen unterlassen, werden bestraft:

mit Gefängnis[1].

Überdies ist dem Gericht anheimgestellt, den schuldigen Geistlichen[2] für die Dauer von sechs Monaten bis zu drei Jahren des kirchlichen Amtes zu entheben.

1 2 Wochen bis 1 Jahr. 2 Die Beamten sind auch im russischen Text nicht erwähnt.

§ 426. Zur Führung der Personenstandsbücher oder der Geburts-, Todes- oder Eheschließungsregister verpflichtete Geistliche andersgläubiger christlicher oder nichtchristlicher Glaubensbekenntnisse oder Beamte, welche:

1) aus Nachlässigkeit die gehörigen Angaben in solche Bücher oder Register einzutragen unterlassen;

2) aus Nachlässigkeit falsche Angaben in solche Bücher oder Register eintragen;

3) die durch Gesetz oder verbindliche Verordnung festgesetzten Bestimmungen über die[1] Führung oder[2] Aufbewahrung solcher Bücher oder Register oder über ihre rechtzeitige Ablieferung an die zuständigen Stellen nicht befolgen,

werden bestraft:

mit Geldstrafe nicht über dreihundert Rubeln.

1 Im Russischen steht noch das im Deutschen überflüssige: Ordnung der. 2 Bernstein fälschlich: und.

Zwanzigstes Kapitel.

Fälschung von Münzen, Wertpapieren und Zeichen.

§ 427. Wer:

1) inländische Münzen, wenn auch aus einem Metall der für sie festgesetzten Probe, oder staatliche Kreditnoten[1];

2) inländische staatliche Zinspapiere[2], deren Zins- oder Erneuerungsscheine[3] oder Noten staatlicher Kreditanstalten oder sonstige staatliche Wertpapiere

fälscht[4], wird bestraft[5]:

mit Zuchthaus[6] nicht über zwölf Jahren.

Wird die Fälschung der inländischen Münzen, Noten, Papiere, Zins- oder Erneuerungsscheine auf eine Art begangen, die keine Gefahr einer beträchtlichen Vermehrung der Fälschungen bietet, so wird der Täter bestraft[5]:

mit Zuchthaus[6] nicht über acht Jahren oder mit Gefängnis von drei Monaten bis zu sechs Jahren[7].

Werden ausländische Münzen oder staatliche Kreditnoten oder Zinspapiere, deren Zins- oder Erneuerungsscheine oder Noten staatlicher Kreditanstalten oder sonstige staatliche Wertpapiere gefälscht, so wird der Täter bestraft[5]:

mit Zuchthaus[6] nicht über zehn Jahren.

Falls jedoch:

1) die Fälschung der ausländischen Münzen, Noten, Papiere, Zins- oder Erneuerungsscheine auf eine Art begangen wird, die keine Gefahr einer beträchtlichen Vermehrung der Fälschungen bietet;

2) ausländische unvollwertige Münzen (Billons) gefälscht werden,

so wird der Täter bestraft[5]:

mit Gefängnis von drei Monaten bis zu sechs Jahren[7].

Der Versuch ist strafbar.

1 Das sind die unseren Banknoten und Kassenscheinen entsprechenden „staatlichen Kreditbillette" des Kreditges. Teil 3. 2 Das sind die unseren Staats- und Reichsanleihen entsprechenden fortlaufend verzinslichen Staatsschulden des Kreditges. Teil 2. 3 Bernstein: Kupons oder Talons. 4 Bernstein: nachmacht. Im Russischen steht dasselbe Wort wie in der Kapitelüberschrift; es bedeutet: fälschlich anfertigen. Die Änderung ist in §§ 427—431, 434, 436, 437 ff. durchgeführt. 5 Nebenstrafe in § 429. 6 Gemäß § 2 StRVO. Ersatzstrafe für Zwangsarbeit von gleicher Dauer. Vgl. § 16 Anm. 1. 7 Gemäß § 2 StRVO. Ersatzstrafe für Korrektionshaus.

§ 428. Wer inländische oder ausländische Noten öffentlicher oder privater Kreditanstalten oder Aktien oder Schuldverschreibungen von Gesellschaften oder Genossenschaften, die in festgesetzter Ordnung zur Ausgabe von Noten, Aktien oder Schuldverschreibungen ermächtigt sind, oder sonstige zum Verkehr zugelassene Zins- oder Wertpapiere oder deren Zins- oder Erneuerungsscheine fälscht, wird bestraft:

mit Zuchthaus[1] nicht über acht Jahren.

Wird die Fälschung auf eine Art begangen, die keine Gefahr einer beträchtlichen Vermehrung der Fälschungen bietet, so wird der Täter bestraft:

mit Gefängnis von drei Monaten bis zu sechs Jahren[2].

Der Versuch ist strafbar.

1 Gemäß § 2 StRVO. für Zwangsarbeit von gleicher Dauer. Vgl. § 16 Anm. 1. 2 Gemäß § 2 StRVO. Ersatzstrafe für Korrektionshaus.

§ 429. Wer den in §§ 427 oder 428 genannten Münzen, Noten, Papieren, Zins- oder Erneuerungsscheinen durch Veränderung an denselben den Schein eines höheren Wertes gibt oder von solchen Noten, Papieren, Zins- oder Erneuerungsscheinen die Zeichen ihrer Bezahlung oder sonstigen Löschung entfernt, wird wie wegen deren Fälschung bestraft.

§ 430. Wer wissentlich[1] gefälschte oder verfälschte Münzen, Noten, Papiere, Zins- oder Erneuerungsscheine der in §§ 427 oder 428 genannten Art in Verkehr bringt oder zur Bezahlung vorlegt oder übergibt, annimmt, aufbewahrt, aus dem Auslande einführt oder einläßt, um sie in Verkehr zu bringen oder zur Bezahlung vorzulegen, wird wie wegen deren Fälschung bestraft.

Empfängt derjenige, welcher wissentlich[1] gefälschte oder verfälschte[2] Münzen, Noten, Papiere, Zins- oder Erneuerungsscheine absetzt[3], diese als echt oder von einer Person, die sie als echt empfangen hat, so wird er bestraft:

mit Gefängnis nicht über sechs Monaten.

1 Gemäß VO. 7. 6. 16 für notorisch. 2 Bei Bernstein ausgelassen. 3 Vgl. § 431 Anm. 2.

§ 431. Wer:

1) Vorbereitungen zu einer Fälschung der in §§ 427 oder 428 genannten Münzen, Noten, Papiere, Zins- oder Erneuerungsscheine trifft;

2) an einer Verbindung[1] teilnimmt, die sich gebildet hat, um die in den §§ 427 oder 428 genannten Münzen, Noten, Papiere, Zins- oder Erneuerungsscheine zu fälschen oder zu verfälschen oder gefälscht oder verfälscht abzusetzen[2],

wird bestraft:

mit Gefängnis nicht unter sechs Monaten[3].

1 Bandenbildung zu gleichem Zweck ahndet § 279 Ziff. 1. Der Unterschied liegt im Vorsatz, je nachdem er auf einmalige oder fortgesetzte Begehung gerichtet ist. 2 Bernstein: anzubringen. Im Russischen steht dasselbe Wort wie in §§ 279 Ziff. 4, 616. Es ist nicht das „Ansichbringen" des § 249 RStGB., sondern dessen „Absetzen" gemeint. 3 Höchstmaß 1 Jahr.

§ 432. Wer die Probe oder das Gewicht russischer oder ausländischer Münzen durch Verringerung[1] verändert, um mittels Absatzes[2] solcher Münzen als vollgültiger die abgetrennten Metallteile sich anzueignen, wird, falls dieser Absatz erfolgt oder falls er diese Handlungen gewerbsmäßig betreibt, bestraft:

mit Gefängnis von drei Monaten bis zu sechs Jahren[3].

Derselben Bestrafung unterliegt derjenige, welcher wissentlich[4] auf die in diesem Paragraphen bezeichnete Weise gewonnenes Metall aufkauft.

1 Bernstein: Abnehmen ihrer Teile. 2 Bernstein: Anbringens; vgl. § 431 Anm. 2. 3 Gemäß § 2 StRVO. für Korrektionshaus. 4 Gemäß VO. 7. 6. 16 für notorisch.

§ 433. Wer:

1) von Papieren, Verhandlungen oder Urkunden, welche sich in Aktenstücken von Regierungsanstalten oder Amtspersonen befinden, Stempelmarken, mit welchen die bezeichneten Papiere bezahlt wurden, ablöst;

2) die Löschungszeichen auf solchen Stempelmarken ausbeizt oder vernichtet;

3) den auf Stempelpapier, das Aktenstücken von Regierungsanstalten oder Amtspersonen entnommen ist, geschriebenen Text ausbeizt oder vernichtet[1],

wird, falls diese Handlungen begangen werden, um solche Stempelmarken oder Stempelpapiere als echte abzusetzen oder in Verkehr zu bringen, bestraft:

mit Haft nicht über drei Monaten oder mit Geldstrafe nicht über dreihundert Rubeln.

Werden die unter Abs. 1 dieses Paragraphen fallenden strafbaren Handlungen gewerbsmäßig begangen, so wird der Täter bestraft:

mit Gefängnis[2].

1 Der Satzbau ist dem deutschen Sprachgebrauch angepaßt. 2 2 Wochen bis 1 Jahr.

§ 434. Wer inländische oder ausländische Stempelpapiere, Marken, Banderolen [1] oder sonstige Wertzeichen, die als Bestätigung der Bezahlung von staatlichen [2] oder sonstigen öffentlichen Steuern oder Gebühren zu dienen bestimmt sind, fälscht oder derart verfälscht, daß sie den Schein eines höheren Wertes erhalten, wird bestraft:

mit Gefängnis von drei Monaten bis zu sechs Jahren [3].

Der Versuch ist strafbar.

Derselben Bestrafung unterliegt derjenige, welcher wissentlich [4] gefälschte oder verfälschte Wertzeichen als echte gebraucht oder absetzt.

Betreibt jedoch der Täter das Fälschen, Verfälschen oder das Absetzen gefälschter oder verfälschter Wertzeichen gewerbsmäßig, so wird er bestraft:

mit Gefängnis von drei Jahren bis zu sechs Jahren [5].

1 Bernstein mißverständlich: Kreuzbänder; vgl. § 344 Anm. 1. 2 Bernstein: Regierungs-. 3 Gemäß § 2 StRVO. Ersatzstrafe für Korrektionshaus. 4 Gemäß VO. 7. 6. 16 für notorisch. 5 Gemäß § 2 StRVO. Ersatzstrafe für Korrektionshaus von gleicher Dauer.

§ 435. Wer Stempelpapiere, Marken, Banderolen oder sonstige Wertzeichen, die als Bestätigung der Bezahlung von staatlichen oder sonstigen öffentlichen Steuern oder Gebühren zu dienen bestimmt sind, auf denen, wie er weiß [1], die Zeichen ihrer Löschung vernichtet sind, als echte gebraucht oder als ungebrauchte absetzt, wird bestraft:

mit Gefängnis [2].

Derselben Bestrafung unterliegt derjenige, welcher auf gebrauchten Stempelpapieren, Marken, Banderolen oder sonstigen derartigen Wertzeichen die Zeichen ihrer Löschung vernichtet, um sie als echte abzusetzen oder in Verkehr zu bringen, falls er dieses Absetzen oder Inverkehrbringen gewerbsmäßig betreibt.

1 Gemäß VO. 7. 6. 16 für notorisch. 2 2 Wochen bis 1 Jahr. Vgl. § 344 III.

§ 436. Die Werkzeuge und Materialien, welche zur Fälschung oder Verfälschung der Münzen, Noten, Papiere, Zinsscheine, Erneuerungsscheine oder Wertzeichen gedient haben, ebenso die gefälschten oder verfälschten Münzen, Noten, Papiere, Zinsscheine, Erneuerungsscheine oder Wertzeichen werden eingezogen.

Demjenigen, welcher die in § 427 Abs. 1 u. 2 genannten Münzen, Noten, Papiere, Zinsscheine oder Erneuerungsscheine fälscht, verfälscht oder absetzt, wird neben der Strafe eine Geldbuße in Höhe des Nennwertes der in Verkehr gebrachten Münzen, Noten, Papiere, Zinsscheine oder Erneuerungsscheine auferlegt.

Einundzwanzigstes Kapitel.

Urkundenfälschung.

§ 437[1]. Wer einen Allerhöchsten Befehl fälscht oder verfälscht in der Absicht, ihn als einen echten zu gebrauchen, oder in Kenntnis seiner Vorausbestimmung zu diesem Zwecke, wird bestraft:

mit zeitiger Zuchthausstrafe[2].

Wird ein Allerhöchster Befehl mit eigenhändiger Bestätigung Seiner Majestät oder mit Allerhöchster Unterschrift gefälscht oder verfälscht, so wird der Täter bestraft:

mit lebenslänglicher Zuchthausstrafe[2].

1 § 437 ist gegenstandslos; vgl. § 9 StRVO. Eine entsprechende Anwendung auf Handschreiben des deutschen Kaisers erscheint nicht angängig, da dieser nicht Landesherr ist und außerdem die Militärgerichte nach deutschem Strafrecht zu urteilen hätten. 2 Gemäß § 2 StRVO. Ersatzstrafe für Zwangsarbeit von gleicher Dauer. Wegen des Mindestmaßes vgl. § 16 Anm. 1.

§ 438. Wer Beweise des Personenstandes[1] einer anderen Person beschädigt, verheimlicht, sich aneignet, fälscht oder verfälscht in der Absicht, deren Stand zu verheimlichen oder zu verändern, oder in Kenntnis ihrer Vorausbestimmung zu diesem Zwecke, wird bestraft:

mit Gefängnis von drei Jahren bis zu sechs Jahren[2].

Der Versuch ist strafbar.

1 Bernstein: bürgerlichen Standes. Es ist nicht, was nach der russischen Ständegliederung naheliegen könnte, ein Gegensatz zu Adel, Geistlichkeit und Bauernschaft gemeint. § 438 erstreckt sich vielmehr auf alle Stände gleichmäßig. 2 Gemäß § 2 StRVO. Ersatzstrafe für Korrektionshaus von gleicher Dauer.

§ 439. Wer wissentlich eine ihm nicht zukommende Personenstandsurkunde[1] zur Aneignung eines fremden Personenstandes benutzt, wird bestraft:

mit Gefängnis von drei Monaten bis zu sechs Jahren[2].

1 Bernstein: Standesakte. Das auch in der russischen Sprache verwendete Lehnwort Akte bezeichnet im engeren Sinne alle Urkunden. 2 Gemäß § 2 StRVO. Ersatzstrafe für Korrektionshaus.

§ 440. Wer Urkunden[1], die als Beweismittel[2] für Entstehung, Veränderung oder Erlöschen von Rechten oder Verpflichtungen dienen können, fälscht oder verfälscht in der Absicht, sie als echte zu benutzen, oder in Kenntnis ihrer Vorausbestimmung zu diesem Zwecke[3], wird bestraft:

mit Gefängnis von drei Monaten bis zu sechs Jahren[4].

1 Bernstein: Dokumente. Darunter sind Urkunden im engeren Sinne d. h. Schriftstücke beweisenden Inhalts verstanden, im Gegensatz zu § 443 Ziff. 3, der Fälschung von allen anderen derartigen Beweismitteln unter Strafe stellt. Bei Taganzew ist der Begriff der Urkunde folgendermaßen bestimmt: körperliche Gegenstände, welche ein Geschehnis schriftlich bezeugen, daran erinnern oder darauf hinweisen, soweit sie beweiserheblich sind, ohne Rücksicht darauf, ob sie von einer Behörde oder Privatperson ausgehen. Einige derartige Urkunden sind in den folgenden Paragraphen unter geringeren Strafschutz gestellt. 2 Bernstein: Beglaubigungen. Dieser Ausdruck ist mißverständlich, da unter ihm in der deutschen Rechtssprache gewöhnlich im Gegensatz zur Beurkundung stehende behördliche Mitwirkung verstanden wird. Diesen engen Sinn hat der russische Ausdruck nicht; er bezeichnet vielmehr so viel wie bestätigen, erhärten, bekunden, bezeugen, legitimieren. 3 Im Gegensatz zu § 267 RStGB. und §§ 442, 443 gehört Gebrauchmachen von der gefälschten Urkunde hier nicht zum Tatbestande der vollendeten Urkundenfälschung. 4 Gemäß § 2 StRVO. Ersatzstrafe für Korrektionshaus.

§ 441. Wer Urkunden, welche zum Beweise einer Handlung, Verordnung oder Verfügung von staatlichen oder sonstigen öffentlichen Anstalten oder von Beamten dienen, in der Absicht fälscht oder verfälscht, sie als echte zu benutzen, oder in Kenntnis ihrer Vorausbestimmung zu diesem Zwecke[1], wird bestraft:

mit Gefängnis von zwei Wochen bis zu sechs Jahren[2].

1 Der Text ist, auch in Anlehnung an § 440 Anm. 1 und 2, abweichend von der Bernsteinschen Fassung dem deutschen Sprachgebrauch angepaßt. — Gebrauchmachen ist zum Tatbestande nicht erforderlich. 2 Gemäß § 2 StRVO. für Korrektionshaus oder Gefängnis.

§ 442. Wer einen Aufenthaltsschein[1] oder eine Reise- oder Urlaubsbewilligung fälscht oder verfälscht in der Absicht, sie als echte zu benutzen[2], oder in Kenntnis ihrer Vorausbestimmung zu diesem Zwecke, wird, falls die Urkunde als echte benutzt oder abgesetzt[3] wird, bestraft:

mit Gefängnis[4].

Falls:

1) die Verfälschung sich nur auf die in diesen Urkunden bezeichnete Angabe von Ort oder Dauer des Aufenthalts bezieht;

2) eine solche Urkunde als echte nicht benutzt und nicht abgesetzt wird,

so wird der Täter bestraft:

mit Gefängnis nicht über sechs Monaten.

Betreibt jedoch der Täter die Fälschung oder Verfälschung der in diesem Paragraphen vorgesehenen Urkunden gewerbsmäßig, so wird er bestraft:

mit Gefängnis von drei Monaten bis zu sechs Jahren[5].

1 Damit ist jeder Personalausweis, aus dem sich das Recht zum Aufenthalt an einem bestimmten Orte ergibt, insbesondere jeder Paß gemeint. 2 Bernstein in unbegründeter Abweichung von §§ 440, 441: gebrauchen. 3 Bernstein: angebracht. Der Sinn dieses Wortes ist nicht verständlich. Im Russischen steht das von Bernstein in § 616 richtig mit „Absatz, absetzt" wiedergegebene. Dieses muß daher auch hier gebraucht werden. 4 2 Wochen bis 1 Jahr. 5 Gemäß § 2 StRVO. Ersatzstrafe für Korrektionshaus.

§ 443. Wer:

1) Gesundheits-, Führungs- oder Armutszeugnisse;

2) Zeugnisse zur Erhaltung von Vergünstigungen bei der Bezahlung von Steuern, Zöllen oder sonstigen Gebühren oder zur Befreiung von deren Bezahlung oder zur Erhaltung einer staatlichen oder öffentlichen Unterstützung;

3) Gegenstände, die als Beweismittel[1] für Entstehung, Veränderung oder Erlöschen von Rechten oder Verpflichtungen dienen können;

4) durch Gesetz oder verbindliche Verordnung vorgeschriebene Blechschilder, Jetons oder sonstige Beweiszeichen, welche die Entrichtung von Zöllen oder Gebühren, die Erfüllung der zur Erwirkung einer Erlaubnis der zuständigen Obrigkeit vorgeschriebenen Handlungen oder die Erteilung solcher Erlaubnis bezeugen[2];

5) schriftliche Dienstverträge oder Dienstbücher[3];

6) Urkunden, die zur Auskunft[4] oder zum Beweise für das Eingehen oder den Verbleib[5] von Papieren oder für die Beobachtung der Formen und Zeremonien der Geschäftsführung dienen;

7) Zeugnisse, Scheine oder Zeichen des Jagdrechts, des Rechts zum Fisch- oder sonstigem ähnlichen Fange, des Rechts, Pilze zu sammeln, oder zu sonstiger Vermögensbenutzung;

8) Zeugnisse, Scheine oder Zeichen des Rechts zur Fahrt auf Eisenbahnen oder sonstigen Verkehrslinien[6] oder des Rechts zum Zurtitt zu Schauspielen oder in Räumlichkeiten, zu denen der Zutritt gegen besondere Beweiszeugnisse[1], -scheine oder -zeichen gestattet wird;

9) Loose[7] einer von der Regierung gestatteten Lotterie,

fälscht oder verfälscht in der Absicht, sie als echte zu benutzen, oder in Kenntnis ihrer Vorausbestimmung zu diesem Zwecke, wird, falls eine solche Urkunde als echte benutzt oder abgesetzt[8] wird, bestraft:

mit Gefängnis nicht über sechs Monaten.

Falls:

1) der durch eine solche Urkunde zu beweisende[1] Umstand wahr ist;

2) eine solche Urkunde als echte nicht benutzt und nicht abgesetzt[8] wird,

so wird der Täter bestraft:

mit Haft.

Betreibt jedoch der Täter die Fälschung oder Verfälschung der in diesem Paragraphen vorgesehenen Urkunden gewerbsmäßig, so wird er bestraft:

mit Gefängnis von drei Monaten bis zu sechs Jahren[9], [10].

1 Vgl. § 440 Anm. 2. Urkunden fallen unter § 440. **2** Der Wortlaut ist dem deutschen Sprachgebrauch angepaßt. **3** Bernstein: Vertragsbogen oder Personalmietbücher; vgl. § 373 Anm. 1. **4** Damit sind Schriftstücke gemeint, die eine amtliche Auskunft enthalten. **5** Bernstein: Bewegung. Darunter fallen vor allem Belege über Weiterleitung, die sogenannten Retente. **6** Vgl. § 382 Anm. 1. **7** Bernstein: Schein. Im Russischen steht das von Bernstein in § 333 wörtlich mit „Billets" wiedergegebene Wort. **8** Vgl. § 442 Anm. 3. **9** Gemäß § 2 StRVO. Ersatzstrafe für Korrektionshaus. **10** Vgl. § 614 (Blankettfälschung).

§ 444. Im staatlichen oder öffentlichen Dienst nicht angestellte Ärzte[1], welche wissentlich ein falsches Zeugnis über den Gesundheitszustand ausstellen, werden bestraft:

mit Gefängnis nicht über sechs Monaten.

1 Amtsärzte fallen unter § 667[1].

§ 445. Wer:

1) vor der zuständigen Obrigkeit einen Umstand wissentlich falsch bestätigt[1], welcher in eine Personenstandsurkunde[2] oder in eine grundbuchamtlich oder in notarieller Verhandlung[3] aufzunehmende oder zu beglaubigende Urkunde oder in ein Hypotheken- oder Grundbuch eingetragen werden soll, falls auf Grund dieser Bestätigung[1] eine solche Urkunde aufgenommen oder beglaubigt[4] wird oder die Eintragung in das Buch stattfindet;

2) als Zeuge eine nach dem Gesetze einer solchen Bescheinigung[5] bedürfende Urkunde bescheinigt[5], falls diese Urkunde oder diese Bescheinigung[5] eine wissentlich[6] falsche Angabe des durch die Bescheinigung[5] zu bestätigenden Umstandes enthalten;

3) in gesetzlich vorgeschriebenen Handelsbüchern oder in aus ihnen abgeschriebenen Handelsrechnungen einen durch diese Bücher zu bestätigenden[1] Umstand wissentlich falsch angibt, falls diese Bücher oder Rechnungen der zuständigen Stelle[7] zur Bestätigung[8] dieses Umstandes vorgelegt werden,

wird bestraft:

mit Gefängnis von drei Monaten bis zu sechs Jahren [9].

1 Vgl. § 440 Anm. 2. Hier wäre „beweist" so ungebräuchlich wie beglaubigt falsch ist. Das russische Wort hat hier den Sinn von angeben oder bekunden. 2 Bernstein: Standesakten; vgl. § 438. 3 Bernstein: Ordnung. 4 Bernstein: bezeugt. Hier muß es beglaubigt heißen, wie Bernstein dasselbe Wort wenige Zeilen zuvor richtig übersetzt hat. Im Russischen steht nicht das bei § 440 Anm. 2 erwähnte Wort. 5 Bernstein: Beglaubigung. Hier steht im Russischen weder das bei Anm. 1 noch das bei Anm. 4 erwähnte Wort. Gemeint ist die „Bescheinigung" des § 222 russ. ZivGes. und der §§ 84 ff. russ. NotO. 6 Gemäß VO. 7. 6. 16 für notorisch. 7 Bernstein: Institution. 8 Bernstein: Bezeugung. Im Russischen steht nicht das bei Anm. 4, sondern das bei Anm. 1 erwähnte Wort. 9 Gemäß § 2 StRVO. Ersatzstrafe für Korrektionshaus.

§ 446. Wer in den von der Regierung ausgegebenen Bergwerks- oder sonstigen Werkbüchern [1] die Aufzeichnungen der bergsteuerpflichtigen Mineralien wissentlich falsch wiedergibt, wird bestraft:

mit Gefängnis von drei Monaten bis zu sechs Jahren [2].

Überdies wird dem Besitzer des Werkes [3], des Gewerbebetriebes [4] oder der goldgewinnenden Fabrik, welchem das Buch ausgegeben wurde, eine Geldbuße auferlegt in Höhe des doppelten Betrages der Bergsteuern für die Jahre, auf die sich die falsche Aufzeichnung bezieht, zugunsten der Krone oder des Kabinetts Seiner Majestät, je nach der Zugehörigkeit [5].

1 Bernstein: Manufakturbüchern. Im Russischen steht das auch sonst durch Werk wiedergegebene Wort. 2 Gemäß § 2 StRVO. Ersatzstrafe für Korrektionshaus. 3 Bernstein: Manufaktur; vgl. § 197 Anm. 3. 4 Bernstein: Werk; vgl. § 364 Anm. 2. 5 Jetzt gegenstandslos; vgl. § 355 Anm. 3.

§ 447. Wer ein Gold- oder Platinwerk, von welchem er weiß, daß eine andere Person es angemeldet oder, wenn auch nicht angemeldet, so doch früher entdeckt hat, anmeldet, um eine Parzelle zum Abbau in den Ländereien der Krone oder des Kabinetts Seiner Majestät zu erhalten, wird bestraft:

mit Gefängnis.

Überdies wird dem Täter das Recht zu weiteren Suchungen entzogen [1].

1 Diese für Ostrußland gegebene Bestimmung ist hier bei dem Fehlen von derartigen Bergwerken bedeutungslos, zumal auch der Zwecksatz die Anwendung des Paragraphen ausschließt. Für „anmelden" müßte muten, für „suchen" schürfen gesetzt werden.

§ 448. Wer wissentlich [1] eine gefälschte, verfälschte oder eine falsche Bestätigung [2] enthaltende Urkunde als eine echte benutzt oder eine solche Urkunde absetzt [3], wird, falls für diese Handlung keine besondere Verantwortung festgesetzt ist, wie wegen Fälschung, Verfälschung oder Abfassung einer solchen Urkunde bestraft [4].

1 Gemäß VO. 7. 6. 16 für notorisch. 2 Vgl. § 440 Anm. 2, § 445 Anm. 1. Im Russischen ist derselbe Ausdruck gebraucht wie in diesen beiden Fällen. Er läßt sich im Deutschen schwer wiedergeben und umfaßt auch hier Beglaubigungen im engeren Sinne und Bestätigung durch Zeugen usw. im Sinne des § 445. 3 Vgl. § 442 Anm. 3. 4 §§ 438—445.

§ 449. Wer das große Staatssiegel oder ein sonstiges Siegel des regierenden Kaisers fälscht, um es als ein echtes zu benutzen, oder in Kenntnis seiner Vorausbestimmung zu diesem Zwecke, wird bestraft:

mit Zuchthaus nicht über acht Jahren.

Derselben Bestrafung unterliegt derjenige, welcher wissentlich das gefälschte große Staatssiegel oder ein sonstiges nachgemachtes Siegel des regierenden Kaisers, zu welchem Zweck es auch sei, benutzt[1].

1 § 449 ist jetzt gegenstandslos; vgl. § 9 StRVO. und § 437 Anm. 1.

§ 450. Wer Siegel oder sonstige zum Aufdrücken von Stempeln oder sonstigen Bestätigungszeichen[1] im Namen von staatlichen oder sonstigen öffentlichen Anstalten oder im Namen von Beamten dienende Werkzeuge fälscht in der Absicht, sie als echte zu benutzen, oder in Kenntnis ihrer Vorausbestimmung zu diesem Zwecke, wird bestraft:

mit Gefängnis[2].

1 Vgl. § 448 Anm. 2. 2 2 Wochen bis 1 Jahr.

§ 451. Wer fremde Stempel oder Namenssiegel oder sonstige Werkzeuge, welche zum Aufdrücken von Siegel ersetzenden Zeichen dienen, fälscht, wird, falls diese Fälschung begangen wird in der Absicht, die Siegel oder Werkzeuge als echte zu benutzen, oder in Kenntnis ihrer Vorausbestimmung zu diesem Zwecke und um die Vermögensinteressen von Privatpersonen oder -anstalten zu schädigen, bestraft:

mit Gefängnis nicht über drei Monaten.

§ 452. Wer:

1) wissentlich[1] gefälschte Siegel oder sonstige zum Aufdrücken von Stempeln oder sonstigen Bestätigungszeichen[2] im Namen von staatlichen oder öffentlichen Anstalten oder im Namen von Beamten bestimmte Werkzeuge;

2) wissentlich[1] gefälschte fremde Stempel- oder Namenssiegel oder sonstige Werkzeuge, welche zum Aufdrücken von Siegel ersetzenden Zeichen dienen;

3) echte Siegel oder sonstige Werkzeuge im Sinne der Ziff. 1 und 2 dieses Paragraphen wissentlich, ohne dazu berechtigt zu sein, oder entgegen dem Willen der Person, in deren Namen die Bestätigungszeichen[2] aufgedrückt werden,

zum Aufdrücken von Bestätigungszeichen [2] benutzt, wird bestraft:
mit Gefängnis [3].

Werden solche Siegel oder Werkzeuge zur Bestätigung [2] von Urkunden benutzt, so wird der Täter wie wegen Fälschung der Urkunden bestraft.

1 Gemäß VO. 7. 6. 16 für notorisch. 2 Vgl. § 448 Anm. 2. 3 2 Wochen bis 1 Jahr.

Zweiundzwanzigstes Kapitel.

Verbrechen und Vergehen wider das Leben.

§ 453. Wer einen Menschen tötet [1], wird bestraft:
mit dem Tode [2].

1 Russ. StGB. unterscheidet nicht zwischen Mord und Totschlag im Sinne der §§ 211, 212 RStGB., sondern nur zwischen Tötung (§ 453) und schwerer Tötung (§§ 454—456) nach Art der Strafschärfungsgründe in §§ 214, 215 RStGB. im Verhältnis zu § 212 RStGB. Die Bedeutung dieser Strafschärfungsgründe ist jetzt herabgemindert, da der Strafrahmen jetzt überall der gleiche ist. In allen Fällen ist nur Vorsatz, nicht auch Überlegung erfordert; es steht aber nichts im Wege, in deren Mangel einen mildernden Umstand im Sinne des § 53 zu sehen. Die Tötung im Affekt behandelt § 458. 2 § 19 I StRVO. Nach den Erläuterungen vom 1. 5. 17 (oben S. 23) ist die Zubilligung mildernder Umstände zulässig Bei ihrer Bejahung kann auf lebenslängliches Zuchthaus oder auf Zuchthaus von 10—15 Jahren erkannt werden, nicht auf zeitige Zuchthausstrafe schlechthin, wie in den Erläuterungen gesagt ist; dem steht der zwingende Wortlaut des § 53 entgegen. Über Nebenstrafen vgl. § 25 nebst Anmerkungen.

§ 454. Wer seine Mutter [1] oder seinen ehelichen [2] Vater tötet, wird bestraft:
mit dem Tode [1].

1 Vgl. § 419 Anm. 1. 2 Wörtlich: gesetzmäßigen. Darunter ist auch der dem ehelichen vom Gesetz gleichgestellte Vater verstanden. 3 Vgl. § 453 Anm. 1, 2.

§ 455. Wer:

1) einen Verwandten auf- oder absteigender Linie, seinen Gatten oder seine Gattin, seinen Bruder oder seine Schwester;

2) einen Priester bei der Vornahme eines Gottesdienstes oder einer geistlichen Handlung;

3) eine Amtsperson bei der Verrichtung ihrer Dienstpflichten oder aus Anlaß solcher Verrichtung;

4) eine Person, der die heilige Person des regierenden Kaisers oder ein Mitglied des kaiserlichen Hauses beschützenden Wache oder [1] den Posten einer Militärwache;

5) seinen Vorgesetzten oder Dienstherrn[2] oder ein mit dem Dienstherrn zusammen wohnendes Mitglied der Familie desselben[3] oder den Prinzipal, in dessen Diensten er steht, oder den Meister, bei dem er in Arbeit oder Lehre sich befindet, oder eine Person, welcher er seine Erziehung oder seinen Unterhalt zu verdanken hat;

6) bandenmäßig;

7) im Laufe von fünf Jahren nach Verbüßung der Strafe wegen einer Tötung im Sinne der §§ 453 bis 456;

8) auf eine für das Leben Vieler gefährliche Art;

9) auf eine für den Getöteten besonders qualvolle Art;

10) durch Vergiftung;

11) aus einem Hinterhalt;

12) in gewinnsüchtiger Absicht;

13) um die Begehung eines anderen Verbrechens zu erleichtern,

tötet, wird bestraft:

mit dem Tode[4].

1 Infolge Aufhebung des Kap. 3 jetzt belanglos; vgl. auch § 9 StRVO.; Tötung eines Militärpostens fällt unter § 161 MStGB. 2 Bernstein: Herrn. Das russische Wort bezeichnet das Vertragsverhältnis zum Dienstboten oder ländlichen Arbeiter. 3 Bernstein mißverständlich: seiner. 4 Vgl. § 453 Anm. 1, 2.

§ 456. Wer das Oberhaupt eines auswärtigen Staates tötet, wird bestraft:

mit dem Tode[1].

1 Vgl. § 453 Anm. 1, 2.

§ 457. Wer Vorbereitungen zu einer in §§ 453 bis 456 vorgesehenen Tötung trifft oder, wer an einer Verbindung teilnimmt, die sich zur Begehung einer Tötung gebildet hat, wird bestraft:

mit Gefängnis[1].

Werden zur Begehung der Tötung Sprengstoffe oder -vorrichtungen angeschafft, so wird der Täter bestraft:

mit Gefängnis von drei Jahren bis zu sechs Jahren[2].

1 2 Wochen bis 1 Jahr. 2 Gemäß § 2 StRVO. Ersatzstrafe für Korrektionshaus von gleicher Dauer; vgl. § 222.

§ 458. Wer unter dem Einfluß einer starken[1] seelischen Erregung eine Tötung beschließt und ausführt[2], wird bestraft:

mit Zuchthaus nicht über acht Jahren[3].

War dieser seelische Zustand des Täters durch ihm von dem Getöteten zugefügte gesetzwidrige Gewalt gegen die Person oder schwere[4] Beleidigung hervorgerufen, so wird er bestraft:

mit Gefängnis von drei Monaten bis zu sechs Jahren[5]

oder mit Festungshaft.

Der Versuch ist strafbar.

1 Die Erregung muß derart sein, daß sie ruhiges und folgerichtiges Denken und Handeln ausschließt. Wann das der Fall ist, ist Tatfrage. Eine derartige Erregung wird in vielen Fällen schon dann vorliegen, wenn sich feststellen läßt, daß ohne Überlegung gehandelt ist. 2 Bernstein: beschlossene und ausgeführte Tötung begeht. Die obige Fassung des Textes entspricht wörtlich dem Russischen. Plan und Ausführung müssen vom Affekt beherrscht sein; es muß ein ununterbrochener Zustand der seelischen Erregung bestanden haben. § 458 findet nicht Anwendung, wenn der Vorsatz im Affekt gefaßt, die Tat aber bedacht und kaltblütig begangen ist; auch dann nicht, wenn ruhig überlegt, jedoch im Affekt gehandelt ist. 3 Gemäß § 2 StRBO. Ersatzstrafe für Zwangsarbeit nicht über 8 Jahren. Wegen des Mindestmaßes vgl. § 16 Anm. 1. 4 §§ 475, 530 ff. Wann eine Beleidigung eine schwere ist, festzustellen, ist Sache des richterlichen Ermessens. § 530 ff. treffen darüber keine Bestimmung. 5 Gemäß § 2 StRBO. Ersatzstrafe für Korrektionshaus.

§ 459. Wer in Überschreitung der Grenzen der Notwehr tötet, wird, falls diese Tötung nicht zur Abwehr eines Angriffs auf das Leben oder einer Notzucht erfolgte[1], bestraft:

mit Festungshaft nicht über einem Jahr oder mit Gefängnis[2].

1 Bei Verteidigung gegen versuchte Tötung oder Notzucht ist die Notwehrüberschreitung straflos. 2 2 Wochen bis 1 Jahr.

§ 460. Ist jemand durch das Drängen des Getöteten und durch Mitleid[1] mit ihm zur Tötung bestimmt worden, so wird er bestraft:

mit Festungshaft nicht über drei Jahren.

Der Versuch ist strafbar.

1 Beispiele bei Taganzew: schwerer Unfall; unheilbare Krankheit. Drängen und Mitleid sind erfordert.

§ 461. Eine Mutter, welche ihr außer der Ehe erzeugtes Kind bei seiner Geburt[1] tötet, wird bestraft:

mit Gefängnis von drei Monaten bis zu sechs Jahren[2].

Der Versuch ist strafbar.

1 „Bei" deckt sich mit dem „in oder gleich nach" des § 217 RStGB. Maßgebend ist der durch die Entbindung hervorgerufene anormale Gemütszustand der Gebärenden; solange er anhält, findet § 461 und nicht § 453 Anwendung. Die Prüfung ist Sache freien richterlichen Ermessens. 2 Gemäß § 2 StRBO. Ersatzstrafe für Korrektionshaus.

§ 462. Wer einem anderen Mittel zu einem Selbstmord verschafft, wird, falls infolgedessen[1] der Selbstmord erfolgt, bestraft:

mit Gefängnis von drei Monaten bis zu drei Jahren[2]

oder mit Festungshaft nicht über drei Jahren.

1 Das verschaffte Mittel muß angewendet worden sein. Benutzt der

Selbstmörder nicht das verschaffte, sondern ein anderes, so kann nur Bestrafung erfolgen, falls die Voraussetzungen des § 463 erfüllt sind. Unter Mittel ist jedes Hilfsmittel im Sinne von Werkzeug verstanden. Der Selbstmord muß verübt worden sein. 2 Gemäß § 2 StRVO. Ersatzstrafe für Korrektionshaus von gleicher Dauer.

§ 463. Wer eine Person unter einundzwanzig Jahren oder eine Person, die, wie er weiß[1], unfähig ist, die Natur und die Bedeutung ihres Tuns zu verstehen oder ihrer Handlungen Herr zu sein, zum Selbstmord verleitet oder den Selbstmord solcher Personen durch Rat oder Vorschlag[2], durch Verschaffung von Mitteln oder durch Beseitigung von Hindernissen fördert, wird, falls infolgedessen der Selbstmord oder dessen Versuch erfolgte, bestraft:

mit Zuchthaus nicht über acht Jahren[3].

1 Gemäß VO. 7. 6. 16 für notorisch. 2 Bernstein: Wink. Der russische Ausdruck bedeutet so viel wie Vorschlag, Anweisung, Belehrung, Unterweisung. 3 Gemäß § 2 StRVO. für Zwangsarbeit nicht über acht Jahren; vgl. über das Mindestmaß § 16 Anm. 1.

§ 464. Wer durch Fahrlässigkeit den Tod eines Menschen verursacht, wird bestraft:

mit Gefängnis[1].

Ist die Verursachung des Todes eine Folge davon, daß der Täter die durch Gesetz oder verbindliche Verordnung für seine Tätigkeitsart zum Schutze der persönlichen Sicherheit festgesetzten Bestimmungen außer Acht gelassen hat[2], so wird er bestraft:

mit Gefängnis von drei Monaten bis zu drei Jahren[3]
oder mit Festungshaft nicht über drei Jahren.

Überdies ist dem Gericht anheimgestellt, dem Täter diejenige Tätigkeitsart, bei deren Ausübung er den Tod verursacht hat, für die Dauer von sechs Monaten bis zu drei Jahren zu untersagen und das Urteil zu veröffentlichen.

1 2 Wochen bis 1 Jahr. 2 Bernstein: nicht einhält. Durch VO. 7. 6. 16 ist für diese Worte in § 474 II „außer acht gelassen hat" gesetzt worden; im Russischen stehen in §§ 464 II und 474 II dieselben Worte. Daher muß die Änderung auch in § 464 II vorgenommen werden, was wohl in der VO. 7. 6. 16 übersehen ist. 3 Gemäß § 2 StRVO. Ersatzstrafe für Korrektionshaus von gleicher Dauer.

§ 465. Eine Mutter, welche ihre Frucht tötet, wird bestraft:

mit Gefängnis von drei Monaten bis zu drei Jahren[1].

Der Versuch ist strafbar[2].

1 Gemäß § 2 StRVO. Ersatzstrafe für Korrektionshaus von gleicher Dauer. 2 Abs. 2 ist durch § 20 StRVO. eingefügt.

§ 466. Wer die Frucht einer Schwangeren tötet, wird bestraft:

mit Gefängnis von drei Monaten bis zu sechs Jahren[1].

Der Versuch ist strafbar[2].

Ist die Tötung der Frucht durch einen Arzt oder eine Hebamme begangen, so ist dem Gericht anheimgestellt, dem Täter die Ausübung der Praxis für die Dauer von einem bis zu fünf Jahren zu untersagen und das Urteil zu veröffentlichen.

Ist die Tötung der Frucht ohne die Zustimmung der Schwangeren selbst begangen, so wird der Täter bestraft:

mit Zuchthaus nicht über acht Jahren[3], [4].

1 Gemäß § 2 StRVO. Ersatzstrafe für Korrektionshaus. 2 Abs. 2 ist durch § 20 StRVO. eingefügt. 3 Gemäß § 2 StRVO. Ersatzstrafe für Zwangsarbeit nicht über 8 Jahren. Über das Mindestmaß vgl. § 16 Anm. 1. 4 Die Handlung ist mit der Tötung der Frucht vollendet ohne Rücksicht darauf, ob der Täter noch weiter bei der Abtreibung mitwirkt.

Dreiundzwanzigstes Kapitel.

Körperverletzung und Gewalt gegen die Person.

§ 467. Wer eine lebensgefährliche Gesundheitszerrüttung; eine Geisteskrankheit; den Verlust des Sehvermögens, des Gehörs, der Sprache, einer Hand, eines Fußes oder der Zeugungsfähigkeit; eine unvertilgbare Entstellung des Gesichts verursacht, wird wegen sehr schwerer Körperverletzung bestraft:

mit Zuchthaus bis zu fünfzehn Jahren; in besonders schweren Fällen kann auch auf lebenslängliches Zuchthaus oder auf Todesstrafe erkannt werden[1].

Hatte eine solche Körperverletzung den Tod zur Folge, so wird der Täter bestraft:

mit Zuchthaus bis zu fünfzehn Jahren; in besonders schweren Fällen kann auch auf lebenslängliches Zuchthaus oder auf Todesstrafe erkannt werden[1].

1 Die Änderung des Strafrahmens beruht auf § 19 II StRVO. Es handelt sich hier nicht um eine Ersatzstrafe im Sinne des § 2 StRVO., sondern um die Neueinführung der Zuchthausstrafe. Daher ist — im Gegensatz zu jenen Fällen; vgl. § 16 Anm. 1 — der Strafrahmen 1—15 Jahre Zuchthaus oder lebenslängliches Zuchthaus oder Todesstrafe. Wegen der Nebenstrafen vgl. § 25 Anm. 4. Mildernde Umstände sind zulässig (§ 53). Früher ließ Abs. 2 schwerere Bestrafung zu.

§ 468. Wer eine Gesundheitszerrüttung verursacht, die zwar keine lebensgefährliche, aber eine dauernde[1] ist, oder, wenn sie auch nur eine vorübergehende ist, jedoch die Verrichtungen eines Körperorgans gestört hat, wird wegen schwerer Körperverletzung bestraft:

mit Gefängnis von drei Monaten bis zu sechs Jahren[2].

Hatte diese Handlung eine sehr schwere Körperverletzung oder den Tod zur Folge, so wird der Täter bestraft:

mit Gefängnis von drei Jahren bis zu sechs Jahren[3].

Der Versuch ist strafbar.

1 Bernstein: dauerhafte; das russische Wort bedeutet so viel wie immerwährend. 2 Gemäß § 2 StRVO. Ersatzstrafe für Korrektionshaus. 3 Gemäß § 2 StRVO. Ersatzstrafe für Korrektionshaus von gleicher Dauer.

§ 469. Wer eine Gesundheitszerrüttung anderer als der in §§ 467 und 468 bezeichneten Art verursacht, wird wegen leichter Körperverletzung bestraft:

mit Gefängnis[1].

Die Strafverfolgung tritt nur auf Antrag ein[2 3].

Hatte diese Handlung eine sehr schwere Körperverletzung oder den Tod zur Folge oder wurde sie wissentlich[4] an einer Schwangeren verübt und bei dieser eine vorzeitige Geburt und der Tod der Frucht verursacht[5], so wird der Täter bestraft:

mit Gefängnis von drei Monaten bis zu drei Jahren[6].

Der Versuch ist strafbar.

1 2 Wochen bis 1 Jahr. 2 Abs. 2 beruht auf § 23 StRVO.; vgl. hinter § 47 und die Erläuterung S. 24. 3 Mißhandlung (ohne Gesundheitszerrüttung) ahnden die §§ 282, 420, 475. 4 Gemäß VO. 7. 6. 16 für notorisch. 5 Frühgeburt und Tod der Frucht müssen eingetreten und Folge der Gesundheitszerrüttung sein. 6 Gemäß § 2 StRVO. für Korrektionshaus von gleicher Dauer.

§ 470. Wer eine unter dem Einfluß einer starken seelischen Erregung beschlossene und ausgeführte Körperverletzung verursacht[1], wird bestraft:

mit Gefängnis von drei Monaten bis zu sechs Jahren[2], falls die Verletzung eine sehr schwere ist;

mit Gefängnis von drei Monaten bis zu drei Jahren[3], falls die Verletzung eine schwere ist;

mit Gefängnis nicht über sechs Monaten, falls die Verletzung eine leichte ist.

War dieser seelische Zustand des Täters durch ihm von dem Verletzten zugefügte gesetzwidrige Gewalt gegen die Person oder schwere Beleidigung[4] hervorgerufen, so wird er bestraft:

mit Gefängnis von drei Monaten bis zu drei Jahren[3] oder mit Festungshaft nicht über drei Jahren, falls die Verletzung eine sehr schwere ist;

mit Festungshaft nicht über einem Jahr oder mit Ge-

fängnis[5], falls die Verletzung eine schwere ist;
mit Haft, falls die Verletzung eine leichte ist.

Der Versuch ist strafbar.

1 Vgl. § 458 Anm. 1 und 2. 2 Gemäß § 2 StRVO. Ersatzstrafe für Korrektionshaus. 3 Gemäß § 2 StRVO. Ersatzstrafe für Korrektionshaus von gleicher Dauer. 4 Vgl. § 458 Anm. 4. 5 2 Wochen bis 1 Jahr.

§ 471. Wer eine Körperverletzung:

1) der Mutter, des ehelichen[1] Vaters oder eines sonstigen Verwandten aufsteigender Linie;

2) eines Priesters bei der Vornahme eines Gottesdienstes oder einer geistlichen Handlung;

3) einer Amtsperson bei der Verrichtung ihrer Dienstpflichten oder aus Anlaß solcher Verrichtung;

4) einer Person der die heilige Person des regierenden Kaisers oder ein Mitglied des kaiserlichen Hauses beschützenden Wache oder[1] des Postens einer Militärwache;

5) auf eine für den Verletzten besonders qualvolle Art,

verursacht, wird bestraft:

mit Zuchthaus bis zu fünfzehn Jahren; in besonders schweren Fällen kann auch auf lebenslängliches Zuchthaus oder auf Todesstrafe erkannt werden[3].

Ist eine solche Körperverletzung unter dem Einfluß einer starken seelischen Erregung beschlossen und ausgeführt, so wird der Täter bestraft:

mit Zuchthaus bis zu fünfzehn Jahren; in besonders schweren Fällen kann auch auf lebenslängliches Zuchthaus oder auf Todesstrafe erkannt werden[3].

Der Versuch ist strafbar.

1 Vgl. §§ 419 Anm. 1, 454 Anm. 1. 2 Vgl. § 455 Anm. 1. 3 Vgl. § 467 Anm. 1.

§ 472. Wer eine Körperverletzung des Oberhauptes eines auswärtigen Staates verursacht, wird nach den in § 471 dargelegten Grundsätzen bestraft.

§ 473. Wer in Überschreitung der Grenzen der Notwehr vorsätzlich eine sehr schwere[1] oder eine schwere[2] Körperverletzung verursacht, wird, falls diese Verletzung nicht zur Abwehr eines Angriffs auf das Leben oder einer Notzucht erfolgte[3], bestraft:

mit Haft.

1 § 467. 2 § 468. 3 Vgl. § 459 Anm. 1.

§ 474. Wer durch Fahrlässigkeit eine Körperverletzung verursacht, wird bestraft:

mit Haft, falls die Verletzung eine sehr schwere oder eine schwere ist;

mit Haft nicht über einer Woche oder mit Geldstrafe nicht über fünfundzwanzig Rubeln, falls die Verletzung eine leichte ist.

Ist diese Körperverletzung eine Folge davon, daß der Täter die durch Gesetz oder verbindliche Verordnung für seine Tätigkeitsart zum Schutze der persönlichen Sicherheit festgesetzten Bestimmungen außer acht gelassen hat[1], so wird er bestraft:

mit Gefängnis nicht über sechs Monaten, falls die Verletzung eine sehr schwere oder eine schwere ist;

mit Haft, falls die Verletzung eine leichte ist.

Überdies ist dem Gericht anheimgestellt, dem Täter diejenige Tätigkeitsart, bei deren Ausübung er die Körperverletzung verursacht hat, für die Dauer von sechs Monaten bis zu zwei Jahren zu untersagen und das Urteil zu veröffentlichen.

Die Strafverfolgung tritt nur auf Antrag ein[2].

1 Gemäß VO. 7. 6. 16 für „nicht einhält". 2 Abs. 4 beruht auf § 23 StRVO.; vgl. hinter § 47.

§ 475. Wer vorsätzlich einen Hieb versetzt oder eine sonstige die körperliche Unantastbarkeit verletzende Gewalttätigkeit verübt, wird wegen Gewalt gegen die Person bestraft:

mit Haft.

Die Strafverfolgung tritt nur auf Antrag ein[1].

1 Abs. 2 beruht auf § 23 StRVO.; vgl. hinter § 47. Vgl. auch §§ 282, 420. Straffreiheit nach § 477.

§ 476. Wer die in § 475 vorgesehene Gewalt gegen die Person einer in § 471 oder § 472 genannten Person gegenüber verübt, wird bestraft:

mit Gefängnis von drei Monaten bis zu drei Jahren[1].

Ist solche Gewalt gegen die Person unter dem Einfluß einer starken seelischen Erregung beschlossen und ausgeführt, so wird der Täter bestraft:

mit Gefängnis nicht unter sechs Monaten[2].

Der Versuch ist strafbar.

1 Gemäß § 2 StRVO. Ersatzstrafe für Korrektionshaus von gleicher Dauer 2 Höchstmaß 1 Jahr. Das Mißverhältnis im Mindestmaß zwischen Abs. 1 und 2 beruht auf dem russischen Text. Es handelt sich anscheinend um einen Redaktionsfehler und müßte heißen „nicht über sechs Monaten".

§ 477. Wer die in § 475 vorgesehene Gewalt gegen die Person verübt, kann straffrei bleiben:

1) falls die Gewalt gegen die Person durch gleiche oder schwerere Gewalt gegen die Person[1] oder gleiche oder schwerere Beleidigung seitens des Verletzten hervorgerufen worden ist;

2) falls der Verletzte sich an ihm durch gleiche oder schwerere Gewalt gegen die Person oder gleiche oder schwerere Beleidigung gerächt hat[2].

Diese Bestimmungen finden keine Anwendung, falls die Gewalt gegen die Person einem im Polizei- oder sonstigen Dienst stehenden Wächter oder Diener[3] gegenüber bei der Verrichtung seiner Dienstpflichten oder aus Anlaß solcher Verrichtung oder falls sie einem Priester gegenüber verübt wird.

1 § 475. 2 Gleichgültig, ob unmittelbar danach oder später. 3 Bernstein: Polizei- oder sonstigen Wachmann oder Diener. Darunter sind nicht nur Beamte verstanden; der deutsche Begriff Amtsdiener wäre daher zu eng. Die Begriffe sind dieselben wie in § 636 IV, nur daß Beschäftigung im staatlichen oder sonstigen öffentlichen Dienst nicht verlangt wird.

§ 478. Wer die in § 475 vorgesehene Gewalt gegen die Person einem auswärtigen Botschafter, Gesandten oder Geschäftsträger gegenüber verübt, wird bestraft:

mit Festungshaft nicht über drei Monaten oder mit Gefängnis[1].

Derselben Bestrafung unterliegt derjenige, welcher die in Abs. 1 dieses Paragraphen bezeichnete Gewalt gegen die Person einem sonstigen diplomatischen Agenten gegenüber in der Absicht, der Regierung desselben Mißachtung zu erzeigen, verübt.

1 2 Wochen bis 1 Jahr.

§ 479. Ein Angestellter eines Dampfers oder Seeschiffes oder ein Passagier dieser, welcher eine leichte Körperverletzung des Kapitäns des Dampfers oder Seeschiffes verursacht, wird bestraft:

mit Gefängnis nicht unter sechs Monaten[1].

Verübt solch ein Angestellter oder Passagier die in § 475 vorgesehene Gewalt gegen die Person, so wird er bestraft:

mit Gefängnis nicht unter drei Monaten[1].

Ist die in Abs. 1 oder 2 dieses Paragraphen bezeichnete strafbare Handlung unter dem Einfluß einer starken seelischen Erregung beschlossen und ausgeführt, so wird der Täter bestraft:

mit Gefängnis[2].

Derselben Bestrafung nach denselben Grundsätzen unterliegt ein Gefangener, welcher die erwähnten strafbaren Handlungen einer

Person der Gefängniswache gegenüber bei der Verrichtung ihrer Dienstpflichten oder aus Anlaß solcher Verrichtung verübt[3].

1 Höchstmaß 1 Jahr. 2 2 Wochen bis 1 Jahr. 3 Vgl. §§ 123[3], 174 I.

§ 480. Wer eine leichte Körperverletzung eines Gemeindevorstehers oder einer ein entsprechendes Amt bekleidenden Person bei der Verrichtung ihrer Dienstpflichten oder aus Anlaß solcher Verrichtung verursacht, wird bestraft:

mit Gefängnis von drei Monaten bis zu drei Jahren[1].

Ist eine solche Körperverletzung unter dem Einfluß einer starken seelischen Erregung beschlossen und ausgeführt, so wird der Täter bestraft:

mit Gefängnis nicht unter sechs Monaten[2].

Ist dem Gemeindevorsteher oder der ein entsprechendes Amt bekleidenden Person gegenüber bei der Verrichtung ihrer Dienstpflichten oder aus Anlaß solcher Verrichtung die unter § 475 fallende Gewalt gegen die Person verübt, so wird der Täter bestraft:

mit Gefängnis nicht unter sechs Monaten[2].

Ist jedoch solche Gewalt unter den in Abs. 2 dieses Paragraphen bezeichneten Umständen verübt, so wird der Täter bestraft:

mit Gefängnis nicht unter drei Monaten[2].

Der Versuch ist strafbar.

1 Gemäß § 2 StRVO. Ersatzstrafe für Korrektionshaus von gleicher Dauer. 2 Höchstmaß 1 Jahr. Bezüglich der Absätze 1 und 2 vgl. § 476 Anm. 2.

Vierundzwanzigstes Kapitel.

Zweikampf.

§ 481. Wer einen Zweikampf begeht, wird bestraft:

mit Festungshaft nicht über einem Jahre.

Wenn der Forderer und der Geforderte an der vereinbarten Stelle eingetroffen sind oder sogar die Waffen gezogen oder sie kampfbereit gemacht haben, jedoch infolge eines von ihrem Willen unabhängigen Umstandes der Zweikampf nicht stattgefunden hat[1], so wird der Täter bestraft:

mit Festungshaft nicht über einem Monat.

1 Der Wortlaut ist in enger Anlehnung an das Russische unter Abweichung von der Bernsteinschen Fassung dem deutschen Sprachgebrauch angepaßt.

§ 482. Wer im Zweikampf eine sehr schwere Körperverletzung[1] seines Gegners verursacht oder diesen tötet, wird bestraft:

mit Festungshaft nicht über vier Jahren.

Wurde dabei vereinbart, bis auf den Tod zu kämpfen, so wird der Täter bestraft:

mit Festungshaft.

1 § 467.

§ 483. Ein Sekundant, welcher wissentlich[1] einen Zweikampf mit der Bedingung, bis auf den Tod zu kämpfen, zuläßt, ebenso eine Person, welche wissentlich zur Vereinbarung einer solchen Bedingung mitwirkt, werden, falls in einem solchen Zweikampf eine sehr schwere Körperverletzung[2] oder der Tod verursacht wird, bestraft:

mit Festungshaft nicht über einem Jahre.

1 Gemäß VO. 7. 6. 16 für notorisch. 2 § 467.

§ 484. Wer einen Zweikampf ohne Sekundanten begeht, wird bestraft:

mit Festungshaft nicht über drei Jahren.

Wird in einem solchen Zweikampf eine sehr schwere Körperverletzung[1] oder der Tod verursacht, so wird derjenige, welcher sie verursacht, bestraft:

mit zeitiger Zuchthausstrafe[2].

1 § 467. 2 Gemäß § 2 StRVO. Ersatzstrafe für Verschickung. Daher bei Zubilligung mildernder Umstände gemäß § 53 Festung von 1—6 Jahren, nicht Gefängnis.

§ 485. Wer eine Amtsperson[1] aus Anlaß der Verrichtung ihrer Dienstpflichten zum Zweikampf herausfordert, wird bestraft:

mit Haft nicht über drei Monaten.

Wird auf diese Weise ein im staatlichen oder sonstigen öffentlichen Dienst Vorgesetzter herausgefordert, so wird der Täter bestraft:

mit Festungshaft nicht über einem Jahre.

1 Vgl. § 636 IV.

§ 486. Wer beim Zweikampf zum Nachteil des Gegners die Bedingungen des Zweikampfes wissentlich übertritt, wird bestraft:

mit Gefängnis von drei Monaten bis zu sechs Jahren[1].

Verursacht dabei der Täter eine sehr schwere Körperverletzung[2] des Gegners oder tötet er diesen, so wird er entweder wegen sehr schwerer Körperverletzung[2] oder wegen Tötung[3] bestraft.

Denselben Bestrafungen nach denselben Grundsätzen unterliegen: Anstifter zur Übertretung der Bedingungen des Zweikampfes zum

Nachteil des Gegners; Sekundanten, welche eine solche Übertretung wissentlich zulassen, und Personen, welche zu dieser Übertretung wissentlich mitwirken.

1 Gemäß § 2 StRVO. Ersatzstrafe für Korrektionshaus. 2 § 467. 3 §§ 453 ff.

§ 487. Wer zur Herausforderung zum Zweikampf oder zur Annahme einer solchen Herausforderung oder zur Wiederaufnahme des Zweikampfes anstiftet, wird, falls der Zweikampf stattfindet, bestraft:

mit Festungshaft nicht über einem Jahre.

Straflos sind:

1) Kartellträger;

2) Sekundanten, ebenso Personen, die zum Zweikampf mitwirken, mit Ausnahme der in §§ 483 und 486 bezeichneten Fälle;

3) Ärzte, die beim Zweikampf ärztliche Hilfe leisten.

§ 488. Wer mit seinem Gegner verabredet, den Selbstmord eines von ihnen beiden vom Loose oder von einem sonstigen vereinbarten Zufalle abhängig zu machen, wird, falls infolge solcher Verabredung der Selbstmord begangen wird, bestraft:

mit Zuchthaus nicht über acht Jahren[1].

Erfolgt infolge solcher Verabredung nur der Versuch des Selbstmords, welcher dank einem vom Willen derjenigen, die sich verabredet haben, unabhängigen Umstand unvollendet blieb, so wird derjenige, welcher sich verabredet hat, bestraft:

mit Gefängnis von drei Monaten bis zu sechs Jahren[2].

Denselben Bestrafungen nach denselben Grundsätzen unterliegt sowohl derjenige, welcher zu einer solchen Verabredung anstiftet, als auch derjenige, welcher zu ihr mitwirkt.

1 Gemäß § 2 StRVO. Ersatzstrafe für Zwangsarbeit nicht über acht Jahren. Wegen des Mindestmaßes vgl. § 16 Anm. 1. 2 Gemäß § 2 StRVO. Ersatzstrafe für Korrektionshaus.

Fünfundzwanzigstes Kapitel.

Verlassung in Gefahr.

§ 489. Wer eine wegen jugendlichen Alters, Gebrechlichkeit, körperlichen Fehlers, Krankheit, bewußtlosen oder sonstigen hilflosen Zustandes der Möglichkeit der Selbstbeschützung beraubte Person ohne Beistand wissentlich[1] unter ihr Leben gefährdenden Umständen verläßt, wird, falls er kraft Gesetzes oder übernommener Verpflichtung oder kraft der Familienverhältnisse für diese Person zu sorgen verpflichtet ist, bestraft:

mit Gefängnis von drei Monaten bis zu drei Jahren[2].

Wer eine der Möglichkeit der Selbstbeschützung beraubte Person, welche sich zwar nicht in seiner Fürsorge befand, aber von ihm wissentlich[1] in das Leben der hilflosen Person gefährdende Umstände versetzt wurde, ohne Beistand verläßt, wird bestraft:

mit Gefängnis von drei Monaten bis zu sechs Jahren[3].

1 Gemäß VO. 7. 6. 16 für notorisch; auch der Satzbau ist etwas geändert. 2 Gemäß § 2 StRVO. für Korrektionshaus von gleicher Dauer. 3 Gemäß § 2 StRVO. für Korrektionshaus.

§ 490. Wer eine wegen jugendlichen Alters, Gebrechlichkeit, körperlichen Fehlers, Krankheit, bewußtlosen oder sonstigen hilflosen Zustandes der Möglichkeit der Selbstbeschützung beraubte Person ohne Beistand unter Umständen vorsätzlich[1] verläßt, unter denen ihr Auffinden durch andere als wahrscheinlich erschien und ihr Leben nicht gefährdet war, wird, falls er kraft Gesetzes oder übernommener Verpflichtung oder kraft der Familienverhältnisse für diese Person zu sorgen verpflichtet ist, bestraft:

mit Haft oder mit Geldstrafe nicht über fünfhundert Rubeln.

1 Die Hervorhebung ist mit Rücksicht auf § 48 V notwendig. Fahrlässigkeit ist auch im Falle des § 489 straflos.

§ 491. Wer Zeuge der Lebensgefahr eines Anderen ist und darüber der zuständigen Obrigkeit keine Anzeige erstattet oder keine Hilfe leistet oder herbeischafft, obwohl er sie ohne vernünftige Besorgnis für sich oder andere leisten oder herbeischaffen konnte, wird, falls infolgedessen der Tod oder eine sehr schwere Körperverletzung[1] des Hilfsbedürftigen eintritt, bestraft:

mit Haft nicht über einem Monat oder mit Geldstrafe nicht über hundert Rubeln.

1 § 467.

§ 492. Der Kapitän eines Dampfers oder eines Seeschiffes, welcher einen auf dem Dampfer oder Seeschiff Angestellten oder einen Passagier jener eigenmächtig oder durch Täuschung[1] wissentlich[2] unter das Leben des Verlassenen gefährdenden Umständen verläßt, wird bestraft:

mit Gefängnis von drei Monaten bis zu sechs Jahren[3].

Derselben Bestrafung unterliegt der Führer[4] eines anderen als der oben bezeichneten Schiffe, ebenso ein Fuhrmann oder ein Begleiter, welcher einen auf dem Schiffe Angestellten, einen Passagier oder einen Begleiteten eigenmächtig oder durch Täuschung wissentlich[2] unter das Leben des Verlassenen gefährdenden Umständen verläßt.

1 Bernstein: Betrug. 2 Gemäß BO. 7. 6. 16 für notorisch. 3 Gemäß § 2 StRBO. Ersatzstrafe für Korrektionshaus. 4 Bernstein: Leiter; gemeint ist insbesondere der Steuermann.

§ 493. Ein Lotse oder ein sonstiger Hafen- oder Strandführer, der einem Notsignale gebenden oder sonst in Gefahr befindlichen Schiffe wissentlich[1] keine Hilfe leistet, wird, falls er solche Hilfe zu leisten die Möglichkeit hatte, bestraft:

mit Gefängnis nicht über sechs Monaten.

Wird solche Verweigerung der Hilfe von dem Kapitän eines Dampfers oder eines Seeschiffes oder von dem Führer eines sonstigen Schiffes begangen, so wird der Täter bestraft:

mit Gefängnis[2].

Überdies ist dem Gericht anheimgestellt, dem Täter das Recht, Kapitän, Schiffsführer, Lotse oder sonstiger Führer zu sein, für die Dauer von einem bis zu fünf Jahren zu entziehen.

1 Gemäß BO. 7. 6. 16 für notorisch. 2 2 Wochen bis 1 Jahr.

§ 494. Wer die durch Gesetz oder verbindliche Verordnung festgesetzten Bestimmungen über Hilfeleistung an schiffbrüchige Schiffe nicht befolgt, wird bestraft:

mit Geldstrafe nicht über hundert Rubeln.

Bedrohte die Verletzung dieser Bestimmungen die persönliche Sicherheit, so wird der Täter bestraft:

mit Haft.

§ 495. Der Kapitän eines Dampfers oder eines Seeschiffes oder der Führer eines Schiffes sonstiger Art, eines Eisenbahnzuges oder einer Lokomotive, welcher in Gefahr zur Rettung des Dampfers, Schiffes, Zuges oder der Lokomotive oder eines Passagiers oder eines auf dem Dampfer, Schiffe, Zuge oder der Lokomotive Angestellten die gehörigen Maßregeln zu treffen unterläßt oder den Dampfer, das Schiff, den Zug oder die Lokomotive vor den anderen dort befindlichen Personen verläßt, wird bestraft:

mit Gefängnis von drei Monaten bis zu drei Jahren[1].

Überdies ist dem Gericht anheimgestellt, dem Täter das Recht, Kapitän eines Dampfers oder eines Seeschiffes, Führer eines Schiffes sonstiger Art, eines Eisenbahnzuges oder einer Lokomotive zu sein, für die Dauer von einem bis zu fünf Jahren zu entziehen.

1 Gemäß § 2 StRVO. Ersatzstrafe für Korrektionshaus von gleicher Dauer.

§ 496. Der auf einem Schiffe Angestellte, welcher während einer dem Schiffe drohenden Gefahr die Dienstpflicht verletzt[1], wird bestraft:

mit Gefängnis[2].

1 Vgl. auch § 372. 2 2 Wochen bis 1 Jahr.

§ 497. Wer die durch Gesetz oder verbindliche Verordnung festgesetzten Bestimmungen über Hilfeleistung an Kranke oder Bewußtlose nicht befolgt, wird bestraft:

mit Haft nicht über einem Monat oder mit Geldstrafe nicht über hundert Rubeln.

Wird diese Übertretung ohne triftigen Grund von einem praktizierenden Arzt, einem Feldscherer, einer Hebamme oder der Krankenhausbedienung, welchen die gefährliche Lage des Kranken oder der Kindbetterin bekannt war, begangen, so wird der Täter bestraft:

mit Haft nicht über drei Monaten.

Sechsundzwanzigstes Kapitel.

Strafbare Handlungen wider die persönliche Freiheit.

§ 498. Wer einen Menschen der persönlichen Freiheit durch Festnahme oder Einsperrung beraubt, wird bestraft:

mit Gefängnis[1].

Wenn solche Beraubung der persönlichen Freiheit über eine Woche dauert, so wird der Täter bestraft:

mit Gefängnis von drei Monaten bis zu sechs Jahren[2].

Der Versuch ist strafbar.

1 2 Wochen bis 1 Jahr. 2 Gemäß § 2 StRVO. Ersatzstrafe für Korrektionshaus.

§ 499. Wer:

1) die Mutter, den ehelichen[1] Vater oder einen sonstigen Verwandten aufsteigender Linie;

2) eine Amtsperson bei der Verrichtung ihrer Dienstpflichten oder aus Anlaß solcher Verrichtung;

3) eine Person der die heilige Person des regierenden Kaisers oder ein Mitglied des kaiserlichen Hauses beschützenden Wache oder[2] den Posten einer Militärwache;

4) einen anderen auf eine für das Leben des der Freiheit Beraubten gefährliche Art oder unter Herbeiführung von Qualen für ihn,

der persönlichen Freiheit durch Festnahme oder Einsperrung beraubt, wird bestraft:

mit Gefängnis von drei Monaten bis zu drei Jahren[3].

Wenn solche Beraubung der persönlichen Freiheit über eine Woche dauert, so wird der Täter bestraft:

mit Gefängnis von drei Jahren bis zu sechs Jahren[3].

Der Versuch ist strafbar.

1 Vgl. § 419 Anm. 1, § 454 Anm. 2. 2 Vgl. § 455 Anm. 1. 3 Gemäß § 2 StRVO. Ersatzstrafe für Korrektionshaus von gleicher Dauer.

§ 500. Wer durch Festnahme oder Einsperrung:

1) eine Person, von der er weiß[1], daß sie nicht geisteskrank ist, in einem Irrenhause;

2) eine in die Liste der öffentlichen Dirnen nicht eingetragene Frauensperson in einem Bordell,

der persönlichen Freiheit beraubt, wird bestraft:

mit Gefängnis von drei Monaten bis zu drei Jahren[2].

Wenn solche Beraubung der persönlichen Freiheit über eine Woche dauert, so wird der Täter bestraft:

mit Gefängnis von drei Jahren bis zu sechs Jahren[3].

Der Versuch ist strafbar.

1 Gemäß VO. 7. 16 für notorisch. 2 Gemäß § 2 StRVO. Ersatzstrafe für Korrektionshaus von gleicher Dauer. 3 Gemäß § 2 StRVO. für Korrektionshaus nicht unter drei Jahren.

§ 501. Wer:

1) einen Menschen in Sklaverei oder Gefangenschaft verkauft oder übergibt;

2) Negerhandel treibt;

3) an diesem Handel unmittelbaren oder sonstigen Anteil nimmt oder ein Schiff für diesen Handel einrichtet oder bewaffnet,

wird bestraft:

in den in Abs. 1 oder 2 dieses Paragraphen bezeichneten Fällen — mit Zuchthaus[1] nicht über acht Jahren;

in den im Abs. 3 dieses Paragraphen bezeichneten Fällen — mit Gefängnis von drei Monaten bis zu sechs Jahren[2].

Das Schiff, welches zu solchem gesetzwidrigen Handel gedient hat, ebenso das Schiff, welches zu diesem Zweck eingerichtet oder bewaffnet ist, wird eingezogen.

1 Gemäß § 2 StRVO. Ersatzstrafe für Zwangsarbeit nicht über acht Jahren. Mindestmaß siehe § 16 Anm. 1. 2 Gemäß § 2 StRVO. Ersatzstrafe für Korrektionshaus.

§ 502. Wer:

1) ein fremdes Kind unter vierzehn Jahren entführt[1] oder verheimlicht;

2) ein Kind unter vierzehn Jahren vertauscht,

wird bestraft:

mit Gefängnis von drei Monaten bis zu sechs Jahren[2].

Wird ein Kind entführt, verheimlicht oder vertauscht zum Betteln oder zu einer sonstigen unsittlichen Beschäftigung[3] oder in gewinnsüchtiger Absicht oder, um das Kind seiner Standesrechte zu berauben, so wird der Täter bestraft:

mit Gefängnis von drei Jahren bis zu sechs Jahren[4].

Der Versuch ist strafbar.

1 Bernstein: raubt. Dieser Ausdruck kann irreführen; es bedarf keiner Gewaltanwendung. Im russ. Text steht das von Bernstein u. a. in § 581 durch „entwenden" übersetzte Wort. In § 505 sagt Bernstein für dasselbe Wort richtig: entführt. 2 Gemäß § 2 StRVO. Ersatzstrafe für Korrektionshaus. 3 Wörtlich dem Russischen entsprechend. 4 Gemäß § 2 StRVO. Ersatzstrafe für Korrektionshaus nicht unter drei Jahren.

§ 503. Wer ein eigenmächtig von ihm weggenommenes[1] oder behaltenes Kind unter vierzehn Jahren ungeachtet der gesetzlichen Aufforderung der Eltern des Kindes oder der die Stelle der Eltern vertretenden Person vorsätzlich nicht zurückgibt, wird, falls solches nicht aus Mitleid mit dem Kinde geschieht, bestraft:

mit Haft.

1 Auch im Russischen steht nicht das bei § 502 Anm. 1 gebrauchte Wort.

§ 504. Wer nicht binnen zwei Wochen der Ortspolizei, den Eltern oder der ihre Stelle vertretenden Person die Zurückbehaltung eines verlassenen[1] oder verirrten Kindes unter vierzehn Jahren anzeigt[2], wird bestraft:

mit Geldstrafe nicht über hundert Rubeln.

1 Bernstein: unterschobenen. Das Wort des russischen Textes bedeutet ursprünglich „ihm vor die Tür gelegten", besagt also so viel wie „ausgesetzten". 2 Bernstein: im Laufe von zwei Wochen . . . Meldung . . . zu machen unterläßt. Die Strafe ist verwirkt, wenn nicht bis zum Beginn der dritten Woche Anzeige erstattet ist.

§ 505. Wer:

1) eine Minderjährige von vierzehn bis zu sechzehn Jahren ohne

ihre Einwilligung oder zwar mit ihrer Einwilligung, aber unter Mißbrauch ihrer Unschuld [1], entführt;

2) eine Sechzehnjährige ohne ihre Einwilligung entführt,

wird, falls solche Entführung begangen wurde, um die Entführte zur Unzucht zu bringen, bestraft:

in dem in Abs. 1 dieses Paragraphen bezeichneten Falle —
mit Gefängnis von drei Monaten bis zu sechs Jahren [2];

in dem in Abs. 2 dieses Paragraphen bezeichneten Falle —
mit Gefängnis von drei Monaten bis zu drei Jahren [3].

Dieser letzteren Bestrafung unterliegt auch derjenige, welcher eine Frauensperson von vierzehn bis zu einundzwanzig Jahren ohne ihre Einwilligung entführt, um durch die Öffentlichkeit dieses Vorfalls sie an der Ehre zu schädigen.

Der Versuch ist strafbar.

1 Wer die Unschuld mißbraucht, ist gleichgültig; es kann auch ein Dritter sein. Daher kann sich nach § 505 [1] auch eine Frau strafbar machen. 2 Gemäß § 2 StRVO. Ersatzstrafe für Korrektionshaus. 3 Gemäß § 2 StRVO. Ersatzstrafe für Korrektionshaus nicht über 3 Jahren.

§ 506. Wer eine Unverehelichte entführt, um mit ihr eine Ehe einzugehen, ohne daß sie darein willigt, wird bestraft:

mit Gefängnis nicht unter sechs Monaten [1].

Der Versuch ist strafbar.

1 Höchstmaß 1 Jahr.

§ 507. Wer einen anderen durch Gewalt gegen die Person [1] oder strafbare Drohung [2] oder Mißbrauch der elterlichen, vormundschaftlichen oder einer sonstigen Gewalt nötigt, etwas auszuführen oder zu gestatten, was ein Recht oder einen Anspruch des Genötigten verletzt, oder auf die Verwirklichung eines Rechts oder die Erfüllung eines Anspruchs zu verzichten, wird bestraft:

mit Gefängnis [3].

Der Versuch ist strafbar.

Hatte der Nötigende triftigen Grund anzunehmen, daß er durch die Nötigung sein Recht verwirklicht, so wird er bestraft:

mit Haft nicht über drei Monaten oder mit Geldstrafe nicht über dreihundert Rubeln.

1 § 475. 2 § 510. 3 2 Wochen bis 1 Jahr. Der Satzbau ist dem deutschen Sprachgebrauch angepaßt. Bernstein sagt anstatt Anspruch Pflicht.

§ 508. Wer es versucht, einen anderen durch Gewalt gegen die Person oder strafbare Drohung [1] oder Mißbrauch der elterlichen, vormundschaftlichen oder einer sonstigen Gewalt zur Begehung eines Verbrechens oder Vergehens zu nötigen, wird bestraft:

falls er zur Begehung eines Verbrechens nötigte,

mit Gefängnis von drei Monaten bis zu sechs Jahren[2];

falls er zur Begehung eines Vergehens nötigte,

mit Gefängnis[3].

Hatte solche Nötigung die Begehung eines Verbrechens oder Vergehens oder deren strafbaren Versuch zur Folge, so wird der Nötigende, sofern er nicht als Teilnehmer der begangenen Handlung wegen dieser einer schwereren Verantwortung unterliegt, bestraft:

falls er zur Begehung eines Verbrechens nötigte,

mit Gefängnis von drei Jahren bis zu sechs Jahren[4];

falls er zur Begehung eines Vergehens nötigte,

mit Gefängnis nicht unter sechs Monaten[5].

1 §§ 475, 510. 2 Gemäß § 2 StRVO. Ersatzstrafe für Korrektionshaus. 3 2 Wochen bis 1 Jahr. 4 Gemäß § 2 StRVO. Ersatzstrafe für Korrektionshaus nicht unter 3 Jahren. 5 Höchstmaß 1 Jahr.

§ 509. Wer durch Gewalt gegen die Person oder strafbare Drohung[1] Arbeiter zu einem unter § 367 fallenden Streik, zum Anschluß an einen solchen Streik oder zu seiner Fortführung nötigt, wird bestraft:

mit Gefängnis von drei Monaten bis zu sechs Jahren[2].

Wer zu solcher Nötigung anstiftet, wird bestraft:

mit Gefängnis von drei Jahren bis zu sechs Jahren[3].

Der Versuch ist strafbar.

1 §§ 475, 510. 2 Gemäß § 2 StRVO. Ersatzstrafe für Korrektionshaus. 3 Gemäß § 2 StRVO. Ersatzstrafe für Korrektionshaus nicht unter 3 Jahren.

§ 510. Wer einem anderen vorsätzlich droht, ihn oder ein Mitglied seiner Familie zu töten oder der Freiheit zu berauben oder einen gewalttätigen[1] Anschlag gegen ihre Person zu verüben oder ihr Vermögen anzuzünden, zu sprengen oder unter Wasser zu setzen, wird, falls solche Drohung beim Bedrohten die Befürchtung der Möglichkeit ihrer Verwirklichung hervorrufen konnte, bestraft:

mit Haft nicht über drei Monaten oder mit Geldstrafe nicht über dreihundert Rubeln.

Wird die bezeichnete Drohung schriftlich ausgedrückt oder gegen:

1) die Mutter, den ehelichen[2] Vater oder einen sonstigen Verwandten aufsteigender Linie;

2) einen Priester während der Vornahme eines Gottesdienstes oder einer geistlichen Handlung;

3) eine Amtsperson bei der Verrichtung ihrer Dienstpflichten oder aus Anlaß solcher Verrichtung

gerichtet, so wird der Täter bestraft:

mit Haft.

1 Wörtlich aus dem Russischen im Gegensatz zu Bernstein: einen Anschlag . . gewalttätig zu verüben. 2 Vgl. § 419 Anm. 1, § 454 Anm. 2.

§ 511. Wer:

1) aus fremden bewohnten Gebäuden oder sonstigen Räumlichkeiten[1] ungeachtet der Aufforderung des Inhabers[2] oder dessen Stellvertreters vorsätzlich sich nicht entfernt;

2) in fremden bewohnten Gebäuden oder sonstigen Räumlichkeiten ohne Wissen des Inhabers oder dessen Stellvertreters zur Nachtzeit vorsätzlich verweilt,

wird, falls er solche Gebäude oder Räumlichkeiten heimlich oder eigenmächtig betreten hat, bestraft[3]:

mit Haft nicht über drei Monaten oder mit Geldstrafe, nicht über dreihundert Rubeln.

1 „bewohnten" gehört nach dem russischen Text auch zu Räumlichkeiten. Dazu gehören nur Wohnungen und ähnliche Räume. Betreten unbewohnter Räume ahndet § 512. Vgl. auch § 274 II. 2 Bernstein: Wirtes. 3 Strafantrag im Gegensatz zu § 123 RStGB. nicht erforderlich.

§ 512. Wer in fremde Gebäude oder sonstige Räumlichkeiten oder umzäunte Plätze[1] mittels Gewalt gegen die Person[2] oder strafbarer Drohung[3] oder mittels Beschädigung oder Beseitigung der den Zutritt in sie verwehrenden Hindernisse[4] vorsätzlich eindringt, wird bestraft:

mit Haft oder mit Geldstrafe nicht über fünfhundert Rubeln.

Wird solches Eindringen zur Nachtzeit begangen, so wird der Täter bestraft:

mit Gefängnis nicht über sechs Monaten.

Wird aber solches Eindringen von zwei oder mehreren Personen, die jedoch keine strafbare Zusammenrottung[5] bildeten, oder von einer bewaffneten Person begangen, so wird der Täter bestraft:

mit Gefängnis[6].

Der Versuch ist strafbar.

1 Darunter ist jeder eingefriedigte Raum der Erdoberfläche verstanden. Im Gegensatz zu § 511 schützt § 512 unbewohnte Räume. 2 § 475. 3 § 510. 4 Dazu gehört jede Behebung eines Verschlusses, also auch die bloße Beseitigung des Zustandes des Verschlossenseins. 5 §§ 120 ff. 6 2 Wochen bis 1 Jahr.

Siebenundzwanzigstes Kapitel.

Unzucht.

§ 513. Wer:

1) mit einem Kinde unter vierzehn Jahren;

2) mit einem Minderjährigen[1] von vierzehn bis zu sechzehn Jahren ohne deren Einwilligung oder mit deren Einwilligung, aber unter Mißbrauch ihrer Unschuld[2],

wollüstige Handlungen[3] vornimmt, wird bestraft:

mit Gefängnis von zwei Wochen bis zu drei Jahren[4].

1 Beiderlei Geschlechts. 2 Voraussetzung ist, daß zum mindesten ein Angriff auf die Ehre vorliegt. Bereits verdorbene Kinder werden im Gegensatz zu Ziff. 1 nicht geschützt. 3 §§ 513—515 betreffen alle auf geschlechtlicher Erregung beruhenden unsittlichen Handlungen mit Ausnahme der Beischlafsvollziehung und deren Versuches, die nach §§ 517—523 zu ahnden sind, und der Päderastie, die unter § 516 fällt. Täter kann Mann oder Frau sein. 4 Gemäß § 2 StRVO. für Korrektionshaus nicht über drei Jahren oder Gefängnis.

§ 514. Wer mit einer Frauensperson über sechzehn Jahren ohne ihre Einwilligung wollüstige Handlungen[1] vornimmt, wird bestraft:

mit Gefängnis[2].

1 Vgl. § 513 Anm. 3. 2 2 Wochen bis 1 Jahr.

§ 515. Wer:

1) mit einer in seiner Gewalt oder Pflege befindlichen Person;

2) mit einer Person, die dazu genötigt wurde durch Gewalt gegen die Person[1] oder durch Bedrohung ihrer selbst oder eines Mitgliedes ihrer Familie mit dem Tode[2], einer sehr schweren oder einer schweren Körperverletzung[3], falls solche Drohung beim Bedrohten die Befürchtung der Möglichkeit ihrer Verwirklichung hervorrufen konnte;

3) mit einer Frauensperson, falls die wollüstigen Handlungen[4] unter Beraubung der Unschuld[5], jedoch ohne fleischliche Verbindung geschahen,

die unter §§ 513 und 514 fallenden strafbaren Handlungen vornimmt, wird bestraft:

in den im § 513 bezeichneten Fällen —

mit Gefängnis von drei Jahren bis zu sechs Jahren[6];

in den im § 514 bezeichneten Falle —

mit Gefängnis von drei Monaten bis zu sechs Jahren[7].

1 § 475. 2 Bernstein: Bedrohung des Todes . . . dem Bedrohten. . . 3 §§ 467, 468. Daß Nötigung oder Bedrohung vom Täter selbst begangen werden, ist nicht nötig; sie können auch von einem

Dritten ausgehen. 4 § 513 Anm. 3. 5 Damit ist die Entjungferung gemeint. 6 Gemäß § 2 StRVO. Ersatzstrafe für Korrektionshaus nicht unter 3 Jahren. 7 Gemäß § 2 StRVO. Ersatzstrafe für Korrektionshaus.

§ 516. Wer Päderastie verübt, wird bestraft:

mit Gefängnis nicht unter drei Monaten[1].

Wird Päderastie verübt:

1) mit einem Minderjährigen von vierzehn bis zu sechzehn Jahren ohne dessen Einwilligung, oder mit dessen Einwilligung, aber unter Mißbrauch seiner Unschuld;

2) mit jemandem, der, wie der Täter weiß[2], infolge krankhafter Störung der Seelentätigkeit oder infolge von Bewußtlosigkeit oder von einem körperlichen Gebrechen oder einer Krankheit herrührender, mangelhafter geistiger Entwickelung außer stande ist[3], die Natur und die Bedeutung des mit ihm Vorgenommenen[4] zu verstehen oder seiner Handlungen Herr zu sein;

3) mit einem der Widerstandsmöglichkeit Beraubten ohne dessen Einwilligung[5] zur Päderastie,

so wird der Täter bestraft:

mit Gefängnis von drei Jahren bis zu sechs Jahren[6].

Wer jedoch Päderastie verübt:

1) mit einem Kinde unter vierzehn Jahren;

2) mit einer in seiner Gewalt oder Pflege befindlichen Person;

3) mit einer Person, die dazu genötigt wurde, durch Gewalt gegen die Person[7] oder durch Bedrohung ihrer selbst oder eines Mitgliedes ihrer Familie mit dem Tode[8], einer sehr schweren oder einer schweren Körperverletzung[9], falls solche Drohung beim Bedrohten die Befürchtung der Möglichkeit ihrer Verwirklichung hervorrufen konnte;

4) mit einem, den der Gewalttäter selbst zu diesem Zweck in bewußtlosen Zustand versetzt oder zu versetzen mitwirkt,

wird bestraft:

mit Zuchthaus nicht über acht Jahren[10].

Der Versuch ist strafbar.

1 Höchstmaß 1 Jahr. 2 Gemäß VO. 7. 6. 16 für notorisch. 3 Bernstein: der Möglichkeit beraubten. 4 Der Wortlaut weicht von § 39 insoweit ab. 5 Bernstein: Willen. Einwilligung entspricht dem russischen Text. Im Gegensatz zu II⁴ braucht die Beseitigung der Widerstandsmöglichkeit nicht vom Täter begangen zu sein. 6 Gemäß § 2 StRVO. Ersatzstrafe für Korrektionshaus nicht unter 3 Jahren. 7 § 475. 8 Vgl. § 515 Anm. 2. 9 §§ 467, 468. 10 Gemäß § 2 StRVO. Ersatzstrafe für Zwangsarbeit nicht über 8 Jahren. Wegen des Mindestmaßes vgl. § 16 Anm. 1.

§ 517. Wer ein in seiner Gewalt oder Pflege befindliches Mädchen [1] im Alter von vierzehn [2] bis zu einundzwanzig Jahren zum Beischlaf verführt, wird bestraft:

mit Gefängnis [3].

1 Frau oder Witwe kommen nicht in Frage. 2 Der Beischlaf mit Mädchen von 14 bis zu 16 Jahren ist nach §§ 520 [1], 523 [2] zu bestrafen, wenn das Mädchen nicht eingewilligt hat oder ihre Unschuld mißbraucht ist. Bei einem Mädchen dieses Alters findet also § 517 nur Anwendung, wenn es einwilligt oder seine Unschuld bereits verloren hat. Unschuld kann trotz vorangegangener Entjungferung noch vorhanden sein. 3 2 Wochen bis 1 Jahr.

§ 518. Die Blutschande mit Verwandten ab- oder aufsteigender Linie wird bestraft:

an den letzteren —

mit zeitiger Zuchthausstrafe [1];

an den ersteren —

mit Gefängnis von drei Monaten bis zu sechs Jahren [2].

Der Versuch ist strafbar.

Verwandte absteigender Linie bleiben straflos, wenn sie das vierzehnte Lebensjahr nicht vollendet haben.

1 Gemäß § 2 StRVO. Ersatzstrafe für Verschickung; daher gemäß § 53 bei Zubilligung mildernder Umstände nicht Gefängnis, sondern Festung von 1 bis 6 Jahren. 2 Gemäß § 2 StRVO. Ersatzstrafe für Korrektionshaus.

§ 519. Die Blutschande:

1) mit einem Seitenverwandten zweiten Grades;

2) mit einem Verwandten ab- oder aufsteigender Linie des Ehegatten oder mit dem Ehegatten eines Verwandten ab- oder aufsteigender Linie [1],

wird bestraft:

mit Gefängnis von drei Monaten bis zu drei Jahren [2].

Der Versuch ist strafbar.

Verwandte [3] absteigender Linie bleiben straflos, wenn sie das vierzehnte Lebensjahr nicht vollendet haben.

1 Wörtlich aus dem Russischen; Bernstein: Verschwägerte ab- oder aufsteigender Linie. 2 Gemäß § 2 StRVO. Ersatzstrafe für Korrektionshaus nicht über 3 Jahren. 3 Bernstein: Verschwägerte. Im Russischen lautet Abs. 3 völlig gleich wie § 518 III.

§ 520. Der Beischlaf:

1) mit einer Minderjährigen [1] von vierzehn bis zu sechzehn Jahren ohne deren Einwilligung [2] oder mit deren Einwilligung, aber unter Mißbrauch ihrer Unschuld;

2) mit einer Person, die, wie der Täter weiß[3], infolge krankhafter Störung der Seelentätigkeit oder infolge von Bewußtlosigkeit oder von einem körperlichen Gebrechen oder einer Krankheit herrührender, mangelhafter geistiger Entwickelung außer stande ist[4], die Natur und die Bedeutung des mit ihm Vorgenommenen zu verstehen oder ihrer Handlungen Herr zu sein;

3) mit einer der Widerstandsmöglichkeit Beraubten ohne deren Einwilligung zum Beischlaf,

wird bestraft:

mit Gefängnis von drei Jahren bis zu sechs Jahren[6].

Der Versuch ist strafbar.

1 Weiblichen Geschlechts. Nur § 522 Ziff. 1 stellt auch Frauen unter Strafe, die einen Knaben verführen; vgl. §§ 517, 521. **2** Bernstein: Willen. **3 4** 5 Vgl. § 516 Anm. 2, 3, 4. **6** Gemäß § 2 StRVO. Ersatzstrafe für Korrektionshaus nicht unter 3 Jahren; vgl. § 523.

§ 521. Der Beischlaf mit einer Minderjährigen von vierzehn bis zu sechzehn Jahren[1] ohne Mißbrauch ihrer Unschuld, aber unter Benutzung ihrer hilflosen Lage, wird bestraft:

mit Gefängnis[2].

1 Den Beischlaf mit Mädchen von 14—16 Jahren stellen außerdem noch §§ 517 und 520[1] unter Strafe. **2** 2 Wochen bis 1 Jahr. Zu vergleichen § 523.

§ 522. Der Beischlaf:

1) mit einem Kinde unter vierzehn Jahren[1];

2) mit einer Person, die dazu genötigt wurde durch Gewalt gegen die Person[2] oder durch Bedrohung ihrer selbst oder eines Mitgliedes ihrer Familie mit dem Tode[3], einer sehr schweren oder einer schweren Körperverletzung, falls solche Drohung bei der Bedrohten die Befürchtung der Möglichkeit ihrer Verwirklichung hervorrufen konnte;

3) mit einer Person, die der Gewalttäter selbst zu diesem Zwecke in bewußtlosen Zustand versetzt oder zu versetzen mitwirkt,

wird bestraft:

mit Zuchthaus nicht über zehn Jahren[4].

1 auch Knaben; Täterin kann daher auch eine Frau sein, die einen Knaben zum Beischlaf verführt. **2** § 475. **3** Vgl. § 515 Anm. 2. **4** Gemäß § 2 StRVO. Ersatzstrafe für Zwangsarbeit nicht über 10 Jahren. Wegen des Mindestmaßes vgl. § 16 Anm. 1. Zu vergleichen § 523.

§ 523. Wer den unter §§ 520 bis 522 fallenden Beischlaf:

1) mit einem Verwandten ab- oder aufsteigender Linie;

2) mit einer in seiner Gewalt oder Pflege befindlichen Person,

verübt, wird bestraft:

in den in den §§ 520 oder 521 bezeichneten Fällen —
mit Zuchthaus[1] nicht über acht Jahren;

in den im § 522 bezeichneten Fällen —
mit Zuchthaus[1] nicht über zwölf Jahren.

1 Gemäß § 2 StRVO. Ersatzstrafe für Zwangsarbeit von gleicher Dauer. Wegen des Mindestmaßes vgl. § 16 Anm. 1.

§ 523 a[1]. Wer durch seine Vermittelung oder durch Gewährung oder Verschaffung von Gelegenheit der Unzucht Vorschub leistet, ohne daß ihm die polizeiliche Erlaubnis zum Betriebe eines öffentlichen Hauses (Bordells, Absteigequartieres usw.) erteilt ist, wird wegen Kuppelei mit Gefängnis von drei Monaten bis zu drei Jahren bestraft.

Wird die Kuppelei gewohnheitsmäßig oder aus Eigennutz betrieben, so tritt Gefängnis von einem Jahre bis zu sechs Jahren ein.

Die im Absatz 1 angedrohte Strafe trifft auch den Inhaber eines Bordells oder sonstigen öffentlichen Hauses, der den hinsichtlich des Betriebes eines öffentlichen Hauses zur Sicherung der Gesundheit, der öffentlichen Ordnung und des öffentlichen Anstandes erlassenen polizeilichen Vorschriften zuwiderhandelt.

1 Eingeschoben durch § 22 StRVO. Der Wortlaut weicht von § 180 RStGB. darin ab, daß Gewohnheits- oder Gewerbsmäßigkeit nicht Tatbestandsmerkmal, sondern Strafschärfungsgrund ist.

§ 524. Wer:

1) ein Mädchen von vierzehn bis zu sechzehn Jahren ohne Mißbrauch ihrer Unschuld[1];

2) wissentlich[2] ein jungfräuliches Mädchen von sechzehn bis zu einundzwanzig Jahren

zur Unzucht verkuppelt, wird bestraft:
mit Gefängnis[3].

Verkuppelt jedoch der Täter seine Frau, seine Tochter oder eine in seiner Gewalt oder Pflege befindliche oder eine solche Person, mit welcher der Beischlaf gemäß §§ 518 und 519 bestraft wird, so wird er bestraft:
mit Gefängnis von drei Monaten bis zu sechs Jahren[4].

Derselben Bestrafung unterliegt derjenige, welcher die in Abs. 1 dieses Paragraphen vorgesehene Kuppelei gewerbsmäßig betreibt.

1 Bei Mißbrauch der Unschuld liegt Beihilfe zum Vergehen des § 520[1] vor. 2 Gemäß VO. 7. 6. 16 für notorisch. 3 2 Wochen bis 1 Jahr. 4 Gemäß § 2 StRVO. Ersatzstrafe für Korrektionshaus.

§ 525. Eltern, Vormünder oder Pfleger eines Minderjährigen unter siebzehn Jahren oder Personen, die ihn zu beaufsichtigen oder zu bedienen haben, welche mit der Unzucht eines solchen Minderjährigen Nachsicht üben, werden bestraft:

mit Gefängnis[1].

1 2 Wochen bis 1 Jahr.

§ 526. Wer eine Frauensperson durch Gewalt gegen die Person[1] oder durch Bedrohung ihrer selbst oder eines Mitgliedes ihrer Familie mit dem Tode[2], einer sehr schweren oder einer schweren Körperverletzung[3] oder durch Täuschung[4] oder durch Mißbrauch seiner Gewalt über diese Person oder durch Ausnutzung ihrer hilflosen Lage oder ihrer Abhängigkeit von ihm zur gewerbsmäßigen Unzucht verleitet, wird bestraft:

mit Gefängnis nicht unter drei Monaten[5].

Wer eine Frauensperson auf die in Abs. 1 dieses Paragraphen bezeichnete Art zum Verlassen des Inlands verleitet, um sie im Auslande[6] der gewerbsmäßigen Unzucht zuzuführen, wird bestraft:

mit Gefängnis von drei Monaten bis zu drei Jahren[7].

Wird jedoch befunden, daß der Täter die in diesem Paragraphen bezeichneten strafbaren Handlungen gewerbsmäßig betreibt, so wird er bestraft:

mit Gefängnis von drei Monaten bis zu sechs Jahren[8].

Der Versuch ist strafbar.

1 § 475. 2 Vgl. § 515 Anm. 2. 3 §§ 467, 468. 4 Bernstein: Betrug. 5 Höchstmaß 1 Jahr. 6 Vgl. § 6 Anm. 1. 7 Gemäß § 2 StRVO. Ersatzstrafe für Korrektionshaus von gleicher Dauer. 8 Gemäß § 2 StRVO. Ersatzstrafe für Korrektionshaus.

§ 527. Eine männliche Person, welche:

1) von einer Frauensperson, die gewerbsmäßig Unzucht betreibt, unter Ausbeutung ihres unsittlichen Erwerbes ganz oder teilweise den Lebensunterhalt bezieht, oder welche einer solchen Frauensperson gewohnheitsmäßig oder aus Eigennutz in bezug auf die Ausübung des unzüchtigen Gewerbes Schutz gewährt oder sonst förderlich ist (Zuhälter), wird mit Gefängnis von drei Monaten bis zu drei Jahren bestraft.

Ist der Zuhälter der Ehemann der Frauensperson oder hat der Zuhälter die Frauensperson unter Anwendung von Gewalt oder Drohungen zur Ausübung des unzüchtigen Gewerbes angehalten, so tritt Gefängnisstrafe von einem Jahre bis zu sechs Jahren ein[1].

2) gewerbsmäßig, um Vermögensvorteile zu erlangen, Frauens-

personen wirbt, um sie in Bordells zur gewerbsmäßigen Unzucht zu bringen,

wird bestraft:

mit Gefängnis[2].

1 Die Fassung beruht auf § 21 StRVO.; vgl. dazu die Erläuterungen S. 24. Ziff. 1 weicht von § 181 RStGB. nur darin ab, daß der Strafrahmen ein anderer ist. 2 2 Wochen bis 1 Jahr.

§ 528. Wer die zur Verhütung der Unzucht und zur Vermeidung ihrer schädlichen Folgen bestehenden Vorschriften nicht befolgt, wird bestraft:

mit Haft oder mit Geldstrafe nicht über fünfhundert Rubeln.

§ 529. Wer eine Frauensperson, von der er weiß[1], daß sie das einundzwanzigste Lebensjahr nicht vollendet hat, in ein Bordell aufnimmt, wird bestraft:

mit Gefängnis[2].

Derselben Bestrafung unterliegt derjenige, welcher eine gewerbsmäßige Unzucht treibende Person, die den Wunsch äußert, ihr Gewerbe aufzugeben, in einem Bordell festhält[3].

1 Gemäß VO. 7. 6. 16 für notorisch. 2 2 Wochen bis 1 Jahr. 3 Gegebenenfalls kann Bestrafung aus §§ 498, 500[2] in Frage kommen.

Achtundzwanzigstes Kapitel.

Beleidigung.

§ 530. Wer einen Anderen durch für diesen oder ein, wenn auch verstorbenes, Mitglied seiner Familie entehrendes Benehmen oder eine solche Äußerung[1] vorsätzlich persönlich kränkt, wird wegen Beleidigung bestraft[2]:

mit Haft oder mit Geldstrafe nicht über fünfhundert Rubeln.

Die Strafverfolgung tritt nur auf Antrag ein[3].

1 Im Gegensatz zu § 531 in Gegenwart des Verletzten. 2 Straffreiheit im Falle des § 536. 3 Abs. 2 beruht auf § 23 StRVO. vgl. dazu oben § 47 Anm. 2 und Erläuterungen S. 24.

§ 531. Wer einen Anderen, wenn auch in seiner Abwesenheit, durch Verbreitung für diesen ehrenrühriger Umstände entehrt, wird wegen Beleidigung bestraft[1]:

mit Gefängnis nicht über sechs Monaten.

Die Strafverfolgung tritt nur auf Antrag ein[2].

1 2 Vgl. § 530 Anm. 2, 3.

§ 532. Wer:

1) seine Mutter, seinen ehelichen[1] Vater oder einen sonstigen Verwandten aufsteigender Linie;

2) einen Priester bei der Vornahme eines Gottesdienstes oder einer geistlichen Handlung;

3) eine Amtsperson oder einen Gemeindevorsteher oder eine ein entsprechendes Amt bekleidende Person bei der Verrichtung ihrer Dienstpflichten oder aus Anlaß solcher Verrichtung[2];

4) eine Militärwache oder deren Posten, eine Heeresabteilung oder Mannschaft[3]

beleidigt, wird bestraft:

mit Gefängnis[4].

Derselben Bestrafung unterliegt ein Angestellter eines Dampfers oder Seeschiffes oder ein Passagier dieser, welcher den Kapitän des Dampfers oder Seeschiffes beleidigt, ebenso ein Gefangener, welcher eine Person der Gefängniswache bei der Verrichtung ihrer Dienstpflichten oder aus Anlaß solcher Verrichtung beleidigt.

Die Strafverfolgung tritt nur auf Antrag ein[5].

1 Vgl. § 419 Anm. 1, § 454 Anm. 2. 2 Liegt in der Beleidigung des Beamten zugleich eine Mißachtung der Obrigkeit, dann kommt Bestrafung nach § 154 III in Frage. 3 Der Anwendung dieser Bestimmung steht zurzeit § 161 MStGB. im Wege. 4 2 Wochen bis 1 Jahr. 5 Abs. 3 beruht auf § 23 StRVO.; vgl. oben § 47 Anm. 2 und Erläuterungen S. 24.

§ 533. Wer einen Anderen in verbreiteten oder öffentlich ausgestellten Erzeugnissen der Buchdruckerpresse, in Handschriften oder Abbildungen beleidigt, wird bestraft:

mit Gefängnis[1].

Überdies wird dem Redakteur oder Verleger der Zeitschrift, welcher die beleidigenden Erzeugnisse, Schriften oder Abbildungen in diese aufnimmt, eine Geldbuße nicht über einem Rubel für jedes dem Verkauf übergebene Exemplar der Erzeugnisse, Schriften oder Abbildungen auferlegt[2].

Die Strafverfolgung tritt nur auf Antrag ein[3].

1 2 Wochen bis 1 Jahr. 2 Zwingende Vorschrift. 3 Vgl. § 532 Anm. 5.

§ 534. Wer das Oberhaupt eines ausländischen Staates beleidigt, wird bestraft:

mit Gefängnis[1].

1 2 Wochen bis 1 Jahr.

§ 535. Wer einen auswärtigen Botschafter, Gesandten oder Geschäftsträger beleidigt, wird bestraft:

mit Gefängnis nicht über sechs Monaten.

Derselben Bestrafung unterliegt derjenige, welcher einen sonstigen diplomatischen Agenten in der Absicht, der Regierung desselben Mißachtung zu erzeigen, beleidigt.

§ 536. Wer eine unter §§ 530 und 531 fallende Beleidigung begeht, kann straffrei bleiben:

1) falls die Beleidigung durch gleiche oder schwerere Gewalt gegen die Person[1] oder durch gleiche oder schwerere Beleidigung seitens des Verletzten hervorgerufen wurde;

2) falls der Verletzte sich an ihm durch gleiche oder schwerere Gewalt gegen die Person oder durch gleiche oder schwerere Beleidigung gerächt hat[2].

Diese Bestimmungen finden keine Anwendung, falls ein im Polizei- oder sonstigen Dienst stehender Wächter oder Diener[3] bei der Verrichtung seiner Dienstpflichten oder aus Anlaß solcher Verrichtung oder falls ein Priester beleidigt ist.

1 § 475. 2 Gleichgültig, wie lange nachher. 3 Vgl. § 477 Anm. 3.

§ 537. Die Verbreitung entehrender[1] Umstände wird nicht als strafbare Verleumdung[2] angesehen, falls der Beschuldigte[3] beweist:

1) daß die verbreiteten Umstände wahr sind, oder

2) daß er genügenden Grund hatte, die verbreiteten Umstände für wahr zu halten, und daß er solche Verbreitung staatlichen oder öffentlichen Vorteils wegen oder im Interesse der ihm obliegenden Pflichten oder zum Schutze der persönlichen Ehre oder der Ehre seiner Familie begangen hat.

1 Bernstein: ehrverletzend. Im Russischen steht dasselbe Wort wie in § 530. 2 Bernstein: Beleidigung. Im Russischen ist abweichend von §§ 530, 531 das auch in § 538 I verwendete Wort gebraucht. 3 Bernstein: Angeklagte. Vgl. § 38 Anm. 1. Die gleiche Änderung ist auch in § 68[1] vorgenommen.

§ 538. Die Erbringung des Beweises der Wahrheit der verbreiteten Umstände durch den der Verleumdung Beschuldigten[1] und dessen Befreiung von der Verantwortung auf Grund des § 537 sind ausgeschlossen, falls die bezeichneten Umstände:

1) sich auf das Oberhaupt eines auswärtigen Staates, auf einen auswärtigen Botschafter, Gesandten, Geschäftsträger oder sonstigen diplomatischen Agenten eines solchen Staates bezogen;

2) sich auf das Privat- oder Familienleben des Verleumdeten bezogen und die Verbreitung dabei in verbreiteten oder öffentlich aus-

gestellten Erzeugnissen der Buchdruckerpresse, Handschriften oder Abbildungen oder in einer öffentlichen Rede begangen wurde.

1 Vgl. § 38 Anm. 1.

§ 539. Wird wegen einer Beleidigung auf Strafe erkannt, so ist dem Gericht anheimgestellt, auf Antrag des Beleidigten das Urteil zu veröffentlichen.

§ 540. Wer wissentlich falsche Umstände verbreitet, die das Vertrauen zu der Gewerbe- oder Handelstätigkeit einer Person, einer Gesellschaft oder Anstalt oder zu der Fähigkeit einer Person, die Pflichten ihres Berufes oder ihrer Beschäftigung[1] zu erfüllen, erschüttern[2], wird bestraft:

mit Haft oder mit Geldstrafe nicht über fünfhundert Rubeln.

Wird die Verbreitung begangen in verbreiteten oder öffentlich ausgestellten Erzeugnissen der Buchdruckerpresse, Handschriften oder Abbildungen oder in einer öffentlichen Rede oder in der Absicht, Vermögensnachteil zuzufügen oder Vermögensvorteil zu erlangen, so wird der Täter bestraft:

mit Gefängnis nicht über sechs Monaten.

Die Strafverfolgung tritt nur auf Antrag ein[3].

1 Bernstein: Standes oder Berufes. In der VO. 7. 6. 16 — oben S. 26 —, die eine entsprechende Richtigstellung für § 541 anordnet, ist dieser Fehler anscheinend übersehen worden. 2 Im Russischen steht das Partizipium des Präsens. Daß eine Erschütterung bereits eingetreten ist, ist danach nicht Tatbestandsmerkmal. 3 Vgl. § 532 Anm. 5.

Neunundzwanzigstes Kapitel.

Offenbarung von Geheimnissen.

§ 541. Wer kraft seines Berufes[1] zur Geheimhaltung ihm anvertrauter Mitteilungen verpflichtet ist, wird, wenn er sie vorsätzlich[2] ohne beachtenswerte Gründe offenbart, falls dabei die offenbarten Mitteilungen der Person, auf die sie sich beziehen, Vermögensnachteil zufügen oder sie entehren konnten und er wegen dieser Offenbarung nicht der Bestrafung wie wegen Beleidigung[3] unterliegt, bestraft:

mit Haft oder mit Geldstrafe nicht über fünfhundert Rubeln.

Wird solche Offenbarung in der Absicht begangen, Vermögensnachteil zuzufügen oder Vermögensvorteil zu erlangen oder die Person, auf welche die offenbarte Mitteilung sich bezieht, zu entehren, so wird der Täter bestraft:

mit Gefängnis nicht über sechs Monaten.

1 Gemäß VO. 7. 6. 16 für Standes. 2 Gemäß VO. 7. 6. 16 eingeschoben. 3 §§ 530 ff.

§ 542. Wer wissentlich[1] fremde Briefe, Depeschen oder sonstige Papiere eigenmächtig öffnet, wird bestraft[2]:

mit Haft nicht über einem Monat oder mit Geldstrafe nicht über hundert Rubeln.

Offenbart der Täter in den von ihm geöffneten Papieren enthaltene Mitteilungen, welche die Person, auf die sie sich beziehen, entehren können, und unterliegt er nicht der Bestrafung wie wegen Beleidigung[3], so wird er bestraft:

mit Haft oder mit Geldstrafe nicht über fünfhundert Rubeln.

1 Gemäß VO. 7. 6. 16 für notorisch. 2 Postbeamte fallen unter §§ 653 II, 680. 3 §§ 530 ff.

§ 543. Wer als Angestellter oder Arbeiter eines Werkes[1], einer Fabrik oder einer sonstigen gewerblichen Anstalt die ihm als geheimzuhaltend anvertrauten besonderen, in dem Werk, der Fabrik oder der Anstalt angewendeten oder zur Anwendung bestimmten Betriebsverfahrensarten offenbart, wird bestraft:

mit Haft oder mit Geldstrafe nicht über fünfhundert Rubeln.

Wer diese Übertretung begeht, um dem Unternehmen Vermögensnachteil zuzufügen oder sich Vermögensvorteil zu verschaffen, wird bestraft:

mit Gefängnis nicht über sechs Monaten.

1 Bernstein: Manufaktur. Vgl. § 197 Anm. 3.

§ 544. Wer im Dienst einer Kreditanstalt, einer Aktiengesellschaft oder eines Bankiergeschäfts steht und Mitteilungen vorsätzlich offenbart, die, wie er weiß[1], ein Geheimnis dieser Anstalten, Gesellschaften oder Geschäfte bilden und nicht offenbart werden dürfen, wird bestraft:

mit Haft oder mit Geldstrafe nicht über fünfhundert Rubeln.

Wer solche Offenbarung begeht, um den Kredit der bezeichneten Anstalten, Gesellschaften oder Geschäfte oder den Kredit von Privatpersonen, die jenen ihr Vermögen oder Vermögensinteresse anvertraut haben, zu schädigen oder um sich Vermögensvorteil zu verschaffen, wird bestraft:

mit Gefängnis nicht über sechs Monaten.

1 Gemäß VO. 7. 6. 16 für notorisch. Der Satzbau ist unter Abweichung von Bernstein dem deutschen Sprachgebrauch angepaßt.

§ 545. Wer im Dienste eines Handelsunternehmens steht und dessen Handlungsgeheimnis offenbart, um den Kredit des Eigentümers[1] des Unternehmens zu schädigen oder sich Vermögensvorteil zu verschaffen, wird bestraft:

mit Gefängnis nicht über sechs Monaten.

1 Bernstein: Prinzipals. Wörtlich: Herrn. Vgl. § 311 Anm. 1.

§ 546. Die nicht im staatlichen oder öffentlichen Dienst stehenden Mitglieder der Staatsgewerbesteuerämter, ebenso die in diese Ämter geladenen Sachverständigen, welche geheimzuhaltende, die Vermögenslage, die Schuldverpflichtungen, den Umsatz und[1] den Gewinn der Staatsgewerbesteuerzahler betreffende Mitteilungen offenbaren, werden bestraft:

mit Geldstrafe nicht über dreihundert Rubeln.

Wird diese Übertretung begangen, um die Ehre oder den Kredit der Person, auf welche die offenbarte Mitteilung sich bezieht, zu schädigen, so wird der Täter bestraft:

mit Gefängnis nicht über sechs Monaten.

Überdies wird dem Täter das Recht, Mitglied der oben genannten Ämter zu bleiben oder zu einem solchen gewählt zu werden oder in diese Ämter als Sachverständiger geladen zu werden, für die Dauer von drei Jahren entzogen.

1 Im Russischen steht ebenfalls „und". Darin liegt aber augenscheinlich ein Fehler in der Fassung des Gesetzes; es müßte „oder" heißen.

Dreißigstes Kapitel.

Beschädigung von Vermögen, Verkehrslinien, Warnungs-, Grenz- und ähnlichen Zeichen oder sonstigen Gegenständen.

§ 547. Wer fremdes Vermögen[1] vorsätzlich beschädigt, wird bestraft:

mit Haft nicht über einem Monat oder mit Geldstrafe nicht über hundert Rubeln.

Übersteigt der verursachte Schaden fünfhundert Rubel, so wird der Täter bestraft:

mit Haft nicht über drei Monaten oder mit Geldstrafe nicht über dreihundert Rubeln.

Ist jedoch die Beschädigung geringfügig, so wird der Täter bestraft:

mit Geldstrafe nicht über fünfundzwanzig Rubeln.

1 Das Wort „Vermögen" ist hier in gleichem Sinne gebraucht wie in §§ 581 ff. beim Diebstahl und §§ 591 ff. beim Betruge. Das russische Wort bedeutet so viel wie „Hab und Gut", also mehr als „Sache" in §§ 303, 242 RStGB., deckt sich vielmehr mit dem Begriff des Vermögens in § 263 RStGB., wie auch aus § 551 — vgl. dort bei Anm. 3 — folgt. § 547 beschränkt sich daher nicht auf körperliche Gegenstände, wie es § 303 RStGB. tut, sondern umfaßt, wie der Betrug des § 263 RStGB., auch jeden nicht an Vernichtung oder Beschädigung einer körperlichen Sache geknüpften Vermögensschaden; die „Sachbeschädigung" bildet nur einen Teil der unter § 547 fallenden Tatbestände, wenn auch den weitaus größeren. § 547 ahndet (Taganzew) jeden Eingriff in die Vermögenssphäre, jede Störung fremden Rechtes. Er umfaßt im Gegensatz zu § 303 RStGB. auch unbewegliches Vermögen, wie z. B. § 562 ergibt; allerdings gelten für Beschädigung von Bauwerken zumeist die Sonderbestimmungen der §§ 550 ff. — Strafantrag ist im Gegensatz zu § 303 RStGB. nicht erforderlich.

§ 548. Wer durch Hineinwerfen von Stoffen, die das Wasser nicht verderben können[1], Flüsse, Kanäle, Quellen oder Brunnen verschüttet, wird bestraft:

mit Geldstrafe nicht über fünfundzwanzig Rubeln.

1 Anderenfalls kommt § 220 in Frage.

§ 549. Wer:

1) zur allgemeinen Benutzung dienende Land- oder Wasserverkehrslinien[1] oder Bauwerke oder zur allgemeinen Benutzung dienende und staatliches oder sonstiges öffentliches Gut bildende Gegenstände vorsätzlich beschädigt;

2) Grenz-, Mark-[2], Anmerkungs-[3] oder Aufsuchungszeichen[4] oder Zeichen, welche bei der Vornahme von Vorarbeiten durch die Regierung oder mit Erlaubnis der Regierung zur Anlegung[5] von Verkehrswegen angebracht oder zur staatlichen Aufmessung einer Gegend aufgestellt sind, vorsätzlich beschädigt oder verrückt;

3) fremde Obstgärten, Weinberge oder Saaten vorsätzlich beschädigt,

wird bestraft:

mit Haft oder mit Geldstrafe nicht über fünfhundert Rubeln.

Ist diese Beschädigung geringfügig, so wird der Täter bestraft:

mit Geldstrafe nicht über fünfzig Rubeln.

1 Bernstein: Kommunikationswege. Darunter fallen neben Straßen und Wegen auch Eisenbahnen und Telegraphenleitungen, soweit nicht §§ 556 ff. gegeben sind; vgl. § 382 Anm. 1. 2 Zeichen zur Markscheidung. 3 Damit sind nach Taganzew Zeichen gemeint, die zu Wegeanlagen, Katasterarbeiten, topographischen Arbeiten u. a. aufgestellt werden. 4 Nach Taganzew Zeichen, mit denen jemand sein Land absteckt. 5 Bernstein: Regierungs- oder von der Regierung erlaubten Untersuchungen über Herstellung.

§ 550. Wer:

1) mit Erlaubnis der Regierung errichtete Denkmäler;

2) kaiserlichen Schlössern oder öffentlichen Bibliotheken, Museen oder sonstigen staatlichen oder öffentlichen Bewahrungsstätten gehörende Gegenstände der Wissenschaften oder Künste;

3) zur Landesverteidigung dienende oder eingerichtete Bauten;

4) staatliche oder öffentliche Niederlagen von Verpflegungsgegenständen oder Niederlagen militärischer Vorräte, Vorrichtungen oder sonstiger Militärsachen;

5) als Mittel zum Verkehr, zur Bewässerung oder zur Vorbeugung gegen Überschwemmungen dienende Wasserbauten[1] von bedeutendem Wert;

6) wissentlich[2] zum Schutze der persönlichen Sicherheit[3] aufgestellte Warnungszeichen[4];

7) fremde unbewohnte Gebäude oder Schiffe;

8) fremdes Vieh durch Vergiftung von Tränken oder Futtervorräten oder durch Übertragung von Seuchen;

9) Fische in fremden Gewässern durch Vergiftung des Wassers;

10) Weinreben in fremden Weinbergen durch deren Ansteckung mit Reblauskrankheit

beschädigt, wird bestraft:

mit Gefängnis[5].

Der Versuch ist strafbar.

Derselben Bestrafung unterliegt derjenige, welcher wissentlich[2] zum Schutze der persönlichen Sicherheit aufgestellte Warnungszeichen verrückt.

1 Bernstein: hydrotechnische Bauwerke. 2 Gemäß VO. 7. 6. 16 für notorisch. 3 Bernstein fälschlicherweise (im Gegensatz zu Abs. 3): Freiheit. Den Gegensatz bilden Warnungszeichen zum Schutze des Verkehrs, deren Beschädigung § 558 unter Strafe stellt. 4 Schriftliche oder bildliche. 5 2 Wochen bis 1 Jahr.

§ 551. Wer zur allgemeinen Benutzung dienende Wasser-, Gas-, Naphta- oder Elektrizitätsleitungsanlagen[1] oder fremde Werke[2] oder Fabriken in Tätigkeit setzende Anlagen beschädigt, wird, falls diese Beschädigung die Einstellung des Betriebes der Anlagen verursacht oder die persönliche Sicherheit oder den Bestand des Vermögens[3] bedroht, bestraft:

mit Gefängnis[4].

1 Bernstein: -vorrichtungen. 2 Bernstein: Manufakturen; vgl. § 197 Anm. 3. 3 Bernstein: Vermögensintegrität. 4 2 Wochen bis 1 Jahr.

§ 552. Wer:

1) fremde Urkunden, die als Beweismittel[1] für Entstehung, Veränderung oder Erlöschen von Rechten oder Verpflichtungen dienen können;

2) fremde, in der Verwaltung einer Post- und Telegraphenanstalt befindliche postalische oder telegraphische Briefschaften[2];

3) zu den Aktenstücken von staatlichen oder sonstigen öffentlichen Anstalten gehörende Urkunden

beschädigt, wird bestraft:

mit Gefängnis von zwei Wochen bis zu sechs Jahren[3].

Derselben Bestrafung unterliegt derjenige, welcher solche Urkunden oder Briefschaften verheimlicht oder sich aneignet[4].

Der Versuch ist strafbar.

Ist der verursachte Schaden geringfügig oder hat der Täter die verheimlichten oder angeeigneten Urkunden oder Briefschaften vor der Verkündung eines Urteils, einer Resolution oder eines Schuldigspruches[5] freiwillig zurückgegeben, ohne daß deren Verheimlichung oder Aneignung schädliche Folgen verursacht hat, so wird der Täter bestraft:

mit Haft.

1 Vgl. § 440 Anm. 2. 2 Bernstein: Korrespondenz. 3 Gemäß § 2 StRVO. für Korrektionshaus oder Gefängnis. 4 § 581 V stellt den Diebstahl, § 589 III den Raub und § 591 IV den betrügerischen Erwerb solcher Schriftstücke unter Strafe. Daher fällt unter § 552 nur die Unterschlagung derartiger Urkunden (vgl. § 574). 5 Vgl. § 60 Anm. 2.

§ 553. Wer:

1) eine Kirche oder ein christliches Bethaus;

2) einer Kirche gehörende heilige Kreuze, heilige Reliquien, heilige Bilder oder andere von der orthodoxen oder einer anderen christlichen Kirche als heilig verehrte Gegenstände, falls diese Gegenstände in einer Kirche, Kapelle oder in einem christlichen Bethause sich befinden;

3) an öffentlichen Orten aufgestellte heilige Kreuze oder heilige Bilder

ohne Absicht der Beleidigung[1] des Heiligtums beschädigt, wird bestraft:

mit Gefängnis von zwei Wochen bis zu sechs Jahren[2].

Der Versuch ist strafbar.

1 §§ 73, 74. Vgl. auch § 9 StRVO. 2 Gemäß § 2 StRVO. für Korrektionshaus oder Gefängnis.

§ 554. Wer ein Grab oder Grabmal ohne Absicht der Beschimpfung[1] des Verstorbenen beschädigt, wird bestraft:

mit Gefängnis[2].

Der Versuch ist strafbar.

1 §§ 79, 530. 2 2 Wochen bis 1 Jahr.

§ 555. Wer:

1) ein fremdes bewohntes Gebäude oder Schiff oder solche unbewohnten Gebäude, Schiffe oder sonstigen Räumlichkeiten, in welchen zu der Zeit, wie dem Täter bekannt war[1], ein Mensch sich befand, dessen Leben durch die Beschädigung gefährdet wurde;

2) fremde Gruben, Bergwerke oder Naphtaquellen;

3) fremde Lösch- oder Rettungsgerätschaften, um dem Löschen eines Brandes oder der Rettung der Umkommenden entgegenzuwirken;

4) fremde Anlagen oder Bauwerke, die, wie er weiß[1], dem Schutze der persönlichen Sicherheit der Arbeiter in Werken, Fabriken, Bergwerken oder an Bau- oder Erdarbeiten dienen[2],

beschädigt, wird bestraft:

mit Zuchthaus bis zu fünfzehn Jahren; in besonders schweren Fällen kann auch auf lebenslängliches Zuchthaus oder auf Todesstrafe erkannt werden[3].

Der Versuch ist strafbar.

1 Gemäß VO. 7. 6. 16 für notorisch. 2 Dem deutschen Sprachgebrauch und dem russischen Text angepaßt. 3 Gemäß § 19 StRVO. an Stelle von Korrektionshaus. Wegen der Nebenstrafen vgl. § 25 Anm. 4.

§ 556. Wer zur Benutzung der Allgemeinheit oder der Regierung dienende Telegraphen- oder Fernsprechanlagen oder zur Privatbenutzung dienende Telegraphen- oder Fernsprechanlagen von bedeutendem Wert beschädigt, wird, falls diese Beschädigung eine Unterbrechung der Tätigkeit jener Anlagen verursacht, bestraft:

mit Gefängnis[1].

Wird diese Beschädigung von Telegraphen- oder Fernsprechanlagen begangen, um die Weitergabe[2] von amtlichen Mitteilungen[3] aufzuhalten, so wird der Täter bestraft:

mit Gefängnis von drei Monaten bis zu sechs Jahren[4].

Der Versuch ist strafbar.

1 2 Wochen bis 1 Jahr. 2 Bernstein: Übergabe. 3 Bernstein: Regierungs-. Das russische Wort umfaßt alle staatlichen Organe. 4 Gemäß § 2 StRVO. Ersatzstrafe für Korrektionshaus.

§ 557. Wer zur allgemeinen Benutzung dienende Wasserwege, Schleusen, Wasserabschläge[1], Dämme, Brücken oder sonstige zum übersetzen, zur Schiffahrt oder zur Vorbeugung gegen Überschwemmungen dienende Bauwerke beschädigt, wird, falls diese Beschädigung eine Überschwemmung oder eine Unterbrechung des Verkehrs verursacht, bestraft:

mit Gefängnis[2].

Wird durch solche Beschädigung ein Menschenleben gefährdet, so wird der Täter bestraft:

mit Gefängnis von drei Monaten bis zu sechs Jahren[3].

1 Gemeint sind Wasserablässe, Mühlgerinne, Stauwerke und ähnliche Anlagen, durch die Wasser aus seinem natürlichen Bett oder Behältnis meist überirdisch abgeleitet wird. Wasserleitungen schützt § 551. 2 2 Wochen bis 1 Jahr. 3 Gemäß § 2 StRVO. Ersatzstrafe für Korrektionshaus.

§ 558. Wer durch Beschädigung:

1) eines Eisenbahnkörpers oder des Betriebsmaterials einer Eisenbahn;

2) eines Dampfers oder Seeschiffes;

3) eines zur Sicherheit des Eisenbahnverkehrs oder der Schiffahrt bestimmten[1] Warnungszeichens,

die Sicherheit des Verkehrs auf den Eisenbahnen oder auf dem Wasser gefährdet, wird bestraft:

mit Zuchthaus bis zu fünfzehn Jahren; in besonders schweren Fällen kann auch auf lebenslängliches Zuchthaus oder auf Todesstrafe erkannt werden[3].

Überdies ist dem Gericht anheimgestellt, dem Täter das Recht, bei einer Eisenbahn, an einem Wasserwege, auf einem Dampfer oder Seeschiff angestellt zu sein, ebenso Erbauer oder Unternehmer[4] bei der Ausführung von Eisenbahn-, Dampfer- oder Seeschiffsbauarbeiten zu sein, für die Dauer von einem bis zu fünf Jahren zu entziehen.

Verunglückte infolge dieser Beschädigung ein Eisenbahnzug, ein Dampfer oder ein Seeschiff, so wird der Täter bestraft:

mit Zuchthaus bis zu fünfzehn Jahren; in besonders schweren Fällen kann auch auf lebenslängliches Zuchthaus oder auf Todesstrafe erkannt werden[3].

Wird jedoch diese Beschädigung begangen, um ein Eisenbahn-, Dampfer- oder ein Seeschiffsunglück zu verursachen, so wird der Täter bestraft:

mit Zuchthaus bis zu fünfzehn Jahren; in besonders schweren Fällen kann auch auf lebenslängliches Zuchthaus oder auf Todesstrafe erkannt werden[3].

1 Bernstein: festgesetzten; gemeint ist schlechthin „angebrachten", nicht etwa „fest"- oder „aufgestellten"; der persönlichen Sicherheit dienende Warnungszeichen fallen unter § 551 [6]. 2 Bernstein: stört. 3 Der Strafrahmen beruht auf § 19 StRVO. Früher drohte Abs. 1: Korrektionshaus oder Gefängnis, Abs. 3 Zwangsarbeit bis zu 8 Jahren, Abs. 4 bei Verletzung des Abs. 1 Zwangsarbeit bis zu 10 Jahren, des Abs. 3 lebenslängliche Zwangsarbeit oder Zwangsarbeit nicht unter 10 Jahren an. Diese Staffelung ist jetzt beseitigt. Die Feststellung der Sondertatbestände der Absätze 2 und 3 ist daher eigentlich überflüssig. 4 Bernstein: Übernehmer.

§ 559. Den in § 558 bestimmten Bestrafungen nach den in ihm bezeichneten Grundsätzen unterliegt auch derjenige, welcher:

1) durch falsche Abgabe der zur Sicherheit des Eisenbahnverkehrs oder der Schiffahrt dienenden Zeichen die Sicherheit des Verkehrs auf den Eisenbahnen oder auf dem Wasser gefährdet [1];

2) im Dienste der Eisenbahn, an Wasserwegen, auf Dampfern oder Seeschiffen durch Nichtbefolgung der durch Gesetz oder verbindliche Verordnung zur Sicherheit des Eisenbahnverkehrs oder der Schiffahrt festgesetzten Bestimmungen die Sicherheit des Verkehrs auf den Eisenbahnen oder auf dem Wasser gefährdet.

1 Bernstein: stört.

§ 560. Erbauer von Eisenbahnen, Dampfern oder Seeschiffen, Eisenbahn-Direktions- oder -Verwaltungsmitglieder oder sonstige Personen, welche Bau, Ausbesserung oder Betrieb [1] von Eisenbahnen oder deren Betriebsmaterial, Dampfern oder Seeschiffen verwalten, leiten oder überwachen, werden, wenn sie wissentlich untaugliche Materialien oder Materialien in ungenügender Menge verwenden oder solche Verwendung zulassen oder wissentlich die technischen Bestimmungen nicht befolgen oder deren Nichtbefolgung zulassen oder die zur Erhaltung von Eisenbahnen oder deren Betriebsmaterial, von Dampfern oder Seeschiffen in verkehrssicherem Zustande notwendigen Maßregeln zu treffen unterlassen, sofern diese Handlungen die Sicherheit des Eisenbahnverkehrs oder der Schiffahrt gefährden, bestraft:

mit Gefängnis von zwei Wochen bis zu sechs Jahren [2].

Verunglückt infolge dieses Vergehens ein Eisenbahnzug, ein Dampfer oder ein Seeschiff, so wird der Täter bestraft:

mit Zuchthaus nicht über acht Jahren oder mit Gefängnis von drei Monaten bis zu sechs Jahren [3].

Derselben Bestrafung nach denselben Grundsätzen unterliegen

Abnehmer[4] von Eisenbahnbauten oder von Eisenbahnbetriebsmaterial, von Dampfern oder Seeschiffen, welche diese wissentlich in unzulänglichem, für Eisenbahnverkehr oder Schiffahrt gefährlichem Zustande als tauglich abnehmen.

1 Bernstein: Exploitierung, das wörtlich zwar Ausbeutung, Ausnutzung bedeutet, sich aber nach dem russischen Gebrauch am sinngemäßesten mit Verkehr oder Betrieb wiedergeben läßt; vgl. § 400 Anm. 1. Der bei Bernstein unübersichtliche Satzbau ist dem deutschen Sprachgebrauch entsprechend gestaltet. 2 Gemäß § 2 StRVO. für Korrektionshaus oder Gefängnis. 3 Gemäß § 2 StRVO. für Zwangsarbeit nicht über 8 Jahren oder Korrektionshaus; vgl. § 16 Anm. 1. 4 Damit sind diejenigen Personen gemeint, denen die Prüfung und Abnahme dem Unternehmer gegenüber obliegt.

§ 561. Techniker oder Großunternehmer[1], welche bei der Ausführung eines Gebäudes oder einer Anlage[2] untaugliche Materialien oder Materialien in ungenügender Menge verwenden oder die technischen Bestimmungen nicht befolgen, werden, falls diese Handlung die Zerstörung des Gebäudes, der Anlage oder eines Teiles derselben zur Folge hat, bestraft:

mit Gefängnis[3], [4].

Überdies ist dem Gericht anheimgestellt, dem Täter das Recht, Bauarbeiten auszuführen oder im Ganzen zu übernehmen, für die Dauer von einem bis zu fünf Jahren zu entziehen und das Urteil zu veröffentlichen.

1 Bernstein undeutsch: Großübernehmer. Damit sind — vgl. § 382 III, IV — diejenigen gemeint, die die Ausführung im Ganzen übernehmen. 2 Bernstein: Bauwerk. Im Russischen steht dasselbe Wort, das in § 378 von Bernstein mit „Bau", hier ebenfalls mit „Anlage" wiedergegeben ist; vgl. § 378 Anm. 1. 3 2 Wochen bis 1 Jahr. 4 Unsachgemäße Abnahme bedroht § 663 II.

§ 562. Wer fremdes Vermögen[1] durch Inbrandsetzen, Sprengen oder Unterwassersetzen beschädigt, wird bestraft:

mit Zuchthaus bis zu fünfzehn Jahren; in besonders schweren Fällen kann auch auf lebenslängliches Zuchthaus oder auf Todesstrafe erkannt werden[2].

Werden auf diese Weise fremde Waldungen, Gärten, landwirtschaftliche Saaten auf dem Halm, Torfmoore, Naphtaquellen, Niederlagen von Bau- und Brennholz, Waren, landwirtschaftlichen Erzeugnissen, Verpflegungsmitteln, explodierenden oder leicht entzündbaren Stoffen oder Sprengvorrichtungen, unbewohnte Gebäude oder unbewohnte Schiffe beschädigt, so wird der Täter bestraft:

mit Zuchthaus bis zu fünfzehn Jahren; in besonders

schweren Fällen kann auch auf lebenslängliches Zuchthaus oder auf Todesstrafe erkannt werden [2].

Droht jedoch infolge dieser Beschädigung nach der Beschaffenheit und der Lage der Gegenstände oder nach den Umständen der Begehung der Handlung den in § 563 genannten Gebäuden, Schiffen, Räumlichkeiten oder Orten die Gefahr der Ausdehnung des Brandes, der Sprengung oder der Unterwassersetzung, so wird der Täter bestraft:

mit Zuchthaus bis zu fünfzehn Jahren; in besonders schweren Fällen kann auch auf lebenslängliches Zuchthaus oder auf Todesstrafe erkannt werden [2].

In dem im Abs. 3 dieses Paragraphen bezeichneten Falle unterliegt der Täter der in jenem Absatz bestimmten Bestrafung auch, wenn die beschädigten Gegenstände sein Eigentum bilden.

Der Versuch ist strafbar.

1 Bewegliches und unbewegliches; Gebäude waren in Abs. 2 und 3 und in § 563 unter erhöhten strafrechtlichen Schutz gestellt; dieser Unterschied ist aber jetzt gefallen, da nach § 19 StRVO. der Strafrahmen in allen drei Absätzen der gleiche ist. 2 § 19 StRVO.; früher in Abs. 1 Gefängnis, Abs. 2 Korrektionshaus (Bernstein fälschlich: Zwangsarbeit nicht über 8 Jahren), Abs. 3 Zwangsarbeit nicht über 8 Jahren. Wegen der Nebenstrafen vgl. § 25 Anm. 4.

§ 563. Wer:

1) eine Kirche oder ein christliches Bethaus;

2) Räumlichkeiten einer staatlichen oder sonstigen öffentlichen Anstalt, öffentlicher Bibliotheken oder Museen oder sonstiger staatlicher oder öffentlicher Bewahrungsstätten für Gegenstände der Wissenschaften oder Künste;

3) ein bewohntes Gebäude oder bewohntes Schiff, Bergwerke oder Gruben oder solche unbewohnten Gebäude, Schiffe, Räumlichkeiten oder sonstige Orte, in welchen zu der Zeit, wie er wußte [1], ein Mensch sich befand, dessen Leben gefährdet wurde,

durch Inbrandsetzen, Sprengen oder Unterwassersetzen beschädigt, wird bestraft:

mit Zuchthaus bis zu fünfzehn Jahren; in besonders schweren Fällen kann auch auf lebenslängliches Zuchthaus oder auf Todesstrafe erkannt werden [2].

Wird diese Beschädigung im Einvernehmen [3] mehrerer Personen und dabei gleichzeitig an verschiedenen Stellen einer Stadt oder Ansiedelung begangen, so wird der Täter bestraft:

mit Zuchthaus bis zu fünfzehn Jahren; in besonders

schweren Fällen kann auch auf lebenslängliches Zuchthaus oder auf Todesstrafe erkannt werden[2].

1 Gemäß VO. 7. 6. 16 für notorisch. 2 § 19 StRVO.; früher in Abs. 1 zeitige, in Abs. 2 lebenslängliche Zwangsarbeit. Auch hier erübrigt sich jetzt, wie auch in §§ 558, 562, die Feststellung der über Abs. 1 hinausgehenden Tatbestandsmerkmale. 3 Bernstein: auf Verabredung; vgl. § 174 Anm. 3.

§ 564. Wer:

1) um ein Eisenbahnunglück[1] zu verursachen, eine Beschädigung der Eisenbahn, ihres Betriebsmaterials oder eines zur Sicherheit des Eisenbahnverkehrs bestimmten Zeichens;

2) um ein Dampfer- oder ein Seeschiffsunglück[1] zu verursachen, eine Beschädigung des Dampfers oder des Seeschiffes oder eines zur Sicherheit der Schiffahrt bestimmten Zeichens;

3) eine unter § 563 fallende Beschädigung

vorbereitet oder an einer Verbindung, die sich zu deren Begehung gebildet hat, teilnimmt, wird bestraft:

mit Gefängnis[2].

1 Bernstein: Verunglückung einer .. 2 2 Wochen bis 1 Jahr.

§ 565. Wer:

1) zur Benutzung der Allgemeinheit oder der Regierung dienende Telegraphen- oder Fernsprechanlagen fahrlässig beschädigt, wird, falls diese Beschädigung eine Unterbrechung des Betriebes[1] dieser Anlagen verursacht;

2) einen der in § 557 genannten Gegenstände fahrlässig beschädigt, wird, falls diese Beschädigung eine Überschwemmung oder eine Verkehrsunterbrechung verursacht,

bestraft:

mit Haft nicht über drei Monaten oder mit Geldstrafe nicht über dreihundert Rubeln[2].

1 Bernstein: Tätigkeit. 2 Straflosigkeit im Falle des § 569.

§ 566. Wer eine die Sicherheit des Verkehrs auf Eisenbahnen oder auf dem Wasser gefährdende Beschädigung;

1) eines Eisenbahnkörpers oder des Betriebsmaterials einer Eisenbahn;

2) eines Dampfers oder eines Seeschiffes;

3) eines zur Sicherheit des Eisenbahnverkehrs oder der Schiffahrt bestimmten Zeichens

fahrlässig verursacht, wird bestraft:

mit Haft oder mit Geldstrafe nicht über fünfhundert Rubeln.

Hat dies ein Eisenbahn-, Dampfer- oder Seeschiffsunglück zur Folge, so wird der Täter bestraft:

mit Gefängnis[1].

Überdies ist dem Gericht anheimgestellt, dem Täter das Recht, bei einer Eisenbahn, an einem Wasserwege, auf einem Dampfer oder Seeschiff angestellt zu sein, ebenso Erbauer oder Unternehmer bei der Ausführung von Eisenbahn-, Dampfer- oder Seeschiffsbauarbeiten zu sein, für die Dauer von einem bis zu fünf Jahren zu entziehen.

1 2 Wochen bis 1 Jahr. Straflosigkeit im Falle des § 569.

§ 567. Den in § 566 bestimmten Bestrafungen nach den in ihm bezeichneten Grundsätzen unterliegen auch:

1) diejenigen, welche durch fahrlässige falsche Abgabe der zur Sicherheit des Eisenbahnverkehrs oder[1] der Schiffahrt dienenden Zeichen die Sicherheit des Verkehrs auf den Eisenbahnen oder der Schiffahrt gefährden;

2) diejenigen, welche im Dienste einer Eisenbahn, an Wasserwegen, auf Dampfern oder Seeschiffen stehen und durch fahrlässige Nichtbefolgung der durch Gesetz oder verbindliche Verordnung zur Sicherheit des Eisenbahnverkehrs oder der Schiffahrt festgesetzten Bestimmungen die Sicherheit des Verkehrs auf den Eisenbahnen oder auf dem Wasser gefährden;

3) die in § 560 bezeichneten Personen, welche beim Bau, bei der Ausbesserung oder im Betriebe[2] von Eisenbahnen oder deren Betriebsmaterial, von Dampfern oder Seeschiffen oder bei der Überwachung des Baues, der Ausbesserung oder des Betriebes aus Fahrlässigkeit: untaugliche Materialien oder Materialien in ungenügender Menge verwenden oder solche Verwendung zulassen oder die technischen Bestimmungen nicht befolgen oder deren Nichtbefolgung zulassen oder die zur Erhaltung von Eisenbahnen oder deren Betriebsmaterial, von Dampfern oder Seeschiffen in verkehrssicherem Zustande notwendige Maßregeln zu treffen unterlassen, oder welche Eisenbahnbauten oder Eisenbahnbetriebsmaterial, Dampfer oder Seeschiffe aus Fahrlässigkeit in unzulänglichem Zustande abnehmen, wenn dieses die Sicherheit des Eisenbahnverkehrs oder der Schiffahrt gefährdet.

1 Bernstein fälschlich: und. 2 Bernstein: Exploitierung. Vgl. § 560 Anm. 1.

§ 568. Wer die in § 562 Abs. 2 und[1] in § 563 genannten Gegenstände durch Inbrandsetzen, Sprengen oder Unterwassersetzen fahrlässig beschädigt, wird, falls wegen der Nichtbefolgung der Bestimmungen über den Umgang mit Feuer oder Sprengstoffen keine schwerere Bestrafung festgesetzt ist[2], bestraft:

mit Haft oder mit Geldstrafe nicht über fünfhundert Rubeln.

1 So im Russischen; es müßte oder heißen. 2 §§ 225 ff., § 236.

§ 569. Die unter §§ 565 bis 568 fallenden fahrlässigen Handlungen werden nicht als strafbar erachtet, falls vom Täter selbst oder auf seine Weisung die durch seine Handlung verursachte, in jenen Paragraphen bezeichnete Gefahr beseitigt oder die Wirksamkeit des Feuers, der Explosion oder der Unterwassersetzung gleich am Anfang gehemmt wird.

§ 570. Wer eine von ihm zufällig angerichtete Beschädigung eines Weges, die den Verkehr auf diesem Wege gefährdet, oder eines Warnungszeichens dem Eisenbahnwächter oder einer sonstigen die Sicherheit der Land- oder Wasserverkehrswege überwachenden Person zu melden unterläßt oder nicht rechtzeitig meldet, wird bestraft:

mit Haft nicht über drei Monaten oder mit Geldstrafe nicht über dreihundert Rubeln.

Einunddreißigstes Kapitel.

Nichtanzeige eines Fundes, Aneignung fremden Vermögens und Vertrauensmißbrauch.

§ 571[1]. Wer:

1) von ihm gefundenes, unbekannt wem[2] gehörendes Vermögen im Werte von mehr als drei Rubeln;

2) zugelaufenes, unbekannt wem gehörendes Vieh, welches sich seiner Herde anschließt oder auf seinem Grund und Boden einfindet[3],

vorschriftsmäßig[4] anzuzeigen[5] unterläßt, wird bestraft:

mit Geldstrafe nicht über zehn Rubeln.

1 Die §§ 571 ff. stellen im Gegensatz zu den §§ 581 ff., welche gleichzeitig Verletzung von Besitz und Eigentum ahnden, den Angriff gegen solches Vermögen, das sich nicht mehr im Besitz des Eigentümers befindet, unter Strafe, nämlich von der Nichtanmeldung des § 571 abgesehen in §§ 572, 573 die Aneignung von Gegenständen, die ohne Willen des Eigentümers ihm abhanden gekommen und in den Besitz des Täters gelangt sind, und in § 574 von solchen, die er dem Täter zugänglich gemacht hat. 2 Ist der Eigentümer bekannt, so finden § 573[2] oder III Anwendung. 3 Bernstein: vorgefunden wird. 4 Bernstein: in festgesetzter Ordnung. 5 § 571 stellt nur die Unterlassung der vorgeschriebenen Anzeige unter Strafe; die Aneignung (Fundunterschlagung) fällt unter § 572.

§ 572. Wer:

1) von ihm gefundenes oder bei ihm vergessenes, unbekannt wem gehörendes Vermögen im Werte von mehr als drei Rubeln;

2) unbekannt wem gehörendes, zugelaufenes Vieh

vorsätzlich zurückhält, um es zu seinem Eigentum zu machen, oder es vorsätzlich veruntreut[1], wird bestraft:

mit Geldstrafe im Werte des Angeeigneten, jedoch nicht über hundert Rubeln[2].

1 Das Wort „veruntreut" gibt den Sinn des russischen nicht ganz richtig wieder. Dieses bedeutet so viel wie: verschleudern, unnötig ausgeben, verschwenden, verschärfen. § 572 bedroht denjenigen mit Strafe, der das Gefundene in Aneignungsabsicht behält oder darüber zum Nachteile des unbekannten Eigentümers verfügt. 2 Bei Verwandten ist laut § 23 StRVO. Strafantrag erforderlich; vgl. § 47 Anm. 2.

§ 573. Wer:

1) einen in fremdem Grund und Boden von ihm gefundenen Schatz;

2) von ihm gefundenes oder bei ihm vergessenes[1] fremdes Vermögen oder zugelaufenes Vieh, deren Herr ihm zur Zeit der Begehung der Aneignung bekannt ist,

sich aneignet[2], wird bestraft:

mit Geldstrafe nicht über dem dreifachen Wert des Vermögens, jedoch nicht über dreihundert Rubeln, oder mit Haft nicht über drei Monaten[3].

War jedoch dem Täter bekannt, daß der Herr nach diesem Vermögen sucht, oder hat dieser dessen Rückgabe vom Täter verlangt, so wird der Täter bestraft:

mit Gefängnis nicht über sechs Monaten.

1 § 573² behandelt die Fundunterschlagung bei bekanntem Eigentümer und die Unterschlagung von zufällig sonst in den Besitz des Täters gelangten Sachen bekannter Eigentümer. 2 Dazu genügt jede Handlung, die erkennen läßt, daß der Täter von nun an über die Sache nicht mehr als Fundbesitzer, sondern als Eigentümer verfügen will. 3 Bei Verwandten ist Strafantrag erforderlich (§ 23 StRVO.); vgl. § 47 Anm. 2.

§ 574. Wer ihm anvertrautes[1], fremdes bewegliches[2] Vermögen[3] sich aneignet[4], wird bestraft:

mit Gefängnis nicht unter drei Monaten.

Übersteigt der Wert des Angeeigneten fünfhundert Rubel, so wird der Täter bestraft:

mit Gefängnis von drei Monaten bis zu sechs Jahren[5].

Übersteigt der Wert des Angeeigneten fünfzig Kopeken nicht, oder hat der Täter das Angeeignete vor der Verkündung eines Urteils, einer Resolution oder eines Schuldigkeitsspruches[6] freiwillig zurückgegeben oder auf sonstige Weise den Verletzten befriedigt, so wird der Täter bestraft:

mit Gefängnis nicht über sechs Monaten.

Wird jedoch die unter Abs. 3 dieses Paragraphen fallende Aneignung aus Leichtsinn begangen, so wird der Täter bestraft:

mit Haft[7].

1 Das deutsche Wort „anvertraut" ist mißverständlich. Das russische Wort bedeutet außer anvertrauen so viel wie hinterlegen, in Verwahrung geben; es soll nur zum Ausdruck bringen, daß das Vermögensstück nicht ohne den Willen des Eigentümers in den Besitz des Täter gelangt ist, sondern daß der Eigentümer selbst es diesem übertragen hat. Anvertraut steht nicht in dem Sinne der Begründung eines Rechtsverhältnisses mit besonderer Bindung, wie in § 246 Halbsatz 2 RStGB. im Gegensatz zu § 246 Halbsatz 1, sondern nur in dem Sinne, daß der Eigentümer hinsichtlich des Gegenstandes überhaupt Rechtsbeziehungen zu dem Täter gelegentlich der Übergabe begründet hat; vgl. § 575 Anm. 3. Wie bei Taganzew ausgeführt ist, bildet § 574 nur einen schwereren Fall des § 573, indem zur Aneignung noch der Bruch eines vom Eigentümer geknüpften Rechtsbandes kommt; es braucht nicht ein besonderes Vertrauensverhältnis mißbraucht, sondern nur eine besondere rechtsgeschäftliche Grundlage verletzt zu sein, die dem Täter das Recht zum Besitz gab. S. 827 heißt es ausdrücklich als Standpunkt der Motive, es handele sich nicht um ein Vertrauens-, sondern um ein Rechtsverhältnis, auf Grund dessen sich ein Gegenstand im Besitz des Täters befindet. Als Beispiele führt Taganzew an: Übergabe auf Grund von Pacht, Verpfändung, Vollmacht, Dienstvertrag, Werkvertrag, Auftrag, gesetzlicher oder behördlicher Verfügung oder Anordnung. Nicht die eine oder andere Art des Vertrages soll geschützt werden, sondern jegliches Rechtsband, sofern feststeht, daß der Täter selbst das später mißbrauchte Recht zum Besitz erhalten hat, daß er aber ohne Recht über fremdes Eigentum wie ein Eigentümer verfügt hat. Nach dem russischen Kriminalprozeßrecht war Strafantrag erforderlich. Einen Sonderfall der Unterschlagung regelt außer §§ 575 ff. § 588 III. 2 Im Gegensatz zu §§ 571 bis 573 mußte dies hier hervorgehoben werden, da verloren, vergessen werden oder entlaufen begrifflich nur bewegliches Vermögen kann, während auch unbewegliches anvertraut d. h. in Obhut gegeben werden kann. Durch den Wortlaut des Gesetzes sind Forderungen nicht ausgeschlossen. 3 Vgl. § 547 Anm. 1. 4 Vgl. § 573 Anm. 2. 5 Gemäß § 2 StRVO. Ersatzstrafe für Korrektionshaus. 6 Vgl. § 60 Anm. 2. 7 Bei Unterschlagung zum Nachteil von Verwandten ist nach § 23 StRVO. Strafantrag erforderlich; vgl. § 47 Anm. 2.

§ 575. Ein Inhaber, Verwalter oder Angestellter eines Bankiergeschäftes oder einer Wechselstube, ebenso jeder, der überhaupt mit Annahme fremden beweglichen Vermögens[1] zur Aufbewahrung, zum Pfande oder zur Vornahme irgendwelcher sonstigen Geschäfte[2] sich abgibt, welcher solches ihm anvertrautes[3] Vermögen sich aneignet[4], wird bestraft:

mit Gefängnis von drei Monaten bis zu sechs Jahren[5].

1 Vgl. § 547 Anm. 1. 2 Bernstein: Operationen. 3 Vgl. § 574 Anm. 1. § 575 ergibt ebenfalls, daß es sich nicht um die Begründung eines Vertrauensverhältnisses im engeren Sinne handlt; denn als anvertraut werden diejenigen Vermögensstücke angesehen, die zur Aufbewahrung, zum Pfande usw. übergeben sind. 4 Vgl. § 573 Anm. 2. 5 Gemäß § 2 StRVO. Ersatzstrafe für Korrektionshaus. — Einen ähnlichen Tatbestand enthält § 635, der im Gegensatz zur Aneignung des § 575 die Gebrauchsentziehung unter Strafe stellt.

§ 576. Wer von einer staatlichen[1] oder sonstigen öffentlichen Gewalt[2] mit der Hilfeleistung an infolge eines Brandes, eines Mangels an Volksverpflegung oder einer sonstigen allgemeinen[3] Not Geschädigte[4] beauftragt ist[5] und

1) an die Notleidenden zu verteilendes Vermögen sich aneignet;

2) aus dem an die Notleidenden zu verteilenden Vermögen in gewinnsüchtiger Absicht Personen Unterstützung gewährt, die kein Recht zu deren Empfang haben,

wird bestraft:

mit Gefängnis von drei Monaten bis zu sechs Jahren[6].

1 Bernstein: Regierungs-. 2 Bernstein: Obrigkeit; der russische Ausdruck ist von ihm an anderen Stellen ebenfalls durch den die Sache besser treffenden Begriff „Gewalt" wiedergegeben. 3 Bernstein: öffentlichen, was dem Sinn des russischen Wortes nicht ganz entspricht. 4 Bernstein: notleidende. 5 Bernstein: Der Bevollmächtigte, welcher .. 6 Gemäß § 2 StRVO. Ersatzstrafe für Korrektionshaus.

§ 577. Wer durch eine schriftliche oder sonstige gesetzmäßige[1] Vollmacht für fremdes Vermögen oder Vermögensinteresse zu sorgen verpflichtet ist und seine Vollmacht wissentlich zum Schaden des ihm anvertrauten[2] Vermögens oder Vermögensinteresses gebraucht, wird, falls durch diesen Mißbrauch Schaden verursacht wird, bestraft:

mit Gefängnis nicht unter drei Monaten[3].

Übersteigt der verursachte Schaden fünfhundert Rubel, oder wird dieser Mißbrauch von einem Vormunde zum Schaden des Mündels begangen, so wird der Täter bestraft:

mit Gefängnis von drei Monaten bis zu sechs Jahren[4].

Dieser letzteren Bestrafung unterliegt auch ein Vormund, welcher in seiner vormundschaftlichen Verwaltung befindliches, fremdes bewegliches Vermögen sich aneignet.

1 Bernstein: gesetzliche. Im Russischen steht dasselbe Wort wie u. a. in §§ 140, 177, 454. Es umfaßt nicht nur die unmittelbar auf dem Gesetze beruhende (gesetzliche), sondern schlechthin jede auf Grund des Gesetzes erteilte oder bestehende Vollmacht. Vgl. auch § 139 Anm. 3. 2 Vgl. § 574 Anm. 1, § 575 Anm. 3. 3 Höchstmaß 1 Jahr. 4 Gemäß § 2 StRVO. Ersatzstrafe für Korrektionshaus.

§ 578. Wer in mit Erlaubnis der Regierung gegründeten Wohlfahrts- oder Kreditanstalten, Versicherungsgesellschaften auf Gegenseitigkeit, Anteilsgenossenschaften oder Aktiengesellschaften angestellt oder in deren Dienst beschäftigt[1] ist und seine Dienststellung wissentlich zum Schaden des ihm dienstlich zur Fürsorge anvertrauten[2] Vermögens oder Vermögensinteresses gebraucht, wird, falls durch diesen Mißbrauch Schaden verursacht wird, bestraft:

mit Gefängnis von drei Monaten bis zu sechs Jahren[3].

Ist jedoch der Schaden so beträchtlich, daß der Krone bedeutender Nachteil erwächst, oder daß die Geschäfte einer Kreditanstalt in Zerrüttung oder Verfall geraten, oder daß viele Personen zugrunde gerichtet[4] werden, so wird der Täter bestraft:

mit Zuchthaus nicht über acht Jahren[5].

Denselben Bestrafungen nach denselben Grundsätzen unterliegen die in diesem Paragraphen bezeichneten Personen, welche bei ihnen dienstlich sich befindendes Vermögen sich aneignen oder unter ihrer Dienstaufsicht[6] sich befindendes Vermögen stehlen[7].

In diesem letzteren Falle ist auch der versuchte Diebstahl strafbar[7].

1 Bernstein: Der . . . angestellte oder in deren Dienst stehende. Das an zweiter Stelle stehende Wort des russischen Textes bedeutet vorübergehende Beschäftigung im Gegensatz zur dauernden Anstellung. 2 Vgl. § 574 Anm. 1; § 575 Anm. 3. 3 Gemäß § 2 StRVO. Ersatzstrafe für Korrektionshaus. 4 Bernstein: ruiniert. 5 Gemäß § 2 StRVO. Ersatzstrafe für Zwangsarbeit nicht über 8 Jahren; vgl. § 16 Anm. 1. 6 Nicht aber in ihrem Besitz oder Gewahrsam. 7 Abs. 4 bezieht sich nur auf den Diebstahl, nicht auf die Aneignung (Unterschlagung) des Abs. 3. In beiden ist im Russischen der technische Ausdruck des § 581 gebraucht.

§ 579. Verwalter oder Geschäftsführer mit Erlaubnis der Regierung gegründeter Kreditanstalten, Versicherungsgesellschaften auf Gegenseitigkeit, Anteilsgenossenschaften oder Aktiengesellschaften, welche:

1) das Vermögen solcher Anstalten, Genossenschaften oder Gesellschaften für Geschäfte[1] verwenden, die durch deren Statuten nicht erlaubt sind;

2) von der Regierung für die Bedürfnisse der Unternehmungen erhaltene Gelder[4] nicht ihrer Bestimmung gemäß verwenden,

werden, wenn auch diese Handlungen in Erfüllung von Beschlüssen solcher Anstalten, Genossenschaften oder Gesellschaften begangen wurden, bestraft:

mit Gefängnis[2].

Haben solche Handlungen die Zahlungseinstellung oder Bankerotterklärung der erwähnten Anstalten, Genossenschaften oder Gesellschaften zur Folge, so wird der Täter bestraft:

mit Gefängnis von drei Monaten bis zu sechs Jahren[3].

Derselben Bestrafung nach denselben Grundsätzen unterliegen die in diesem Paragraphen genannten Personen, welche von der Regierung für die Bedürfnisse der Unternehmungen erhaltene Gelder[4] nicht nur nicht ihrer Bestimmung gemäß, sondern überhaupt nicht für Bedürfnisse der Unternehmungen verwenden.

1 Bernstein: Operationen. 2 2 Wochen bis 1 Jahr. 3 Gemäß § 2 StRVO. Ersatzstrafe für Korrektionshaus. 4 Bernstein: Kapitalien.

§ 580. Gründer von Aktiengesellschaften oder Verwalter oder Geschäftsführer mit Erlaubnis der Regierung gegründeter Kreditanstalten, Versicherungsgesellschaften auf Gegenseitigkeit, Anteilsgenossenschaften oder Aktiengesellschaften, welche:

1) bei der Nachsuchung der Genehmigung[1] der Aktiengesellschaften der Regierung über die gegründete Unternehmung wissentlich falsche Mitteilungen machen, falls solche Mitteilungen den Aktionären Schaden zufügen können;

2) über den Stand der Geschäfte oder der Rechnungen der Anstalten, Genossenschaften oder Gesellschaften in Veröffentlichungen, Berichten, Bilanzen oder Handelsbüchern wissentlich falsche Angaben machen;

3) wissentlich falsche Rechnungen über die Berechnung und Verteilung der Dividende vorlegen;

4) Schuldverschreibungen oder Pfandbriefe, welche nicht den Satzungen oder den hierfür getroffenen Bestimmungen gemäß sichergestellt sind, oder Einlagescheine ohne den Empfang entsprechender Einlagen ausgeben[2];

5) Schuldverschreibungen oder sonstige Wertpapiere in einem die gegebene Erlaubnis übersteigenden Betrage ausgeben[3],

werden, wenn auch diese Handlungen in Erfüllung von Beschlüssen solcher Anstalten, Genossenschaften oder Gesellschaften begangen wurden, bestraft:

mit Gefängnis von drei Monaten bis zu sechs Jahren[4].

Derselben Bestrafung unterliegen die die Ausgabe von Schuldverschreibungen oder sonstigen Wertpapieren leitenden Angestellten landschaftlicher, städtischer oder sonstiger Anstalten, welche die unter Ziff. 4 oder 5 dieses Paragraphen fallenden strafbaren Handlungen begehen.

1 Bernstein: Erlaubnis zur Eröffnung. 2 Wortlaut und Satzbau sind unter Abweichung von Bernstein dem deutschen Sprachgebrauch angepaßt. 3 Vgl. § 324. 4 Gemäß § 2 StRVO. Ersatzstrafe für Korrektionshaus.

Zweiunddreißigstes Kapitel.

Diebstahl, Raub und Erpressung.

§ 581. Wer fremdes bewegliches Vermögen[1] heimlich oder offen[2] entwendet[3] in der Absicht, es sich anzueignen[4], wird wegen Diebstahls bestraft:

mit Gefängnis nicht unter drei Monaten[5].

Wird der Diebstahl mit besonderer Frechheit; unter Vertrauensbruch[6]; mittels Beseitigung[7] von Hindernissen oder Verschlüssen, die den Zutritt[8] zu Höfen, Gebäuden oder sonstigen Räumlichkeiten[9] oder Behältnissen verwehren; während der Bewegung eines Eisenzuges oder während seines Anhaltens; zur Nachtzeit[10]; falls das Entwendete, wie dem Täter bekannt ist[11], ein zur Ernährung des Verletzten notwendiges Mittel bildete,

begangen, so ist dem Gerichte anheimgestellt, die Dauer der Gefängnisstrafe bis auf zwei Jahre zu erhöhen.

Übersteigt der Wert des Entwendeten fünfhundert Rubel, so wird der Täter bestraft:

mit Gefängnis von drei Monaten bis zu sechs Jahren[12].

Übersteigt jedoch der Wert des Entwendeten fünfzig Kopeken nicht, oder hat der Täter vor Verkündung eines Urteils, einer Resolution oder eines Schuldigkeitsspruches[13] das Entwendete freiwillig zurückgegeben oder auf sonstige Weise den Verletzten befriedigt, oder wird der Diebstahl aus Not[14] begangen, so wird der Täter bestraft:

mit Gefängnis nicht über sechs Monaten.

Denselben Bestrafungen nach denselben Grundsätzen unterliegt derjenige, welcher Urkunden oder Briefschaften im Sinne des § 552 in der Absicht, sie sich anzueignen, heimlich oder offen entwendet[15], [16], [17].

Der Versuch ist strafbar.

1 Vgl. § 547 Anm. 1. Dazu gehören außer Sachen auch unkörperliche Gegenstände, z. B. die elektrische Energie. Die Entziehung elektrischer Arbeit fällt daher unter § 581, ohne daß es eines Sondergesetzes wie des RG. vom 9. 4. 1900 bedarf. **2** Die an sich überflüssige Hervorhebung „heimlich oder offen" hat ihren Grund in der Rechtsgeschichte; das alte russische Strafrecht nannte nur die heimliche Entwendung Diebstahl. **3** Das Wort „entwenden" entspricht dem russischen Text; dieser hat nicht das sonst durch „wegnehmen" übersetzte Wort, das sich z. B. in § 166[1] findet. Entwenden und wegnehmen decken sich im Deutschen so wenig wie im Russischen. Der Begriff des Entwendens ist der weitere; daraus ergibt sich, daß § 581 einen weiteren Umkreis von Handlungen in sich schließt, als es § 242 RStGB. tut; § 242 ahndet die Wegnahme von Sachen, § 581 die Entwendung von Vermögen. Entwenden (das russische Wort kann allerdings auch durch stehlen, rauben, gewaltsam entführen, auch durch wegnehmen wiedergegeben werden) bezeichnet nach Taganzew das Wegnehmen oder Übertragen eines Vermögenswertes aus dem Besitz des Geschädigten in den des Täters, wobei Besitz nicht im Sinne der tatsächlichen Sachgewalt, sondern auch in dem des Rechtsbesitzes zu verstehen ist. Voraussetzung ist, daß sich der Besitzübergang gegen den Willen des Geschädigten vollzieht; darin liegt der Unterschied von den Tatbeständen der §§ 573, 574, die davon ausgehen, daß der Besitzer seinen Besitz aufgegeben oder verloren und der Täter ihn rechtmäßig erlangt hat, und von dem Tatbestand des § 591, in dem der Besitzer durch Täuschung zur Besitzaufgabe veranlaßt wird. Das Mittel der Entwendung ist in § 581 die vis, in § 591 die fraus. Die Entwendung umfaßt (Taganzew) jeden Verlust des Vermögens, jede Vermögensverminderung; dieser muß ein ebenso großer Zuwachs im Vermögen des Täters entsprechen. **4** Die Aneignungsabsicht bezeichnet das zweite geschützte Rechtsgut, das der Täter verletzt, das Eigentum; das andere ist der Besitz (Anm. 3). Die Aneignung der §§ 573, 574 richtet sich nur gegen das erste. **5** Höchstmaß 1 Jahr; vgl. aber Abs. 2. **6** Einen ähnlichen Tatbestand regelt § 578 III. Der Vertrauensbruch bildet auch das Kriterium der Unterschlagung des § 574; das Mittel ist aber ein anderes: in § 581 die Wegnahme, in § 574 das Behalten, beides mit dem Ziele der rechtswidrigen Aneignung. **7** Durch Beschädigung des Verschlußmittels oder durch bloße Behebung des Zustandes des Verschlossenseins; der Begriff der Beseitigung ist weiter als der der Beschädigung (vgl. § 583 Anm. 6); er umfaßt die Tatbestände der Ziff. 2 und 3 des § 243 RStGB. Es genügt eine jede Eröffnung, eine jede Trennung einer augenfälligen Absonderung von der übrigen Außenwelt durch Ausschaltung des Absonderungsmittels. **8** Bernstein: Eintritt. Dieser Ausdruck ist zu eng. Die deutsche Sprache kennt einen dem russischen ganz entsprechenden Begriff nicht; dieser umfaßt in übertragenem Sinne, den man vielleicht auch mit dem deutschen „Zugang" verknüpfen kann, das Hineingreifen, nicht nur das Hineingehen, wie die Zusammenstellung mit „in Behältnisse" ergibt. „Hineingelangen" würde dem russischen Wort am ehesten gerecht. **9** Nicht nur Teile der Erdoberfläche auch z. B. Wohnwagen. Die Räume brauchen aber nicht bewohnt zu sein; vgl. § 583. **10** „Nachtzeit" ist im Gesetz nicht näher bestimmt, wie z. B. in § 104 StPO., § 188 ZPO. Nach Taganzew soll darunter die Zeit zwischen Sonnenauf- und -untergang verstanden werden, die gewohnheitsmäßig der Ruhe gewidmet ist, nicht aber die der Morgen- und Abenddämmerung. Die örtlichen Lebensverhältnisse z. B. in den sehr kurzen Mittsommernächten lassen Abweichungen zu, die maßgebend sind. Es muß objektiv die Nachtruhe bei der konkreten Tat verletzt sein; ein Diebstahl um 12 Uhr nachts im Theater, das noch besucht ist, ist kein Diebstahl zur Nachtzeit. Das Semikolon hinter Nachtzeit beruht auf der VO. vom 7. 6. 16. Auch im russischen Text steht das irreführende Komma; bereits Taganzew macht darauf aufmerksam, daß es sich dabei um einen Redaktionsfehler handelt **11** Gemäß VO. 7. 6. 16 für notorisch. **12** Gemäß § 2 StRVO. Ersatzstrafe für Korrektionshaus. **13** Vgl. § 60 Anm. 2. **14** Gemäß VO. 7. 6. 16 für „infolge äußerster Umstände". **15** § 552 II ahndet die Unterschlagung, § 591 IV die betrügerische Entwendung derartiger Schriftstücke. **16** Diebstahlstatbestände sind außer in diesem und den folgenden Paragraphen und dem in Anm. 6 erwähnten Fall des § 578 III noch geregelt in §§ 79 I, 624 [2], 633 [9] (Mundraub). **17** Bei Verwandtendiebstahl ist nach § 23 StRVO (vgl. Anm. 2 zu § 47) Strafantrag erforderlich.

§ 582. Wer:

1) Vermögen aus aufgegrabenen oder überhaupt zu dessen Entwendung beschädigten Gräbern [1];

2) durch einen Brand, eine Überschwemmung, einen Schiffbruch oder eine sonstige allgemeine [2] Not gefährdetes Vermögen mittels Entwendung während solcher Not;

3) der Krone gehörende Militärwaffen, Patronen, Pulver oder andere zu den Angriffs- oder Verteidigungsmitteln gehörenden Gegenstände gewerbsmäßig oder, wenn auch nicht gewerbsmäßig, so doch aus Niederlagen oder militärischen Bewahrungsstätten oder Räumlichkeiten [3]

stiehlt, wird bestraft:

mit Gefängnis von drei Monaten bis zu sechs Jahren [4].

Der Versuch ist strafbar.

1 Vgl. §§ 79, 554. **2** Vgl. § 576 Anm. 3. **3** Ziff. 3 ist mit Rücksicht auf § 161 MStGB. zurzeit belanglos, da es sich nur um militärisches Eigentum handelt. Krone ist gleichbedeutend mit Staat. **4** Gemäß § 2 StRVO. Ersatzstrafe für Korrektionshaus.

§ 583. Wer aus bewohnten [1] Gebäuden [2], Schiffen oder sonstigen Räumlichkeiten [3] oder aus unbewohnten Räumlichkeiten, während in ihnen, wie der Täter weiß [4], Menschen sich befinden, oder aus umzäunten Höfen bewohnter Gebäude stiehlt, wird:

1) falls er sich mit Waffen oder mit Angriffs- oder Verteidigungswerkzeugen versieht;

2) falls der Diebstahl zur Nachtzeit [5] geschieht und er dabei in diese Räumlichkeiten oder Höfe mittels Beschädigung [6] der den Eintritt in dieselben verwehrenden Hindernisse oder Verschlüsse [7] eindringt,

bestraft:

mit Zuchthaus bis zu fünfzehn Jahren; in besonders schweren Fällen kann auch auf lebenslängliches Zuchthaus oder auf Todesstrafe erkannt werden [8].

Der Versuch ist strafbar.

1 Daß es sich entweder um bewohnte Räume oder aber um solche Räume handelt, die zur Zeit der Tat mindestens einen Menschen beherbergten, ist objektiv Voraussetzung der Anwendbarkeit des § 583; anderenfalls ist der Täter nach § 581 II zu bestrafen. Der Zweck des § 583 ist ein erhöhter Rechtsschutz für den Fall, daß der Täter seinen Angriff nicht allein auf das Vermögen, sondern zugleich gegen die Person des Eigentümers richtet, indem er in den von ihm bewohnten Raum eindringt, wo ein Zusammenstoß mit dem Eigentümer möglich ist. Diese Möglichkeit ist in einem bewohnten Gebäude stets und in einem unbewohnten dann gegeben, wenn sich in ihm ein Mensch befindet. Tatsächliche Anwesenheit ist nur bei sonst unbewohnten Räumen erforderlich. 2 Jeder überbaute Teil der Erdoberfläche. 3 Im Gegensatz zu Anm. 2 genügt auch ein fahrbarer Raum; vgl. § 581 Anm. 9. Zum Begriff „bewohntes Gebäude" oder „bewohnte Räumlichkeit" gehören auch alle Teile, wenn sie mit ihm verbunden sind, z. B. der unbewohnte Keller eines bewohnten Gebäudes; ein Stall, der nur zum Unterstellen von Vieh dient, wenn er mit dem bewohnten Gebäude ein einheitliches Ganzes bildet. 4 Gemäß BO. 7. 6. 16 für notorisch. Der Dieb, der in ein unbewohntes Gebäude zum Stehlen eindringt, muß gewußt haben, daß sich in ihm ein Mensch befand; sonst kommt nur § 581 II zur Anwendung. Die dem Täter unbekannte Anwesenheit fällt ihm im Rahmen des § 43 so wenig zur Last, wie die irrige Annahme, es befinde sich ein Mensch in dem Raum; vgl. § 47. 5 § 581 Anm. 10. 6 Über den Begriff der Beschädigung herrscht Zweifel. Ein Erlaß des Verwaltungschefs Obost vom 15. 3. 18 (IX 1084) darüber sagt Folgendes. „Diese Frage findet dadurch ihre Entscheidung, daß nach den Motiven zum neuen russischen Strafgesetzbuche in beide Gesetzesbestimmungen der bisher kasuistisch festgestellte Begriff des „Einbruchs" in Übereinstimmung mit der Regelung der früheren Strafgesetze unverändert aufgenommen werden sollte. Bisher wurde unter „Einbruch" verstanden: 1) der Diebstahl aus Gebäuden und Höfen mittels Erbrechens von Hindernissen und Verschlüssen; 2) der Diebstahl aus verschlossenen Behältnissen mittels Zerstörung und Beschädigung der Verschlüsse; 3) der Diebstahl mittels Eröffnung eines Zugangs durch einen Dietrich oder Nachschlüssel. Wenn alle diese Merkmale sowohl in § 581 Abs. 2, wie in § 583 Ziff. 2 des neuen russ. StGB. durch die Worte „Beseitigung" oder „Beschädigung" der Hindernisse oder Verschlüsse umfaßt werden sollten, so folgt daraus, daß die Wahl der verschiedenen Worte ohne besondere Absicht erfolgt ist und der Abweichung eine Bedeutung nicht beigelegt werden kann, daß vielmehr der vom Gesetzgeber gewollte Sinn aus dem Gesetze nur dann hervorgeht, wenn unter „Hindernissen und Verschlüssen" nicht sowohl die Verschlußmittel, als vielmehr der durch den Verschluß oder das Hindernis gesicherte Zustand des Verschlossenseins verstanden werden. Dieser Zustand des erhöhten Schutzes wird durch die Eröffnung einer Tür mittels eines Nachschlüssels auch dann sowohl „beseitigt" wie „beschädigt", wenn das Schloß selbst durch die Anwendung des ordnungswidrigen Werkzeugs völlig unverletzt bleibt. Es findet also in diesem Falle nicht nur die Strafbestimmung des § 581 Abs. 2, sondern beim Hinzutritt der sonstigen weiteren Voraussetzungen auch diejenige des § 583 Ziff. 2 des russ. StGB. Anwendung." Diese Ausführungen widersprechen aber der Geschichte des russ. StGB. und seinem Diebstahlssystem; die Zweifel lassen sich nur auf breiter Grundlage an der Hand der Geschichte und des Sprachgebrauchs des Gesetzes lösen. Vor dessen Einführung waren Rechtsgrundlagen für die Bestrafung des Diebstahls das Friedensrichtergesetz und die Nakasanija. Jenes stellte in den §§ 169—171 den Diebstahl, und zwar auch den schweren Diebstahl in deutschem Sinne, unter Strafe, soweit er nicht aus bewohnten Gebäuden und diesen gleichgestellten Räumen begangen war; die Nakasanija erfaßte in den §§ 1645 ff. gewisse schwerere Formen des Diebstahls, in § 1647 insbesondere den Diebstahl mittels Einbruchs aus bewohnten Gebäuden. In beiden Gesetzen finden sich Abstufungen der Strafe je nach dem Zutritt von Strafschärfungsgründen. Zu diesen gehört in beiden Gesetzen auch das Erbrechen von Behältnissen usw.; der Einbruch in bewohnte Räume ist nur in der Nakasanija unter Strafe gestellt. Das Erbrechen ist daher Strafschärfungsgrund in beiden Gesetzen, d. h. sowohl beim gewöhnlichen Diebstahl als bei dem Diebstahl aus bewohnten Räumen usw. Daneben ist als Strafschärfungsgrund auch der Diebstahl mittels Nachschlüssels usw. vorgesehen, jedoch nur im Friedensrichtergesetz; nicht in der Nakasanija. Er ist auch nicht als Einbruch bezeichnet und wurde nicht als solcher verfolgt. Auf dieser Grundlage ruht auch das Diebstahlssystem der Uloshenija. Sie ahndet in § 581 den Diebstahl im allgemeinen und in § 583 den aus bewohnten Gebäuden, sofern noch die dort erforderten besonderen Erschwerungsgründe gegeben sind. Sie umfaßt danach in ersterer Bestimmung im wesentlichen den nach dem Friedensrichtergesetz unter Strafe gestellten Diebstahl, in der letzteren den der Nakasanija. Das Friedensrichtergesetz sah in § 170[1] Ziff. 1—3 die drei Strafschärfungsgründe vor, die in der VO. Obost vom 15. 3. 18 als diejenigen bezeichnet werden, die nach bisherigem Recht den Diebstahl zum schweren qualifiziert hätten. Das ist insofern unrichtig, als der eigentliche schwere Diebstahl überhaupt nicht im FrRG., sondern in der Nak. geregelt war. Diese normiert aber in § 1647 die Erschwerungsgründe anders, spricht nämlich ausschließlich von dem E r b r e c h e n der den Zutritt verhindernden Hemmnisse an bewohnten Räumen und dergl. und dem Erbrechen von Verschlüssen, nicht aber von dem Eröffnen mittels Nachschlüssels usw. Geht man also mit der Verf. Obost davon aus, daß die gesetzliche Entwicklung die Grundlage für die heutige Regelung gegeben habe, so ist der Diebstahl mittels Nachschlüssels oder sonst in einer Form, in der Behältnisse zwar eröffnet, jedoch nicht in ihren Verschlußmitteln beschädigt werden, nach dem milderen Gesetz, also nach § 581, und nur derjenige, bei dem Verschlüsse tatsächlich erbrochen, nicht aber nur behoben werden, nach § 583 zu ahnden. In § 581 findet sich der Ausdruck „ustranenije", Beseitigung von Verschlüssen, in § 583 „powreshdenije", Beschädigung von Verschlüssen. Das Wort ustranenije ist im Gesetz nur in § 581 und in § 512 gebraucht, powreshdenije dagegen überaus häufig, so in den §§ 144, 155, 166, 438, 467 ff., 512, 547 ff., 557, 558, 562, 565. Er bezieht sich überall ganz ausschließlich auf eine Substanzveränderung oder -verringerung, auf die Verletzung der Unversehrtheit körperlicher Gegenstände. An keiner einzigen Stelle läßt er sich dahin auslegen, daß er auch die Veränderung eines bestehenden Zustandes mitumfassen wolle, sofern man nicht die Beschädigung des Vermögens in § 547 ff. auf eine Verringerung des Besitzzustandes ohne Rücksicht auf Vorhandensein einer eigentlichen Sachbeschädigung im engeren Sinne ausdehnen will, wie es hier für richtig gehalten wird. Es handelt sich daher allem Anschein nach um einen besonderen technischen Ausdruck im Sinne der Substanzverletzung. Die Zusammenstellung beider

Ausdrücke in § 512 ergibt, daß sie etwas Verschiedenes besagen. Es müßten daher besonders schwerwiegende Gründe dafür beigebracht werden, um zu belegen, daß gerade in § 583 dieser ganz bestimmte technische Ausdruck gerade an dieser Stelle weiter auszulegen sei als gemeinhin. Solche sind nicht vorhanden; eine ausdehnende Auslegung widerspräche vielmehr gerade in diesem Falle unter Rücksicht auf den Sprachgebrauch des Gesetzes jeder strafrechtlichen Auslegungsregel. Daß dieser geläufige und häufige technische Ausdruck powreshdenije gerade in § 581 durch ustranenije ersetzt sei, das, wie § 512 ergibt, etwas anderes bedeutet, ohne daß damit ein besonderer Sinn und Zweck verbunden sein sollte, ist, zumal mit Rücksicht auf seine Seltenheit, nicht anzunehmen; ebensowenig, daß der in § 581 gebrauchte Ausdruck in § 583 unbewußt durch ein Homonym ersetzt sei. Eine derartige Unachtsamkeit des Gesetzgebers wäre zwar immerhin möglich. Sie ist aber unwahrscheinlich gerade bei dem landläufigsten Delikt, das gesetzgeberisch wie wissenschaftlich am meisten bearbeitet ist. Gegen die Berechtigung, beide Ausdrücke gleichbedeutend miteinander bei der Auslegung des Gesetzes zu verwerten, sprechen, abgesehen von den sich aus Geschichte und Sprachgebrauch ergebenden Gründen, auch die Motive. Sie sind in der Ausgabe der Uloshenija von Taganzew gerade bei § 581, 583 bis ins Einzelne wiedergegeben und besagen etwa Folgendes: Der technische Begriff des Einbruchs (also Erbrechens, nicht Eröffnens von Verschlüssen usw.), der sich sowohl im FrRG. wie in der Nak. fand, sollte nach dem Willen der ersten Kommission nicht in § 581 mitaufgenommen werden, sondern § 583 vorbehalten bleiben. Damit hätte man eine den §§ 242, 243 RStGB. entsprechende klare Regelung erreicht. Die schließlich maßgebende Stelle, das Ministerium, entschied aber anders: sie schuf einen weiteren Umkreis von Strafschärfungsgründen in § 581 Abs. 2 und einen engeren in § 583. Den schwereren Strafen des letzteren sollte derjenige unterliegen, der neben dem Eigentum auch das höhere Rechtsgut, nämlich die Persönlichkeit des Besitzers, dadurch angriff, daß er sich bewußter- und gewolltermaßen in bewohnte Gebäude usw. begab. Die Vorkommission legte den Hauptwert auf das Erbrechen, die endgültige auf das Eindringen in bewohnte Räume. Beide Meinungen haben ihren Niederschlag im endgültigen § 583 gefunden. Hätte der strafschärfende Umstand allein in dem Eindringen in bewohnte Räume liegen sollen, dann wäre die in dem Erlaß des Verwaltungschefs Obost gewünschte Auslegung nicht ausgeschlossen. Nun ist aber ganz folgerichtig noch eine weitere Spezialisierung vorgenommen, indem entsprechend dem FrRG. ein allgemeiner, die Beschädigung mitumfassender Begriff für die Beseitigung von Verschlüssen durch den engen der Beschädigung ersetzt wurde. Jener weitere technische Ausdruck war dem bisherigen Recht fremd, wurde vielmehr durch die drei Formen des § 170[1] des FrRG .umschrieben. Ebenso war allerdings auch der Ausdruck powreshdenije im bisherigen Diebstahlsrecht nicht gebräuchlich, wurde vielmehr durch wslom wiedergegeben. Aus dieser gesetzlichen Entwicklung sollte das heutige Recht verstanden werden. Der im heutigen Gesetz vermiedene Begriff wslom hat seinen Niederschlag in der powreshdenije des § 583 gefunden. Für den allgemeinen Strafschärfungsgrund der Behältniseröffnung mußte, wenn anders er den Nachschlüsseldiebstahl mitumfassen sollte, bei Vermeidung einer näheren Spezialisierung ein alles umfassender weiterer Begriff gefunden werden. Das ist der seltene der ustranenije in § 581. Wenn, wie der erwähnte Erlaß sagt, der alte Einbruchsbegriff unversehrt übernommen werden sollte, dann ergibt sich gerade daraus, daß der Nachschlüsseldiebstahl nicht darunter fällt, weil er stets besonders behandelt wurde. Die Wahl verschiedener Begriffe in § 581 und 583 beruht daher nicht auf einem Zufall, sondern ist gewollt und bewußt gefallen. Der Nachschlüsseldiebstahl, der die Schlösser unbeschädigt läßt, ist nur nach § 581, nicht aber nach § 583, zu bestrafen. Eine unerwünschte Folgerung daraus, daß nämlich der geübte und gewiegte Einbrecher, der geschickt ein Schloß mit Dietrichen öffnet, nicht so hart angefaßt werden kann, wie der ungewandte Neuling, der das Schloß beschädigt, hätte sich für das Gesetz in seiner ursprünglichen Fassung nicht ergeben; denn in § 581 wie § 583 war das Höchstmaß der Strafe bei einem Wert des Gestohlenen über 500 Rubeln Korrektionshaus bis zu 6 Jahren. Erst die StrafrechtsVO. hat nur für den letzten Fall die Zuchthausstrafe vorgesehen, was sie ebenso gut auch für § 581 Abs. 2 hätte tun können. Aber auch heute dürfte im Strafmaß bis zu 6 Jahren Gefängnis eine ausreichende Sühne für einen Nachschlüsseldiebstahl gefunden werden. Für gewohnheitsmäßige Diebe gaben und geben die §§ 64 und 67 ja noch weitere Straferhöhungsmöglichkeiten bis auf 8 Jahre Gefängnis, sofern nicht der § 587 II gegeben ist. 7 Da — vgl. Anm. 6 — Beschädigung nur im Sinne von tatsächlicher Gewalteinwirkung mit Verletzung der Substanz verstanden werden kann, bezeichnet Verschluß hier nur das Verschlußmittel, nicht den Zustand des Verschlossenseins. Anderes in § 581; vgl. dort Anm. 7. Das Einsteigen (ohne Beschädigung von Verschlüssen) fällt nicht unter § 583; ebensowenig das Erbrechen unbewohnter Gebäude. Diese nach § 243 RStGB. als schwere Diebstahlsfälle zu ahndenden Straftaten sind vielmehr nach § 581 II und gegebenenfalls III zu bestrafen. 8 § 19 StRVO. Früher Korrektionshaus; vgl. § 25 Anm. 4.

§ 584. Wird ein Diebstahl:

1) zur Nachtzeit[1] von mehreren mit Waffen oder Angriffs- oder Verteidigungswerkzeugen versehenen Personen aus bewohnten Gebäuden, Schiffen oder sonstigen Räumlichkeiten oder aus unbewohnten Räumlichkeiten, während in ihnen, wie der Täter weiß, Menschen sich befinden[2], oder aus umzäunten Höfen bewohnter Gebäude, falls der Täter in diese Räumlichkeiten oder Höfe mittels Beschädigung[3] der den Eintritt in dieselben verwehrenden Hindernisse oder Verschlüsse eindringt;

2) bandenmäßig[4]

begangen, so wird der Täter bestraft:

mit Zuchthaus bis zu fünfzehn Jahren; in besonders schweren Fällen kann auch auf lebenslängliches Zuchthaus oder auf Todesstrafe erkannt werden[5].

Der Versuch ist strafbar.

1 § 581 Anm. 10. 2 § 583 Anm. 1 bis 4. 3 § 583 Anm. 6, 7. § 584 faßt die beiden verschiedenen Tatbestände des § 583 zu einem schwereren zusammen, der früher auch mit schwererer Strafe bedroht war.

Dieser Unterschied ist jetzt gefallen (§ 19 StRVO.). In § 584 steht wie in § 583 potwreshdenije, nicht ustranenije (Beseitigung). 4 Vgl. § 279 Anm. 1. 5 § 19 StRVO. Früher Korrektionshaus nicht unter 3 Jahren. Vgl. § 25 Anm. 4.

§ 585. Wer Pferde stiehlt, wird, falls er gewerbsmäßig Pferdediebstahl betreibt, bestraft:

mit Gefängnis von drei Jahren bis zu sechs Jahren [1].

Wird jedoch dieser Diebstahl vom Täter nach Verbüßung der Strafe für einen gleichen Pferdediebstahl, dabei vor dem Ablauf von fünf Jahren seit dem Tage der Verbüßung der Strafe wegen desselben, begangen, so wird der Täter bestraft:

mit Zuchthaus nicht über acht Jahren [2].

Der Versuch ist strafbar.

1 Gemäß § 2 StRVO. Ersatzstrafe für Korrektionshaus nicht unter 3 Jahren. 2 Gemäß § 2 StRVO. Ersatzstrafe für Zwangsarbeit nicht über 8 Jahren. Wegen des Mindestmaßes vgl. § 16 Anm. 1.

§ 586. Wer nach zweimaliger Verbüßung von Strafen wegen Diebstahls, Raubes, Erpressung oder Betruges und dabei vor dem Ablaufe von fünf Jahren seit dem Tage der Verbüßung der Strafe wegen einer dieser strafbaren Handlungen einen unter § 581 Abs. 1 oder 2 fallenden Diebstahl [1] begeht, wird bestraft:

mit Gefängnis von drei Monaten bis zu drei Jahren [2].

Der Versuch ist strafbar.

1 Ein Diebstahl im Sinne des § 581 IV bleibt also, auch wenn im dritten Rückfall begangen, von der Strafschärfung befreit, soweit nicht etwa § 64 Anwendung findet. Diebstähle der §§ 581 III, 582 ff. scheiden für die Rückfallschärfung aus, da sie ohnehin mit schwererer Strafe bedroht sind, als sie § 586 vorsieht. 2 Gemäß § 2 StRVO. Ersatzstrafe für Korrektionshaus nicht über 3 Jahren.

§ 587. Wer nach mindestens dreimaliger Verbüßung von Strafen wegen Diebstahls, Raubes, Erpressung oder Betruges und dabei vor dem Ablaufe von fünf Jahren seit dem Tage der Verbüßung der Strafe wegen einer dieser strafbaren Handlungen einen Diebstahl [1] begeht, wird bestraft:

mit Gefängnis von drei Jahren bis zu sechs Jahren [2].

Hat jedoch der Täter wegen irgendeiner der angegebenen strafbaren Handlungen keine geringere Strafe als Korrektionshaus oder Gefängnis als Ersatzstrafe für Korrektionshaus [3] verbüßt und erkennt das Gericht, daß er wegen des vor Ablauf derselben Frist von neuem begangenen Diebstahls ebenfalls keiner geringeren Strafe als Gefängnis als Ersatzstrafe für [3] Korrektionshaus unterliegt, so wird er bestraft:

mit Zuchthaus nicht über acht Jahren[4].

Der Versuch ist strafbar.

1 Im Gegensatz zu § 586 jeder Art. Es ergibt sich jedoch aus dem durch § 19 StRVO. in §§ 583, 584 geschaffenen neuen Strafrahmen, daß eine unter sie fallende Straftat, auch wenn im vierten Rückfall begangen, nicht nach § 587 zu bestrafen ist, da die in §§ 583, 584 angedrohte Strafe die schwerere ist (§ 66a). 2 Gemäß § 2 StRVO. Ersatzstrafe für Korrektionshaus. 3 Eingeschoben gemäß § 2 StRVO. 4 Gemäß § 2 StRVO. Ersatzstrafe für Zwangsarbeit nicht über 8 Jahren. Mindestmaß 4 Jahre, vgl. § 16 Anm. 1.

§ 588[1]. Wer einer Kirche gehörende:

1) heilige Kreuze, heilige Reliquien, heilige Bilder oder andere von der orthodoxen oder einer anderen christlichen Kirche als heilig verehrte Gegenstände;

2) durch Gebrauch bei dem Gottesdienst geheiligte Gegenstände stiehlt, wird, falls er keiner schwereren Bestrafung wegen Beleidigung des Heiligtums unterliegt[2] und dieser Diebstahl aus einer Kirche, Sakristei oder einem christlichen Bethause begangen wird, bestraft:

in dem in Ziff. 1 dieses Paragraphen bezeichneten Falle —

mit Zuchthaus nicht über acht Jahren[3];

in dem in Ziff. 2 dieses Paragraphen bezeichneten Falle —

mit Gefängnis von drei Jahren bis zu sechs Jahren[4].

Wird jedoch dieser Diebstahl aus einer kirchlichen Aufbewahrungsstätte oder aus einem sonstigen Ort begangen, wobei aber dem Täter bekannt war, daß das Entwendete einer Kirche gehört, so wird er bestraft:

in dem in Ziff. 1 dieses Paragraphen bezeichneten Falle —

mit Gefängnis von drei Monaten bis zu sechs Jahren[5];

in dem in Ziff. 2 dieses Paragraphen bezeichneten Falle —

mit Gefängnis von drei Monaten bis zu drei Jahren[6].

Denselben Bestrafungen unterliegt derjenige, welcher das ihm zum Gebrauch beim Gottesdienst anvertraute, im Abs. 1 dieses Paragraphen bezeichnete Vermögen sich aneignet[7].

Der Versuch ist strafbar.

1 Vgl. § 9 StRVO. 2 §§ 73 ff. 3 Gemäß § 2 StRVO. Ersatzstrafe für Zwangsarbeit nicht über 8 Jahren; vgl. § 16 Anm. 1. 4 Gemäß § 2 StRVO. Ersatzstrafe für Korrektionshaus nicht unter 3 Jahren. 5 Gemäß § 2 StRVO. Ersatzstrafe für Korrektionshaus. 6 Gemäß § 2 StRVO. Ersatzstrafe für Korrektionshaus nicht über 3 Jahren. 7 Es handelt sich hier nicht um einen Diebstahl, sondern um Unterschlagung im Sinne des § 574. Vgl. auch dort Anm. 1.

§ 589. Wer fremdes bewegliches Vermögen[1] mittels Versetzung in bewußtlosen Zustand, Körperverletzung[2], Gewalt gegen die Person[3] oder strafbarer Drohung[4] entwendet, in der Absicht, es sich anzueignen, wird wegen Raubes bestraft:

mit Zuchthaus bis zu fünfzehn Jahren; in besonders schweren Fällen kann auch auf lebenslängliches Zuchthaus oder auf Todesstrafe erkannt werden[5].

Wird der Raub:

1) mittels einer sehr schweren oder einer schweren Körperverletzung[6];

2) in einer Kirche;

3) auf offener See;

4) von mehreren Personen, die in bewohnte Gebäude oder sonstige Räumlichkeiten[7] zu diesem Zwecke eindringen;

5) von einer mit Waffen oder Angriffs- oder Verteidigungswerkzeugen versehenen Person;

6) bandenmäßig[8];

7) von einer Person, welche mindestens dreimal Strafen wegen Diebstahls, Raubes, Erpressung oder Betruges verbüßt hat, und dabei vor dem Ablaufe von fünf Jahren seit dem Tage der Verbüßung der Strafe wegen einer dieser strafbaren Handlungen

begangen, so wird der Täter bestraft:

mit Zuchthaus bis zu fünfzehn Jahren; in besonders schweren Fällen kann auch auf lebenslängliches Zuchthaus oder auf Todesstrafe erkannt werden[9].

Denselben Bestrafungen nach denselben Grundsätzen unterliegt derjenige, welcher unter den in diesem Paragraphen vorgesehenen Umständen Urkunden oder Briefschaften im Sinne des § 552 entwendet.

Der Versuch ist strafbar.

1 § 547 Anm. 1. 2 §§ 467 ff. 3 § 475. 4 § 510. 5 § 19 StRVO., vgl. § 25 Anm. 4. 6 §§ 467, 468. 7 „bewohnte" gehört auch zu Räumlichkeiten. Über diese vgl. § 581 Anm. 9, § 583 Anm. 3. 8 § 279 Anm. 1. 9 § 19 StRVO. Der Strafrahmen in Abs. 1 und 2 ist jetzt der gleiche. Früher: Korrektionshaus nicht unter drei Jahren und zeitige Zwangsarbeit.

§ 590. Wer, um sich oder einem Dritten einen Vermögensvorteil zu verschaffen, einen anderen durch Körperverletzung[1], Gewalt gegen die Person[2] oder strafbare Drohung[3] zur Abtretung eines Vermögensrechtes oder zur Eingehung eines sonstigen unvorteilhaften Vermögensgeschäfts nötigt, wird wegen Erpressung bestraft:

mit Zuchthaus bis zu fünfzehn Jahren; in besonders schweren Fällen kann auch auf lebenslängliches Zuchthaus oder auf Todesstrafe erkannt werden[4].

Wird die Erpressung:

1) mittels einer sehr schweren oder schweren Körperverletzung[5];

2) von mehreren Personen, die in bewohnte Gebäude oder sonstige Räumlichkeiten zu diesem Zweck eindringen;

3) von einer mit Waffen oder Angriffs- oder Verteidigungswerkzeugen versehenen Person;

4) bandenmäßig[6];

5) von einer Person, welche mindestens dreimal Strafen wegen Diebstahls, Raubes, Erpressung oder Betruges verbüßt hat, und dabei vor dem Ablaufe von fünf Jahren seit dem Tage der Verbüßung der Strafe wegen einer dieser strafbaren Handlungen

begangen, so wird der Täter bestraft:

mit Zuchthaus bis zu fünfzehn Jahren; in besonders schweren Fällen kann auch auf lebenslängliches Zuchthaus oder auf Todesstrafe erkannt werden[7, 8].

Der Versuch ist strafbar.

1 §§ 467 ff. **2** § 475. **3** § 510. **4** § 19 StRVO.; vgl. § 16 Anm. 1. **5** §§ 467, 468. **6** § 279 Anm. 1. **7** § 19 StRVO. Der Strafrahmen ist jetzt in Abs. 1 und 2 der gleiche. Früher: Korrektionshaus und Zwangsarbeit nicht über 8 Jahren. **8** Erpressungstatbestände enthält außerdem § 615.

Dreiunddreißigstes Kapitel.

Betrug.

§ 591. Wer:

1) fremdes bewegliches Vermögen[1] durch Täuschung[2] entwendet[3] in der Absicht, es sich anzueignen[4];

2) fremdes bewegliches Vermögen durch Übervorteilung beim Messen oder Wiegen oder durch sonstige Täuschung über die Beschaffenheit oder die Menge der Gegenstände beim Kauf und Verkauf oder einem sonstigen entgeltlichen Geschäft entwendet in der Absicht, es sich anzueignen[5];

3) einen anderen, um sich oder einem Dritten einen Vermögensvorteil zu verschaffen, durch Täuschung zur Abtretung eines Vermögensrechtes oder zur Eingehung eines sonstigen unvorteilhaften Vermögensgeschäfts verleitet[6],

wird wegen Betruges bestraft:

mit Gefängnis[7].

übersteigt der Schaden fünfhundert Rubel, so wird der Täter bestraft:

mit Gefängnis von drei Monaten bis zu sechs Jahren[8].

übersteigt jedoch der Schaden fünfzig Kopeken nicht, oder hat der Täter vor der Verkündung eines Urteils, einer Resolution oder eines Schuldigkeitsspruches[9] das Vermögen freiwillig zurückgegeben oder auf sonstige Weise den Verletzten befriedigt, so wird der Täter bestraft:

mit Gefängnis nicht über sechs Monaten.

Denselben Bestrafungen nach denselben Grundsätzen unterliegt derjenige, welcher Urkunden oder Briefschaften durch Täuschung entwendet in der Absicht, dieselben sich anzueignen.

Der Versuch ist strafbar[10].

1 § 547 Anm. 1. Hier kommt insbesondere auch unkörperliches Hab und Gut in Frage. Vermögen umfaßt auch hier (Taganzew) körperliche Sachen, Vermögenswerte und Rechte auf dieselben. **2** Jede Irrtumserregung durch falsche Vorspiegelung, desgleichen die Ausnutzung eines vorhandenen Irrtums; die Mittel des Betruges sind die gleichen wie in § 263 RStGB., da das Wort Täuschung ein sie umfassender weiterer Begriff ist. **3** Von den beiden Seiten des Begriffs entwenden (vgl. § 581 Anm. 3) kommt hier vor allen Dingen die zweite in Frage. Entwenden bedeutet hier (so Taganzew): veranlassen zur Übertragung (Übergabe) eines Vermögensstückes, auch eines Rechtes. Durch die Täuschung muß der Geschädigte veranlaßt werden, dem Täter sein Eigentum zu übergeben oder abzutreten. Taganzew scheidet drei Fälle des Betruges: 1) die Aneignung durch Täuschung (§ 591 [1]), 2) Veranlassung zur Abtretung durch Täuschung (§ 591 [3]), 3) Täuschung im Handel (§ 591 [2]). Das Vermögen des Geschädigten muß in seinem Gesamtbestande verringert und das Vermögen des Täters oder des Dritten um einen entsprechenden Betrag vermehrt sein. **4** Im Gegensatz zu Ziff. 3, wo Bereicherungsabsicht erfordert ist. **5** Ziff. 2 enthält die gleichen Tatbestandsmerkmale wie Ziff. 1, vermehrt um einige Sondermerkmale, und ist dadurch zur lex specialis gegenüber der Ziff. 1 geworden. **6** Bernstein im Gegensatz zu § 611 Ziff. 1, 2: bewegt. Auch Ziff. 3 ist nur eine spezialisierende Umschreibung des Tatbestandes der Ziff. 1; sie nähert sich in der Begriffsbestimmung dem § 263 RStGB. an. **7** 2 Wochen bis 1 Jahr. **8** Gemäß § 2 StRVO. Ersatzstrafe für Korrektionshaus. **9** § 60 Anm. 2. **10** Bei Betrug zum Nachteil von Verwandten ist nach § 23 StRVO. Strafantrag erforderlich; vgl. § 47 Anm. 2.

§ 592. Wer Gegenstände unter dem Vorwande, sie seien[1] durch ein Strafgesetzverbot dem Verkehr entzogen oder durch strafbare Handlungen erworben, absetzt, wird, falls der laut dem Geschäft vereinbarte Preis vollständig oder teilweise empfangen ist, wegen Betruges bestraft:

mit Gefängnis nicht über sechs Monaten.

Das laut dem strafbaren Geschäft vom Täter empfangene Geld oder sonstige Vermögen wird eingezogen oder ein entsprechender Betrag vom Täter beigetrieben.

1 Bernstein: als durch . . . entzogen. 2 Bernstein: anbringt. Im Russischen steht das in § 616 durch „absetzt" wiedergegebene Wort. Vgl. auch § 431 Anm. 2, § 442 Anm. 3. Taganzew führt als Beispiel für § 592 an: Jemand verkauft angeblich gefälschte Wertpapiere, liefert aber absatzunfähige Blüten. Der betrogene Betrüger steht unter geringerem strafrechtlichen Schutz.

§ 593. Wer:

1) wissentlich[1] fremdes unbewegliches Vermögen, ohne dazu berechtigt zu sein, oder erdichtetes[2] Vermögen verkauft oder verpfändet;

2) unbewegliches Vermögen verkauft oder verpfändet und dabei zum Nachteil des Käufers oder des Pfandnehmers auf diesem Vermögen ruhende Verbote[3] oder Verpflichtungen[4] verheimlicht,

wird wegen Betruges bestraft:

mit Gefängnis von drei Monaten bis zu sechs Jahren[5].

Der Versuch ist strafbar.

1 Gemäß VO. 7. 6. 16 für notorisch. 2 Z. B. ein Gut, das nicht vorhanden ist. 3 Damit sind alle Verfügungsbeschränkungen, z. B. Veräußerungsverbote, Vorkaufsrechte, Zwangsversteigerungsvermerke, gemeint. 4 Alle Lasten. 5 Gemäß § 2 StRVO. Ersatzstrafe für Korrektionshaus.

§ 594. Wer auf sein Verlangen hin die Versicherungssumme für das gegen Beschädigung versicherte Vermögen erhält, wird, falls ihm bekannt war[1], daß eine Beschädigung nicht eingetreten war[2], oder falls er verheimlichte, daß die Ursache der Beschädigung des Vermögens ihm das Recht, die Versicherungssumme zu erhalten, nimmt, wegen Betruges bestraft:

mit Gefängnis von drei Monaten bis zu sechs Jahren[3].

Der Versuch ist strafbar.

1 Gemäß VO. 7. 6. 16 für notorisch. 2 Bernstein: stattfand. 3 Gemäß § 2 StRVO. Ersatzstrafe für Korrektionshaus.

§ 595. Wird der Betrug:

1 durch den Täter, der sich zu diesem Zwecke fälschlich für einen Beamten oder für den Beauftragten eines Beamten ausgibt;

2) bandenmäßig[1]

begangen, so wird der Täter bestraft:

mit Gefängnis von drei Monaten bis zu sechs Jahren[2].

Der Versuch ist strafbar.

1 § 279 Anm. 1. 2 Gemäß § 2 StRVO. Ersatzstrafe für Korrektionshaus.

§ 596. Wer nach zweimaliger Verbüßung von Strafen wegen Diebstahls, Raubes, Erpressung oder Betruges und dabei vor dem Ablaufe von fünf Jahren seit dem Tage der Verbüßung der Strafe wegen einer dieser strafbaren Handlungen einen unter § 591 fallenden Betrug begeht, wird bestraft:

mit Gefängnis von drei Monaten bis zu drei Jahren[1].

Der Versuch ist strafbar.

1 Gemäß § 2 StRVO. Ersatzstrafe für Korrektionshaus nicht über drei Jahren.

§ 597. Wer nach mindestens dreimaliger Verbüßung von Strafen wegen Diebstahls, Raubes, Erpressung oder Betruges und dabei vor dem Ablaufe von fünf Jahren seit dem Tage der Verbüßung der Strafe wegen einer dieser strafbaren Handlungen einen Betrug begeht, wird bestraft:

mit Gefängnis von drei Jahren bis zu sechs Jahren[1].

Hat der Täter wegen irgendeiner der angegebenen strafbaren Handlungen keine geringere Strafe als Korrektionshaus oder Gefängnis als Ersatzstrafe für Korrektionshaus[2] verbüßt und erkennt das Gericht, daß er wegen des vor Ablauf derselben Frist von neuem begangenen Betruges ebenfalls keiner geringeren Strafe als Gefängnis als Ersatzstrafe für Korrektionshaus[2] unterliegt, so wird er bestraft:

mit Zuchthaus nicht über acht Jahren[3].

Der Versuch ist strafbar.

1 Gemäß § 2 StRVO. Ersatzstrafe für Korrektionshaus nicht unter drei Jahren. 2 Gemäß § 2 StRVO. eingeschoben. 3 Gemäß § 2 StRVO. Ersatzstrafe für Zwangsarbeit nicht über 8 Jahren; Mindestmaß 4 Jahre; vgl. § 16 Anm. 1. Abs. 2 ist in der Bernsteinschen Übersetzung versehentlich als § 598 bezeichnet, während dieser ausgelassen ist.

§ 598[1]. Wer versichertes Vermögen anzündet, sprengt oder unter Wasser setzt in der Absicht, die Versicherungssumme zu erhalten, wird, sofern er nicht wegen Verursachung der Beschädigung einer schwereren Bestrafung unterliegt[2], bestraft:

mit Gefängnis[3].

Der Versuch ist strafbar.

1 § 598 ist bei Bernstein versehentlich fortgelassen; statt seiner erscheint § 597 II als § 598. 2 §§ 562 ff. 3 2 Wochen bis 1 Jahr.

Vierunddreißigstes Kapitel.

Bankerott, Wucher und sonstige Fälle strafbarer Unredlichkeit in Vermögensangelegenheiten.

§ 599. Ein vom Gericht für zahlungsunfähig erklärter Schuldner[1], welcher:

1) bei der Zahlungsunfähigkeitserklärung[2] sein Vermögen durch Verschweigen oder falsche Angaben über dasselbe verheimlicht in der Absicht, die Bezahlung seiner Schulden[3] zu vermeiden;

2) nach der Zahlungsunfähigkeitserklärung in der Absicht, die Bezahlung seiner Schulden zu vermeiden, die Konkursmasse verringernde Verpflichtungen über ganz oder teilweise erdichtete Schulden aufstellt oder sein Vermögen unentgeltlich überträgt, gerichtlich umschreiben läßt oder auf sonstige Weise verheimlicht;

3) in der Absicht, die Bezahlung seiner Schulden zu vermeiden, zwar vor der Zahlungsunfähigkeitserklärung, aber in der Voraussicht der Unvermeidlichkeit solcher Erklärung in naher Zukunft, Verpflichtungen über ganz oder teilweise erdichtete Schulden aufstellt oder sein Vermögen unentgeltlich überträgt, gerichtlich umschreiben läßt oder auf sonstige Weise verheimlicht,

wird bestraft:

mit Gefängnis von drei Monaten bis zu drei Jahren[4].

1 Voraussetzung für die Bestrafung aus §§ 599 bis 605 ist die Einleitung eines gerichtlichen Konkursverfahrens. Für dieses gelten zurzeit noch die russischen Gesetze. Sie scheiden zwischen dem nichtkaufmännischen und dem kaufmännischen Konkurse. Jener richtet sich nach den Bestimmungen der Anm. III zu § 1400 der russ. ZPO., dieser nach den §§ 384 ff. der HandelsProzO., die das sogenannte Handelsverfahren (vgl. § 600) regeln. Es wird zwischen fahrlässiger Zahlungseinstellung (sogenanntem einfachen Bankerott) und betrügerischer (sogenanntem betrügerischen Bankerott) unterschieden (§ 21 der Anm. III zu § 1400, §§ 389, 390 HandProzO.). Die Feststellung, welche Form vorliegt, trifft das Konkursgericht. Den fahrlässigen Bankerott ahnden §§ 603, 604. Nach Anzeige der Zahlungsunfähigkeit prüft das Gericht diese und ordnet einen Termin zur Zahlungsunfähigkeitserklärung an, in welchem der Schuldner sich zu erklären hat; daraufhin wird dann die Zahlungsunfähigkeit durch Beschluß festgestellt (§§ 25 ff. der Anm. III zu § 1400 russ. ZPO., § 409 HandProzO.); dieser Beschluß ist die Zahlungsunfähigkeitserklärung. § 599 richtet sich im Gegensatz zu § 600 gegen den Nichtkaufmann.

2 d. h. im Termin zu deren Feststellung; vgl. Anm. 1.

3 Bernstein fälschlich: Schuldner.

4 Gemäß § 2 StRVO. Ersatzstrafe für Korrektionshaus nicht über 3 Jahren.

§ 600. Begeht ein gerichtlich im Wege des Handelsverfahrens[1] für zahlungsunfähig erklärter Schuldner die unter § 599 fallenden strafbaren Handlungen, so wird er bestraft:

mit Gefängnis von drei Jahren bis zu sechs Jahren[2].

Ist der Schaden so beträchtlich, daß der Krone bedeutender Nachteil erwächst, oder daß die Geschäfte einer Kreditanstalt in Zerrüttung oder Verfall geraten, oder daß viele Personen zugrunde gerichtet[3] werden, so wird der Täter bestraft:

mit Zuchthaus nicht über acht Jahren[4].

1 Vgl. § 599 Anm. 1. § 600 betrifft den kaufmännischen Bankerott. 2 Gemäß § 2 StRVO. Ersatzstrafe für Korrektionshaus nicht unter 3 Jahren. 3 Bernstein: ruiniert. 4 Gemäß § 2 StRVO. Ersatzstrafe für Zwangsarbeit nicht über 8 Jahren. Über das Mindestmaß vgl. § 16 Anm. 1.

§ 601. Ein Verwalter oder Geschäftsführer einer öffentlichen oder privaten Kreditanstalt, einer Anteilsgenossenschaft oder Aktiengesellschaft, welcher:

1) bei der gerichtlichen Erklärung der Zahlungsunfähigkeit[1] einer solchen Anstalt, Genossenschaft oder Gesellschaft in der Absicht, dieser zur Vermeidung der Bezahlung ihrer Schulden zu verhelfen, sich weigert, das Vermögen dieser Anstalten, Genossenschaften oder Gesellschaften dem Gericht oder der zuständigen Obrigkeit in den gesetzlich bestimmten Fällen und der gesetzlich bestimmten Ordnung[2] anzuzeigen, oder bei dieser Anzeige über das Vermögen der Anstalten, Genossenschaften oder Gesellschaften falsche Angaben macht;

2) in der Absicht, einer Anstalt, Genossenschaft oder Gesellschaft zur Vermeidung der Bezahlung ihrer Schulden zu verhelfen, nach deren Zahlungseinstellung oder Zahlungsunfähigkeitserklärung, oder zwar vor dieser Einstellung oder Erklärung, aber in der Voraussicht der Unvermeidlichkeit derselben in naher Zukunft, das Vermögen solcher Anstalten, Genossenschaften oder Gesellschaften verringernde Verpflichtungen über ganz oder teilweise erdichtete Schulden aufstellt oder solches Vermögen unentgeltlich überträgt, gerichtlich umschreiben läßt oder auf sonstige Weise verheimlicht,

wird, falls die Zahlungsunfähigkeitserklärung der Anstalt, Genossenschaft oder Gesellschaft oder deren Zahlungseinstellung erfolgt, bestraft:

mit Gefängnis von drei Jahren bis zu sechs Jahren[3].

Ist der Schaden so beträchtlich, daß der Krone bedeutender Nachteil erwächst, oder daß die Geschäfte einer Kreditanstalt in Zerrüttung oder Verfall geraten, oder daß viele Personen zugrunde gerichtet werden, so wird der Täter bestraft:

mit Zuchthaus nicht über acht Jahren[4].

1 Nach § 138 KreditGes. finden die Vorschriften über das Handelsverfahren (vgl. § 599 Anm. 1) Anwendung. 2 §§ 116 ff. des Kreditgesetzes. 3 Gemäß § 2 StRVO. Ersatzstrafe für Korrektionshaus nicht unter 3 Jahren. 4 Gemäß § 2 StRVO. Ersatzstrafe für Zwangsarbeit nicht über 8 Jahren; vgl. § 16 Anm. 1.

§ 602. Als Teilnehmer der unter §§ 599 bis 601 fallenden strafbaren Handlungen, falls diese erfolgen, werden diejenigen erachtet und bestraft, welche:

1) zu diesen Handlungen anstiften;

2) wissentlich[1] die Bezahlung einer unter den in den genannten Paragraphen bezeichneten Umständen ausgestellten Verpflichtung fordern oder erhalten;

3) wissentlich[1] unter den in den genannten Paragraphen bezeichneten Umständen übertragenes Vermögen unentgeltlich unter dem Anscheine der Entgeltlichkeit erwerben;

4) unter den in den genannten Paragraphen bezeichneten Umständen Vermögen verheimlichen oder an solcher Verheimlichung teilnehmen.

1 Gemäß VO. 7. 6. 16 für notorisch.

§ 603. Im Wege des Handelsverfahrens für fahrlässig zahlungsunfähig (einfach bankerott)[1] Erklärte, welche ihre Zahlungsunfähigkeit durch leichtsinnige Führung der Handelsgeschäfte oder durch Verschwendung verursacht haben, werden bestraft:

mit Gefängnis[2].

Überdies ist dem Gericht anheimgestellt, dem Täter das Recht, Handel zu betreiben, für die Dauer von einem bis zu fünf Jahren oder für immer zu entziehen.

1 Vgl. § 599 Anm. 1. 2 2 Wochen bis 1 Jahr.

§ 604. Ein Verwalter oder Geschäftsführer einer öffentlichen oder privaten Kreditanstalt, einer Anteilsgenossenschaft oder Aktiengesellschaft, welcher die Zahlungseinstellung oder die Zahlungsunfähigkeitserklärung derselben durch leichtsinnige Führung der Geschäfte einer solchen Anstalt, Genossenschaft oder Gesellschaft oder durch Verschwendung in diesen Geschäften verursacht, wird bestraft:

mit Gefängnis[1].

Überdies ist dem Gericht anheimgestellt, dem Täter das Recht, die in diesem Paragraphen genannten Anstalten, Genossenschaften oder Gesellschaften zu verwalten oder zu leiten, für die Dauer von einem bis zu fünf Jahren oder für immer zu entziehen.

1 2 Wochen bis 1 Jahr.

§ 605. Ein Verwalter oder Geschäftsführer einer öffentlichen oder privaten Anstalt für kurzfristigen Kredit[1], einer Anteilsgenossenschaft oder Aktiengesellschaft, welcher beim Vorhandensein der Umstände, unter denen das Gesetz oder die Statuten die Liquidierung der Geschäfte der Unternehmung vorschreiben[2], die dem Gesetz oder den Statuten gemäß erforderlichen Maßnahmen zu dieser Liquidierung zu ergreifen unterläßt, wird bestraft:

mit Haft.

Ist die Geschäftslage einer solchen Anstalt, Genossenschaft oder Gesellschaft, wie dem Täter bekannt ist[3], derart, daß das Gesetz oder die Statuten die Anmeldung der Zahlungsunfähigkeit der Anstalt, Genossenschaft oder Gesellschaft vorschreiben[2], so wird derjenige, welcher diese Verpflichtung nicht erfüllt, bestraft:

mit Gefängnis[4].

1 §§ 116 ff. KreditGes. **2** §§ 137 ff. KreditGes. **3** Gemäß VO. 7. 6. 16 für notorisch. **4** 2 Wochen bis 1 Jahr.

§ 606. Wer im Besitz irgendwelcher Mittel, seinen Gläubiger zu befriedigen:

1) dem Gericht oder der zuständigen Behörde in den gesetzlich bestimmten Fällen und der gesetzlich bestimmten Ordnung diese Mittel anzuzeigen unterläßt;

2) bei der Anzeige dieser Mittel an das Gericht oder die zuständige Behörde zum Schaden des Gläubigers falsche Angaben macht,

wird bestraft:

mit Gefängnis nicht über sechs Monaten.

Derselben Bestrafung unterliegt: 1) wer dem Gericht falsche Angaben über von ihm erlittenen Verlust eines unbezahlten Wechsels macht, und 2) in den Baltischen Gouvernements: wer bei der Ausstellung einer Bescheinigung[1] in den gesetzlich bestimmten Fällen anläßlich der Versiegelung und Inventarisierung eines Erbschaftsvermögens oder der Eröffnung eines Aufgebotsverfahrens falsche Angaben macht oder eine falsche Bestätigung[2] vornimmt.

1 Wörtlich: bei der Abgabe einer Unterschrift; Bernstein: Revers; vgl. § 335 II. **2** Vgl. § 440 nebst Anm. 2, § 445[1, 3] nebst Anm. 1.

§ 607. Wer:

1) eigenes unbewegliches Vermögen, wenn es verpfändet ist, oder wenn auf demselben ein Verbot[1] ruht, oder wenn auf demselben zwar

noch kein Verbot ruht, aber die Verhängung des Verbots über dasselbe bereits von der zuständigen Behörde, wie der Täter weiß [2], verfügt ist, entwertet, entgeltlich oder unentgeltlich veräußert oder verpfändet, wird, falls diese Handlungen zum Schaden eines Gläubigers oder einer sonstigen Person, deren Rechte durch dieses Vermögen sichergestellt sind, begangen werden;

2) eigenes bewegliches Vermögen, wenn es verpfändet ist, oder wenn auf demselben ein Arrest [3] oder ein Sequester ruht, oder wenn auf demselben zwar noch kein Arrest oder Sequester ruht, aber die Verhängung des Arrests oder des Sequesters über dasselbe bereits von der zuständigen Behörde, wie der Täter weiß [2], verfügt ist, entwendet, verheimlicht, beschädigt, entgeltlich oder unentgeltlich veräußert oder verpfändet, wird, falls diese Handlungen zum Schaden eines Gläubigers oder einer sonstigen Person, deren Rechte durch dieses Vermögen sichergestellt sind, begangen werden [4],

bestraft:

mit Gefängnis [5].

1 Siehe § 593 Anm. 3. 2 Gemäß VO. 7. 6. 16 für notorisch. 3 Dazu gehört auch die (gerichtliche) Pfändung. 4 Sonderfall der Pfandwehrung in § 633 Ziff. 8. 5 2 Wochen bis 1 Jahr.

§ 608. Wer Geld auf übermäßige [1] Zinsen verleiht, wird:

1) falls der Kreditnehmer sich, wie dem Geldgeber bekannt ist [2], in bedrängten Verhältnissen befindet und dadurch Bedingungen des Darlehns anzunehmen oder fortbestehen zu lassen genötigt ist, die äußerst drückend oder durch ihre Folgen lästig sind;

2) falls er die Gewährung von Darlehen geschäftsmäßig betreibt [3] und die Übermäßigkeit der Zinsen durch ihre Einbeziehung in die Schuldsumme, unter dem Scheine von Vertragsstrafen oder Aufbewahrungsgebühren oder auf sonstige Weise verschleiert,

wegen Wuchers bestraft:

mit Gefängnis [4].

Überdies ist dem Gericht anheimgestellt, dem Täter eine Geldbuße nicht über fünfhundert Rubeln aufzuerlegen.

Betreibt der Täter den Wucher gewerbsmäßig, so wird er bestraft:

mit Gefängnis von drei Monaten bis zu sechs Jahren [5].

Denselben Bestrafungen nach denselben Grundsätzen unterliegt derjenige, welcher wissentlich [6] wucherische Verpflichtungen erwirbt und geltend macht oder wissentlich [6] ihre wucherische Bezahlung annimmt.

Begeht der Inhaber einer Leihkasse oder dessen Handlungsgehilfe [7] Wucher, so ist dem Gericht anheimgestellt, dem Täter das

Recht, Inhaber oder Handlungsgehilfe[7] einer Leihkasse zu sein, für immer zu entziehen.

Die wucherische Verpflichtung wird für nichtig[8] erklärt; der Verleiher verliert jedoch nicht das Recht, die von ihm wirklich gegebene Geldsumme nach Abzug der von ihm erhaltenen Zahlungen zurückzuerhalten.

Gelddarlehen auf Zinsen, die nicht zwölf Prozent jährlich übersteigen, sind nicht strafbar.

1 Vgl. Abs. VII. 2 Gemäß VO. 7. 6. 16 für notorisch; der Satzbau ist dem deutschen Sprachgebrauch angepaßt. 3 Bernstein: seine Beschäftigung bildet. Im Gegensatz zu diesem geschäftsmäßigen Geldverleihen steht die gewerbsmäßige Bewucherung des Abs. III. 4 2 Wochen bis 1 Jahr. 5 Gemäß § 2 StRVO. Ersatzstrafe für Korrektionshaus. 6 Gemäß VO. 7. 6. 16 für notorisch. 7 Bernstein: Kommis; im Russischen steht nicht dasselbe Wort wie in §§ 322, 323. 8 Bernstein: kraftlos; im Russischen steht dasselbe Wort, das er in § 609 durch „ungültig" wiedergegeben hat.

§ 609. Wer Landleuten Getreide oder sonstige Vorräte oder Geld als Darlehen gewerbsmäßig gewährt unter der Bedingung der Bezahlung der Schuld ganz oder teilweise mit Getreide, Landvorräten oder Arbeit[1], wird, falls er ein solches Darlehen unter Ausnutzung der äußerst schwierigen Lage des Kreditnehmers zu übermäßig drückenden, den Ortsgewohnheiten nicht entsprechenden Bedingungen gewährt, bestraft:

mit Gefängnis nicht über sechs Monaten.

Solches Geschäft wird als wucherisch für nichtig[2] erklärt; der Verleiher verliert jedoch nicht das Recht, Getreide, Vorräte oder Geld, soweit er solche geliefert hat[3], nach Abzug des ihm zurückerstatteten Teiles zurückzuerhalten.

1 Vgl. § 317. 2 Bernstein: ungültig. 3 Bernstein: die von ihm wirklich gegebenen Getreide . . .

§ 610. Wer Getreideaufkauf bei Landleuten betreibt, wird, falls er bei diesen Getreide auf dem Halm, in Garben[1] oder in Körnern[2] unter wissentlicher[3] Ausnutzung der äußerst schwierigen Lage der Verkäufer zu unverhältnismäßig niedrigem Preise erwirbt, bestraft:

mit Haft.

Dem Käufer wird die Verpflichtung auferlegt, dem Verkäufer den Unterschied[4] zwischen dem ihm bezahlten Betrage und dem wirklichen Werte[5] des verkauften Getreides nachzuzahlen.

Der Getreideaufkauf unter den in diesem Paragraphen bezeichneten Umständen unterliegt keiner Bestrafung, wenn der Käufer auf

Märkten, Jahrmärkten oder an sonstigen zum Handel bestimmten Orten von Landleuten auf der Stelle vorhandenes[6] Getreide unter der Bedingung der sofortigen Übergabe des von ihm erworbenen Getreides an ihn kauft.

1 Schon gemähtes, aber noch nicht gedroschenes Getreide. 2 Bereits gedroschenes Getreide. 3 Gemäß VO. 7. 6. 16 für notorisch. 4 Bernstein: Differenz. 5 Bernstein: Preise. 6 d. h. zum Zwecke des Verkaufs an Ort und Stelle hingebrachtes.

§ 611. Wer:

1) eine Person, welche die Natur und die Bedeutung der vollzogenen Geschäfte oder Verfügungen zu erkennen oder ihrer Handlungen Herr zu sein unfähig oder nach dem bürgerlichen Recht[1] minderjährig ist, unter Ausnutzung ihrer Unwissenheit oder[2] Unerfahrenheit zur Eingehung eines für sie unvorteilhaften Vermögensgeschäftes oder zu einer sonstigen für sie unvorteilhaften Vermögensverfügung verleitet;

2) mittels lügenhafter Versprechungen oder sonstiger Listen[3] unter Benutzung des Mangels an klarer Erkenntnis der Natur und der Bedeutung solcher Geschäfte oder Verfügungen beim Verletzten diesen zur Eingehung unvorteilhafter Geschäfte oder zu sonstigen unvorteilhaften Vermögensverfügungen verleitet;

3) Urkunden[4] in ihrem ganzen Betrage oder zu einem Teile dieses Betrags geltend macht, obwohl er weiß, daß[5] die geforderte Schuld getilgt ist,

wird, falls diese Handlungen begangen werden, um sich oder einem anderen Vermögensvorteil zu verschaffen, bestraft:

mit Gefängnis[6].

Übertrifft der verursachte Schaden fünfhundert Rubel, so wird der Täter bestraft:

mit Gefängnis von drei Monaten bis zu sechs Jahren[7].

Der Versuch der unter Ziff. 1 und 2 dieses Paragraphen fallenden Vergehen ist strafbar.

1 Bernstein: bürgerlich minderjährige Person. 2 Bernstein fälschlich: und. 3 Bernstein: Kniffe. 4 Bernstein: Dokumente. 5 Gemäß VO. 7. 6. 16 für notorisch. 6 2 Wochen bis 1 Jahr. 7 Gemäß § 2 StRVO. für Korrektionshaus.

§ 612. Wer einen Blinden verleitet, eine dessen Willen, wie der Täter weiß[1], nicht entsprechende Urkunde als eine diesem Willen entsprechende Urkunde zum Nachteile des Vermögens oder der Vermögensinteressen des Unterschreibenden oder einer anderen Person zu unterschreiben, wird bestraft:

mit Gefängnis von drei Monaten bis zu sechs Jahren[2].

Derselben Bestrafung nach demselben Grundsatze unterliegt derjenige, welcher wissentlich[1] eine derartige Urkunde benutzt.

1 Gemäß VO. 7. 6. 16 für notorisch. 2 Gemäß § 2 StRVO. Ersatzstrafe für Korrektionshaus.

§ 613. Wer ein mit fremder Unterschrift versehenes Formular zum Nachteile des Vermögens oder der Vermögensinteressen des Unterschreibenden und dabei wissentlich nicht dessen wirklichem Willen entsprechend durch Hineinschreiben des Textes einer Urkunde[1] ausfüllt, wird bestraft:

mit Gefängnis von drei Monaten bis zu sechs Jahren[2].

Derselben Bestrafung nach demselben Grundsatze unterliegt derjenige, welcher wissentlich[3] eine derartige Urkunde benutzt.

1 Bernstein: Dokumenten. 2 Gemäß § 2 StRVO. Ersatzstrafe für Korrektionshaus. 3 Gemäß VO. 7. 6. 16 für notorisch.

§ 614. Wer ein mit fremder Unterschrift versehenes Formular zum Nachteil des Vermögens oder der Vermögensinteressen des Unterschreibenden und dabei wissentlich nicht dessen wirklichem Willen entsprechend durch Hineinschreiben des Textes einer Urkunde, deren Fälschung nach § 443 verboten ist, ausfüllt, wird bestraft:

falls eine solche Urkunde als echte benutzt oder abgesetzt[2] wird —

mit Gefängnis nicht über sechs Monaten;

falls der durch die Urkunde zu beweisende[3] Umstand wahr ist, oder falls die Urkunde nicht als echte benutzt und abgesetzt wird —

mit Haft;

falls er solches Hineinschreiben von Texten in Urkunden gewerbsmäßig betreibt —

mit Gefängnis von drei Monaten bis zu sechs Jahren[4].

Denselben Bestrafungen nach denselben Grundsätzen unterliegt derjenige, welcher wissentlich eine derartige Urkunde benutzt.

1 Bernstein: in § 443 vorgesehen. 2 Vgl. § 442 Anm. 3. 3 Vgl. § 440 Anm. 2. 4 Gemäß § 2 StRVO. Ersatzstrafe für Korrektionshaus.

§ 615. Wer, um sich oder einem Dritten einen Vermögensvorteil zu verschaffen, einem anderen durch Androhung der Offenbarung erdichteter oder wahrer Mitteilungen:

1) über einen den Verletzten oder ein, wenn auch verstorbenes, Mitglied seiner Familie entehrenden Umstand;

2) über die Begehung einer als Verbrechen oder Vergehen strafbaren Handlung durch den Verletzten oder ein, wenn auch verstorbenes, Mitglied seiner Familie;

3) über einen den Handelskredit des Verletzten erschütternden Umstand,

zur Übergabe von Vermögen oder zur Abtretung von Vermögensrechten oder zur Eingehung eines sonstigen unvorteilhaften Vermögensgeschäfts verleitet, wird bestraft[1]:

mit Gefängnis nicht unter drei Monaten[2].

Wird eine solche strafbare Handlung:

1) von einer Bande[3], die sich zu diesem Zwecke gebildet hat;

2) von einer Person, die mindestens zweimal Strafen wegen gleicher Handlungen oder wegen Diebstahls, Raubes, Erpressung oder Betruges verbüßt hat, und dabei vor dem Ablaufe von fünf Jahren seit dem Tage der Verbüßung der Strafe wegen einer dieser strafbaren Handlungen;

3) von dem Schriftleiter, Verleger oder Mitarbeiter einer Zeitung[4], der solche Mitteilungen in der Presse zu veröffentlichen drohte,

begangen, so wird der Täter bestraft:

mit Gefängnis von drei Monaten bis zu sechs Jahren[5].

Der Versuch ist strafbar.

1 Vgl. § 590. 2 Höchstmaß 1 Jahr. 3 §§ 52, 279. 4 Vgl. § 303 Anm. 1. 5 Gemäß § 2 StRVO. Ersatzstrafe für Korrektionshaus.

§ 616. Wer wissentlich[1] fremdes, durch ein Verbrechen oder Vergehen erlangtes[2] Vermögen[3] erwirbt, zur Aufbewahrung, zur Verheimlichung, zum Pfande oder zum Absatze annimmt oder absetzt[4], wird bestraft:

falls das Vermögen durch ein Verbrechen erlangt ist —

mit Gefängnis von drei Monaten bis zu drei Jahren[5];

falls das Vermögen durch ein Vergehen erlangt ist —

mit Gefängnis[6].

Bildet das unter Abs. 1 dieses Paragraphen fallende Vergehen das Gewerbe des Täters, so wird er bestraft:

mit Gefängnis von drei Monaten bis zu sechs Jahren[7].

1 Gemäß VO. 7. 6. 16 für notorisch. Der Hehler muß den strafbaren Erwerb gekannt haben. Darin liegt der wesentlichste Unterschied von der

Hehlerei des § 259 RStGB.; „den Umständen nach Annehmen-müssen" genügt nicht; nur der Händler macht sich auch bei bloßem Kennen-müssen des strafbaren Erwerbes strafbar (§ 617). Ob der Täter „wissentlich" d. h. unter Kenntnis der Herkunft gehandelt hat, ist Beweisfrage. Die Rechtsprechung nach altem russischen Recht ging zum Teil so weit, den Nachweis zu verlangen, daß der Hehler von Diebesgut auch um die konkrete Tat gewußt haben müsse. Das hatte seinen Grund darin, daß die Sachhehlerei des alten russischen Strafrechts (§§ 1661, 124) als eine Form der Teilnahme angesehen wurde. Diese Bestimmungen galten aber nur für die Hehlerei beim Diebstahl. Daneben gab es noch die gewerbsmäßige Hehlerei des § 931, die fortgesetzten Aufkauf von wissentlich gestohlenen oder geschmuggelten Sachen unter Strafe stellte; dabei wurde zwar Wissen um die strafbare Herkunft, aber nicht Kenntnis um die konkrete Straftat verlangt. § 616 vereinigt beide Bestimmungen. Darin, daß die Strafe verschieden bemessen wird, je nachdem die gehehlte Sache durch ein Verbrechen oder Vergehen erworben ist, schließt er sich an den alten § 1661 an; die schwerere Bestrafung ist nur gerechtfertigt, wenn der Hehler gewußt hat, daß er durch ein Verbrechen erworbenes Gut hehlt. Das Wissen muß sich (vgl. § 43) auch auf dieses Tatbestandsmerkmal miterstrecken. Daher kann trotz objektiven Erwerbes der Sache aus einem Verbrechen nur die mildere Strafe Anwendung finden, wenn der Hehler im Glauben war, es handele sich um ein Vergehen. Hat der Hehler allerdings um die ganze Tat gewußt, alle Tatbestandseinzelheiten gekannt und die Tat irrig für ein Vergehen gehalten, so ist das ein unbeachtlicher Rechtsirrtum. Daher ist der Hehler, der die Straftat kennt, die ein Verbrechen ist, stets mit der schwereren Strafe zu belegen. Auf Grund der geschichtlichen Entwickelung, insbesondere des alten § 931, der seinen Niederschlag in § 616 II gefunden hat, erscheint es als unbedenklich, nicht die Kenntnis der konkreten Straftat zu verlangen, sondern den Nachweis des Wissens, daß die gehehlte Sache überhaupt durch ein Verbrechen oder Vergehen, gleichgültig wann und wo begangen, erlangt ist, als für die Bestrafung ausreichend anzusehen. Denn gerade dem gewerbsmäßigen Hehler wird fast nie der Nachweis zu erbringen sein, daß er gewußt habe, bei wem die gehehlte Sache gestohlen oder unterschlagen usw. ist. Es genügt, daß er weiß, die Sache stammt aus einem Verbrechen oder Vergehen überhaupt, ohne daß ihm nachgewiesen werden muß, er habe gewußt, daß die Sache durch einen Diebstahl, einen Betrug, eine Erpressung usw. erlangt sei. Dieses Wissen um Erwerb durch Verbrechen oder Vergehen schlechthin wird sich beim Leugnen des Hehlers in den seltensten Fällen unmittelbar nachweisen lassen. Der Beweis wird in der Regel durch Indizien geführt werden müssen. Er wird als erbracht angesehen werden können, wenn nach Lage des Falls und den begleitenden Umständen ein durchschnittlich veranlagter Mensch nicht annehmen konnte, daß die Sache ehrlich erworben war. Zweifel an ehrlichem Erwerbe ergeben den nach § 48 Anm. 1 allgemein zugelassenen Eventualvorsatz. Kennt der Hehler die konkrete Straftat nicht, dann wird in der Regel nur die mildere Form der Bestrafung in Frage kommen (§ 43). Hehlerei durch Übertretung erworbener Sachen ist straflos. 2 Das Gesetz bedroht ursprünglich nur den Erwerb in erster Hand. Sein Wortlaut schließt jedoch nicht aus, auch den wissentlichen Erwerb gestohlener Sachen usw. aus dritter Hand unter Strafe zu stellen. 3 Vgl. § 547 Anm. 1. 4 Mitwirken zum Absatz (§ 259 RStGB.) ist nicht mit Strafe bedroht; es kann aber eine Teilnahme im Sinne des § 51 Ziff. 3 vorliegen und bestraft werden. 5 Gemäß § 2 StRVO. Ersatzstrafe für Korrektionshaus nicht über 3 Jahren. 6 2 Wochen bis 1 Jahr. 7 Gemäß § 2 StRVO. Ersatzstrafe für Korrektionshaus. Sonderfall der Hehlerei in § 626.

§ 617. Ein Händler[1], welcher fremdes, durch ein Verbrechen oder Vergehen erlangtes Vermögen in Unkenntnis dieses Umstandes, aber ohne die gehörige Umsicht erwirbt, zur Aufbewahrung, zum Pfande oder zum Absatze annimmt oder absetzt, wird bestraft:

mit Haft oder mit Geldstrafe nicht über fünfhundert Rubeln.

War der Täter ein Inhaber eines Privatgeschäfts zum Verkauf geistiger Getränke[2], so wird ihm, außer der Strafe, die Erlaubnis zum Verkaufe dieser Getränke entzogen.

1 Vgl. § 209 Anm. 1. 2 Vgl. § 315 Anm. 1.

§ 618. Wer wissentlich[1] ein durch ein Verbrechen oder Vergehen erlangtes Pferd erwirbt, zur Aufbewahrung, zur Verheimlichung, zum Pfande oder zum Absatze annimmt oder absetzt, wird, falls diese Handlung gewerbsmäßig betrieben wird, bestraft:

mit Gefängnis von drei Jahren bis zu sechs Jahren[2].

1 Gemäß VO. 7. 6. 16 für notorisch. Vgl. § 616 Anm. 1. 2 Gemäß § 2 StRVO. Ersatzstrafe für Korrektionshaus nicht unter 3 Jahren.

§ 619. Wer wissentlich[1] von einem gemeinen Soldaten[2] der Krone gehörende Waffen, Kleider oder Ausrüstungsgegenstände[3] erwirbt oder zum Pfande nimmt, wird bestraft:

mit Gefängnis nicht über sechs Monaten.

Bildet dieses Vergehen das Gewerbe des Täters, so wird er bestraft:

mit Gefängnis nicht unter sechs Monaten[4].

War der Täter ein Inhaber eines Privatgeschäfts zum Verkauf geistiger Getränke[5], so wird ihm, außer der Strafe, die Erlaubnis zum Verkaufe dieser Getränke entzogen.

1 Gemäß VO. 7. 6. 16 für notorisch. 2 Der Begriff ist zu eng; wörtlich: Untermilitär. Darunter sind alle „Personen des Mannschaftsstandes", d. h. alle Heeresangehörigen verstanden, die weder Offiziere noch diesen im Range gleichgestellt sind. 3 Bernstein: Munitionsgegenstände; dieser Ausdruck ist zu eng und entspricht nicht dem russischen, der die ganze Ausrüstung umfaßt. 4 Höchstmaß 1 Jahr. 5 § 315 Anm. 1.

Fünfunddreißigstes Kapitel.

Strafbare Handlungen wider Urheberrechte und Erfindungsprivilegien.

§ 620. Wer ein fremdes literarisches, musikalisches oder künstlerisches Eigentumsrecht eigenmächtig ganz oder zum Teil[1] ausübt, wird bestraft:

mit Haft oder mit Geldstrafe nicht über fünfhundert Rubeln.

Wird solche Ausübung dieses Rechtes durch eigenmächtige Ausgabe oder Vervielfältigung eines literarischen, musikalischen oder künstlerischen Erzeugnisses zum Zwecke des Absatzes begangen, so wird der Täter bestraft:

mit Gefängnis[2].

Gibt jedoch der Täter ein fremdes literarisches, musikalisches oder künstlerisches Erzeugnis eigenmächtig in seinem Namen heraus, so wird er bestraft[3]:

mit Gefängnis nicht unter drei Monaten[4].

1 Die Worte „ganz oder zum Teil" fehlen bei Bernstein. Die Urheberrechtsverletzung des Abs. 1 besteht nur in der Aufführung usw. Im Gegensatz dazu steht die Aufführung unter Übertretung eines behördlichen Aufführungsverbotes des § 302. 2 So im russischen Text. In der Bernsteinschen Übersetzung ist die Strafandrohung des Abs. 2 und der Obersatz des Abs. 3 weggeblieben. Der Strafrahmen ist also 2 Wochen bis 1 Jahr. 3 Dieser Teil des Abs. 3 fehlt bei Bernstein. 4 Höchstmaß 1 Jahr.

§ 621. Wer ein fremdes gesetzmäßig erteiltes Erfinderprivileg[1] oder ein fremdes Recht zur Nachbildung gesetzmäßig angemeldeter Werk-, Fabrik- oder Handwerksmodelle oder -zeichnungen[2] eigenmächtig ausübt, wird bestraft:

mit Haft oder mit Geldstrafe nicht über fünfhundert Rubeln.

1 Damit sind Patente gemeint. 2 Darunter ist Musterschutzverletzung verstanden. Bernstein hat anstatt Recht zur Nachbildung: Reproduktionsrecht. Darunter fallen Geschmacks- und Gebrauchsmuster. Warenzeichen schützen §§ 356 ff.

§ 622. Ein Händler, welcher wissentlich unter Verletzung eines literarischen, musikalischen oder künstlerischen Eigentumsrechtes oder eines Erfinderprivilegs hergestellte Gegenstände feilhält, aus dem Auslande zum Verkauf einführt oder verkauft, wird bestraft:

mit Haft oder mit Geldstrafe nicht über fünfhundert Rubeln.

Sechsunddreißigstes Kapitel.

Eigenmächtige Benutzung fremden Vermögens.

§ 623. Wer auf fremdem Grund und Boden, in fremdem Walde oder in fremden Gewässern eigenmächtig jagt oder Fisch- oder sonstigen Fang treibt, wird bestraft[1]:

mit Geldstrafe nicht über fünfundzwanzig Rubeln.

Derselben Bestrafung unterliegt derjenige, welcher:

1) Tiere oder Vögel auf irgendeine Weise aus fremdem Grund und Boden heraustreibt;

2) im Innern fremden Grund- oder Waldbesitzes außerhalb eines Weges mit einem Gewehr[2] oder irgendwelchen Wildfanggerätschaften sich aufhält.

Wird in einem umzäunten Parke oder in einem Tiergarten, die keine freie Verbindung[3] mit den benachbarten Besitzungen haben, oder auf Wiesen oder Feldern, bevor die Ernten oder das Gras von denselben eingebracht sind, eigenmächtig gejagt, so wird der Täter bestraft:

mit Geldstrafe nicht über hundert Rubeln.

1 Vgl. auch §§ 246 ff. 2 Bernstein: Flinte. Dieser technische Ausdruck für ein Schrotgewehr ist jedoch zu eng. 3 Bernstein: Kommunikation.

§ 624. Wer:

1) in fremdem Walde eigenmächtig haut[1], wenn auch das Gehauene weder hinausgefahren noch hinweggetragen wurde;

2) aus fremdem Walde, jedoch nicht aus den Aufbereitungsstellen[2] oder den Aufbewahrungsniederlagen, einen vom Winde gebrochenen, umgestürzten[3] oder von einem Anderen gefällten Baum oder einen Teil eines solchen Baumes in Aneignungsabsicht entwendet[4]:

wird bestraft[5]:

falls er die Handlung zum ersten Male begeht —

mit Geldstrafe nicht über hundert Rubeln;

falls er sie zum zweiten Male und dabei vor dem Ablaufe von zwei Jahren seit dem Tage der Verbüßung der Strafe wegen einer früheren ebensolchen Handlung begeht —

mit Haft nicht über drei Monaten;

falls er sie zum dritten oder öfteren Male und dabei vor dem Ablaufe von zwei Jahren seit dem Tage der Verbüßung der Strafe wegen einer früheren ebensolchen Handlung begeht —

mit Gefängnis nicht über sechs Monaten.

Wird das eigenmächtige Hauen oder Entwenden zur Nachtzeit oder in einem verbotenen[6], geschützten, künstlich angepflanzten, umfriedeten oder von Gräben umgebenen Walde, Park[7] oder Waldstück[8] verübt, oder wird ein Saatbaum gefällt, so kann gegen denjenigen, welcher diese Handlung zum ersten Male begeht, auf die wegen deren abermaliger Begehung bestimmte Strafe erkannt werden.

Den Bestrafungen wegen der in diesem Paragraphen vorgesehenen Handlungen nach den in ihm bezeichneten Grundsätzen unterliegen nicht nur diejenigen, welche unmittelbar diese Handlungen begehen, sondern auch die Anstifter und Gehilfen[9, 10].

1 Darunter ist im Gegensatz zu „fällen" in Abs. 2 und § 625[4] auch das Abschlagen von Ästen, nicht nur das Fällen zu verstehen. 2 Bernstein: Anfertigungsstellen. 3 Diese Übersetzung und Reihenfolge entspricht dem russischen Text. 4 Die Entwendung von Aufbereitungsstellen oder Niederlagen ist nach § 581 zu bestrafen. 5 Notwendige Nebenstrafe in § 627. Straffreiheit laut § 631. 6 d. h. Wald, dessen Betreten verboten ist; sogenannter Bannwald. 7 Bernstein: Hain. 8 Bernstein mißverständlich: Distrikt. 9 Bernstein im Gegensatz zu § 51[3]: Helfershelfer. 10 Vgl. auch §§ 255 ff.

§ 625. Den in § 624 bestimmten Bestrafungen nach den in ihm bezeichneten Grundsätzen unterliegt auch derjenige, welcher:

1) in fremdem Walde eigenmächtig Waldfabrikate[1] anfertigt;

2) fremde Waldungen, zum Waldwuchs bestimmte Lichtungen oder mit Wald bepflanzte oder besäte Stellen eigenmächtig ausrodet;

3) einen Mehraushieb oder eine Mehranfertigung von Waldfabrikaten vornimmt, bei erlaubter Waldfällung oder bei Anfertigung von Fabrikaten in Kronswäldern[2] jedoch nur in dem Falle, wenn dieser Mehraushieb oder diese Mehranfertigung den zehnten Teil der erlaubten Menge übersteigen;

4) eigenmächtig Wald wissentlich[3] anderer als der erlaubten Art oder Beschaffenheit[4] fällt;

5) wissentlich in einem hierfür nicht bestimmten Waldstück Wald fällt oder Waldfabrikate anfertigt;

6) auf fremdem Grund und Boden wachsende Bäume durch Einkerben, Entfernen der Rinde oder auf sonstige Weise eigenmächtig beschädigt[5].

1 Z. B. Schindeln, Bretter, Teer, Pech, Pottasche, Holzkohlen. 2 Das sind die Staatsforsten, die nach früherem Brauch im besetzten Gebiet auch jetzt noch Kronswälder genannt werden. 3 Bei Bernstein fortgelassen. 4 Bernstein: Qualität. Damit ist die verschiedenartige Beschaffenheit von Holz derselben Art, die Güte, gemeint. 5 Vgl. auch §§ 255 ff.

§ 626. Wer wissentlich durch die unter §§ 624 oder 625 fallenden strafbaren Handlungen erlangte Holz- oder Walderzeugnisse erwirbt, zur Aufbewahrung, zur Verheimlichung, zum Pfande oder Absatze annimmt oder absetzt, wird bestraft:

mit Geldstrafe nicht über hundert Rubeln.

Bildet diese strafbare Handlung das Gewerbe des Täters, so wird er bestraft:

mit Gefängnis[1].

Ist der Täter ein Waldgewerbetreibender, so ist überdies dem Gericht anheimgestellt, ihm das Recht, Waldgewerbe zu treiben, für die Dauer von einem bis zu fünf Jahren zu entziehen.

1 2 Wochen bis 1 Jahr. Notwendige Nebenstrafe außer Abs. 2 gemäß § 627.

§ 627. Außer den in §§ 624 bis 626 bestimmten Strafen wird gegen den Täter und, falls mehrere Personen an der strafbaren Handlung teilnehmen — gegen alle Täter in ihrer Gesamtheit auf eine Geldbuße im Betrage des doppelten Wertes des eigenmächtig gefällten, beschädigten oder entwendeten Holzes oder der Walderzeugnisse oder der gesetzwidrig angefertigten Waldfabrikate zugunsten des Waldbesitzers erkannt; sind jedoch die Täter unentdeckt geblieben oder nicht imstande, die genannte Buße zu bezahlen, so wird von den Hehlern der doppelte Wert des von ihnen verhehlten Holzes oder der Walderzeugnisse beigetrieben.

Im Falle der Nichtbezahlung der genannten Buße wird diese gemäß den in § 59 gegebenen Bestimmungen durch Haft ersetzt.

Unabhängig davon wird das eigenmächtig gefällte oder entwendete Holz eingezogen und dem Waldbesitzer auf Kosten des Täters zurückgegeben, oder es wird der Wert solchen Holzes zugunsten des Waldbesitzers beigetrieben.

Der Wert des Holzes und der Waldfabrikate wird nach der festgesetzten Taxe berechnet.

§ 628. Wer:

1) Kronswald[1] zwar erlaubterweise, aber vor dem Empfange des vorgeschriebenen Scheines zu hauen beginnt oder solches Hauen nach dem Ablaufe der im Scheine genannten Frist fortsetzt;

2) erlaubterweise gehauenen Kronswald vor dem Ablaufe der zur Besichtigung des Waldes bestimmten Frist eigenmächtig hinausfährt oder hinwegträgt,

wird bestraft:

mit Geldstrafe nicht über fünfzig Rubeln.

1 Siehe § 625 Anm. 2.

§ 629. Wer in fremdem Forstgebiet eine Ziegelbrennerei oder ein sonstiges mit Feuer betriebenes Werk[1] eigenmächtig einrichtet oder in solchem Gebiet eigenmächtig Pech oder Teer schwelt oder Pottasche siedet oder Kohlen oder Kalk brennt, wird bestraft:

mit Geldstrafe nicht über fünfzig Rubeln.

Überdies wird gegen den Täter auf eine Geldbuße nicht über fünfzig Rubeln zugunsten des Waldbesitzers erkannt und alles von ihm eigenmächtig Erbaute und Hergestellte, ebenso wie die Gerätschaften und Materialien zugunsten des Waldbesitzers eingezogen.

Wird diese Übertretung in einem Kronsforst zwar mit gehöriger Erlaubnis, aber wissentlich an einer dafür nicht bestimmten Stelle begangen, so wird der Täter bestraft:

mit Geldstrafe nicht über fünfundzwanzig Rubeln.

Überdies wird gegen den Täter auf eine Geldbuße nicht über fünfundzwanzig Rubeln erkannt und er verpflichtet, die zu Unrecht[2] aufgeführten Bauten abzutragen.

1 Bernstein: feuertätige Manufaktur. Vgl. § 197 Anm. 3. 2 Bernstein: unrichtig.

§ 630. Wer im Innern eines fremden Waldes ohne triftigen Grund abseits[1] der zur Durchfahrt dienenden Wege mit Gerätschaften zum Hauen von Holz[2] oder mit einem Fuhrwerk zu dessen Transport sich aufhält, wird bestraft:

mit Geldstrafe nicht über zehn Rubeln.

1 Bernstein: außerhalb. 2 Bernstein: des Waldes. Das russische Wort bedeutet sowohl Wald als auch Holz.

§ 631. Geringfügige Fälle der in § 624 vorgesehenen eigenmächtigen Benutzung fremden Waldes werden nicht als strafbar erachtet, falls solche Benutzung nur zur Befriedigung eines unterwegs aufgetretenen Bedürfnisses an Walderzeugnissen dient.

§ 632. Wer:

1) Edelmetalle, Edelerz oder Edelsteine;

2) Naphta, Steinkohle, Erz oder farbige Steine aus fremdem Grund und Boden eigenmächtig gewinnt,

wird bestraft:

in dem in Ziff. 1 dieses Paragraphen bezeichneten Falle —
mit Gefängnis nicht unter drei Monaten[1];

in dem in Ziff. 2 dieses Paragraphen bezeichneten Falle —
mit Haft.

Legt[2] der Täter zur Begehung der unter diesen Paragraphen fallenden strafbaren Handlungen besondere Vorrichtungen oder Bauwerke an, so wird er bestraft:

in dem in Ziff. 1 dieses Paragraphen bezeichneten Falle — mit Gefängnis von drei Monaten bis zu drei Jahren[3];

in dem in Ziff. 2 dieses Paragraphen bezeichneten Falle — mit Gefängnis[4].

Überdies wird in den Fällen, in welchen das eigenmächtig gewonnene Gold oder Platin der Bezahlung der Bergsteuer unterliegt, gegen denjenigen, der diese Metalle eigenmächtig gewinnt, auf eine Geldbuße im Betrage des doppelten vom Staate oder von einer Behörde festgesetzten Wertes der eigenmächtig gewonnenen Metalle erkannt.

1 Höchstmaß 1 Jahr. 2 Bernstein: Wendet ... an. 3 Gemäß § 2 StRVO. Ersatzstrafe für Korrektionshaus nicht über 3 Jahren. 4 2 Wochen bis 1 Jahr.

§ 633. Wer:

1) wildwachsende[1] Beeren, Früchte, Pilze oder sonstige Gegenstände, welche dem Grundbesitzer Vorteil bringen können, auf fremdem Grund und Boden wissentlich einem Verbot des Eigentümers zuwider einsammelt;

2) auf fremdem Grund und Boden Rasen eigenmächtig ausschneidet, Steine, Sand, Lehm oder sonstige mineralische Gegenstände eigenmächtig gewinnt;

3) Steine, Schutt, verendete Tiere oder Schmutz auf fremden Grund und Boden eigenmächtig hinausfährt;

4) Vieh oder Federvieh auf fremdem Grund und Boden eigenmächtig weiden läßt;

5) durch fremde Wiesen oder Felder, bevor die Ernten oder das Gras von denselben eingebracht sind, eigenmächtig geht oder fährt;

6) Vieh oder Federvieh durch fremde Wiesen oder Felder eigenmächtig treibt;

7) wildwachsendes Gras auf fremden Wiesen oder in fremden Waldungen eigenmächtig abmäht;

8) beim Abweiden eingefangenes Vieh oder Federvieh eigenmächtig fortführt oder forttreibt;

9) Gartenblumen, Früchte, Gemüse oder sonstige Saaten oder Pflanzungen in fremden Gärten, Gemüsegärten, Feldern oder besäten Wiesen eigenmächtig in unbedeutender Menge abpflückt oder einsammelt, um sie sofort, wenn auch nicht an der Stelle der Begehung dieser Übertretung, zu verbrauchen[2],

wird bestraft:

mit Geldstrafe nicht über fünfundzwanzig Rubeln.

1 und darum herrenlose im Gegensatz zu Ziff. 9. 2 In Ziff. 9 wird dem Mundraub des § 370 5 RStGB. ähnlich das rechtswidrige Abernten von Früchten bestraft. Das Einsammeln solcher, die bereits eingeerntet waren, z. B. das Auswühlen gepflanzter, zum Aufgehen in die Erde gesteckter Kartoffeln oder das Stehlen aus Kartoffelmieten, ist Diebstahl im Sinne des § 581.

§ 634. Wer durch fremde Gärten oder Gemüsegärten oder durch fremde Wiesen, Felder, Haine oder Weideplätze, welche umfriedet oder von Gräben umgeben sind, oder durch welche die Durchfahrt, wie dem Täter bekannt ist[1], durch dazu aufgestellte Warnungszeichen verboten ist, eigenmächtig fährt oder Vieh treibt, wird bestraft:

mit Geldstrafe nicht über fünfzig Rubeln.

1 Gemäß VO. 7. 6. 16 für notorisch. Ähnliche Bestimmungen in in §§ 256, 257.

§ 635. Wer geschäftsmäßig fremdes bewegliches Vermögen zum Pfande oder zur Aufbewahrung annimmt, oder dessen Handlungsgehilfe[1] wird, wenn er solches Vermögen zum Nachteil des Eigentümers des Vermögens eigenmächtig gebraucht oder dasselbe anderen zum Gebrauch überläßt, bestraft:

mit Haft.

1 Bernstein: Kommis. 2 Der Untreue ähnlicher Fall des furtum usus; vgl. §§ 575, 577.

Siebenunddreißigstes Kapitel.

Strafbare Handlungen im staatlichen und öffentlichen Dienst.

§ 636[1]. Ein Beamter, welcher eine Diensthandlung vornimmt:

1) die ihm nicht durch das Gesetz eingeräumt oder durch einen Auftrag übertragen ist, oder die ihm zwar eingeräumt, aber nicht durch gesetzliche Gründe gerechtfertigt ist[2];

2) ohne die Erlaubnis der zuständigen Obrigkeit, falls solche Erlaubnis vom Gesetz gefordert wird,

wird wegen Gewaltüberschreitung, falls sie vorsätzlich begangen wird, oder falls sie aus Nachlässigkeit begangen wird und erheblicher Nachteil für die Verwaltung[3] oder für staatliche[4], sonstige öffentliche oder private Interessen durch sie eintritt, bestraft:

mit Haft.

Wird eine Gewaltüberschreitung vorsätzlich begangen und tritt durch sie erheblicher Nachteil für die Verwaltung oder für staatliche, sonstige öffentliche oder private Interessen oder die Gefahr solchen Nachteils ein, oder wendet der Täter bei einer Gewaltüberschreitung Gewalt gegen die Person[5] oder strafbare Drohung[6] an, oder wird eine Gewaltüberschreitung in gewinnsüchtiger Absicht begangen, so wird der Täter bestraft:

mit Gefängnis von zwei Wochen bis zu sechs Jahren[7].

Tritt jedoch durch eine in gewinnsüchtiger Absicht begangene Gewaltüberschreitung erheblicher Nachteil für die Verwaltung oder für staatliche, sonstige öffentliche oder private Interessen oder die Gefahr solchen Nachteils ein, so wird der Täter bestraft:

mit Gefängnis von drei Jahren bis zu sechs Jahren[8].

Beamte sind alle Personen, welche im staatlichen oder sonstigen öffentlichen Dienst ständige Pflichten oder vorübergehende Aufträge als Amtspersonen, im Polizei- oder sonstigen Dienst stehende Wächter oder Diener[9] oder als Glieder der Bauern- oder Kleinbürgerverwaltungsorgane[10] zu erfüllen haben.

1 Für strafbare Handlungen Beamter gelten die Sonderbestimmungen der §§ 636 ff. Auch wo diese nicht Anwendung finden, sondern Beamte sich nach den Grundsätzen des sonstigen besonderen Teils strafbar gemacht haben, trifft sie unter den Voraussetzungen des § 65 schwerere Strafe. 2 Ziff. 1 ist im engsten Anschluß an den russischen Text wiedergegeben. Die Bernsteinsche Übersetzung ist ungenau. 3 Bernstein: Verwaltungsordnung; mit dem russischen Ausdruck ist die Einrichtung, Handhabung der Regierung gemeint; zur Wiedergabe genügt „Verwaltung"; allenfalls könnte „ordnungsmäßige Verwaltung" gesagt werden. 4 Bernstein: fiskalische; mit dem russischen Wort sind nicht etwa Kassen-, sondern die allgemeinen Reichs-(Staats-)interessen gemeint. 5 § 475. 6 § 510. 7 Gemäß § 2 StRVO. Ersatzstrafe für Korrektionshaus oder Gefängnis. 8 Gemäß § 2 StRVO. Ersatzstrafe für Korrektionshaus nicht unter 3 Jahren. 9 Vgl. § 477 Anm. 3. 10 Bernstein: Dorf- oder Kleinbürgerverwaltungspersonen. Gemeint ist Folgendes: Jeder der russischen Stände (Adel, Geistlichkeit, Gilden, Exempte (d. h. die studierten Leute), Kleinbürger und Bauern) hat zu seiner Vertretung besondere Organe. Die Bauernschaften sind nicht auf Dörfer beschränkt, sondern auch in Städten vertreten. Den Standesvertretungen obliegt ein Teil der Selbstverwaltung; ihre Glieder sollen auch Beamtenrechte genießen. Die Ständegruppierung, die aus dem inneren Rußland stammt, ist im besetzten Gebiet nur von untergeordneter Bedeutung.

§ 637. Nimmt ein Beamter unter irgendwelchen außerordentlichen Umständen eine Diensthandlung vor, die ihm durch das Gesetz oder den ihm erteilten Auftrag nicht eingeräumt ist, die aber in Erwägung des staatlichen Besten oder wegen der Dringlichkeit der Sache ohne offenbare Gefahr oder ohne Nachteil für den Dienst nicht bis zur Einholung[1] der Erlaubnis dazu aufgeschoben werden konnte, so wird dies nicht als Gewaltüberschreitung angesehen[2].

1 Bernstein: zum Erhalten der Erlaubnis dafür. 2 Bernstein: erachtet.

§ 638. Ein Beamter, welcher einen anderen Beamten an der Erfüllung der Pflichten vorsätzlich hindert, wird bestraft:

mit Haft.

§ 639. Ein Beamter, der durch das Gesetz oder durch den ihm erteilten Auftrag oder durch die Natur des Dienstes zur Verhütung oder Abwendung[1] eines der Verwaltung oder staatlichen, sonstigen öffentlichen oder privaten Interessen drohenden Nachteils verpflichtet ist und seiner Dienstverpflichtung zuwider Maßregeln zu ergreifen oder Handlungen vorzunehmen unterläßt, durch welche solchem Nachteil vorgebeugt oder dieser abgestellt werden konnte, wird wegen Untätigkeit der Gewalt, falls sie vorsätzlich begangen wird, oder falls sie aus Nachlässigkeit begangen wird und erheblicher Nachteil für die Verwaltung oder für staatliche, sonstige öffentliche oder private Interessen durch sie eintritt, bestraft:

mit Haft.

Wird diese Untätigkeit der Gewalt vorsätzlich begangen und tritt durch sie erheblicher Nachteil für die Verwaltung oder für staatliche, sonstige öffentliche oder private Interessen oder die Gefahr solchen Nachteils ein, oder wird diese Untätigkeit der Gewalt in gewinnsüchtiger Absicht begangen, so wird der Täter bestraft:

mit Gefängnis von zwei Wochen bis zu drei Jahren[2].

Tritt jedoch durch diese in gewinnsüchtiger Absicht begangene Untätigkeit der Gewalt erheblicher Nachteil für die Verwaltung oder für staatliche, sonstige öffentliche oder private Interessen oder die Gefahr eines solchen Nachteils ein, so wird der Täter bestraft:

mit Gefängnis von drei Monaten bis zu sechs Jahren[3].

Denselben Bestimmungen nach denselben Grundsätzen unterliegt ein Beamter, welcher zur Verfolgung von Verbrechen oder[5] Vergehen oder zur Vollstreckung rechtskräftiger Beschlüsse[4] oder Entscheidungen in Zivilsachen oder rechtskräftiger Beschlüsse oder[5] Urteile in Strafsachen seiner Dienstverpflichtung zuwider Maßregeln zu ergreifen oder Handlungen vorzunehmen unterläßt.

1 Bernstein: Vorbeugung oder Abstellung. Es handelt sich bei beiden Begriffen um Vorbeugungsmaßregeln gegen drohende Schäden je nachdem, ob die bedrohliche Handlung bereits eingesetzt hat oder nicht. Abstellung eines bereits eingetretenen Schadens kommt jedoch nach den russischen Ausdrücken nicht in Frage. Vgl. § 162. 2 Gemäß § 2 StRVO. Ersatzstrafe für Korrektionshaus nicht über 3 Jahren oder Gefängnis. 3 Gemäß § 2 StRVO. Ersatzstrafe für Korrektionshaus. 4 Bernstein: Erkenntnisse. Mit dem russischen Ausdruck sind die „Beschlüsse" des deutschen Prozesses bezeichnet. 5 Bernstein fälschlich: „und".

§ 640. Ein Beamter, welcher seiner Dienstverpflichtung zuwider Maßregeln zur Verkündigung, Bekanntmachung oder Inkraftsetzung eines Gesetzes oder eines sonstigen Allerhöchsten Befehls[1] zu ergreifen unterläßt, wird wegen Untätigkeit der Gewalt, falls sie vorsätzlich begangen wird, oder falls sie aus Nachlässigkeit begangen wird und erheblicher Nachteil für die Verwaltung oder für staatliche, sonstige öffentliche oder private Interessen durch sie eintritt, bestraft:

mit Gefängnis[2].

Wird diese Untätigkeit der Gewalt vorsätzlich begangen und tritt durch sie erheblicher Nachteil für die Verwaltung oder für staatliche, sonstige öffentliche oder private Interessen oder die Gefahr solchen Nachteils ein, oder wird diese Untätigkeit der Gewalt in gewinnsüchtiger Absicht begangen, so wird der Täter bestraft:

mit Gefängnis von drei Monaten bis zu sechs Jahren[3].

Tritt jedoch durch diese in gewinnsüchtiger Absicht begangene Untätigkeit der Gewalt erheblicher Nachteil für die Verwaltung oder für staatliche, sonstige öffentliche oder private Interessen oder die Gefahr solchen Nachteils ein, so wird der Täter bestraft:

mit Zuchthaus nicht über acht Jahren[4].

1 § 640 bezieht sich nur auf Gesetze und Erlasse des Zaren und kann daher gegenwärtig keine Anwendung finden, da eine gesetzgebende Stelle zurzeit nicht vorhanden ist; es gibt nur Verordnungen im Sinne des § 641. **2** 2 Wochen bis 1 Jahr. **3** Gemäß § 2 StRVO. Ersatzstrafe für Korrektionshaus. **4** Gemäß § 2 StRVO. Ersatzstrafe für Zwangsarbeit nicht über 8 Jahren. Vgl. § 16 Anm. 1.

§ 641. Ein Beamter, welcher seiner Dienstverpflichtung zuwider Maßregeln zur Veröffentlichung oder Inkraftsetzung einer verbindlichen Verordnung zu ergreifen unterläßt, wird wegen Untätigkeit der Gewalt, falls sie vorsätzlich begangen wird, oder falls sie aus Nachlässigkeit begangen wird und erheblicher Nachteil für die Verwaltung oder für staatliche, sonstige öffentliche oder private Interessen durch sie eintritt, bestraft:

mit Haft.

Wird diese Untätigkeit der Gewalt vorsätzlich begangen und tritt durch sie erheblicher Nachteil für die Verwaltung oder für staatliche, sonstige öffentliche oder private Interessen oder die Gefahr solchen Nachteils ein, oder wird diese Untätigkeit der Gewalt in gewinnsüchtiger Absicht begangen, so wird der Täter bestraft:

mit Gefängnis[1].

Tritt jedoch durch diese in gewinnsüchtiger Absicht begangene Untätigkeit der Gewalt erheblicher Nachteil für die Verwaltung oder für staatliche, sonstige öffentliche oder private Interessen oder die Gefahr solchen Nachteils ein, so wird der Täter bestraft:

mit Gefängnis von drei Monaten bis zu sechs Jahren[2].

1 2 Wochen bis 1 Jahr. 2 Gemäß § 2 StRVO. Ersatzstrafe für Korrektionshaus.

§ 642. Ein Beamter, welcher:

1) ihm obliegende Maßregeln zur Ausführung eines Erlasses[1] oder einer sonstigen Vorschrift[2] einer ihm im Instanzenzuge[3] vorgesetzten Behörde oder Obrigkeit zu ergreifen unterläßt;

2) seiner Obrigkeit oder der Anstalt, in deren Diensten er steht, den Empfang eines einlaufenden Papiers seiner Verpflichtung zuwider mitzuteilen unterläßt,

wird wegen Untätigkeit der Gewalt, falls sie vorsätzlich be-begangen wird, oder falls sie aus Nachlässigkeit begangen wird und erheblicher Nachteil für die Verwaltung oder für staatliche, sonstige öffentliche oder private Interessen durch sie eintritt, bestraft:

mit Haft.

Wird diese Untätigkeit der Gewalt vorsätzlich begangen und tritt durch sie erheblicher Nachteil für die Verwaltung oder für staatliche, sonstige öffentliche oder private Interessen oder die Gefahr solchen Nachteils ein, oder wird diese Untätigkeit der Gewalt in gewinnsüchtiger Absicht begangen, so wird der Täter bestraft:

mit Gefängnis nicht über sechs Monaten.

Tritt jedoch durch diese in gewinnsüchtiger Absicht begangene Untätigkeit der Gewalt erheblicher Nachteil für die Verwaltung oder für staatliche, sonstige öffentliche oder private Interessen oder die Gefahr solchen Nachteils ein, so wird der Täter bestraft:

mit Gefängnis[4].

1 Bernstein: Ukas. 2 Bernstein: Ordre; Vorschrift entspricht wörtlich dem Russischen. 3 Bernstein: Subordinationsordnung. 4 2 Wochen bis 1 Jahr.

§ 643. Ein nach der Art seines Dienstes[1] zur Verhütung oder Abwendung[2] strafbarer Handlungen verpflichteter Beamter, welcher trotz Kenntnis[3] des Vorhandenseins von Beweisen für das Bevorstehen[4] eines geplanten oder begonnenen[5] Verbrechens oder Vergehens die erforderlichen Maßregeln zur Verhütung oder Abwendung derselben zu ergreifen unterläßt, wird, falls diese Unterlassung die Begehung des Verbrechens oder Vergehens nach sich zieht, bestraft:

im Falle der Begehung eines Vergehens —
mit Gefängnis nicht unter drei Monaten[6];
im Falle der Begehung eines Verbrechens —
mit Gefängnis von drei Monaten bis zu drei Jahren[7].

Wird die Ergreifung der Maßregeln zur Verhütung oder Abwendung eines unter §§ 99 bis 102 oder § 108 fallenden Verbrechens unterlassen, so wird der Täter bestraft:
im Falle der Nichtergreifung der Maßregeln in bezug auf ein unter § 99 fallendes Verbrechen —
mit Zuchthaus nicht über acht Jahren;
in den übrigen Fällen —
mit Zuchthaus.

Zieht jedoch solche Unterlassung die Begehung eines unter §§ 99 bis 102 oder § 108 fallenden Verbrechens nach sich, so wird der Täter bestraft:
im Falle der Begehung eines unter § 99 fallenden Verbrechens —
mit zeitiger Zuchthausstrafe;
in den übrigen Fällen —
mit Zuchthaus nicht über acht Jahren[8].

Derselben Bestrafung nach denselben Grundsätzen unterliegt ein Beamter, welcher seine Obrigkeit oder die zuständige Behörde oder die bedrohte Person über ein geplantes oder begonnenes Verbrechen oder Vergehen trotz Kenntnis des Vorhandenseins von Beweisen ihres Bevorstehens zu benachrichtigen unterläßt oder in seiner Benachrichtigung einen für die Verhütung oder Abwendung des Verbrechens oder Vergehens wesentlichen Umstand verheimlicht.

1 Bernstein: der Natur . . . gemäß. 2 Vgl. § 639 Anm. 1. 3 Gemäß VO. 7. 6. 16 für notorisch. 4 Bernstein: Existenz. Dieses Wort trifft aber nicht den Sinn, da eine vollendete Handlung nicht in Frage kommt. 5 Bernstein: unternommenen, was mißverständlich dahin verstanden werden kann, daß es sich um eine bereits begangene Straftat handeln soll. Das ist aber nicht der Fall. Das russische Wort bedeutet, wörtlich übersetzt, „in Angriff genommenen"; es handelt sich also um Versuch oder Vorbereitungshandlung. Vgl. § 162. 6 Höchstmaß 1 Jahr. 7 Gemäß § 2 StRVO. Ersatzstrafe für Korrektionshaus nicht über 3 Jahren. 8 Abs. 2 und 3 sind infolge Außerkraftsetzung der §§ 99—102, 108 durch § 8 StRVO. jetzt gegenstandslos. Im Russischen: Zwangsarbeit nicht über 8 Jahren, Verschickung, zeitige Zwangsarbeit, Zwangsarbeit nicht über 8 Jahren.

§ 644. Ein Beamter, welcher seiner Obrigkeit oder der zuständigen Polizei- oder Gerichtsbehörde ein begangenes, nicht auf Privatklage hin zu verfolgendes Verbrechen oder Vergehen oder eine Person, die an diesen teilgenommen hat, trotz Kenntnis des Vorhandenseins von Beweisen ihren Bevorstehens seiner Verpflichtung zuwider anzuzeigen unterläßt oder in der von ihm erstatteten Anzeige einen für die Aufdeckung des Verbrechens oder Vergehens oder einer Person, die an diesen teilgenommen hat, wesentlichen Umstand verheimlicht, wird wegen dieser Nichtanzeige, falls sie vorsätzlich begangen wird, oder falls sie aus Nachlässigkeit begangen wird und erheblicher Nachteil für die Verwaltung oder für staatliche, sonstige öffentliche oder private Interessen durch sie eintritt, bestraft [1]:

mit Haft.

Wird diese Nichtanzeige vorsätzlich begangen und tritt durch sie erheblicher Nachteil für die Verwaltung oder für staatliche, sonstige öffentliche oder private Interessen oder die Gefahr solchen Nachteils ein, oder wird die Nichtanzeige in gewinnsüchtiger Absicht begangen, so wird der Täter bestraft:

mit Gefängnis [2].

Tritt jedoch durch diese in gewinnsüchtiger Absicht begangene Nichtanzeige erheblicher Nachteil für die Verwaltung oder für staatliche, sonstige öffentliche oder private Interessen oder die Gefahr solchen Nachteils ein, so wird der Täter bestraft:

mit Gefängnis von drei Monaten bis zu sechs Jahren [3].

Bezieht sich die Nichtanzeige auf ein unter §§ 99 bis 102 oder § 108 fallendes Verbrechen oder auf eine Person, die an ihm teilgenommen hat, so wird der Täter bestraft:

falls die Nichtanzeige sich auf ein unter § 99 fallendes Verbrechen bezieht —

mit Zuchthaus nicht über acht Jahren;

in den übrigen Fällen —

mit Zuchthaus [4].

1 In diesem Paragraphen sind die gleichen Änderungen gegenüber dem Bernsteinschen Texte wie in § 643 durchgeführt. 2 2 Wochen bis 1 Jahr. 3 Gemäß § 2 StRVO. Ersatzstrafe für Korrektionshaus. 4 Vgl. § 643 Anm. 8. Im Russischen: Zwangsarbeit nicht über 8 Jahren und Verschickung.

§ 645. Ein Beamter, der seiner Dienstverpflichtung zuwider die erforderlichen [1] Maßregeln zur Festnahme von Personen zu ergreifen unterläßt, welche, wie er weiß [2]:

1) aus der Bewachung oder aus dem Einsperrungsort oder aus der Ansiedlung entlaufen sind;

2) zur Vollstreckung von Freiheitsstrafen [3] oder als zur Untersuchung oder vor Gericht gezogen oder unter der Beschuldigung eines Verbrechens oder Vergehens gesucht auf Grund eines Festnahmeersuchens [4] der zuständigen Behörde festzunehmen sind;

3) als bei Begehung[5] eines Verbrechens oder Vergehens oder sofort nach dessen Ausführung[6] überrascht festzunehmen sind,

wird wegen dieser Untätigkeit der Gewalt, falls sie vorsätzlich begangen wird, oder falls sie aus Nachlässigkeit begangen wird und erheblicher Nachteil für die Verwaltung oder für staatliche, sonstige öffentliche oder private Interessen durch sie eintritt, bestraft:

mit Haft.

Wird diese Untätigkeit der Gewalt vorsätzlich begangen und tritt durch sie erheblicher Nachteil für die Verwaltung oder für staatliche, sonstige öffntlich oder private Interessen oder die Gefahr solchen Nachteils ein, oder wird diese Untätigkeit der Gewalt in gewinnsüchtiger Absicht begangen, so wird der Täter bestraft:

mit Gefängnis[7].

Falls:

1) durch diese in gewinnsüchtiger Absicht begangene Untätigkeit der Gewalt erheblicher Nachteil für die Verwaltung oder für staatliche, sonstige öffentliche oder private Interessen oder die Gefahr solchen Nachteils eintritt;

2) die Ergreifung von Maßregeln zur Festnahme eines, wie der Täter weiß, zu Zuchthaus[8] Verurteilten unterlassen wird,

so wird der Täter bestraft:

mit Gefängnis von drei Monaten bis zu sechs Jahren[9].

Wird die Ergreifung von Maßregeln zur Festnahme einer Person, welche, wie der Täter weiß, ein unter §§ 99 bis 102 oder § 108 fallendes Verbrechen begangen hat oder eines solchen Verbrechens beschuldigt ist, unterlassen, so wird der Täter bestraft:

falls Ergreifung von Maßregeln anläßlich eines unter § 99 fallenden Verbrechens unterlassen wird —

mit Zuchthaus nicht über acht Jahren;

in den übrigen Fällen —

mit Zuchthaus[10].

1 Bernstein: gehörige. 2 Gemäß VO. 7. 6. 16 für notorisch. 3 Bernstein: Freiheitsentziehungsurteil; dem deutschen Sprachgebrauch entspricht: -strafen. 4 Bernstein: infolge einer über ihre Festnahme als ... gesuchter erfolgten Verfügung. Notwendige Voraussetzung wird regelmäßig der Erlaß eines Haftbefehls sein. 5 Bernstein: Verübung. 6 Bernstein: Begehung; im Russischen steht das in § 49 durch „Ausführung" wiedergegebene Wort. 7 2 Wochen bis 1 Jahr. 8 Im Russischen: Zwangsarbeit. 9 Gemäß § 2 StRVO. Ersatzstrafe für Korrektionshaus. 10 Vgl. § 643 Anm. 8. Im Russischen: Zwangsarbeit nicht über 8 Jahren und Verschickung.

§ 646. Ein Beamter, welcher die ihm auferlegte Verpflichtung zur Beaufsichtigung der Befolgung der durch Gesetz oder verbindliche Verordnung gegebenen Vorschriften[1] über die Maßregeln zum Schutze der Volksgesundheit[2] nicht erfüllt, wird bestraft:

mit Haft nicht über drei Monaten oder mit Geldstrafe nicht über dreihundert Rubeln.

Bezieht sich die Nichtbefolgung der bestehenden Vorschriften auf Maßregeln zum Schutze der Volksgesundheit gegen ansteckende Krankheiten[3], so wird der Täter bestraft:

mit Haft oder mit Geldstrafe nicht über fünfhundert Rubeln.

Wird die Nichtbefolgung der bestehenden Vorschriften in einer Gegend begangen, in der in gesetzmäßiger Form[4] das Inkrafttreten von Ausnahmebestimmungen bekanntgemacht wurde, welche für den Fall oder zur Zeit des Auftretens ansteckender, vom Gesetz den besonders gefährlichen zugerechneter Krankheiten erlassen sind, so wird derjenige, welcher die genannten Bestimmungen verletzt, falls in denselben keine besondere Verantwortlichkeit wegen ihrer Nichtbefolgung festgesetzt ist, bestraft:

mit Gefängnis von zwei Wochen bis zu sechs Jahren[5].

1 Bernstein: festgesetzten Bestimmungen. 2 §§ 195—221. 3 § 206. 4 Bernstein: gesetzlich festgesetzter Ordnung. 5 Gemäß § 2 StRVO. Ersatzstrafe für Korrektionshaus oder Gefängnis.

§ 647. Ein Beamter, welcher die ihm auferlegte Verpflichtung zur Beaufsichtigung der Befolgung der durch Gesetz oder verbindliche Verordnung gegebenen Vorschriften über die Sicherstellung der Unterstützung von Landleuten mit Verpflegung oder zur Bestellung der Felder[1] nicht erfüllt, wird bestraft:

mit Haft oder mit Geldstrafe nicht über fünfhundert Rubeln.

1 Vgl. § 241.

§ 648. Ein Beamter, welcher die ihm auferlegte Verpflichtung zur Beaufsichtigung der Befolgung der durch Gesetz oder verbindliche Verordnung gegebenen Vorschriften über Vorsichtsmaßregeln:

1) gegen Ansteckung von Haustieren, landwirtschaftlichen Pflanzen oder Obst- oder Baumanpflanzungen[1];

2) gegen Verbreitung für landwirtschaftliche Pflanzen oder Obst- oder Baumanpflanzungen schädlicher Insekten oder Tiere[2],

nicht erfüllt, wird bestraft:

mit Haft nicht über zwei Monaten oder mit Geldstrafe nicht über zweihundert Rubeln.

1 §§ 243 ff. 2 §§ 245 ², 550 ¹⁰.

§ 649. Ein Beamter, welcher aus Unkenntnis seiner Verpflichtungen oder aus Nachlässigkeit durch Festnahme, Einsperrung, Verlängerung der Dauer[1] der Freiheitsentziehung oder durch Anwendung einer dem Gesetz nicht entsprechenden[2] schwereren Art der Freiheitsentziehung eine Beraubung der persönlichen Freiheit begeht, wird bestraft:

mit Haft.

1 Bernstein: Frist. 2 Bernstein: ungehörigen.

§ 650. Ein Beamter, welcher gesetzwidrig[1] eine Durchsuchung, Besichtigung oder Beschlagnahme vornimmt, wird bestraft:

mit Haft.

Wendet[2] der Täter dazu Gewalt gegen die Person[3] oder strafbare Drohung[4] an, so wird er bestraft:

mit Gefängnis nicht über sechs Monaten.

Nimmt der Täter die Durchsuchung, Besichtigung oder Beschlagnahme zwar mit Erlaubnis des Eigentümers[5] oder der ihn vertretenden Person vor, aber ohne gesetzlichen Grund und unter dem erdichteten Vorwande der Vornahme einer Diensthandlung, so wird er bestraft:

mit Gefängnis[6].

Nimmt der Täter die Durchsuchung, Besichtigung oder Beschlagnahme ohne gesetzlichen Grund unter dem erdichteten Vorwande der Vornahme einer Diensthandlung vor und benutzt er dazu Gewalt gegen die Person oder strafbare Drohung, so wird er bestraft:

mit Gefängnis nicht unter drei Monaten[7].

1 Bernstein: in gesetzlich unerlaubter Ordnung. 2 Bernstein: benutzt. 3 § 475. 4 § 510. 5 Bernstein: Herrn. 6 2 Wochen bis 1 Jahr. 7 Höchstmaß 1 Jahr.

§ 651. Ein Beamter, welcher eine das Schamgefühl verletzende Untersuchung einer Frauensperson ohne deren Einwilligung und ohne die gehörige Befugnis[1] zu dieser Handlung vornimmt, wird bestraft:

mit Gefängnis[2].

Nimmt der Täter eine solche Untersuchung zwar mit Einwilligung der Untersuchten vor, aber ohne gesetzlichen Grund und unter dem erdichteten Vorwande der Erfüllung eines Dienstauftrages, so wird er bestraft:

mit Gefängnis von drei Monaten bis zu drei Jahren[3].

Der Versuch ist strafbar.

1 Bernstein: Willen und . . Ermächtigung. 2 2 Wochen bis 1 Jahr. 3 Gemäß § 2 StRVO. Ersatzstrafe für Korrektionshaus nicht über 3 Jahren.

§ 652. Ein Beamter, welcher die ihm anvertraute[1] Beaufsichtigung eines Gefangenen vernachlässigt, wird, falls diese Vernachlässigung die Flucht des Gefangenen aus der Bewachung oder aus dem Einsperrungsorte zur Folge hat, bestraft:

mit Gefängnis[2].

Ist der entwichene Gefangene, wie dem Täter bekannt ist[3], zu einer für Verbrechen verhängten Strafe verurteilt oder unter Anklage eines Verbrechens festgenommen, so wird der Täter bestraft:

mit Gefängnis nicht unter drei Monaten[4].

Ist der entwichene Gefangene, wie der Täter weiß, wegen der Beschuldigung eines unter §§ 99 bis 102 oder § 108 fallenden Verbrechens verurteilt oder festgenommen, so wird er bestraft:

mit Gefängnis von drei Monaten bis zu sechs Jahren[5].

1 Im Russischen steht dasselbe Wort wie in § 574; vgl. dort Anm. 1. Auch hier ist nicht ein besonderes Vertrauensverhältnis, sondern jede Übertragung der Aufsicht gemeint. 2 2 Wochen bis 1 Jahr. 3 Gemäß § 2 StRVO. für notorisch. 4 Höchstmaß 1 Jahr. 5 Vgl. § 643 Anm. 8. Im Russischen Korrektionshaus.

§ 653. Ein Beamter, welcher ihm dienstlich oder infolge Mißbrauchs seiner Dienstvollmachten bekanntgewordene und, wie er weiß[1], geheimzuhaltende Verfügungen, Mitteilungen oder Urkunden der Regierung offenbart, wird bestraft:

mit Haft.

Derselben Bestrafung unterliegt ein Beamter einer Post- und Telegraphenanstalt, welcher den Inhalt eines Telegramms oder von Postbriefschaften offenbart oder mitteilt[2].

Konnte das Offenbarte der Verwaltung oder staatlichen, sonstigen öffentlichen oder privaten Interessen erheblichen Nachteil verursachen, so wird der Täter bestraft:

mit Gefängnis[3].

Bildet jedoch das vom Täter Offenbarte ein die äußere Sicherheit Rußlands[4] betreffendes Geheimnis, so wird er, falls er nicht wegen Verrats[5] zu bestrafen ist, bestraft:

mit Gefängnis von drei Monaten bis zu sechs Jahren[6] oder mit Festungshaft.

1 Gemäß VO. 7. 6. 16 für notorisch. 2 Sonderbestimmungen in § 680. 3 2 Wochen bis 1 Jahr. 4 § 5 Anm. 6. 5 Davon handeln die aufgehobenen Bestimmungen des Kap. 4. 6 Gemäß § 2 StRVO. für Korrektionshaus. Abs. 4 ist gegenwärtig wegen der Sonderbestimmungen darüber belanglos.

§ 654. Ein Beamter, welcher aus Nachlässigkeit oder durch Nichtbefolgung der bestehenden Vorschriften zuläßt, daß im Interesse der äußeren Sicherheit Rußlands[1] vor auswärtigen Staaten, wie er weiß[2], geheimzuhaltende Pläne, Zeichnungen oder Urkunden entwendet, vernichtet oder verloren werden[3], oder der aus Fahrlässigkeit solche Geheimnisse offenbart[4], wird bestraft:

mit Gefängnis nicht unter drei Monaten[5].

1 Vgl. § 5 Anm. 6. 2 Gemäß VO. 7. 6. 16 für notorisch. 3 Bernstein: Entwendung usw. zuläßt. 4 Bernstein: entdeckt. 5 Höchstmaß 1 Jahr. Infolge Aufhebung des Kap. 4 dürfte auch § 654 keine Anwendung zu finden haben.

§ 655. Ein Beamter, welcher:

1) das bei der Herstellung staatlicher Kreditpapiere angewendete Verfahren[1] oder aber Geheimmerkmale dieser Papiere;

2) der Regierung oder Privatpersonen gehörende Geheimnisse besonderer Kunstfertigkeit bei der Herstellung[2] irgendwelcher Gegenstände oder der Ausführung irgendwelcher Arbeiten;

3) Geheimnisse der Ausschreibungen[3] staatlicher oder sonstiger öffentlicher Arbeiten oder Lieferungen, wenn diese Ausschreibungen mittels versiegelter Angebote durchgeführt werden;

4) Mitteilungen, deren Offenbarung die Person, auf welche sie sich beziehen, entehren konnten;

5) den Inhalt von Verhandlungen[4], welche nach dem Wunsche der Beteiligten ohne Offenbarung ihres Inhalts an die Zeugen in der in den Bestimmungen über das Notariatswesen vorgeschriebenen Weise aufgenommen sind,

offenbart, wird, sofern sie ihm dienstlich oder infolge Mißbrauchs seiner Dienstvollmachten bekanntgeworden und, wie er weiß[5], geheimzuhalten sind, bestraft:

in dem in Ziff. 1 dieses Paragraphen bezeichneten Falle —

mit Gefängnis nicht unter drei Monaten[6];

in den übrigen Fällen —

mit Gefängnis nicht über sechs Monaten.

1 Bernstein: Verfahrungsweisen. Im Russischen steht ein Pluralsubstantiv, das Verfahren bedeutet. 2 Bernstein: Kunstgriffe der Produktion.' 3 Bernstein: Ausgebote . . Arbeitsübernahmen. 4 Bernstein: Akten. Das russische Wort akta bezeichnet nicht, wie unser Wort „die Akten", Sammlungen von Aufzeichnungen, sondern die Verhandlungen oder schlechthin Rechtsgeschäfte. 5 Gemäß VO. 7. 6. 16 für notorisch. Der Nebensatz steht im Russischen als Partizipialkonstruktion vor den Ziffern 1—5. Dadurch wird der Satzbau im Deutschen unübersichtlich. 6 Höchstmaß 1 Jahr.

§ 656[1]. Ein Beamter, welcher ein Geschenk[2] annimmt, von dem er weiß, daß[3] es für eine von ihm begangene, in den Kreis seiner Dienstverpflichtungen einschlagende Handlung gegeben wird, wird bestraft:

mit Gefängnis nicht über sechs Monaten.

Nimmt ein Beamter ein Geschenk an, von dem er weiß, daß[3] es gegeben wird, um ihn zur Vornahme einer solchen Handlung zu bewegen, so wird er bestraft:

mit Gefängnis[4].

Nimmt ein Beamter ein Geschenk an, von dem er weiß, daß[3] es gegeben wird, um ihn zur Begehung einer strafbaren Handlung oder Dienstübertretung[5] innerhalb seiner Dienstobliegenheiten[6] zu bewegen, oder für solche von ihm begangene Handlung oder Übertretung, so wird er bestraft:

mit Gefängnis von drei Monaten bis zu drei Jahren[7], [8].

1 §§ 656 ff. regeln die Beamtenbestechung. Ihrem Wortlaut nach treffen sie nur die passive Bestechung, wie auch die Einreihung unter die Amtsvergehen ergibt. Das russ. StGB. kennt keine den §§ 333, 334 II RStGB. entsprechenden Strafandrohungen gegen die vollendete aktive Bestechung; § 149 ahndet nur den Versuch der Verleitung eines Beamten zur Begehung eines Verbrechens oder Vergehens im Amte durch Bestechung und schärft in Abs. 2 die Strafe für den Fall der Begehung des Verbrechens oder Vergehens; er trifft also nur die Bestechung zum Verbrechen oder Vergehen im Amte. Damit ist aber nur ein kleiner Kreis der Fälle passiver Bestechung der §§ 656, 657 erfaßt. Es fragt sich daher, ob aus der Bestimmung des § 149 geschlossen werden muß, daß aktive Bestechung nur im Falle des § 149 strafbar, sonst straflos ist. Taganzew ist der Ansicht, daß das nicht der Wille des Gesetzgebers gewesen sei; die Motive sagen, in den Fällen der §§ 656, 657 sei die Tätigkeit des Bestechenden als Fall notwendiger Teilnahme zu bestrafen. Dem wird beizutreten sein. Die Richtigkeit dieser Ansicht folgt auch aus § 660; die Person, welche die Bestechung begeht, ist der notwendige Teilnehmer. Der Tatbestand des § 149 wäre ohne ausdrückliche Bestimmung straffrei, da der mißlungene Versuch einer Bestechung nicht als Teilnahmehandlung angesehen werden kann. Er ist aber als gefährlichstes Bestechungsbeginnen durch § 149 erfaßt worden. Vgl. § 149 Anm. 1. 2 Im Russischen steht das Wort wsjatka, das ein Zweckgeschenk bezeichnet, gegeben zur oder nach Erfüllung eines Auftrages; mit ihm ist der gleiche Sinn wie mit dem deutschen „Trinkgeld“ oder „Schmiergeld“ verbunden. Es umfaßt jede materielle Vergünstigung. 3 Gemäß VO. 7. 6. 16 für notorisch. 4 2 Wochen bis 1 Jahr. 5 Der Begriff beschränkt sich so wenig auf eine Übertretung im Sinne des § 3 III als der des deutschen Amtsvergehens auf Vergehen im technischen Sinne. 6 Bernstein: im Kreise seiner Verpflichtungen. Im Russischen steht derselbe Ausdruck wie in § 657. 7 Gemäß § 2 StRVO. Ersatzstrafe für Korrektionshaus nicht über 3 Jahren. 8 Während Abs. 1 das als Belohnung gegebene Geschenk erfaßt, verbieten Abs. 2 und 3 die Bestechung im engeren Sinne d. h. die

Zahlung vor Begehung. Abs. 1 und 2 betreffen erlaubte Amtshandlungen, Abs. 3 Dienstwidrigkeiten. In allen Fällen ist auf die Nebenstrafe des § 662 zu erkennen.

§ 657[1]. Ein Beamter, welcher angesichts der Vornahme einer zu seinen Dienstobliegenheiten gehörenden Handlung oder nach der Vornahme einer solchen Handlung für diese ein Geschenk[2] fordert und annimmt, wird bestraft:

mit Gefängnis nicht unter drei Monaten[3].

Nimmt ein Beamter ein derartiges Geschenk an, welches er innerhalb seiner Dienstobliegenheiten angesichts der Begehung einer strafbaren Handlung oder Dienstübertretung oder nach der Begehung einer solchen Handlung für diese gefordert hat, so wird er bestraft:

mit Gefängnis von drei Monaten bis zu drei Jahren[4].

Nimmt jedoch ein Beamter ein Geschenk an, welches er angesichts der Vornahme einer Diensthandlung oder nach der Vornahme einer solchen Handlung für diese durch Bedrückung im Dienst oder durch Androhung derselben abgenötigt hat, so wird er bestraft:

mit Gefängnis von drei Monaten bis zu sechs Jahren[5, 6].

Der Versuch ist strafbar.

Die Forderung eines Geschenks oder die Nötigung zu demselben wird als Versuch der Annahme angesehen.

1 Der bei Bernstein fast unverständliche Text ist unter engster Anlehnung an den russischen dem deutschen Sprachgebrauch angepaßt. 2 Siehe § 656 Anm. 2. 3 Höchstmaß 1 Jahr. 4 Gemäß § 2 StRVO. Ersatzstrafe für Korrektionshaus nicht über 3 Jahren. 5 Gemäß § 2 StRVO. Ersatzstrafe für Korrektionshaus. 6 In allen Fällen (Abs. 1—3) ist auf die Nebenstrafe des § 662 zu erkennen. Vgl. auch §§ 664 f.

§ 658. Ein Beamter, welcher zu seinen Gunsten ungesetzliche Abgaben festsetzt oder erhebt, wird bestraft:

mit Gefängnis nicht unter drei Monaten[1].

Erpreßt jedoch der Täter solche Abgaben durch Bedrückung im Dienst oder durch Androhung derselben, so wird er bestraft:

mit Gefängnis von drei Monaten bis zu drei Jahren[2, 3].

Der Versuch ist strafbar.

1 Höchstmaß 1 Jahr. 2 Gemäß § 2 StRVO. Ersatzstrafe für Korrektionshaus. 3 Nebenstrafe laut § 662.

§ 659. Wer in die Liste der Geschworenen für eine bestimmte Gerichtssitzungsperiode eingetragen ist oder zu der Geschworenenbank gehört und ein ihm angebotenes oder durch ihn gefordertes Geschenk annimmt, von dem er weiß[1], daß es ihm wegen einer Sache gegeben ist, die seiner Prüfung als Geschworener unterliegen kann, wird bestraft:

mit Gefängnis von drei Monaten bis zu sechs Jahren [2, 3].

1 Gemäß VO. 7. 6. 16 für notorisch. Der Text ist dem deutschen Sprachgebrauch angepaßt. 2 Gemäß § 2 StRVO. Ersatzstrafe für Korrektionshaus nicht über 3 Jahren. 3 Nebenstrafe in § 662.

§ 660. Ein Beamter, welcher einer Person, die eine unter §§ 656 bis 659 fallende Bestechung begeht, durch Übergabe des Geschenks, dessen Annahme in seinem eigenen Namen oder durch sonstige Vermittelung wissentlich beisteht, wird wie ein Gehilfe [1] bei diesen Vergehen bestraft.

1 Bernstein: Helfershelfer. Im Russischen steht das in § 51 [3] verwendete Wort.

§ 661. Ein Beamter, welcher:

1) eine ihm zur Übergabe an einen anderen Beamten gegebene oder unter dem Vorwande der Übergabe an einen anderen Beamten angenommene Gabe [1] sich aneignet;

2) sich für einen anderen Beamten ausgebend ein Geschenk in Aneignungsabsicht annimmt,

wird bestraft:

mit Gefängnis von drei Monaten bis zu drei Jahren [2].

1 Hier steht nicht wsjatka; es braucht sich daher nicht um Bestechungsgelder zu handeln. 2 Gemäß § 2 StRVO. Ersatzstrafe für Korrektionshaus nicht über drei Jahren. Nebenstrafe in § 662.

§ 662. Bei der Verurteilung wegen der unter §§ 656 bis 661 fallenden Handlungen wird die dem Täter zugefallene Gabe eingezogen oder, falls sie nicht vorhanden ist, deren Wert beigetrieben. Erkennt jedoch das Gericht, daß die Gabe abgenötigt war, so wird sie dem Eigentümer [1] zurückgegeben [2]. Besteht das Geschenk in der Abtretung [3] eines Vermögensrechtes, so wird solche Schenkung für nichtig erklärt.

1 Bernstein: Herrn. 2 Daraus wird zu folgern sein, daß die abgenötigte Bestechung straffrei ist, was nach § 46 II zweifelhaft ist. 3 Bernstein: Schenkung.

§ 663. Ein Beamter, dem die Beaufsichtigung der Ausführung von Bauarbeiten übertragen ist, wird, wenn er die Verwendung untauglicher Materialien oder von Materialien in ungenügender Menge oder die Nichtbefolgung der technischen Bestimmungen bei der Ausführung eines Gebäudes oder einer Anlage [1] wissentlich zuläßt und diese Handlung die Zerstörung des Gebäudes, der Anlage oder eines Teiles derselben zur Folge hat, bestraft:

mit Gefängnis[2].

Derselben Bestrafung unterliegt, wer bei der Abnahme[3] eines Gebäudes oder einer Anlage in Kenntnis der Erbauung oder Errichtung derselben aus untauglichen Materialien oder aus Materialien in ungenügender Menge oder unter Verletzung der technischen Bestimmungen das Gebäude oder die Anlage[4] als tauglich abnimmt, falls infolge solcher Unregelmäßigkeiten die Zerstörung des Gebäudes, der Anlage oder eines Teiles derselben eintritt.

1 Bernstein: Bauwerk. Vgl. § 378 Anm. 1, § 561 Anm. 2. 2 2 Wochen bis 1 Jahr. 3 Vgl. § 560 Anm. 4. 4 Bei Bernstein fortgelassen.

§ 664. Ein Beamter, welcher unter dem Vorwande der Erfüllung des Gesetzes oder einer verbindlichen Verordnung oder unter dem Vorwande der Erfüllung der Bedingungen einer öffentlichen Ausschreibung oder eines Vertrages mit dem Fiskus oder unter dem Vorwande einer für eine Diensthandlung festgesetzten Bezahlung Geld- oder Naturaleingänge, von denen er weiß[1], daß sie nicht zu zahlen sind, fordert und in Aneignungsabsicht annimmt, wird bestraft:

mit Gefängnis von drei Monaten bis zu drei Jahren[2].

Wird dabei Vermögen einem Arrest, Verbot[3] oder Verkauf unterzogen, so wird der Täter bestraft:

mit Gefängnis von drei Monaten bis zu sechs Jahren[4].

Der Versuch ist strafbar.

1 Gemäß VO. 7. 6. 16 für notorisch; der Text ist auch sonst dem Deutschen angepaßt. 2 Gemäß § 2 StRVO. Ersatzstrafe für Korrektionshaus nicht über 3 Jahren. 3 Vgl. § 593 Anm. 3. 4 Gemäß § 2 StRVO. Ersatzstrafe für Korrektionshaus.

§ 665. Ein Beamter, welcher durch Bedrückung mittels der Dienstgewalt oder durch Androhung solcher Bedrückung oder durch sonstigen Mißbrauch der Dienstgewalt einen anderen nötigt, für ihn oder einen Dritten auf Grund einer Ausschreibung wissentlich unverbindliche Arbeiten oder wissentlich[1] nicht geschuldete Naturalleistungen unentgeltlich oder gegen unverhältnismäßig geringe Vergütung auszuführen, wird bestraft:

mit Gefängnis nicht unter drei Monaten[2].

Der Versuch ist strafbar.

1 Bei Bernstein versehentlich ausgelassen. 2 Höchstmaß 1 Jahr.

§ 666. Ein Beamter, welcher:

1) die für die Rechnungsführung und die Annahme, Aufbe-

wahrung und Ausgabe[1] von Geld oder sonstigem Vermögen bestehenden Vorschriften[2] verletzt;

2) die für das Halten[3] und Führen der Kassenbücher getroffenen Anordnungen[4] nicht einhält;

3) die Vorschriften über die Führung der zum Einschreiben irgendwelcher Gegenstände oder für sonstige Eintragungen vorgesehenen Bücher, ebenso der zur Verlautbarung des überganges oder der Beschränkung des Eigentums an unbeweglichem Vermögen vorgesehenen Bücher nicht befolgt,

wird, falls diese Handlungen vorsätzlich begangen werden, oder falls sie zwar nicht vorsätzlich begangen werden, aber durch sie eine erhebliche Vernachlässigung oder Zerrüttung des dem Beamten anvertrauten Dienstzweiges[5] oder ein erheblicher Nachteil für die Verwaltung oder für staatliche, sonstige öffentliche oder private Interessen eintritt, bestraft:

mit Haft.

Werden jedoch diese Handlungen in gewinnsüchtiger Absicht begangen, so wird der Täter bestraft:

mit Gefängnis nicht unter drei Monaten[6].

1 Bernstein: Ausgabeordnung. 2 Bernstein: festgesetzte Bestimmungen. 3 Bernstein: bezüglich der Erhaltung; im Russischen steht ein Wort, das wie das deutsche „halten" sowohl das bloße Haben als auch die Einrichtung der Bücher bezeichnet. 4 Bernstein: bestimmte Ordnung. 5 Bernstein: Diensttätigkeitszweiges. 6 Höchstmaß 1 Jahr.

§ 667. Ein Beamter, welcher:

1) eine Urkunde unter wissentlich unrichtiger Darstellung des durch jene zu beweisenden[1] Umstandes ausfertigt;

2) in den zum Einschreiben von Geld oder anderen Gegenständen oder zu sonstigen Eintragungen, welche von wesentlicher Bedeutung für die Verwaltung sind, vorgesehenen Büchern wissentlich falsche Angaben macht[2],

wird bestraft:

mit Gefängnis von drei Monaten bis zu sechs Jahren[3].

Wird die wissentlich falsche Darstellung in den in § 443 vorgesehenen Urkunden vorgenommen, so wird der Täter bestraft:

mit Gefängnis nicht über sechs Monaten.

1 Bernstein: beglaubigten; vgl. § 440 Anm. 2; es handelt sich um die Bestätigung zwecks Beweises, wie auch § 670 ergibt; vgl. dort Anm. 2. 2 Bernstein: unterbringt. 3 Gemäß § 2 StRVO. Ersatzstrafe für Korrektionshaus.

§ 668. Ein Beamter, welcher einen Allerhöchsten Befehl, den er bekanntmacht, wissentlich falsch wiedergibt, wird bestraft:

mit zeitiger Zuchthausstrafe[1].

1 Gemäß § 2 StRVO. Ersatzstrafe für zeitige Zwangsarbeit. § 668 muß entsprechend der Außerkraftsetzung der §§ 99 ff. durch § 8 StRVO. jetzt ebenfalls als aufgehoben gelten. Vgl. im übrigen § 16 Anm. 1.

§ 669. Ein Beamter, welcher aus Nachlässigkeit mündlich oder schriftlich unrichtige Angaben dienstlich mitteilt oder bestätigt, durch welche ein erheblicher Nachteil für die Verwaltung oder für staatliche, sonstige öffentliche oder private Interessen eintritt, wird bestraft:

mit Haft.

§ 670. Ein Beamter, welcher mündlich[1] wissentlich falsche Angaben dienstlich mitteilt oder bestätigt[2], wird, falls diese Mitteilung der Verwaltung oder staatlichen, sonstigen öffentlichen oder privaten Interessen Nachteil zufügt, bestraft:

mit Gefängnis[3].

Begeht der Täter dieses Vergehen in der Absicht, wissentlich[4] die Verurteilung eines Unschuldigen herbeizuführen[5] oder auf einen solchen einen Verdacht zu lenken, so wird er bestraft:

mit Gefängnis von drei Monaten bis zu sechs Jahren[6].

1 Falsche schriftliche Mitteilung usw. fällt unter § 667. 2 Bernstein: beglaubigt. Eine mündliche Beglaubigung ist dem deutschen Sprachgebrauch fremd. Vgl. § 440 Anm. 2. 3 2 Wochen bis 1 Jahr. 4 Gemäß VO. 7. 6. 16 für notorisch. 5 Bernstein: hervorzurufen. 6 Gemäß § 2 StRVO. Ersatzstrafe für Korrektionshaus.

§ 671. Ein Beamter, welcher Geldsummen oder Gegenstände, deren Einschreibung oder Absendung seine Dienstverpflichtung bildet, nicht rechtzeitig in die vorgeschriebenen Bücher einträgt oder nicht rechtzeitig absendet, wird, falls diese Handlung vorsätzlich begangen wird, außer der im allgemeinen Rechnungsstatut bestimmten Geldbuße[1], bestraft:

mit Haft.

Wird diese Handlung in gewinnsüchtiger Absicht begangen, so wird der Täter bestraft:

mit Gefängnis nicht unter drei Monaten[2].

1 Derartige Bestimmungen gibt es jetzt nicht; der Passus ist daher belanglos. 2 Höchstmaß 1 Jahr.

§ 672. Ein Notar oder ein sonstiger zur Beurkundung[1], Beglaubigung oder Bestätigung von Handlungen[2] durch das Gesetz ermächtigter Beamter, welcher eine durch das Gesetz verbotene Handlung beurkundet, beglaubigt oder bestätigt, wird bestraft:

mit Haft.

Derselben Bestrafung unterliegt ein Beamter, welcher als Vertreter einer staatlichen oder sonstigen öffentlichen Anstalt an der Beurkundung, Beglaubigung oder Bestätigung der in diesem Paragraphen bezeichneten Handlungen teilnimmt.

1 Bernstein: Aufnahme. Die Aufnahme einer Rechtshandlung durch einen Beamten ist die Beurkundung. Vgl. über die drei Amtshandlungsarten Art. 2995 BaltProvR. 2 Bernstein: Akten. Vgl. § 655 Anm. 4.

§ 673. Ein Beamter, welcher eine zu seinen Dienstobliegenheiten gehörende Handlung unter Verletzung solcher für diese Handlung durch Gesetz oder verbindliche Verordnung vorgeschriebenen Bestimmungen, Formen oder Zeremonien[1] begeht, deren Nichtbeachtung die Ungültigkeit der Handlung selbst nach sich zieht, wird bestraft:

mit Haft.

Wird diese Verletzung der Bestimmungen, Formen und Zeremonien in gewinnsüchtiger Absicht begangen, so wird der Täter bestraft:

mit Gefängnis nicht unter drei Monaten[2].

1 Darunter sind im Gegensatz zu der bürgerlich-rechtlichen Form gewisse religiöse Formen verstanden, wie z. B. die Beeidigung nach den Vorschriften der verschiedenen Bekenntnisse. 2 Höchstmaß 1 Jahr.

§ 674. Ein Obernotar, ein Notar oder ein sonstiger durch das Gesetz zur Beurkundung[1], Beglaubigung oder Bestätigung von Handlungen[2] ermächtigter Beamter, welcher solche Formen oder Zeremonien verletzt, deren Nichtbeachtung die Ungültigkeit der Verlautbarung der Handlung oder der Handlung selbst nach sich zieht oder diese letztere der Kraft einer grundbuchamtlichen[3] oder notariellen Handlung beraubt, wird, falls diese Verletzung der Formen und Zeremonien in der Absicht, die Handlung ungültig zu machen oder sie der Kraft einer grundbuchamtlichen oder notariellen Handlung zu berauben, begangen wird, bestraft:

mit Gefängnis nicht unter drei Monaten[4].

Wird diese Handlung in gewinnsüchtiger Absicht begangen, so wird der Täter bestraft:

mit Gefängnis von drei Jahren bis zu sechs Jahren[5].

1 2 Vgl. § 672 Anm. 1, 2. 3 Bernstein: Grund-. Gemeint sind Verhandlungen vor dem Grundbuchamt. 4 Höchstmaß 1 Jahr. 5 Gemäß § 2 StRVO. Ersatzstrafe für Korrektionshaus nicht unter 3 Jahren.

§ 675. Ein Richter oder ein sonstiger durch das Gesetz zur Entscheidung von Zivilsachen oder Kriminal- oder Disziplinarstrafsachen[1] ermächtigter Beamter oder ein Schiedsrichter, welche eine wissentlich ungerechte Entscheidung fällen, werden bestraft;

mit Gefängnis von drei Monaten bis zu sechs Jahren[2].

Wird diese Handlung in gewinnsüchtiger Absicht begangen, oder wird durch diese Entscheidung dem Angeklagten eine im Gesetz für Verbrechen festgesetzte Strafe wissentlich zu Unrecht[3] auferlegt, so wird der Täter bestraft:

mit Gefängnis von drei Jahren bis zu sechs Jahren[4].

1 Bernstein: -verantwortlichkeitssachen. 2 Gemäß § 2 StRVO. Ersatzstrafe für Korrektionshaus. 3 Bernstein: unregelmäßig. 4 Gemäß § 2 StRVO. Ersatzstrafe für Korrektionshaus nicht unter drei Jahren.

§ 676. Ein Beamter, welcher in einem Verfahren in Zivilsachen oder in Kriminal- oder Disziplinarstrafsachen durch Mißbrauch der Dienstgewalt oder durch mit der Rechtspflege unvereinbare Maßregeln das Geständnis eines Angeklagten oder die Aussage eines Zeugen oder Sachverständigen erpreßt, wird bestraft:

mit Gefängnis[1].

Begeht der Täter diese Handlung in der Absicht, wissentlich[2] die Verurteilung eines Unschuldigen herbeizuführen oder auf einen solchen einen Verdacht zu lenken, so wird er bestraft:

mit Gefängnis von drei Monaten bis zu sechs Jahren[3].

1 2 Wochen bis 1 Jahr. 2 Gemäß VO. 7. 6. 16 für notorisch. 3 Gemäß § 2 StRVO. Ersatzstrafe für Korrektionshaus.

§ 677. Ein an der Entscheidung einer Sache teilnehmender Geschworener, welcher Geheimnisse der Beratung oder der Abstimmung der Geschworenen in dieser Sache vorsätzlich offenbart, wird bestraft:

mit Geldstrafe nicht über hundert Rubeln.

§ 678. Ein Geschworener, welcher auf Ladung des Gerichts zur Erfüllung der Geschworenenpflicht zum dritten Male ohne gesetzliche Gründe nicht erscheint, wird bestraft:

mit Haft.

Derselben Bestrafung unterliegt ein Geschworener, welcher über einen Umstand, der als gesetzlicher Grund zur Ausschließung[1] oder Ablehnung von der Teilnahme an der Sache als Geschworener dient, wissentlich falsch aussagt.

1 Bernstein: Veranlassung zum Ausschluß.

§ 679. Wer auf Ladung des Gerichts zur Erfüllung der Geschworenenpflicht erschienen ist, aber ohne triftigen Grund seine Pflicht zu erfüllen sich weigert, wird bestraft:

mit Haft nicht über einem Monat oder mit Geldstrafe nicht über hundert Rubeln.

§ 680. Ein Angestellter einer Post- oder Telegraphenanstalt, welcher:

1) Postbriefschaften[1] oder ein Telegramm vernichtet, verheimlicht, sich aneignet oder deren Übersendung oder Ausgabe verzögert;

2) den Inhalt von Postbriefschaften oder eines Telegramms entstellt;

3) den Inhalt eines Telegramms oder verschlossener Postbriefschaften, wenn auch nach Aufgabe seines Dienstes in diesen Anstalten, offenbart oder mitteilt oder solche Telegramme oder Briefschaften einer Person, für die sie, wie er weiß, nicht bestimmt sind[2], zur Kenntnisnahme ihres Inhalts übergibt;

4) Postbriefschaften oder ein Telegramm eröffnet,

wird, falls diese Handlung in gewinnsüchtiger Absicht begangen wird und er wegen des Begangenen keiner schweren Verantwortung unterliegt, bestraft:

in den in Ziff. 1 oder 2 dieses Paragraphen bezeichneten Fällen —

mit Gefängnis von drei Monaten bis zu drei Jahren[3];

in den übrigen Fällen —

mit Gefängnis[4].

Der Versuch ist strafbar.

Denselben Bestrafungen nach demselben Grundsatze unterliegt ein Angestellter einer Post- oder Telegraphenanstalt, welcher die Begehung der in diesem Paragraphen vorgesehenen strafbaren Handlungen durch einen anderen Angestellten solcher Anstalt zuläßt.

1 Bernstein: Postkorrespondenz. 2 Bernstein: einer wissentlich nicht gehörigen Person. 3 Gemäß § 2 StRVO. Ersatzstrafe für Korrektionshaus nicht über 3 Jahren. Vgl. § 653 II. 4 2 Wochen bis 1 Jahr.

§ 681. Ein Beamter, welcher den öffentlichen Verkauf fremden Vermögens vollzieht oder beaufsichtigt, wird, wenn er dieses Vermögen wissentlich zu unverhältnismäßig niedrigem Preise mittels Verletzung der zur Vornahme öffentlicher Verkäufe bestehenden Vorschriften verkauft oder solchen Verkauf zuläßt, und wenn dabei diese Handlung in gewinnsüchtiger Absicht begangen wird, bestraft:

mit Gefängnis von drei Monaten bis zu sechs Jahren[1].

Derselben Bestrafung unterliegt ein Vorgesetzter der den öffentlichen Verkauf vollziehenden Person, welcher zur Begehung der erwähnten Handlung anstiftet.

1 Gemäß § 2 StRVO. Ersatzstrafe für Korrektionshaus.

§ 682. Ein Beamter, welcher Vermögensgeschäfte eingeht, die nach der Art seines Dienstes durch das Gesetz verboten sind, wird bestraft:

mit Haft.

Derselben Bestrafung unterliegt ein Beamter, welcher Gewerbe oder Handel treibt oder eine sonstige mit Erwerb verbundene Nebenbeschäftigung[2] oder einen Privatauftrag übernimmt, die ihm durch das Gesetz der Art seines Dienstes gemäß untersagt sind, oder die ihm seine Obrigkeit nicht erlaubt, falls das Gesetz solche Erlaubnis erfordert.

1 Bernstein: Beschäftigung mit Vermögenseigenschaft.

§ 683. Ein Beamter, dem die Beaufsichtigung von Vermögensunternehmungen oder der Abschluß, die Bestätigung oder die Ausführung von Unternehmer-[1], Lieferungs- oder sonstigen Vermögensverträgen oder die Vornahme von Versteigerungen[2] oder die Überwachung der bezeichneten Amtsgeschäfte obliegt, wird, wenn er einem gesetzlichen Verbot zuwider an diesen Unternehmungen oder Verträgen oder vertragsgemäßen Sicherheitsleistungen in seinem Namen oder im Namen seiner Frau oder durch eine vorgeschobene Person sich beteiligt, bestraft:

mit Gefängnis nicht unter drei Monaten[3].

Die vom Täter geleistete Sicherheit wird eingezogen.

1 Bernstein: Übernahmen. Es handelt sich um Vergebung von Unternehmen im Ganzen, wie sie § 382 III vorsieht. 2 Bernstein: Ausgeboten. 3 Höchstmaß 1 Jahr.

§ 684. Wer die Verpflichtungen des Verwalters eines Militärpferdebezirks zu erfüllen hat, oder dessen Gehilfe wird, falls er bei der Vornahme einer Militärpferde- oder Militärfuhrwerkszählung oder bei der Pferde- oder Fuhrwerkslieferung für das Heer der Verwaltung sich entzieht oder seinen Verpflichtungen betreffs der Verwaltung dieses Bezirks nicht nachkommt, bestraft[1]:

mit Haft oder mit Geldstrafe nicht über fünfhundert Rubeln.

Kommt der Täter seinen Verpflichtungen bei einer Pferde- oder Fuhrwerkslieferung für das Heer in Kriegszeiten nicht nach, so wird er bestraft:

mit Gefängnis[2].

1 Ähnliche Bestimmungen enthält der ebenfalls aufrechterhaltene § 193. Beide dürften aber, solange die Militärgesetze gelten, keine Anwendung finden. 2 2 Wochen bis 1 Jahr.

§ 685. Ein Beamter, welcher:

1) eine Waage oder ein Maß in Kenntnis ihrer Fehlerhaftigkeit mit dem Stempel[1] versieht;

2) ein der Stempelung unterliegendes Fabrikat mit einer wissentlich falschen Probe versieht,

wird bestraft:

mit Gefängnis[2].

1 Gemeint ist der Eichstempel. 2 2 Wochen bis 1 Jahr.

§ 686. Ein Beamter, welchem die Verpflichtung obliegt, Eß- oder sonstige Waren mit einem Stempel oder einem sonstigen ihre Gesundheitsunschädlichkeit bestätigenden Zeichen zu versehen, wird, falls er wissentlich nicht untersuchte Waren mit einem solchen Zeichen versieht, bestraft:

mit Haft.

Werden gesundheitsschädliche Eß- oder sonstige Waren mit einem solchen Zeichen versehen, so wird der Täter bestraft:

mit Gefängnis[1].

1 2 Wochen bis 1 Jahr.

§ 687. Wer im Eisenbahndienst steht und in diesem Dienste seit dem Tage der Verkündung eines Befehls[1] über die Mobilisierung der Armee zu verbleiben verpflichtet ist, wird, falls er diesen Dienst eigenmächtig verläßt oder zum bestimmten Zeitpunkt ohne triftigen Grund sich nicht bei der Strecke, für welche er bestimmt ist, zur Erfüllung der Dienstpflichten einstellt, bestraft:

mit Gefängnis nicht über sechs Monaten.

Derselben Bestrafung unterliegt der Vorgesetzte eines in Abs. 1 dieses Paragraphen bezeichneten Eisenbahnbeamten, welcher diesen entläßt oder beurlaubt in der Absicht, ihm die Möglichkeit zu geben, dem verbindlichen Dienst sich zu entziehen[2].

1 Bernstein: Manifestes. 2 Auch § 687 dürfte, wie § 684 während des Bestehens der Kriegsgesetze belanglos sein.

Register.

Die Zahlen bedeuten die Paragraphen, die hochgestellten Ziffern die Ziffern der Paragraphen, die römischen Zahlen die Absätze.

A.

B.

C.

D.

E.

F.

G.

H.

J.

K.

T.

U.

V.

W.

Z.

Frommannsche Buchdruckerei (Hermann Pohle) in Jena. — 4702

FSC
www.fsc.org
MIX
Papier | Fördert
gute Waldnutzung
FSC® C083411

Kolibri 360 GmbH
Ferdinand-Jühlke-Straße 7
99095 Erfurt, Deutschland
produktsicherheit@kolibri360.de